海口统计年鉴

HAIKOU STATISTICAL YEARBOOK

2006

总第(11)期

海口市统计局编
Edited by
Statistical Bureau
Of Haikou City

中国统计出版社
China Statistics Press

(京)新登字041号

图书在版编目(CIP)数据

海口统计年鉴.2006/海口市统计局编。
-北京：中国统计出版社，2006.7
ISBN 7-5037-4917-2
Ⅰ.海…
Ⅱ.海…
Ⅲ.统计资料-海口市-2006-年鉴
Ⅳ.C832.661-54

中国版本图书馆CIP数据核字(2006)第027661号

海口统计年鉴－2006

作　　者／海口市统计局
责任编辑／蔡启新
E - mail／Yearbook@stats.gov.cn
责任校对／刘　鹏
出版发行／中国统计出版社
通信地址／北京市西城区三里河月坛南街75号　中国统计出版社
邮　　编／100826
电　　话／(010)63262295
印　　刷／海南世知印刷工业有限公司
经　　销／新华书店
开　　本／889×1230毫米 1/16开
字　　数／78万字
印　　张／28.5
印　　数／1-1000
版　　别／2006年7月第1版
版　　次／2006年7月第1次印刷
书　　号／ISBN 7-5037-4917-2/F·2264
定　　价／150元

《海口统计年鉴——2006》编辑委员会

《海口统计年鉴——2006》编辑部

编者说明

一、《海口统计年鉴—2006》是一部信息密集的资料工具书。本书通过大量、翔实的统计数据，全面客观地反映了2005年及历史主要年份，特别是海南建省办经济特区以来海口经济和社会发展变化情况，是社会各界人士认识海口、了解海口的重要窗口。

二、2006年全书内容包括：特载；综合；人口；从业人员和劳动报酬；农业；工业；固定资产投资和建筑业；交通运输邮电通讯；国内贸易业；原材料和能源消费；对外经济贸易和旅游；财政、金融和保险；物价；科技、教育、卫生、文化和体育；城市建设、海洋开发和环境保护；人民生活；附录等十七部分。

三、本年鉴所列各项统计指标，除《政府工作报告》、《关于海口市2005年国民经济和社会发展计划执行情况与2006年国民经济和社会发展计划草案的报告》、《关于2005年海口市和市本级预算执行情况及2006年海口市和市本级预算草案的报告》和《海口市2005年国民经济和社会发展统计公报》使用的统计数据为年报快报数外，其他均为正式年报数。本年鉴有关地区生产总值(GDP)的数据均不含农垦，凡与本年鉴不符的，一律以本年鉴为准。

四、本年鉴编辑入的统计数字，以2005年为主，为了方便读者使用，主要指标还列入了1987年以来有关年度的主要统计数字。

五、资料中所用的度量单位均采用国际统一标准计量单位。

六、本年鉴表中的符号使用说明："#"表示其中的主要项；"……"表示数据不足本表最小计量单位；"空格"表示该统计指标不详或无该项数据。

七、《海口统计年鉴》公开出版以来，受到社会各界的关心和支持，并提出宝贵意见，对此我们深表谢意。竭诚欢迎广大读者对年鉴的不足之处给予批评和指正，帮助我们进一步提高年鉴的编辑水平。

统计图表

地区生产总值(亿元)

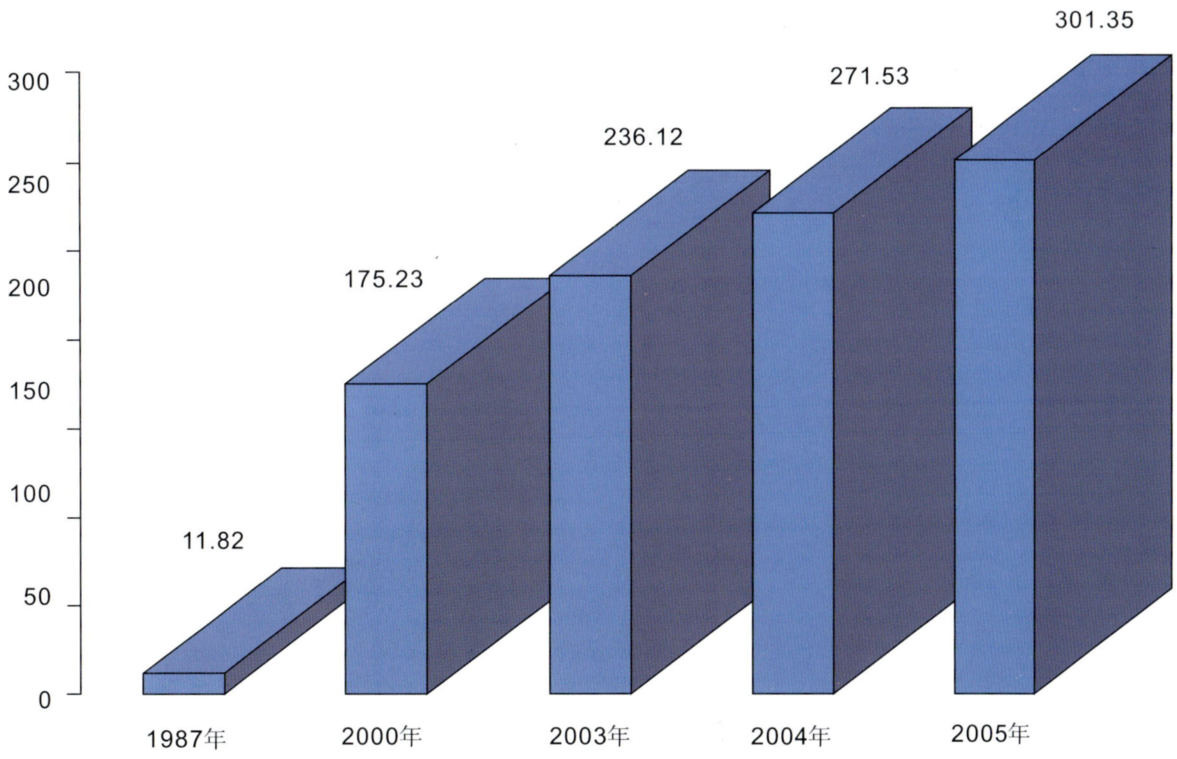

地区生产总值构成（%）

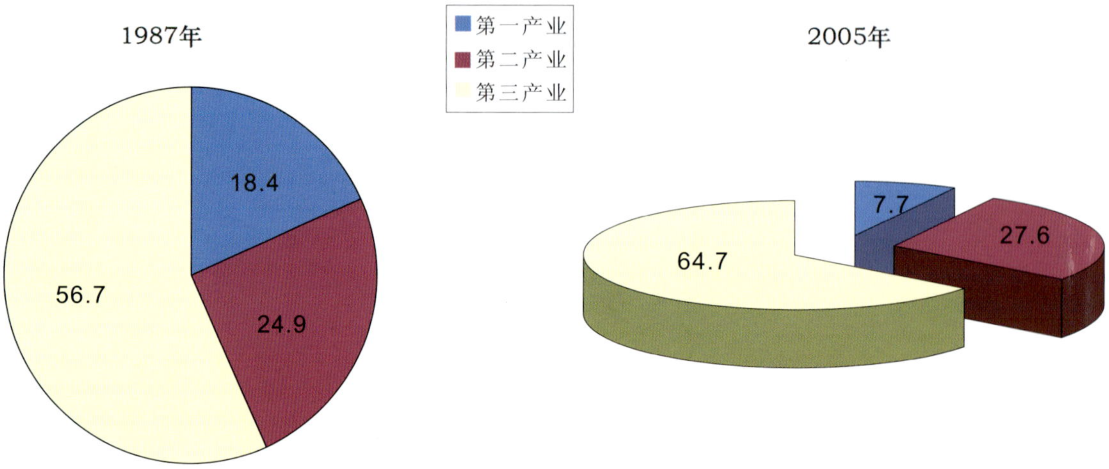

人均生产总值（元）

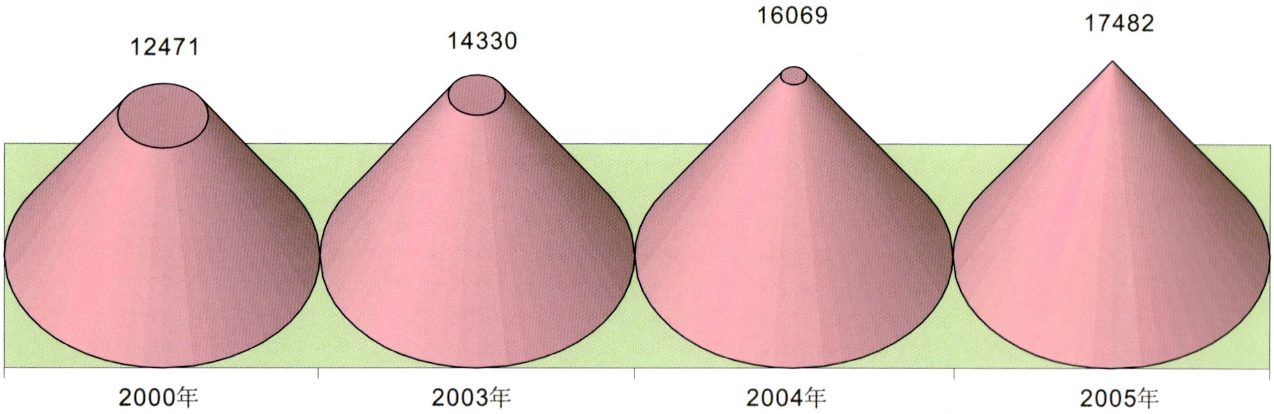

注：按常住人口计算。

人口（万人）

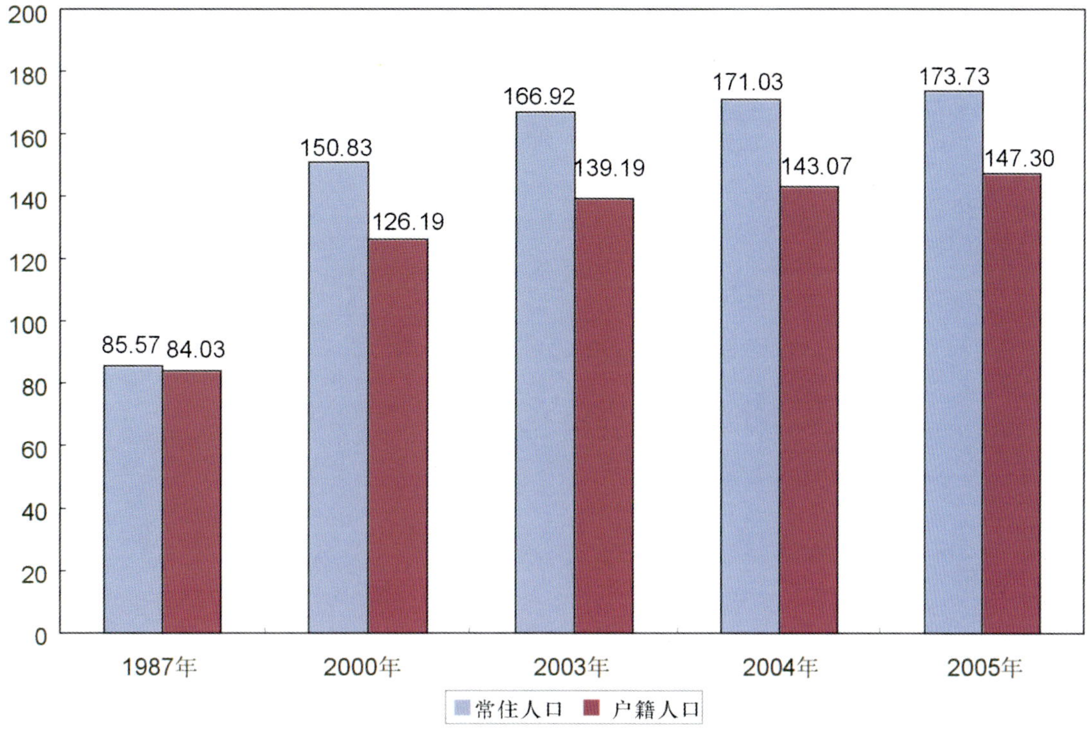

人口出生率、死亡率、自然增长率（‰）

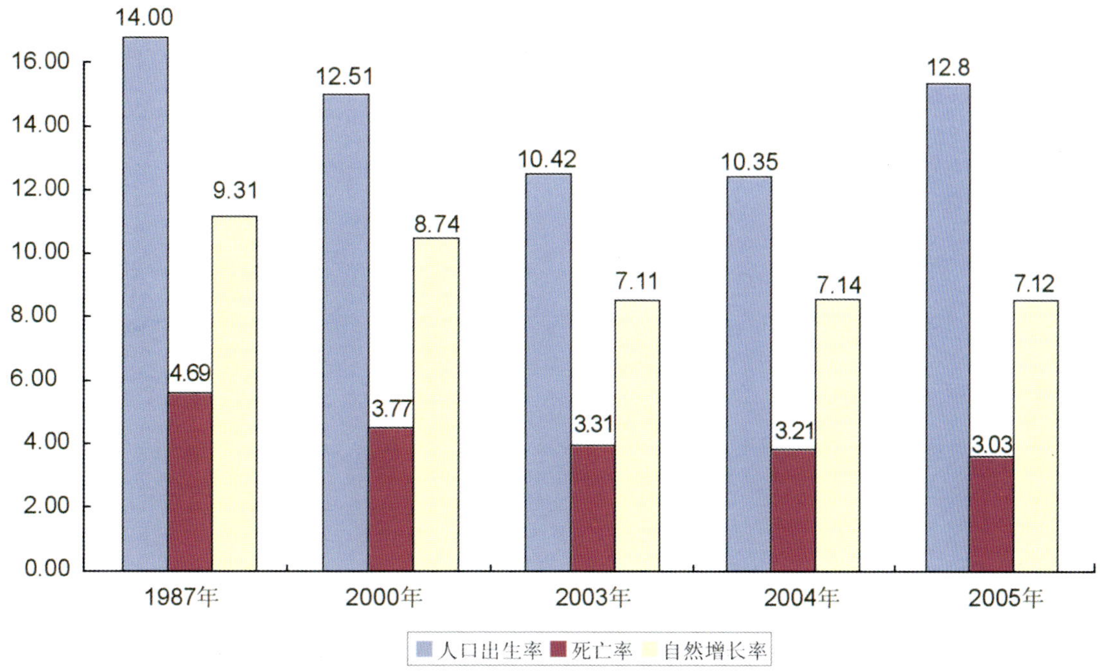

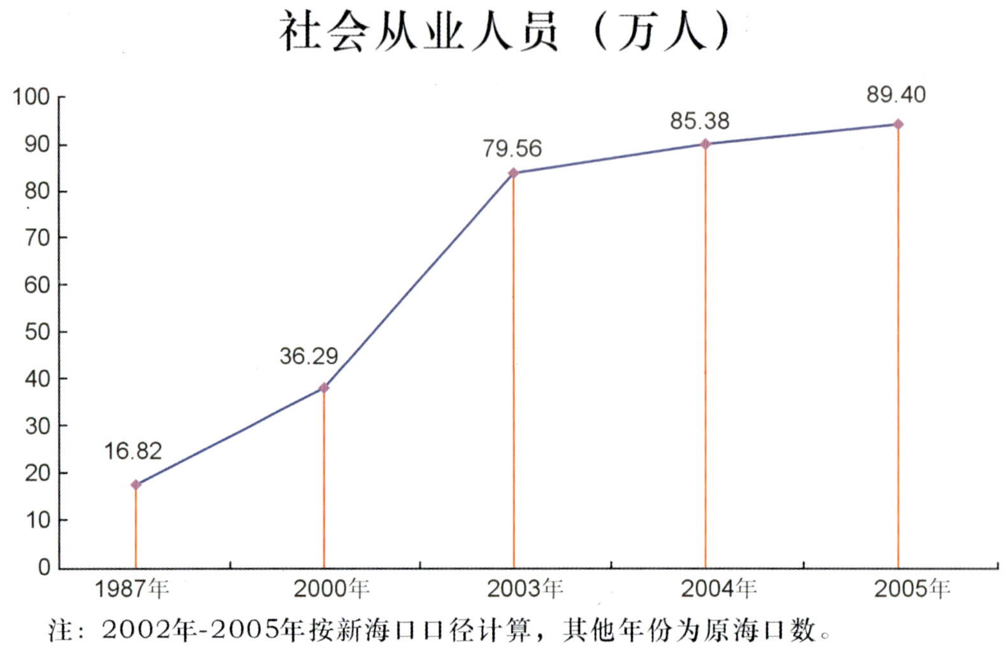
社会从业人员（万人）
100
90
80
70
60
50
40
30
20
10
0
16.82
36.29
79.56
85.38
89.40
1987年
2000年
2003年
2004年
2005年
注：2002年-2005年按新海口口径计算，其他年份为原海口数。

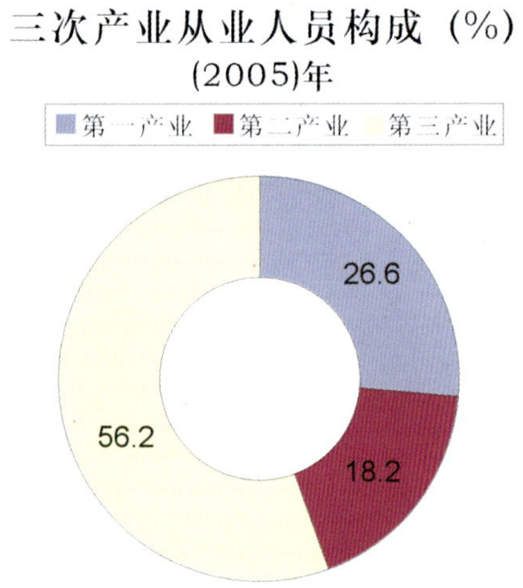
三次产业从业人员构成（%）
(2005)年
第一产业
第二产业
第三产业
26.6
18.2
56.2

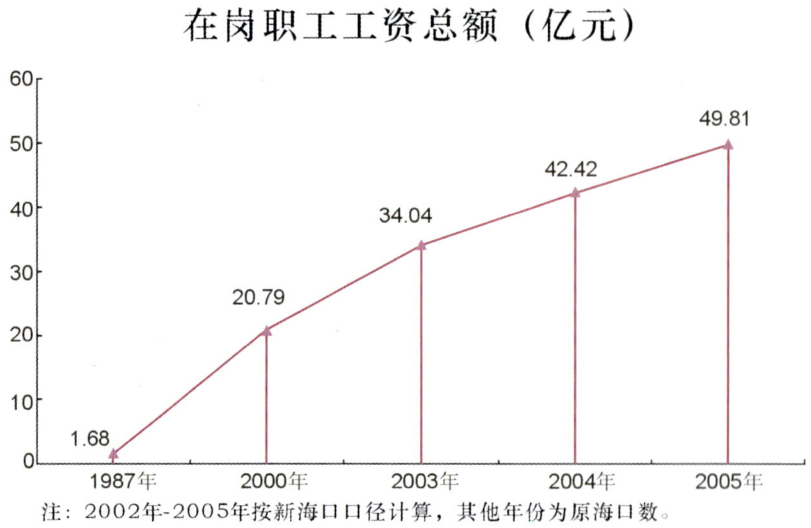
在岗职工工资总额（亿元）
60
50
40
30
20
10
0
1.68
20.79
34.04
42.42
49.81
1987年
2000年
2003年
2004年
2005年
注：2002年-2005年按新海口口径计算，其他年份为原海口数。

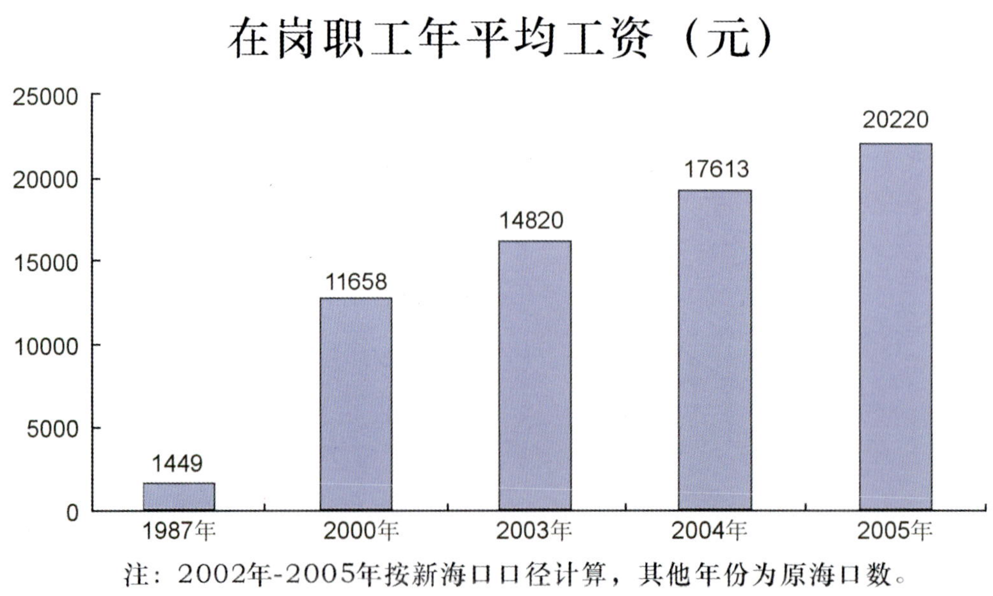
在岗职工年平均工资（元）
25000
20000
15000
10000
5000
0
1449
11658
14820
17613
20220
1987年
2000年
2003年
2004年
2005年
注：2002年-2005年按新海口口径计算，其他年份为原海口数。

全部工业总产值（亿元）

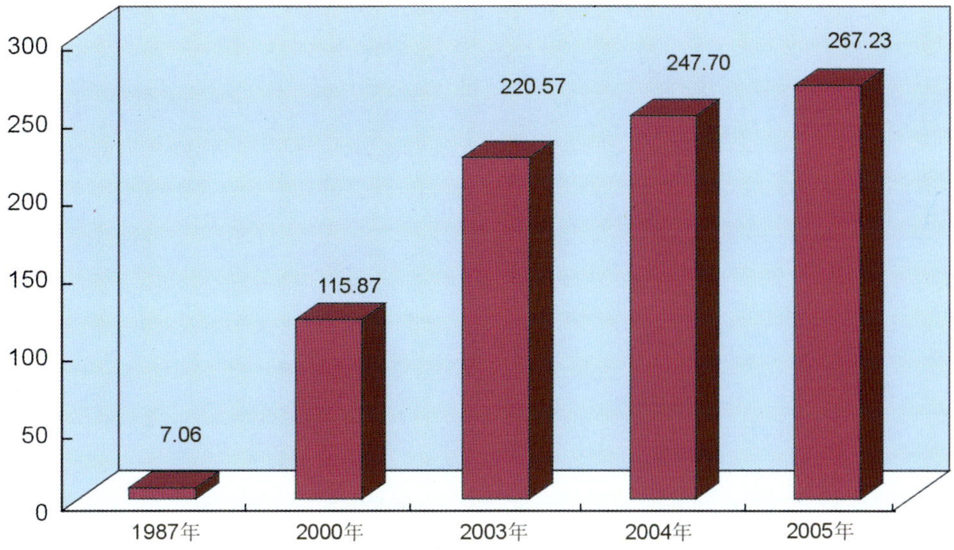

轻重工业构成（%）

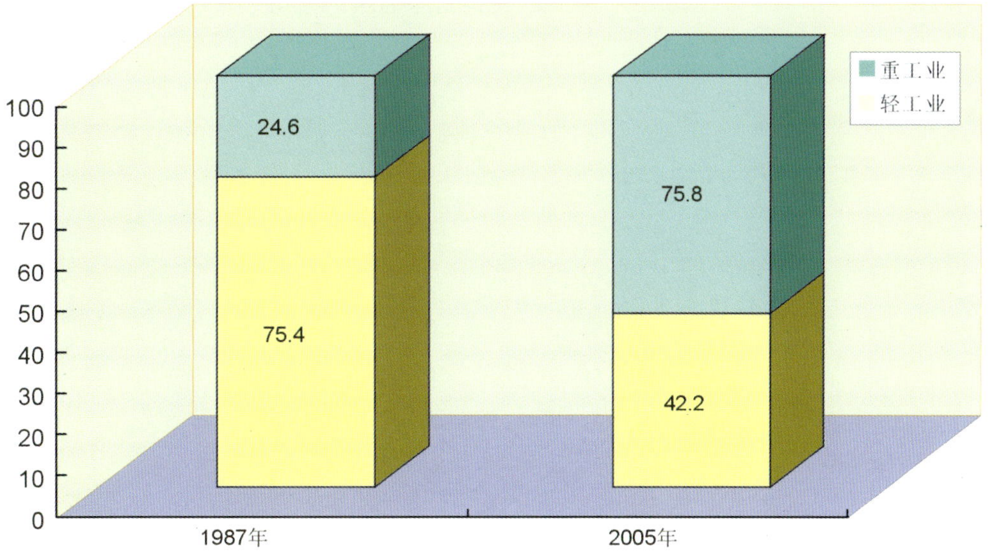

所有制构成（%）

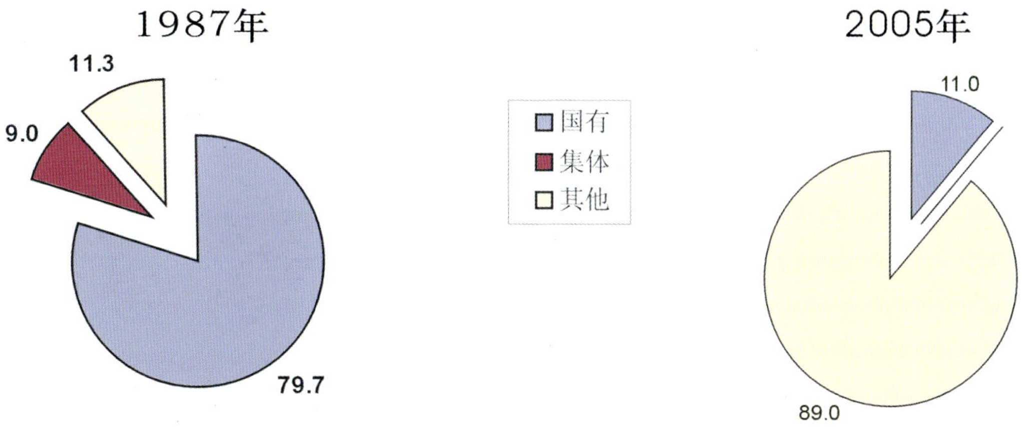

主要工业品产量

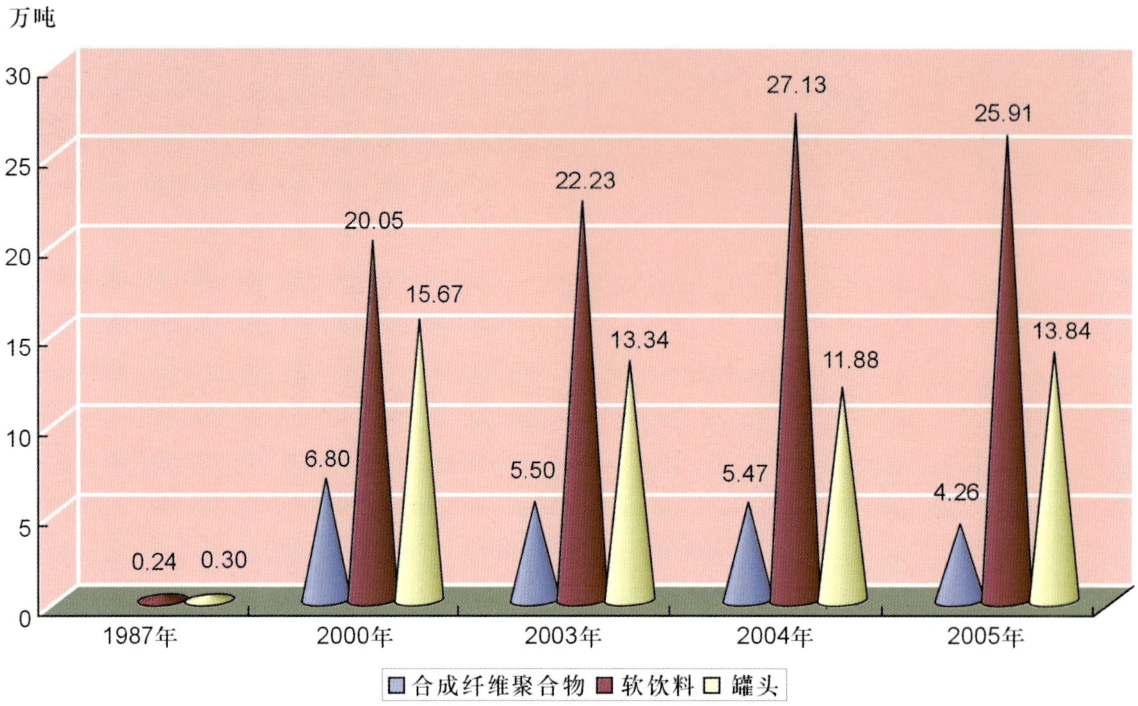

万吨
30
25
20
15
10
5
0
0.24
0.30
6.80
20.05
15.67
5.50
22.23
13.34
5.47
27.13
11.88
4.26
25.91
13.84
1987年
2000年
2003年
2004年
2005年
合成纤维聚合物
软饮料
罐头

汽　车

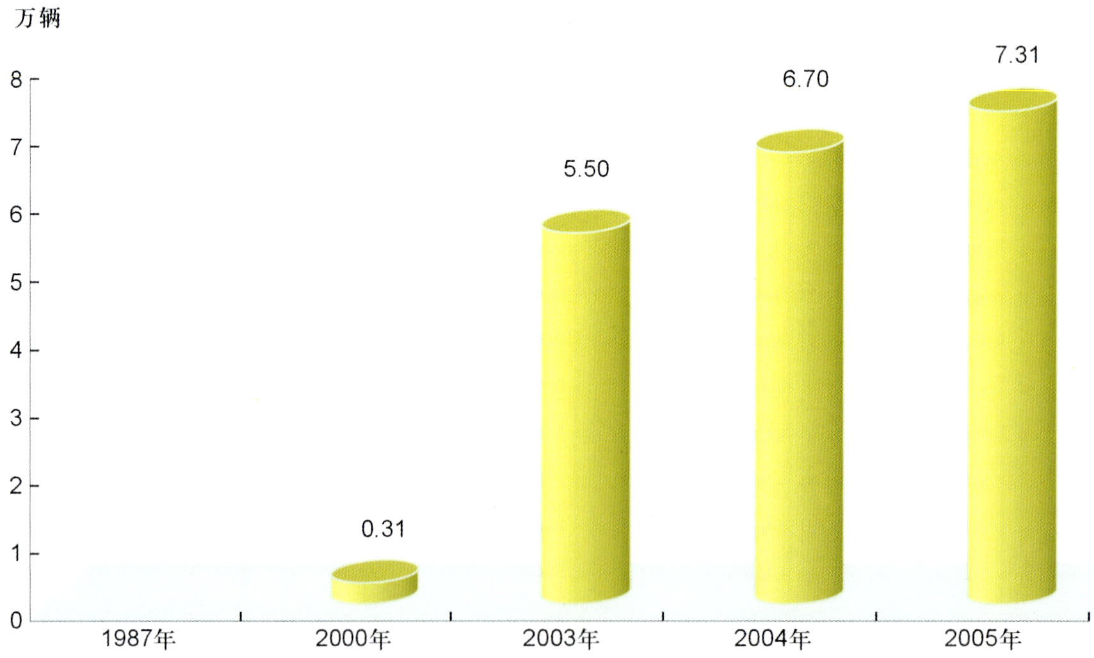

万辆
8
7
6
5
4
3
2
1
0
0.31
5.50
6.70
7.31
1987年
2000年
2003年
2004年
2005年

农业总产值（亿元）

（按当年价格）

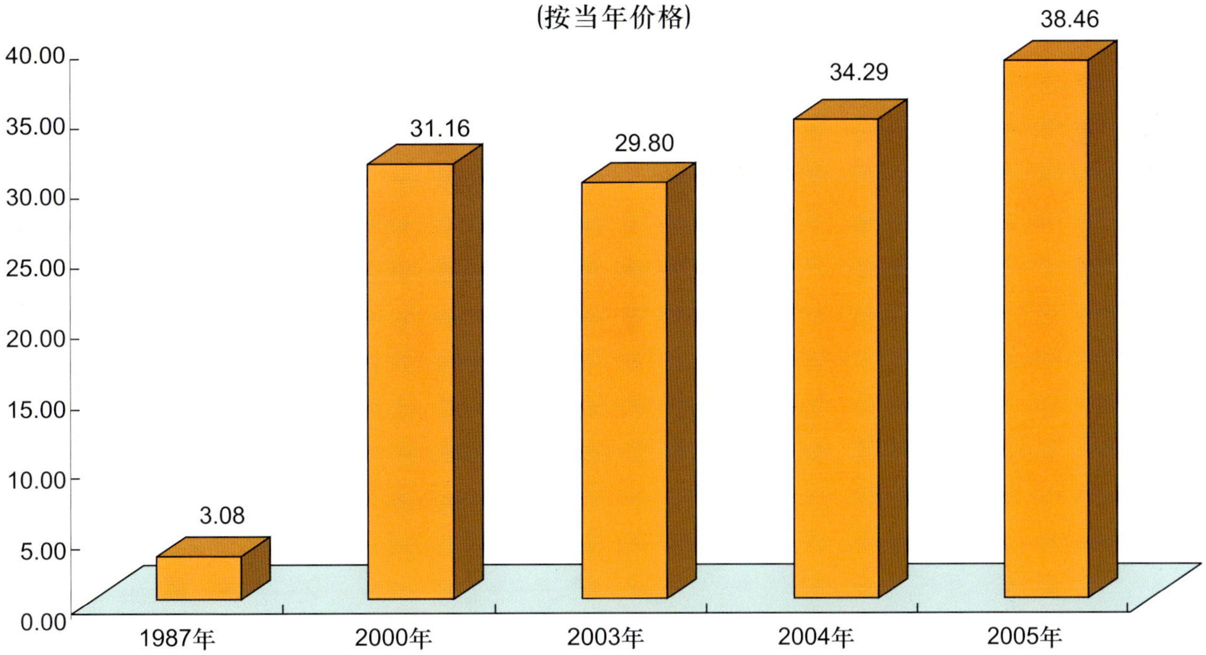

农业总产值构成(%)

(2005年)

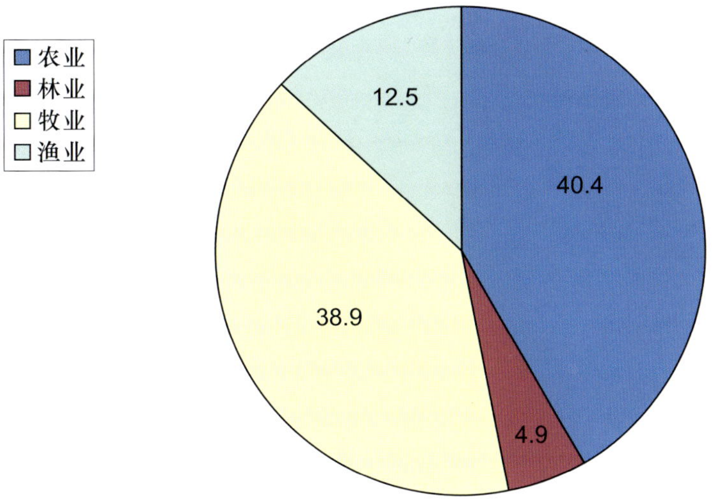

主要农产品产量（万吨）

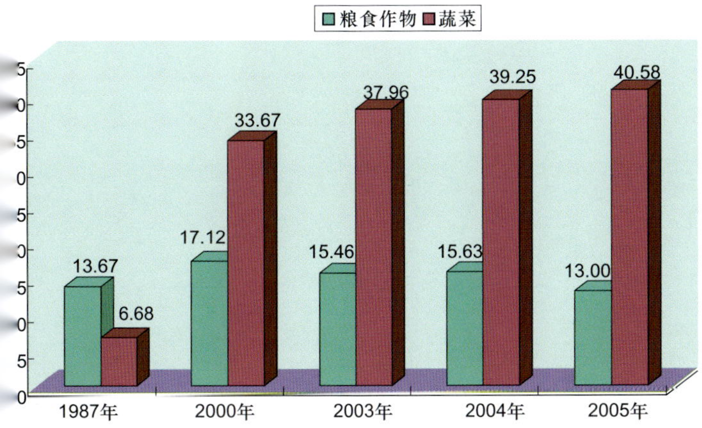

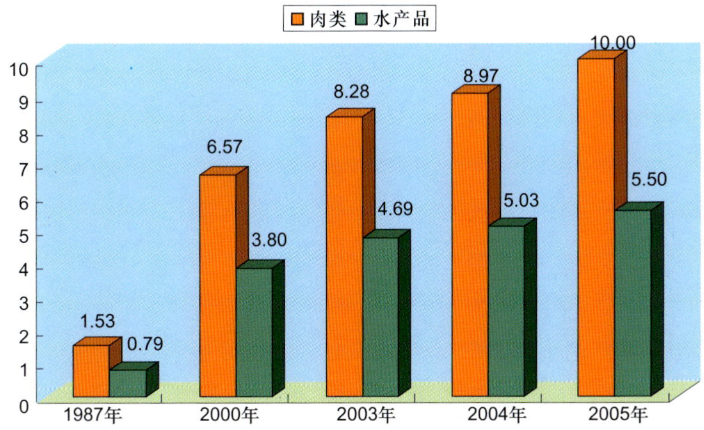

全社会固定资产投资额（亿元）

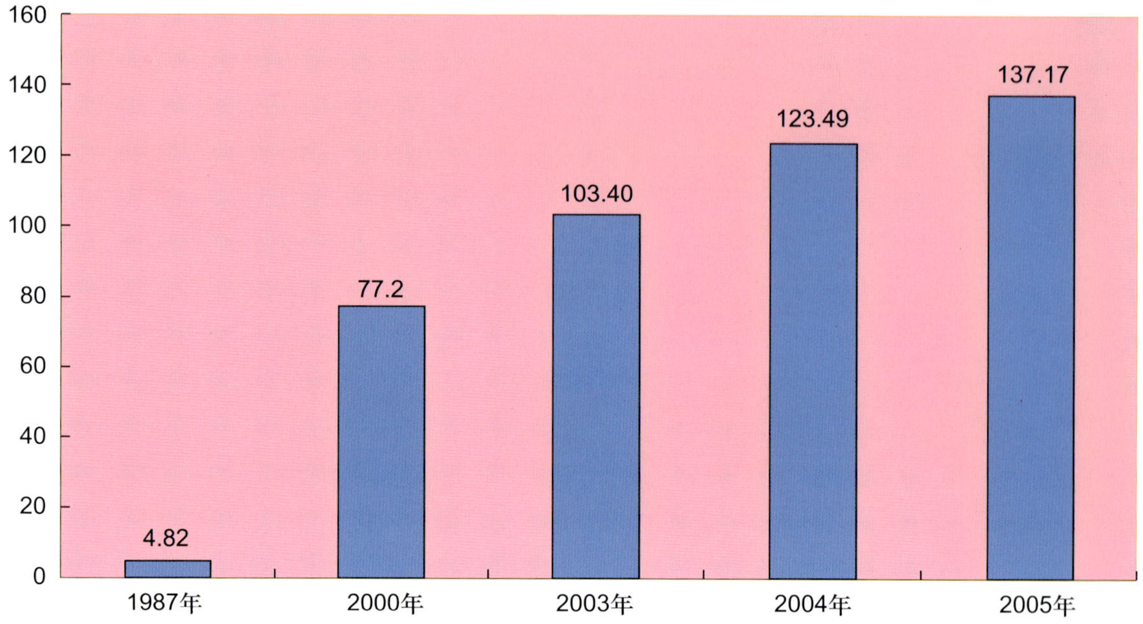

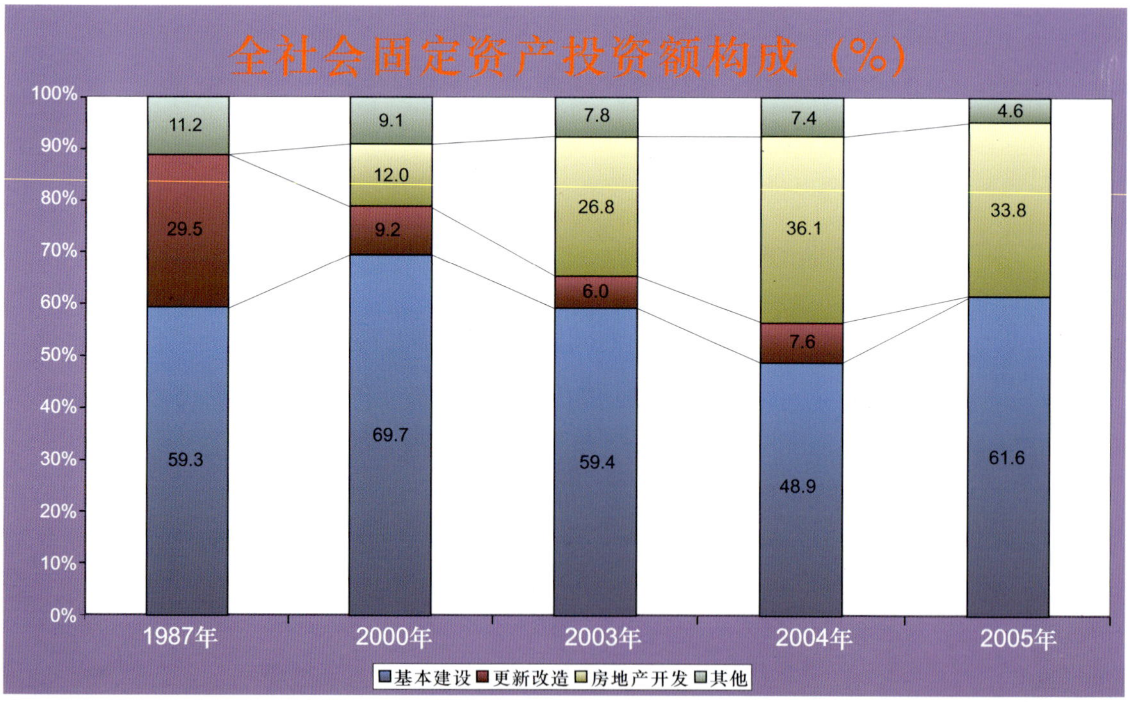

货物周转量和旅客周转量

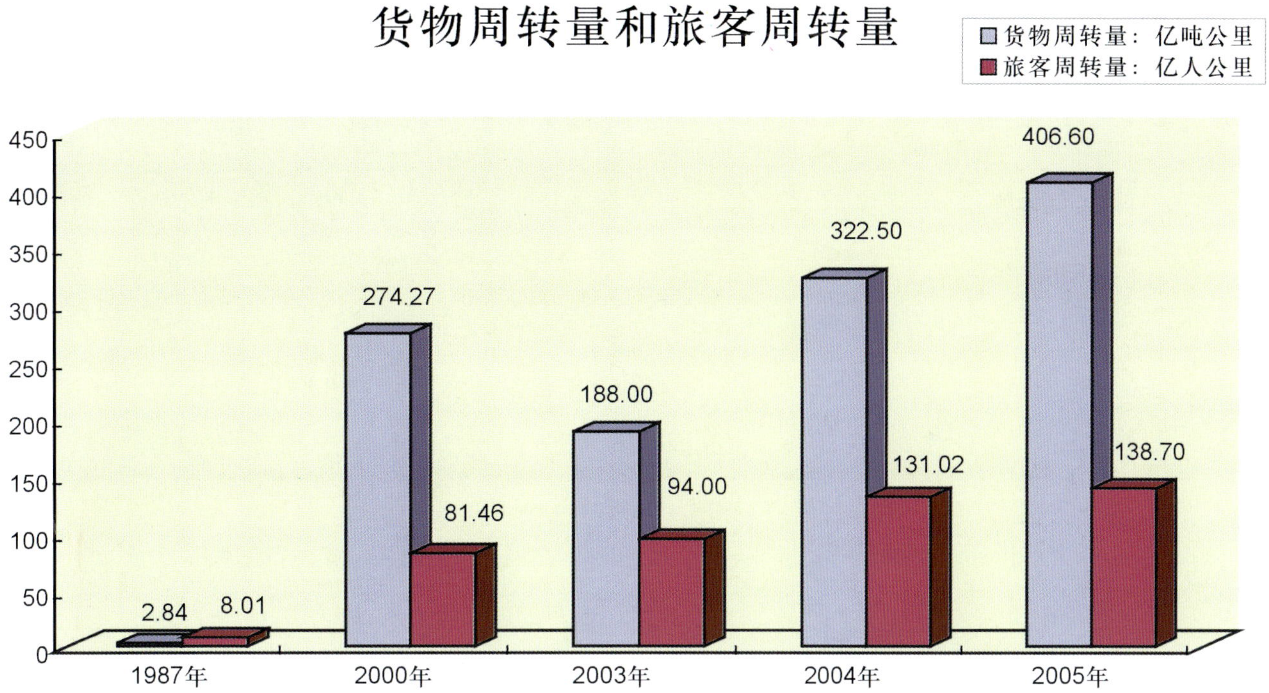

港口货物吞吐量（万吨）

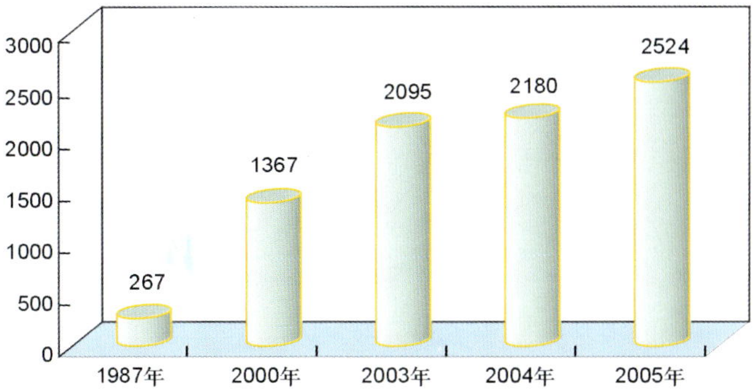

邮电业务总量（亿元）

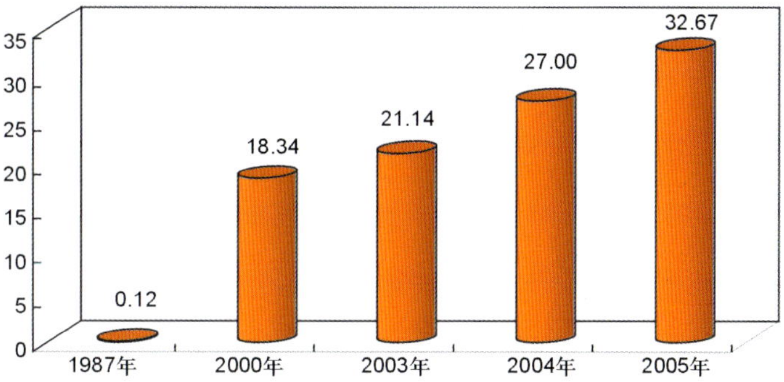

固定电话普及率（部/百人）

(按常住人口算)

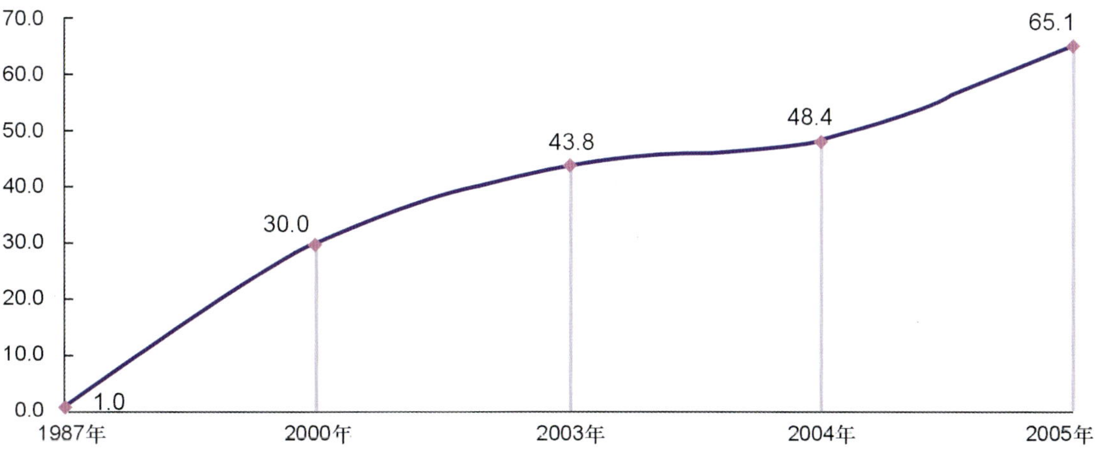

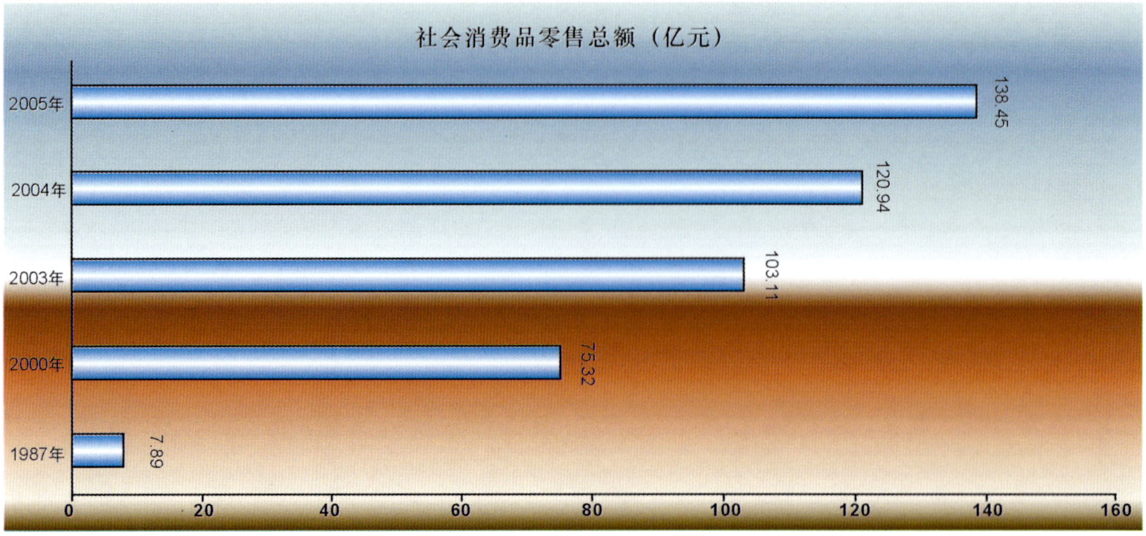

恩格尔系数（%）

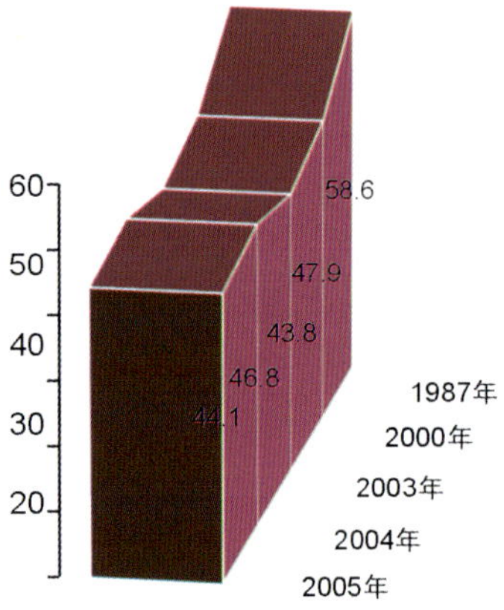

社会消费品零售总额构成（%）

（2005年）

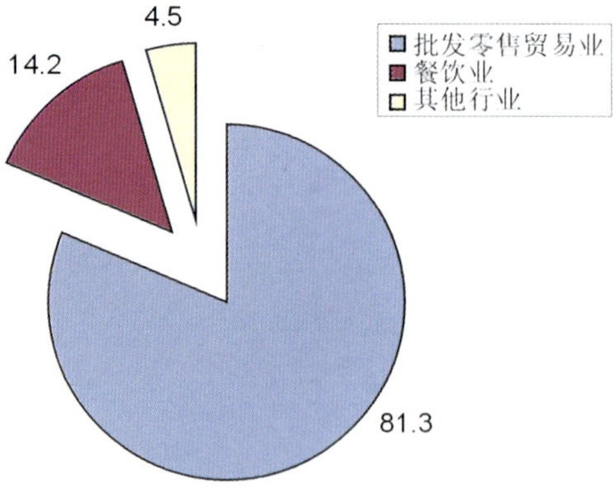

外贸口岸进出口总额（亿美元）

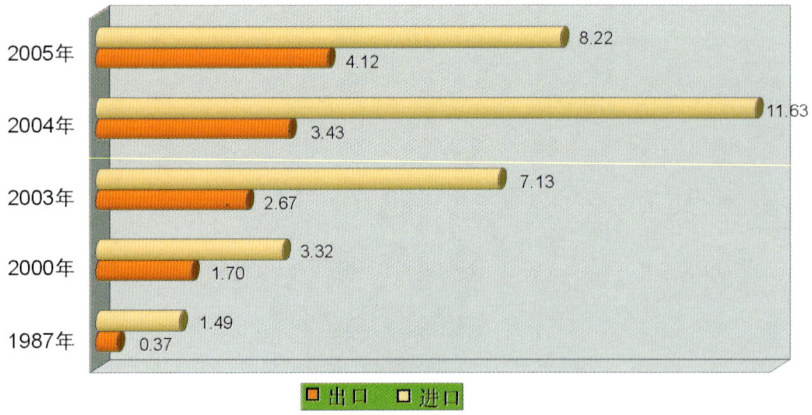

外商直接投资（亿美元）

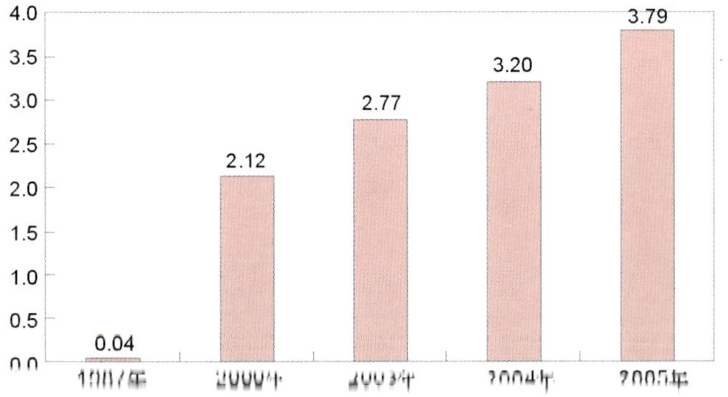

旅游饭店接待境外游客（万人次）

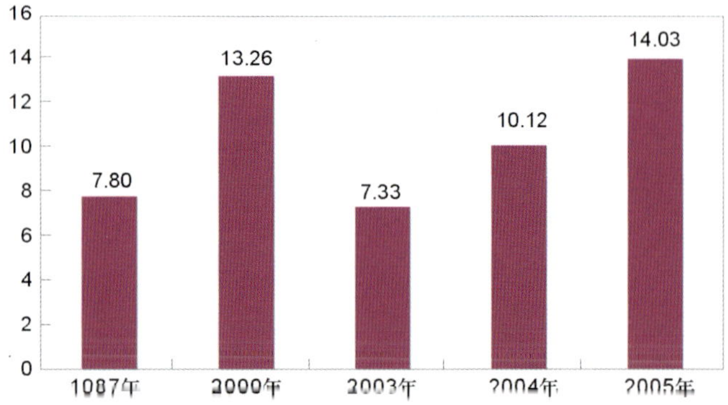

地方财政收支(亿元)

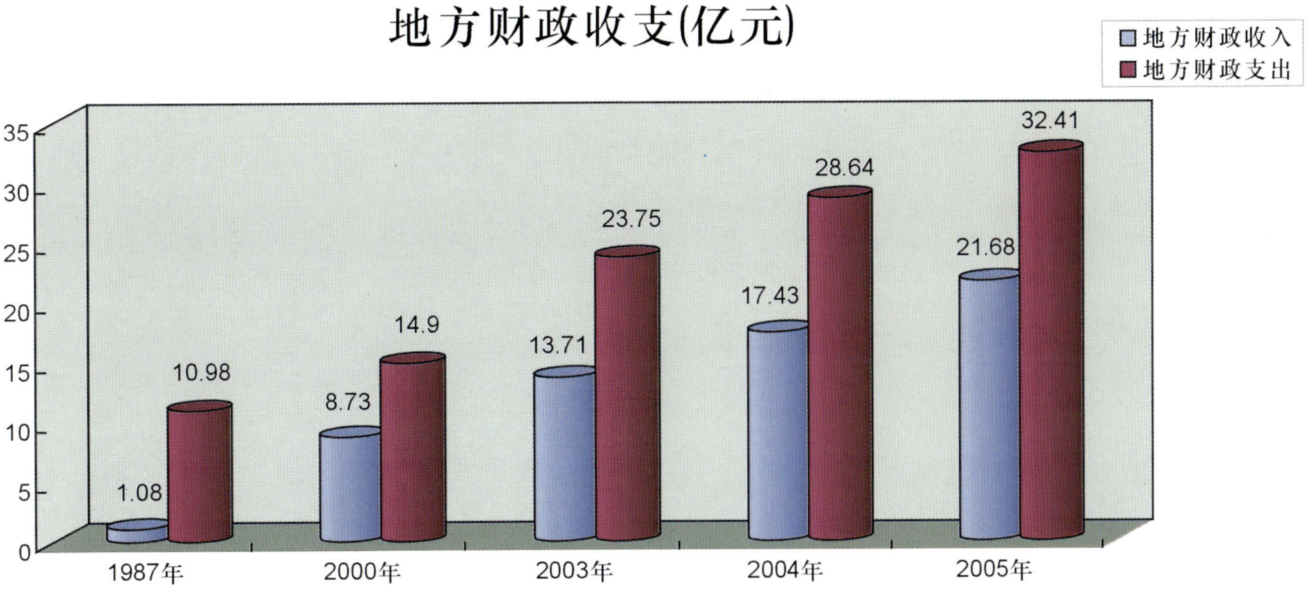

金融机构年末人民币存、贷款余额（亿元）

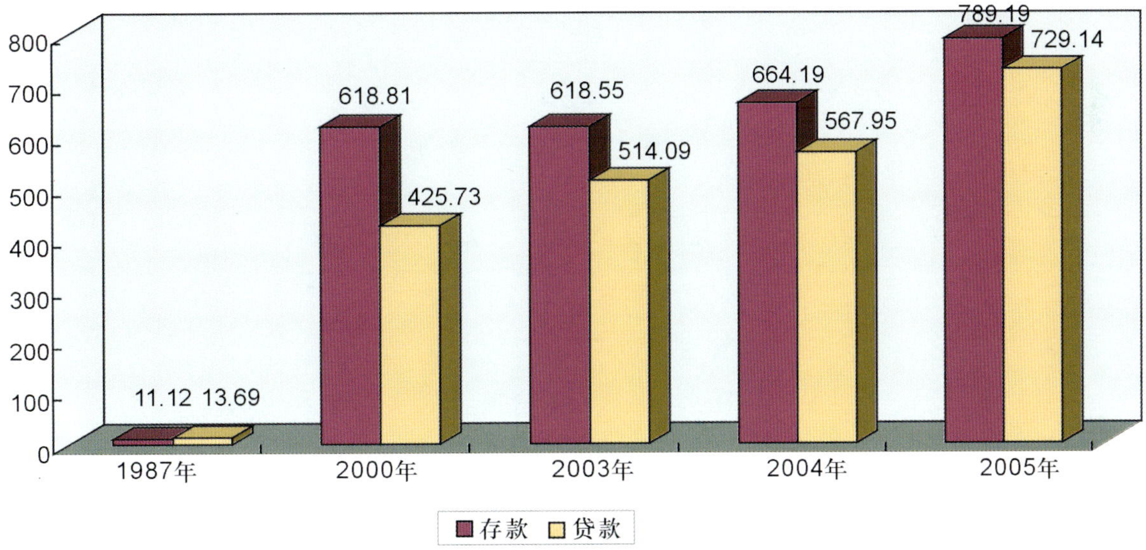

城乡居民储蓄存款余额（亿元）

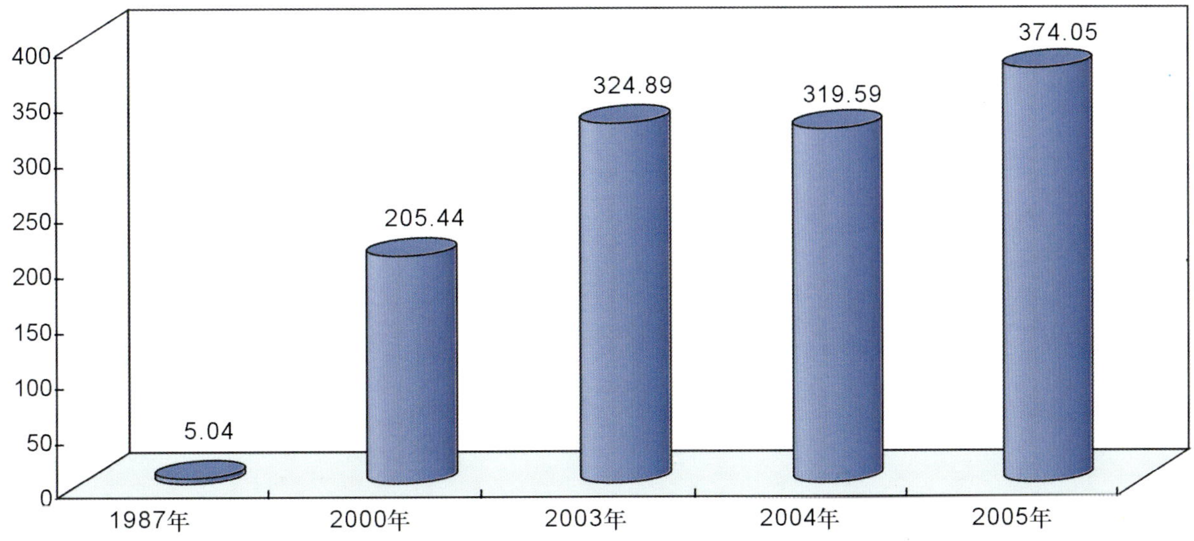

物价上涨幅度（%）

（以1987年为100）

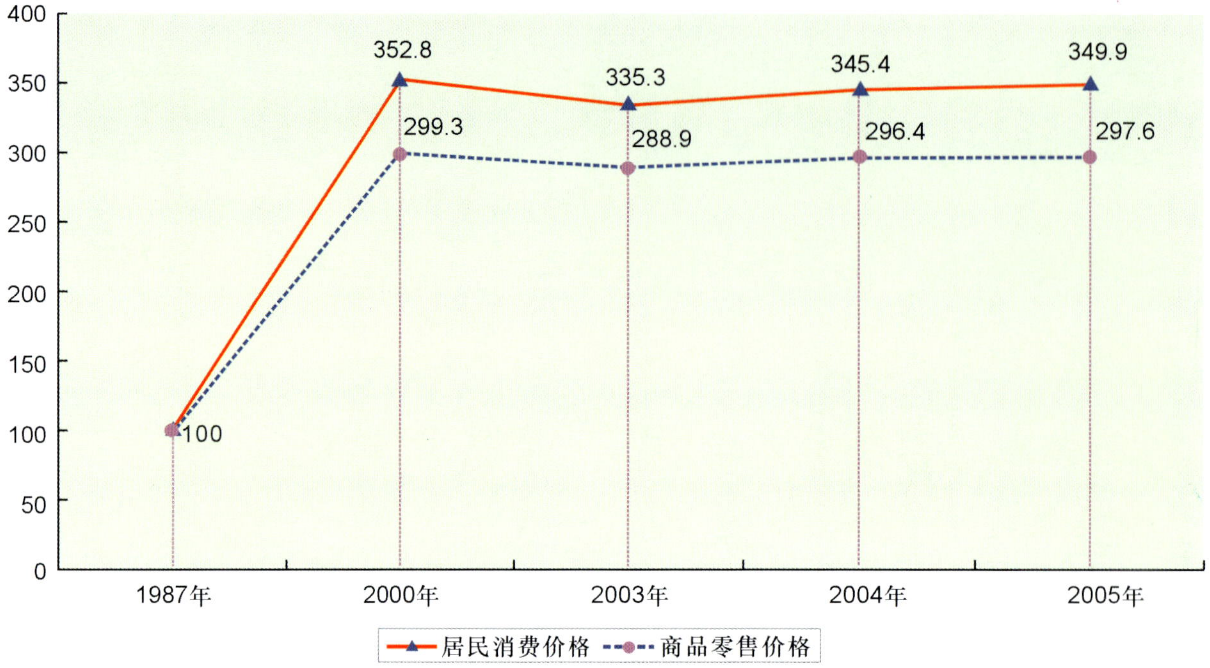

主要食品价格上涨幅度(%)

（以1987年为100）

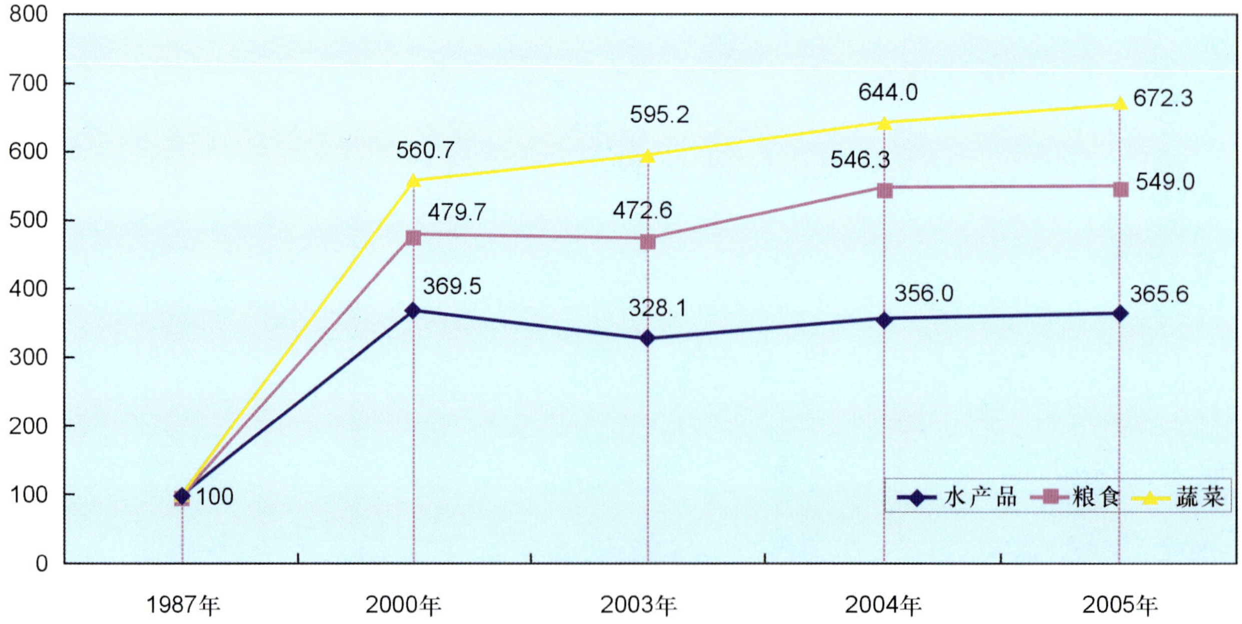

城市居民人均可支配收入消费支出（元）

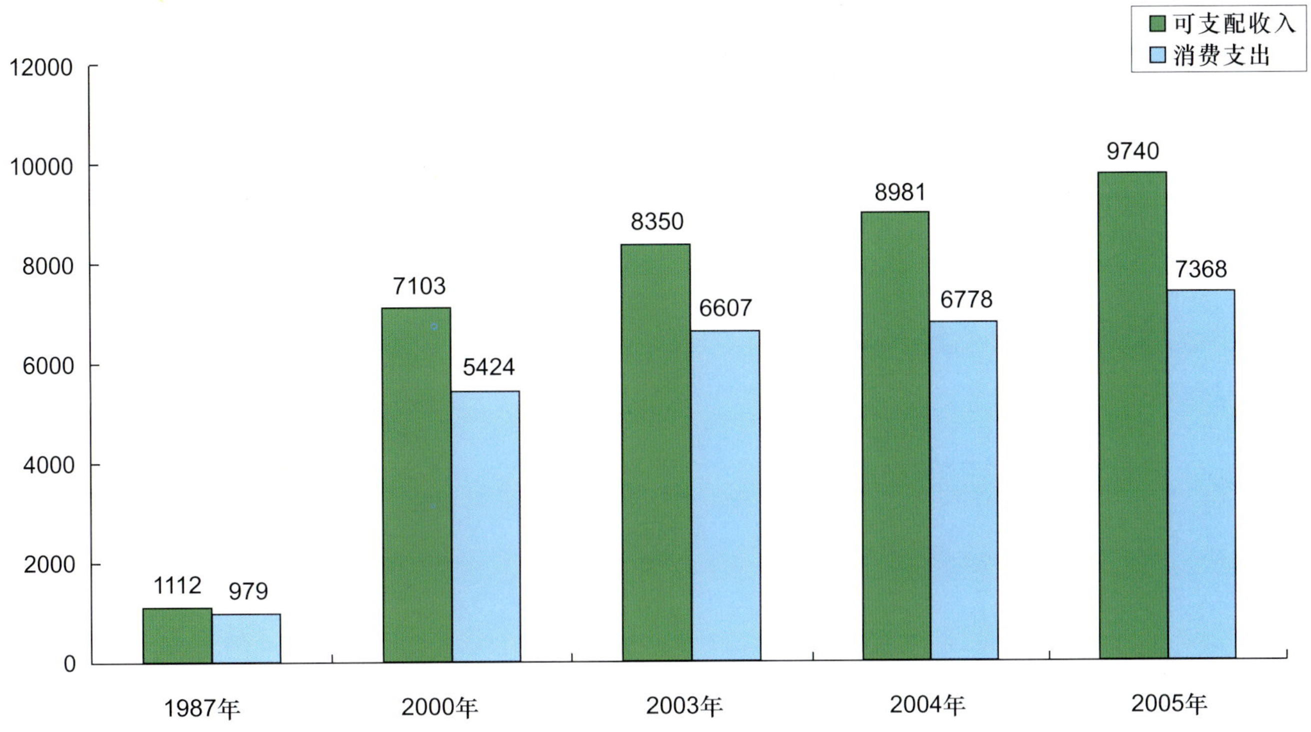

农村居民人均纯收入和生活费支出（元）

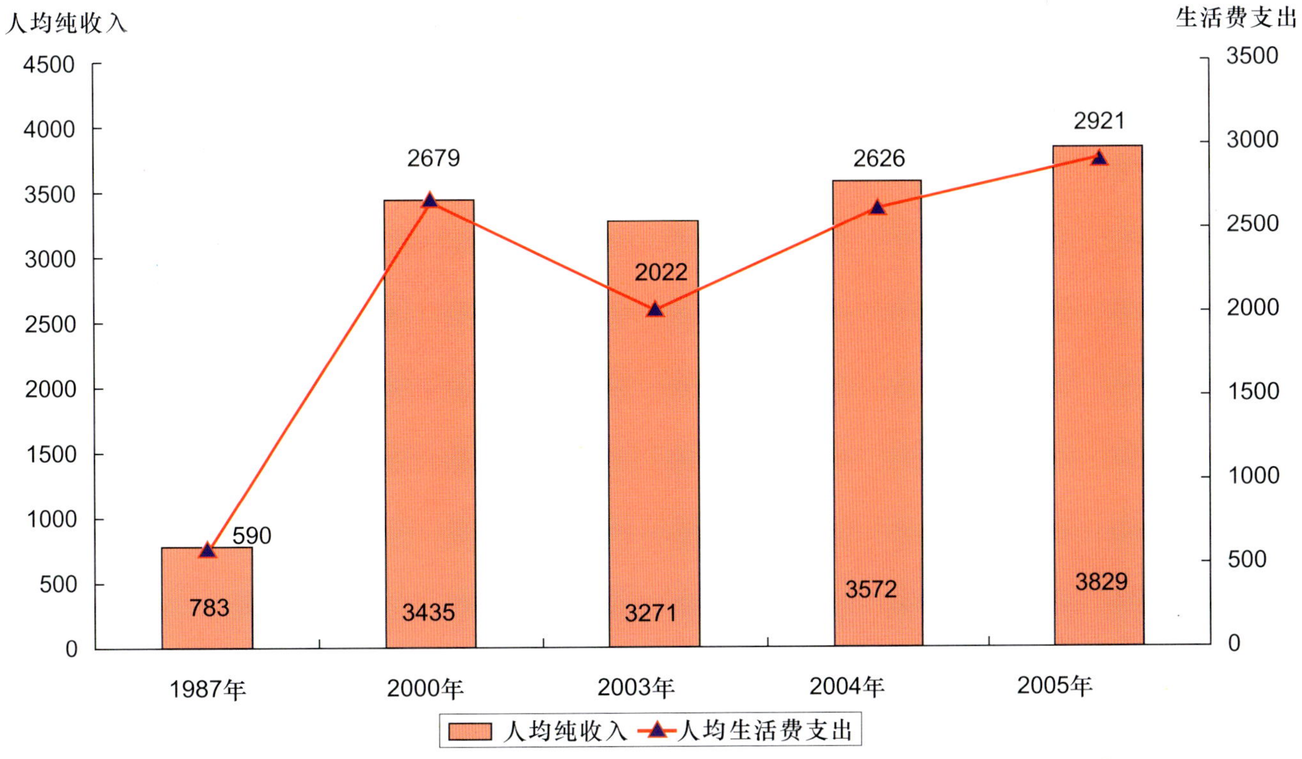

海口市龙华

● 省委书记汪啸风（左一）深入我区农村视察

● 区委书记李恩杰(右一)、区长陈一华（左二）陪同市委书记王为璐考察文明生态村

2005年龙华区以“三个代表”重要思想总揽全局，全面贯彻落实科学发展观，围绕争当“两个翻番，两个率先”先行区的奋斗目标，团结带领全区人民解放思想，求真务实，与时俱进，开拓进取，扎实工作，促进全区国民经济持续快速健康发展和社会各项事业的全面进步。2005年全区完成地区生产总值142.76亿元。比上年增长12.3%，其中，第一产业完成增加值2.62亿元，增长7.5%；第二产业完成增加值51.97亿元，增长12.2%；第三产业完成增加值88.17亿元，增长12.4%，财政总收入完成26.12亿元，增长18.6%。城镇居民人均可支配收入达9860元，增长8.0%，农民人均收入达3818元，增长8%。

2005年，龙华区经济社会发展仍保持良好的发展态势。工业生产持续较快发展，全区完成工业总产值174亿元，增长16.7%，其中规模以上工业完成总产值170.15亿元，增长17%。消费市场持续旺盛，销售快速增长，全区社会消费品零售总额完成49.2亿元，增长15%。其中批发零售贸易额增长15.4%。餐饮零售额增长13.5%。“三农”工作成绩斐然。进一步创新农村工作机制，切实加大“三

区人民政府

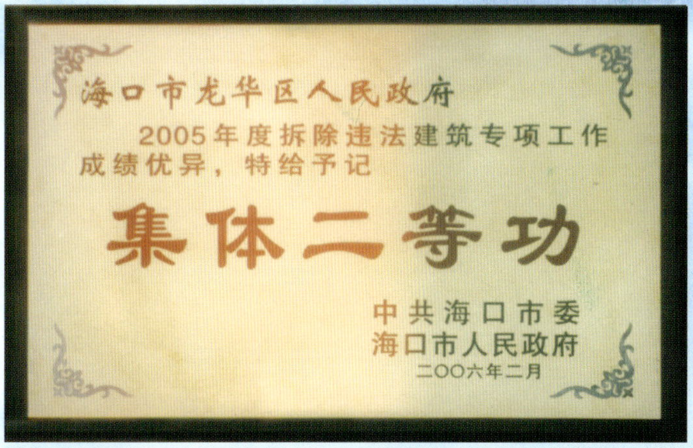

农”工作力度。农村、农业、农民生产生活条件明显改善。打井10眼，建水塔14座，拉水管33000米，安装除铁锰设备8套，解决60个自然村4234人的饮水难问题，实现村村饮上自来水。整治田洋4000亩，改善浇灌面积6000亩，重建和维修防洪楼6幢，建设沼气池900个，建设文明生态村35个。城西镇苍东村被中央文明委授予全国精神文明建设工作先进村。经济社会协调发展，各项工作取得丰硕成果，2005年，龙华区荣获“全国社会治安综合治理先进区”、“全国计划生育优质服务区”、“全国科技进步先进区”、“全国残疾人工作示范区”、“第一次全国经济普查国家级先进集体”的荣誉称号。还有区检察院等九个单位荣获国家级表彰。

● 龙华区荣获全国社会治安综合治理先进集体荣誉称号

● 龙华区文明安全社区启动仪式

● 区长陈一华（左二）深入大同就业服务中心检查指导工作

海口市美兰区人

罗保铭、王为璐、周文彰、陈军、许云等市领导到演丰镇林市村指导文明生态村创建。

省委常委、市委书记王为璐，市委常委、秘书长裴成敏与区领导部署文明生态村规划。

果实累累

美兰位于海口市东北部，东接文昌市，南靠琼山区，西邻龙华区，北临琼州海峡，是海口市政治、经济、文化中心，也是著名的侨乡。面积581平方公里，下辖灵山、演丰、三江、大致坡4个镇和白龙、蓝天、和平南、海府路、博爱、白沙、海甸、人民路、新埠9个街道，共有53个村委会，52个社区居委会，常住人口52万人。辖区地处亚热带，地形平缓，环境优美，气候宜人，物产丰富，交通发达，是海口市的中心商业区。

自然资源：具有以“海”为主体的蓝色旅游资源；以“江”为辅以及河溪相伴的亲水旅游资源；以被称为留在陆地上碧波的红树林为特色的绿色旅游资源；以中国历史上唯一发生的陆陷成海的东寨港琼北地震遗址为特色的科教文化旅游资源。还有得天独厚的海岛资源，拥有占海口市海岸线长度三分之二以上，全长100多公里的黄金海岸线，被喻为中国最美的八大海岸之一；拥有旅游开发价值很高的四个岛屿：海甸岛、新埠岛、司马坡和北港岛。海甸岛沙白水清、凉爽宜人；新埠岛环境幽静、风景优美，是运动休闲度假的胜地；司马坡是众多有实力投资者看好的黄金宝地；北港岛是开发高尔夫运动、海港景观、海岛探险、水下观光、东海海钓等旅游产品的理想海岛。辖区拥有三家五星级酒店，具有年300万人接待能力。

政治文化：美兰区是海南省机关所在地，是海南省的政治经济文化中心。有以海府大道和海秀大道为轴心的商贸中心，海南大学等多所大学以及著名的中国（海南）改革发展研究院等多家科研机构座落在辖区。

基础环境：城区交通、供水、供电、通讯和服务业等基础设施非常完善。境内有中国十大空港之一的美兰国际机场，海文高速公路纵贯全境，构成了独特的陆海空立体交通的区位优势，是海口市的交通枢纽中心。特别是随着海南实行向国际开放第三、四、五航权试点，美兰国际机场空港辐射带动作用将进一步显现。辖区具有得天独厚的

发展的燃化

海南得立克药业有限公

民政府

红树林保护区

滨海生态环境，良好的投资软环境、政治环境、经济环境和科技文化环境，还有高效优质的政务环境。

经济发展： 2005 年，美兰区在市委、市政府的正确领导下，认真贯彻党的十六大、十六届四中全会精神，与时俱进，改革创新，牢固树立科学发展观，加强执政能力建设，紧紧围绕“三地一中心”的发展目标，全面实施“创新美兰、富裕美兰、平安美兰、文明美兰、先锋工程”的五大工程，国民经济得到稳步发展，全区全年国内生产总值完成 87.14 亿元（不含农垦）、增长 12.6%，其中：第一产业完成 7.68 亿元、增长 7.6%，第二产业完成 10.26 亿元、增长 17.5%，第三产业完成 69.2 亿元、增长 12.4%；财政收入 13.2 亿元、增长 13%，区可得支配财力 2.1 亿元、同比增长 14.53%；农业总产值完成 12.86 亿元，增长 8.5%；工业总产值完成 17.36 亿元，增长 15.8%；社会消费品零售总额完成 44.87 亿元，增长 14.1%；全社会固定资产投资 44.29 亿元、增长 28.8%。

社会各项事业成就： 先后被授予“全国科普示范城区”、“全国科教进社区先进单位”、“国家现代学校制度实验区”、“全国社区教育实验区”、“全国百家学习型社区”、“全国万家社区图书室援建和万家社区读书活动先进单位”、“国家体育场地普查工作先进单位”、“全国群众体育先进单位”、在“中华龙”第二届世界太极拳健康大会上，我区获得集体太极拳一等奖和 38 项个人一、二、三等奖的优异成绩、“全国社区卫生服务示范区”、“全国中医药特色社区卫生服务示范区”、“全国婚育新风进万家活动先进区”、“全国人口和计划生育系统药具工作先进集体”、和“海南省双拥模范区”、海南省“四五”普法先进单位等称号。文明生态村“区片联创”工作取得阶段性成效、社会主义精神文明建设取得优异成绩；城乡居民生活水平不断提高，2005 年城镇居民人均可支配收入 9535 元、增长 8%，农民人均纯收入 3862 元、增长 7.7%。

海府大道与海秀大道交汇形成中心商贸区

群众文化生活

海产养殖

海口

区领导在海口无疫区农业招商洽谈会上

国家级无公害蔬菜标准化示范基

秀英区

——一处最美丽的热土

秀英区位于海口市西部，东起丘海大道，西与澄迈县接壤，南同定安县相连，北临琼州海峡，是海口市辖的四个县级区之一。面积495.67平方公里，占全市面积的21.1%，常住人口30.3万人。下辖长流、海秀、西秀、石山、永兴、东山6个镇和海秀、秀英两个街道办事处，共有70个村委会，349个自然村，16个社区居委会。境内资源丰富、交通便利。有全省最大的港口——海口港；是海口至三亚的环岛西线、中线公路的起点；粤海铁路海口火车客运站和货运南站座落在我辖区内；区内有食品饮料、化纤纺织、生物制药三大优势支柱产业；有广袤的优质农副产品生产基地和加工基地，比如，西秀镇龙头村国家级无公害蔬菜标准示范基地、东山镇马坡洋瓜菜基地等，全区以粮食生产、瓜菜种植、水产养殖、畜牧饲养、热带水果种植、花卉培植为特征的城郊特色农业初具规模；优质瓜果畅销内地各省市；有绵延20公里的美丽的西海岸带状公园、海南热带野生动植物园、石山火山群国家地质公园以及名胜古迹丘浚墓等，是外来旅游者和市民度假旅游休闲的好去处。

2005年，全区实现生产总值43.5亿元，增长11.8%；财政收入3.9亿元，增长15.2%；工业总产值54.1亿元，增长7.2%；农业总产值9.3亿元，增长8.1%。2006年，秀英区委、区政府将在上级党委和政府的领导下，以邓小平理论和“三个代表”重要思想为指导，坚持以科学发展观统揽全局，突出以经济建设为中心，紧紧围绕“农村抓结构调整，增加农民收入；城区抓招商引资，扩大经济总量”的发展思路，团结带领全区人民深入贯彻党的十六大和十六届五中全会精神，加强党的执政能力建设和先进性建设，坚持发展我党执政兴国的第一要务，锐意进取，团结拼搏，扎实工作，促进全区经济和社会事业全面发展。

海口保税区、高新区

省领导视察保税区韩国三星光通信公司

【经济发展】2005年，保税区、高新区以扎实的项目引进为基础，在良性发展惯性的作用下，两区经济取得较好成绩，各项经济指标都获得稳步增长。全年实现国民生产总值10.42亿元,同比增长29.09%;工业总产值35.42亿元,同比增长20.12%;工业销售产值35.41亿元,同比增长22.34%;产品销售收入35.25亿元,同比增长27.19%;工业增加值10.42亿元,同比增长29.09%;利润总额4.79亿元,同比增长25.47%;工商税收3.90亿元,同比增长9%;进出口总值4829.29万美元，同比增长146.38%（以上预计数据均不含海汽三期工程）。

【投资环境】2005年是海南省投资环境建设年，我们以此为契机，不断优化两区投资环境。在硬环境建设方面，着眼于21世纪城市化长远发展目标，严格地按规划实施，高标准高起点高质量地建设，进一步完善了道路、通讯、水电、排水、排污等“五通一平”基础设施建设，在海口“药谷”建成了5万平方米标准工业厂房，基本满足企业入区的要求。在此基础上，2005年以来，利用韩国三星项目举行开工庆典和“8.26”海口工业活动日为契机，在保税区和高新区全面进行环境卫生全面整治和绿化美化工作，使两区基本实现了“楼在树丛中，厂在草坪中”的具有热带滨海特色的宜人的绿化美化工业园区；在软环境建设方面，始终坚持树立“企业发展我发展，我与企业共兴衰”和“项目是生命线”的理念，按照“放水养鱼”的原则，以服务管理创新为动力，不断完善管理体制，强化服务意识，提高办事效率，逐步建立健全与国际惯例相衔接的且具有自身特色的服务管理体系，真正做到“亲商、招商、安商、富商”。具体操作上：一是修订、完善、健全了40多项规章制度，包括行政管理、理论学习、廉政建设、民主决策、行政管理、工程招标、业务培训、干部选拔任用等方面，并汇集成册；二是制定出台了《海口保税区（高新区）基本建设资金使用管理办法》和《海口保税区（高新区）投资项目管理实施办法》，从而使建设资金的使用和管理更趋合理化和规范化；三是成立了保税区、高新区财经工作小组和项目工作小组，加强了对资金和项目引进的管理和监督。

与此同时，继续加大维护稳定的力度，努力营造公正公平、安定有序、健康文明、安居乐业的人文环境，为构建和谐园区打下坚实的基础。第一，积极调解劳资矛盾，在保护投资者和企业合法利益的同时，对区内各企业和建筑工地进行劳动用工大检查，对不办理社会保险、拖欠工资、不按规定发放加班工资等侵害员工或民工合法权益的行为坚决予以纠正；第二，认真贯彻“安全检查第一，预防为主”的方针，严格执行国家和省市有关安全生产的法律、法规，抓好重点企业，危险部位的安全检查和监管工作，有效地遏制各类事故的发生，确保企业生产和劳动者生命的安全。第三，组织丰富多彩的文体、参观和培训活动，逐步构建具有区域特色文化体系，不断提高干部职工的健康文明素质。如以“增强体质、展示风采、团结进取、共建和谐”为主题，开展了全区第七届运动会，为干部职工参与体育活动，增强健康体质，培养愉悦身心提供一个具有广泛群众基础的平台。

【招商引资】我们以立足定位，瞄准方向，明确重点为招商工作宗旨，牢牢把握国内外发达地区产业发展、转移的最新趋势和动向，以海口“药谷”、狮子岭“飞地工业”区为新的招商载体，瞄准大公司、大企业，组织专门力量招商，强化项目跟踪服务；实施产业链招商，围绕制药等重点产业，以龙头企业为核心，吸引更多相关企业入区；继续拓展招商渠道，创新招商举措，充分发挥“以展招商”，“代理招商”、“走出去招商”，“以商引商”等各种招商手段的功效；提高企业准入门槛，确定投资强度不低于100万人民币/亩，投入产出比不低于1：2的企业入区标准。2005年以来，招商效果显著，海南益尔药业有限公司、海南全星药业有限公司、海南正和生物制药有限公司等20个项目有意投资"药谷"二期，意向投资额达23.13亿元人民币。全球最大的多肽类产品科研和生产厂家—美国欣泰生物科技公司也有意进驻海口"药谷"，计划投资总额达1500万美元。另外，在2005年"8.26"海口市工业活动日中狮子岭"飞地工业"共签约项目18个，投资金额13.07亿元，建成达产后，年可实现工业总产值27.11亿元。这些项目的成功签约，为园区下一步的发展奠定了坚实的基础。

【重点建设】狮子岭"飞地工业"区项目。2005年6月3日，市政府作出了借鉴"飞地工业"模式，加快狮子岭工业园区建设的决定。我们及时组织实施了以下工作：一是通过招标选择设计单位，对狮子岭飞地工业园重新进行规划修编；二是做好园区原有基础设施的改造、维修的前期准备工作；三是配合设计单位做好园区路网设计工作；四是组织测绘单位对园区地形标高进行测绘；五是对园区的水、电进行维修，保证了区内现有企业生产、生活的正常需要，为即将入园企业提供良好条件；六是加强和四个区的协调工作，做好招商引资工作。"8.26"工业活动日以后，根据狮子岭飞地工业区的实际情况，我们着重进行了以下工作：一是研究了狮子岭飞地工业园管理方面的问题，确定了狮子岭飞地工业园的组织管理模式；二是制订了狮子岭飞地工业园入园项目立项程序、土地流转办法、狮子岭飞地工业管理办公室各职能部门及各区飞地工业园办事处的工作职责；三是做好"8.26"签约项目的跟踪服务和后续的项目招商工作，市本级"8.26"签约项目5个，现在新增7个，已达12个，等待审批入园；四是配合省规划设计院完成了狮子岭飞地工业园的可行性研究报告和项目建议书，为争取开发银行贷款做准备。

海口"药谷"项目。"药谷"一期即核心区建设的各项工作进展顺利。基础设施建设方面，五条区内道路已有两条建成通车，另外的一、二、三号路路面工程已经完成；供水系统管网已铺设完毕，管道燃气主管网、电信主干网已铺设到位，两个供电开闭所已建成。标准厂房建设方面，该厂房共分4栋，2005年3月15日开工建设其中AD两栋5万平方米。其中，A栋25000平方米，拟一次性转让给山东齐鲁制药，该公司计划投资2亿元，主要生产抗肿瘤类、心脑血管类、生物技术类产品，达产后，预计年产值10亿元，税收近亿元。入区企业建设方面，目前入区企业8家，开工建设的有6家，目前入区企业计划投资总额达8.45亿元，建成后可达年产值约66亿元。与此同时，"药谷"二期的开发建设也铺开。首先，着手进行前期市政配套工程设计工作，包括：地质勘探、道路施工图设计；供电、燃气、电信等部分也召集了相关人员，要求作好前期设计施工准备。其次，邀请省、市药监局有关专家及市计划局、药谷办及部分企业的专家组成联合评审小组，对二期拟入区企业，在投资强度、投资实力、产品结构和研发能力等方面进行评估，确保"药谷"二期入区企业的质量。

海马工业园二期项目。2005年4月底，市政府确定由我们承担海马工业园二期"五纵三横"市政道路的建设任务，目前，各项准备工作基本就绪：一是工程技术资料齐备，具备开工建设条件。自2005年6月份开始，我们克服海马工业园二期规划尚未定案，农民土地征用尚未完成等困难，采用主动协调，交插作业等工作方法，先后完成了项目建议书、项目可行性研究报告的编制任务；完成了工程设计方案、工程施工图纸设计任务；完成了工程地质勘察报告、工程预算以及标段划分等项工作，至此下一步"五纵三横"建设所需的技术资料基本齐备。二是协调配套市政设施联合建设工作进行顺利。根据市政府与海汽十四个配套厂家达成的供地合同，政府承诺的供地条件中除了路通、排雨水、排污水通，场地平整外，还包括供水、供电、供燃气及通讯畅通等条件。为兑现承诺，实现园区"七通一平"，保障入区企业有个良好的建设条件，经联系和沟通，海南松海联合供水公司，海南省海口供电公司，海南民生燃气（集团）股份有限公司及中国电信海南省电信有限公司均积极地表示参与配套建设，各项筹备工作正在进行之中。三是工程建设报批工作进展顺利。为了工程的顺利实施，确保"五纵三横"同城市大市政良好地衔接，同时也为了节省投资，控制造价，我们先后完成了城市道路规划调整、项目计划立项、排雨、排污出口方案、规划设计条件、地勘资料审查、总体规划审批等项政府行政许可或审批工作。四是施工招投标筹备工作已经完成。根据海汽与市府达成的协议，为确保2006年海汽工业园二期能够实现"七通一平"的建设条件。目前工程已全面启动。

港口保税物流园区和出口加工区项目。我们先后赴张家港、上海、广州、深圳等地考察保税物流园区和出口加工区。在此基础上，进行资料收集，为选址做准备。同省交通厅进行了沟通，了解老城及马村港地区的未来发展规划。与此同时，与中远海南公司进行了合作意向洽谈。最后，初步形成了《建立海口保税区港口保税物流园区实现区港联动的研究报告》。"8.26"工业活动日中与中远集团签署了共同开发建设保税物流园区的意向性协议后，经不断联系和沟通，中远公司明确表示，将成立一个工作小组专门负责此项工作。并制定完成一个计划书，内容包括：公司总部及区域公司参加人员、投资计划、投资模式、各阶段工作安排等。计划书完成后，派人来海口，同市政府和保税区管委会进行进一步沟通，尽快完成该公司参与项目的可研报告报中远集团批准后实施。二是同澄迈县政府就项目的用地预选址进行了沟通。项目的项目建议书和可研报告由省有关单位已着手进行。项目的控制性规划正在招投标中。上述工作完成后，将进行该项目在省发改厅的立项和在国土厅预选址工作。待项目申报的相关配套文件准备完成后便可正式申报。

【政治思想】中共海口高新技术园区（保税区）工委直属基层党委、党总支、党支部共8个，党员186名。2005年1至6月份全区开展的保持共产党员先进性教育活动中，坚持高起点、高标准、高要求，统一部署，统筹兼顾，狠抓落实，突出特色，取得了较为明显的成效，促进了园区各项事业的发展，切实做到了"两不误、两促进"。具体体现在：一是加强领导、精心组织、周密安排，层层抓落实；二是把学习贯穿始终，不断提高党员的思想认识；三是广开门路，深入开展分析评议，找准突出问题；四是齐心协力，认真抓好整改，努力解决突出问题；五是坚持边学边改、边议边改、边整边改，不断深化"先进性见行动"主题实践活动。通过扎实有效地开展保持共产党员先进性教育活动，提高了全区广大党员的理论水平、党性修养和综合素质。使广大党员增强了"二次创业"的责任感、使命感和紧迫感。

005年8月16日飞地工业园隆重举行启动仪式

海口"药谷"已建成的五万平方米标准工业厂房

局领导班子成员与银监会先进性教育督导组领导合影

党委书记贾晓峰同志在先进性教育活动支部书记培训班上讲话

海南银监局先进性教育总结大会

海南银监局召开2005年年中工作会议

中国银行业监督管理委员会海南监管局

中国银行业监督管理委员会海南监管局(简称海南银监局)是中国银行业监督管理委员会(简称银监会)派出机构，工作主要职责有：根据银监会的授权制定银行业金融机构及其业务活动监管规章、规则和政策的具体实施办法；监管全国性银行业金融机构在辖区内的分支机构和辖区内的地方性银行业机构，组织辖区内派出机构的监管工作；直接负责对所在城市银行业机构的监管，授权或集中调度直接管辖的县(市)监管办事处的监管工作；汇总分析辖内被监管机构信息，对其风险作出总体评价并上报银监会；对辖区内银行业机构风险的发现和报告负第一责任；根据银监会同财政部、人行等部门确立的银行业机构风险处置框架，建立同地方政府，人民银行分支行之间的风险处置协调机制。

海南银监局2003年7月筹建，2003年10月14日挂牌正式成立，内设12个处室和合作金融管理办公室，辖内派出机构三亚银监分局及文昌等16个县(市)监管办事处于2004年5月挂牌履职，银监分局和监管办事处根据海南银监局授权从事监管工作。

海南银监局履职以来，以邓小平理论和“三个代表”重要思想为指导，全面贯彻党的十六届三中、四中、五中全会精神和银监会各项工作部署，以开展保持共产党员先进性教育活动为契机，落实科学发展观，坚持“管法人、管风险、管内控、提高透明度”的监管理念，不断加强监管能力建设，切实提高监管专业性、持续性和有效性，结合海南银行业监管实际，扎实工作，全面推进各项工作迈上新台阶。

海南银监局工会组织的2005年职工沙滩拔河比赛

职工沙滩拔河比赛

海南银监局工会主任杨明元为职工沙滩拔河和游泳比赛获奖队颁奖

海口市国家税

2005年，海口市局党组以先进性教育为契机，认真落实市委、市政府提出的“投资环境建设年”工作要求，提出了“强基细管抓关键，创新求实促发展”的整体工作思路和创建“学习型、服务型、勤政型、廉洁型、法治型、诚信型”组织的工作目标，并把2005年定为“队伍建设年”，推动了全局各项税收工作任务的圆满完成。

2005年11月，市局被中央文明委评为全国精神文明建设工作先进单位。这一年中，还先后荣获海南省档案工作先进集体、海南省国税系统党风廉政建设先进单位、海南省国税系统宣传工作先进单位、海南省国税系统信息工作先进单位、海口市保密工作先进单位等荣誉称号。局党组书记、局长刘劲松同志荣获全国巾帼建功标兵、全省“四五”普法工作先进个人荣誉称号。

在组织收入方面，2005年全年税收收入在2004年较高基数的基础上又实现了三个突破,全市国税收入突破37亿元，达到372，007万元（含海关代增），同比增长6.4%；国内税收收入突破28亿元，达到283，012万元，同比增长17%，完成省局下达任务的108.5%；市财政口径国内税收收入269,134万元，比去年同期增收40,217万元，增长17.6%。省国税局和市财政下达的任务指标均超额完成。

陈辞市长、徐唐先常务副市长到我局调研，并高度评价海口国税的工作，希望再接再厉，为海口的发展作出更大贡献。图为陈辞市长、徐唐先常务副市长在刘劲松的陪同下参观滨海办税服务厅。

在信息化建设方面，市局已建立起1台中型机，7台小型机，18台PC服务器，680多台电脑PC机组成的集中式广域网络。针对征管工作中存在的问题，先后自行开发了《其他抵扣凭证采集信息查询统计系统》、《其他抵扣凭证重复采集提示软件》、《其他抵扣凭证异常比对信息清分系统》、《小规模纳税人税款核定软件》、《文书监控管理系统》、《商贸企业纳税申报初步评估系

我局定期组织税务人员走上街头，接受市民的税法咨询。

我局信息化建设硕果累累，建立了由1台中型机，7台小型机，18台PC服务器，680多台PC机组成的集中式广域网络，并在此基础上开展多元化申报服务。图为我局信息中心一角。

务局

统》、《入库率查询软件》等软件，强化了税务机关对税收的监控，提高了纳税人的纳税遵从度，实现了管理效能的最优化，受到了上级机关的充分肯定和赞扬。

在队伍建设方面，市局锐意创新，坚持以“五个坚持”贯穿教育活动始终，认真开展保持共产党员先进性教育活动，即：“坚持把强化组织领导工作贯穿先进性教育活动始终、坚持把真抓实干、严格要求贯穿先进性教育活动始终、坚持把建立长效机制的探索贯穿先进性教育活动始终、坚持把先进性见行动贯穿先进性教育活动始终、坚持把边整边改原则贯穿先进性教育活动始终”，确保活动取得实实在在的效果，并在全市先进性教育活动总结大会上做经验介绍；进一步加强党风廉政建设，研究制定《党组成员党风廉政建设岗位职责》，建立“重点保护人”库，完善特邀监察员制度，严格落实贴心讲廉、诫免谈话及廉政档案制度，深入开展警示教育，确保队伍不出问题；积极开展学习型组织创建工作，充分利用系统内外的教育资源，深入开展岗位练兵，完善激励机制，鼓励干部自学成材，努力提高干部素质；大力倡导和培育税收文化，广泛参与社会公益活动，并成立羽毛球俱乐部，组织丰富多彩的文体活动，增强了全局干部的凝聚力和向心力。

我局的税收文化建设丰富多彩，图为市局机关处室庆国庆联欢会剪影。

我局积极落实“先进性见行动”工作要求，深入开展扶贫问暖活动，先后捐款8万多元解决扶贫点380亩土地的抗旱用水问题和24个自然村群众出行难问题。图为帮扶地区群众向我局赠送锦旗。

在优化服务方面，市局继续以纳税人的需求为导向，进一步提升服务水平。整合办税服务厅资源，全面推行“一窗式”管理；进一步完善12366纳税服务系统，为纳税人及时提供个性化的、交互式的、有效的纳税服务；实施多元化申报，提高税收征管的工作效率；设立办税服务监督岗，加强对一线办税服务人员的监督；启动国、地税联合办税机制，减轻纳税人的办税成本。

局通过建立健全规章制度夯实征管基础，强化“两基”设，制定了《海口市国家税务局征管工作规程》，解决长期以来未能解决的问题。图为我局征管工作规程评审现场。

我局高度重视纳税服务工作，采取一系列措施提高服务效率和质量。图为我局开展“国税局长听您诉心声”热线活动，在税务干部和纳税人之间架起了一座连心桥。

海口市

海口市人事劳动保障局是市政府对全市人事、劳动和社会保障工作进行行政管理的职能部门。其主要职责是：

一、贯彻执行党和国家及省有关人事、劳动和社会保障管理工作的方针、政策和法律、法规，依法拟定并组织实施本市人事、劳动和社会保障管理工作的政策、法规、规章和发展规划、计划。

二、负责全市国家机关和企事业单位人力资源配置的总体规划、结构调整等管理工作。

三、负责管理全市国家机关、事业单位及企业的工资福利、工资基金；负责干部、职工离、退休的审批发证工作。

四、负责推行国家公务员制度的具体工作；承办市政府管理的部分领导人员行政任免工作；综合管理政府奖励表彰工作等。

五、负责全市人力资源规划、开发、交流以及专业技术人员、队伍建设等管理工作；综合管理企事业单位专业技术职务评聘、专家推荐选拔等工作。

图片说明：

①海口市人事劳动保障局办公大楼

②邹富兴局长在二OO五年局综合考核大会上

③邹富兴局长在全国再就业援助月活动现场

④省、市有关部门联合举办援助月活动宣传

⑤⑥市中级人民法院、市人事劳动保障局先予执行农民工工资现场会。

人事劳动保障局

六、负责劳动力市场发展规划，组织实施就业与再就业工程，组织实施失业职工的分流安置、基本生活保障和再就业的政策。

七、综合管理全市职业技能开发、职业培训、技术教育、职业技能鉴定和职业培训机构的审批等工作，归口管理市技工学校。

八、负责贯彻执行国家和省有关养老、失业、医疗、工伤、生育和农村养老等社会保险的政策及法律、法规和规章，并组织实施和监督检查。

九、负责贯彻执行国家调整劳动关系的政策、法律和法规，负责劳动和社会保障政策咨询和服务，行使劳动和社会保障的监督检查职权。

十、负责军人转业干部安置、一般干部因公出国（境）的政审、人事劳动保障系统人员的教育培训以及承办市政府和上级部门交办的工作，检查指导各区人事劳动保障部门、所属单位的工作。

④

⑤

⑥

坚持科学发展观

——海口市节水办公室

领导班子自左起：党总支副书记、副主任杨兹坤　党总支书记、主任林一民　副主任林声涛

住宅办公综合大楼一角

办领导与部分中层干部

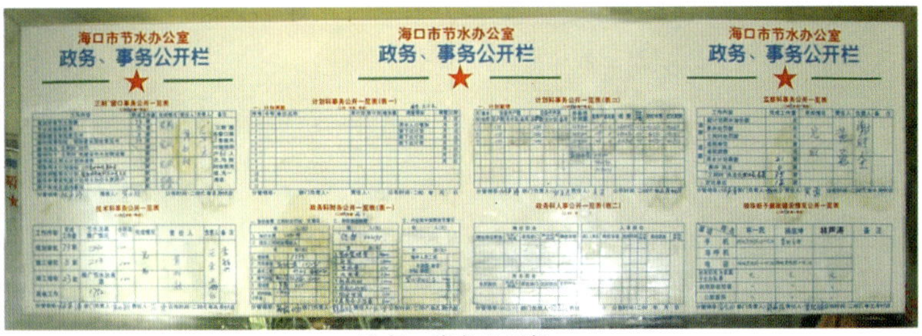

政务、事务公开栏

海口市节水办公室成立于1992年。十多年来，在市委、市政府的正确领导下，始终坚持科学的发展观，遵循可持续发展要求，紧紧围绕创建节水型城市的目标，积极开展城市节水工作，取得显著的成绩。一建立健全机构，强化部门职能管理；二是科学规划，明确节水工作目标，把创建节水型城市工作提升到建设节水型社会的高度；三是建立依法节水工作机制，完善节水法律法规体系；四是加快科学节水工作步伐，大力推广节水新技术；五是坚持不懈地开展节水宣传教育，不断提高全体市民的节水意识；六是组织开展创建节水型企业（单位）活动，夯实创建节水型社会的群体基础。至2005年底，全市累计节水7800万立方米，工业用水重复利用率从1992年的45%提高到目前的76%；自备井取水量由1992年每天

锦秀京江再生水、雨水的综合利用

创建节水型城市

2005年，海口市被国家建设部、国家发展和改革委员会命名为“全国节水型城市”

海南可口可乐公司通过废水处理回用水养鱼

海口市节水办2000年获国家建设部授予“全国建设技术创新工作先进单位

海口市1995年荣获国家建设部、国家经贸委联合授予“全国节约用水先进城市”

《开发地表潜水用于城市绿化地节水技术的研究》获科技进步三等奖

1995年，海口市节水办公室荣获“全国城市节约用水先进单位”

美国工业村污水处理回用工程

10万立方米下降到2.5万立方米并继续呈下降趋势，地下水位逐年回升。城市供水水源结构已从1992年的以地下水水源为主过度到现在的以地表水水源为主；GDP取水量从1992年的299立方米/万元下降到目前85立方米/万元；累计推广应用各类节水器具17万套（件）；全市形成节水能力每天1.8万立方米；共完成节水科研项目9个。2005年2月，我市被国家建设部、国家发展改革委命名为“全国节水型城市”。

贵族游艇会泳池（循环水）

海口市公安局交通巡逻警

2005年，在市委、市政府、市公安局的领导下，交通巡逻警察支队在支队长蔡军、政委赵强的带领下，以“三个代表”重要思想为指导，认真学习贯彻“十六大”精神，扎实深入开展保持共产党员先进性教育活动，以“先进性见行动”为契机，遵循“抓班子、带队伍、促工作、保平安”的工作思路，把道路交通安全管理与城市建设发展紧密结合起来，深化畅通工程，改革勤务模式，初步构筑起我市交通、治安打防控一体化的管理模式，全力以赴做好我市道路交通和治安管理工作，取得较好的成效，圆满完成“博鳌年会”、党代会、省、市“两会”等重要的交通安全保卫工作。据统计，全年共查处各类交通违法行为为34万余次，查扣交通违法车辆6万多辆，查处各类治安案件1365宗，抓获违法犯罪嫌疑人1865人，完成各类交通警、保卫任务270多次、办理交通事故案件9760起，已结案9579起，结案率达98.14%；坚持素质强警，积极开展保持共产党员先进性教育活动，深入开展岗位大练兵，加强教育培训工作，先后组织民警1020人次，进行了警务实战技能强化训练、执法行政复议知识培训、警衔晋升培训、简易交通事故快速处理培训、电子政务技能培训和消防知识培训等。同时整合警力资源，加大交通治安勤务管理力度，维护良好的交通秩序与街面治安环境。科技强警和设施保障齐抓共举，提高我市交通管理工作水平：一方面，支队加大交通科技工作力度，打开交通科技工作新局面。支队投入大量资金采购了信号机20台，新建单点自适应灯控路口5个，新建路段人行横道灯控系统4个，新建超速自动记录系统32套，目前全市已经渠化路口107个；另一方面，建设中间护栏点，进一步完善道路交通基础设施。维修交通护栏6098米，安装翻新铁质交通护栏4775米，制作安装提示大型标志牌202块，维修标志牌384块，补充施划交通标线38490平方米。与此同时，以“五进”交通宣传为重点，加大交通普法力度，增强市民交通安全意识。目前，已与482所学校、241个乡镇、212个企业、131个社区建立警民共建点，发放交通宣传知识读本及资料近200万份，受教育人数150万人次，“五进”宣传工作普及率达95%。今年4月份支队被公安部评为“全国道路交通安全宣传‘五进’工作先进集体”。以人为本，规范窗口服务工作，提高窗口服务质量。驾管所积极做好驾驶人无纸化和桩考仪考试准备工作，目前已经正式启用，车管所引进保险。税务（车船使用税）、旧车交易评估等相关业务，为群众提供一站式服务。推行上门服务制、延时下班办结业务制，积极引进185邮政快递，为群众提供送证上门服务，共完成业务量126992件，办理新车入户16855辆（其中农用运输车补重新入户2387辆。大车入户量583辆，小车入户量13827辆)，比2004年(11322辆)同期增长3146辆，增长率力27%。在总结一级管理模式和二级管理模式优点的基础上，事故处理大队推行队伍量化管理奖惩机制，实行案件受理-移交责任认定-移交调解-结案的流水线作业，增进交通事故处理“阳光作业”与工作效率。

卫留成省长亲切慰问一线民警

察支队

深入开展大练兵活动，民警苦练擒拿本领

支队领导在深入“欢乐节”演出现场了解交通疏导和安全情况

交通安全宣传进社区

海口市城市发展有限公司是国有独资企业，主营业务为市政项目开发建设，旅游资源开发建设与经营，成片土地开发与房地产经营等。

公司下设市政项目部、工程管理部、投资发展部等10个部（室），现有管理人员73人，大学以上学历占89.4%，中级以上职称占65%。

公司成功地创建了多个品牌：

旅游开发项目：假日海滩

土地合作项目：黄金海岸花园、中牧海景花园、新星城市花园

市政工程项目：滨海西路、西环路、海口火车站站前广场、滨海立交桥

目前正策划组织实施的有：

市政项目：长23.5km的海口市货运大道

村镇公路项目：一期三条：长9公里的大甲公路改建工程；长22公里的东新公路改建工程；长14公里的红旧公路改建工程

旧城改造项目：占地1500亩的海甸·金水岸；占地585亩的玉沙村·CBD

2001年起连续五年被中共海南省委、省人民政府、中共海口市委、市人民政府分别评为“先进基层党组织”、“海口市文明单位”、“海南省文明单位”；共青团中央授予“五四红旗团委创建单位”荣誉称号。

中共海南省委常委、海口市市委书记王为璐、海口市市长陈辞听取项目建设汇报

海甸溪项目改造效果图

玉沙村改造效果图

海口市城市发展有限公司

陈辞市长及有关领导视察海甸溪项目

中共海南省委常委、海口市市委书记王为璐参加西环路通车庆典

地址:海口市国贸大道王府大厦二层
电话:0898-68530718
传真:0898-68511577
E-mail:hkcf2000@163.com

琼山是国家历史文化名城，自古文化昌明，教育发达，是海南文化传播最早的区份之一。图为琼台书院大门。

琼山是海口市的农业大区，农业产业结构调整使农民得到了实惠，图为甲子镇红岭村坝上青皮冬瓜基地。

海口市琼山区

琼山区位于海口市南部，东部、北部与美兰区毗邻，西与龙华区接壤，南连文昌市和定安县，全区土地总面积939.9平方公里，总人口34万多人。辖国兴街道办事处和府城、龙塘、云龙、旧州、红旗、三门坡、甲子、大坡等八个镇，村（居）民委员会90个。辖区内有国营红明、东昌两个农场和省属岭脚热作场以及区属新民林场、中税农场等。区政府所在地府城镇素有“琼台福地”之美称。

琼山历史悠久，汉武帝元封元年（公元前110年）始在此设郡县，是海南唯一的国家历史文化名城。琼山物华天宝，人杰地灵，历史上留下过“一里出三贤”的佳话，流芳千古。古代有誉为“海南双璧”的“海青天”海瑞和礼部尚书兼文渊阁大学士丘浚，现代有被周恩来总理赞誉为“琼崖人民的一面旗帜”的冯白驹将军。

海南红塔卷烟责任有限公司厂房外景

琼山自古文化昌明，教育发达，是海南文化传播最早的县份之一。早在宋代庆历四年（1044年）就创办海南岛最早的儒学机构——琼州官学宫，有书院、义学48间。琼台书院因粤剧、琼剧《搜书院》的流传而名闻天下。现辖区内有海南师范学院、海口经济技术学院、琼台师范学校、海南中学、国兴中学、琼山中学等院校，为促进全区乃至全省的经济发展和社会进步提供了充分的智力支持和培养了大批优秀人才。

琼山地处于南渡江西岸，府城有较完整的城区功能，是全市人流物流较为集中的中心城区之一。资源丰富，有煤、锰、高岭土等矿产资源；有五公祠、海瑞故居、琼台书院、丘浚故居、鼓楼、冯白驹将军故居、琼崖工农红军云龙改编旧址等独具特色的人文景观，有“民间文化艺术游——海南元宵换花节”等极富地方特色的旅游活动。淡水资源充足，岛内最大的河流南渡江流经本区，境内有集雨面积50平方公里以上的小河流6条，中型水库4座，龙塘水源厂和儒俊供水厂担负着海府地区的供水功能。丰富的淡水资源为发展经济提供良好的条件。

在新世纪的头二十年，是琼山区发展的重要机遇期，琼山区将围绕市委、市政府提出的“两个翻番、一个率先”的发展目标，以历史文化名城为特色，以建设一流的发展环境、人居生活环境和学习型的城区为竞争力，加快培育优势产业，发展先进文化，建设民主政治，营造优美环境，力争经过“十五”、“十一·五”两个五年计划的艰苦奋斗，把琼山建设成具有历史文化特色的富裕文明优美的新城区。

勤劳勇敢的琼山人民，热忱欢迎国内外有志者前来携手开发，共展鸿图。

琼山城区建设日新月异，图为红城湖公园一景。

海南省财政国库支付局

海南省财政国库支付局核算站照片

海南省财政国库支付局(省直单位会计管理中心)成立于2000年12月，隶属海南省财政厅，是依照公务员制度管理的副厅级事业单位，内设8个处级机构，派出10个核算站。主要承担省直单位的国库集中支付、会计集中核算和工资网络发放等财政管理制度改革工作。

五年来，支付局以构建公共财政体制为己任，牢固树立发展、创新和服务意识，认真贯彻落实科学发展观，依法行政、依法理财，在规范财政资金管理、提高财政资金使用效益等方面取得了显著成效，基本建成了公共财政的支出管理新模式，有力地保证了政府预算的执行和社会经济发展任务的落实，强化了会计监督，促进了党风廉政建设，大大提升了省本级财政财务管理水平。几年来，支付局领导班子在抓好业务工作的同时，注重干部队伍建设，培养了一支法制严明、作风优良、业务精通、勇于创新、善于管理、富有生机和活力的财政干部队伍。2004年，支付局第一、第九核算站被团省委授予“海南省青年文明号”，第三和第四党支部被省直机关工委评为先进基层党组织，支付局合唱团在第七届中国(海口)合唱节中获铜奖；2005年，第一核算站被团中央授予“全国青年文明号”。

截止2O05年底，已纳入会计委派的省直单位共有226家，集中管理银行账户930个；实行国库集中支付改革试点单位123家，其中85家单位实行了公务卡制度；省直271家单位、全省18个市县和洋浦经济开发区都已实行了工资网络统一发放。

“十一五”期间，海南省财政国库支付局将在省委、省政府、省财政厅和支付局新一届领导班子的领导下，继续深化会计委派、国库集中支付和工资统发等财政改革，以崭新的面貌、优质的服务再创佳绩!

局领导班子研究工作

海南省疾病预防控制中心

海南省委书记汪啸风、副省长林方略在省卫生厅厅长简梁盛等领导的陪同下视察我中心

中国科学院院士、中国预防医学科学院原院长，我国著名病毒学专家曾毅教授来我中心指导艾滋病实验与研究工作。

海南省疾病预防控制中心是在原海南省卫生防疫站、海南省热带病防治研究所、海南省结核病防治研究所、海南省健康教育研究所的基础上合并组建成立。是集应对突发公共卫生事件、生物恐怖、传染病、地方病等预防与控制，进行食品、环境、学校、放射、劳动、职业病防治、化妆品、公共场所等公共卫生监督监测、卫生检验，健康教育及科研培训于一体的省级疾病预防控制机构，是我省疾病控制、业务技术、卫生监督、监测检验指导中心和预防医学人才培训中心。

中心现设有16个专业科(所)室和6个职能科室，3个附属机构。海南省卫生监督所、海南省卫生检测检验中心、海南热带病防治究所、海南省健康教育研究所、海南省结核病防治研究所、海南省艾滋病监测检验中心、海南省预防医学会、海南省食品科学技术学会、中国热带医学杂志社、海南医学院教育基地等均挂靠中心内。中心现有职工248名，汇聚了高级专业技术人员42人，中级84名，国家和省优秀专家15名，专业技术人员占84.6%。

中心成立三年间，年轻的省疾病预防控制中心在防病领域取得了显著成绩。成立以来，全省传染病发病率连续下降，无重大疫情发生。特别是在全省防治非典型肺炎、禽流感等重大突发公共卫生事件应急处理工作中，经受住严峻的考验，为捍卫海南无疫区做出了突出贡献。全省计划免疫卡介苗、脊灰、百白破、麻疹“四苗”接种率由建省前的10.8%提高到95%以上。实现了海南省消灭脊髓灰质炎的目标，计划免疫相应传染病已降到历史最低水平，计划免疫工作从一个落后省份一跃进入全国先进省份行列，为全省人民的健康做出突出的贡献。目前计划免疫工作成果继续巩固，全省继续保持无脊灰状态。同时中心还出色完成来琼国内外政要及博鳌亚洲论坛、世界小姐总决赛等国际大型活动的公共卫生食品安全保障工作，屡获省政府表扬。

在省卫生厅的领导下，在中心领导班子的带领下，经过全体职工的共同努力，精神文明和物质文明取得了双丰收。近年来获得26项卫生部及省、厅科技进步成果奖，其中省科技进步奖一等奖1项，二等奖1项，三等奖16项，四等奖3项，省卫生厅科技进步奖一等奖1项，卫生部科技进步奖(合作)二等奖3项，三等奖1项，部分成果已达到国内先进水平。中心对外技术交流频繁，目前与世界卫生组织、联合国儿童基金会、联合国计划开发署、全球基金组织及加拿大等10多个国际组织国家、地区保持良好的技术合作与交流。同时近几年来中心获得中央文明委授予的“全国文明单位”、“全国创建文明行业工作先进单位”、卫生部授予“全国卫生系统先进集体”、“全国卫生系统抗击非典先进集体”、“全国计划免疫工作先进集体”、“全国消灭脊髓灰质炎工作先进集体”、“全国放射卫生先进集体”、“全国职业卫生先进集体”、“全国预防与控制艾滋病性病先进集体”、“全国卫生系统行业作风建议先进集体”等国家级荣誉10项，省委，省政府授予“文明单位”、“防风抗洪抢险先进集体”、“先进基层党组织”“海南省防治非典型肺炎先进单位”、“海南省思想政治工作优秀企业先进单位”等省级荣誉12项。

中心现有13300平方米的工作房，装备了气质联用仪、生化自动测定仪等一批现代化实验设备，从根本上改变了落后的检验检测手段。目前已拥有一批具有国内先进水平的实验室，其中省艾滋病监测中心HIV抗体确认实验室通过国家卫生部评审，成为我省唯一的艾滋病病毒确认的权威机构，填补了省内空白；脊髓灰质炎实验室多次通过世界卫生组织的考核验收，进入全国一流水平；卫生毒理实验室通过国家功能实验室的评审，是我省唯一的保健食品功能实验室，填补了我省的空白，为我省的经济建设做出了应有的贡献。中心现在可进行动物学实验、细胞、病毒学实验、分子生物学等200多个理化和100多个微生物项目的检测，达到省级疾控中心的等级标准。中心设置了具有8O多个终端的电脑中心，并与国家有关部门联网，初步实现了计算机网络化和信息化管理。同时，中心在2001年创刊，由卫生部主管、中华预防医学会和省疾控中心联合主办的《中国热带医学》杂志，是目前我国唯一的一家国家级综合性热带医学杂志，杂志从季刊发展到目前月刊，不断发展壮大，创刊发行五年来博采众长，加强交流，杂志质量得到明显提高，受到卫生部、中华预防医学会及同行专家的好评和读者的欢迎，被列为中华预防医学会系列杂志核心期刊及优秀期刊。中心将以科技为依托，以疾病控制为重点，以人为根本，以改革为动力，以发展为核心，为建设一个功能健全、装备精良、保障有力、反应迅速、技术过硬的疾病预防控制中心而努力奋斗。

海口市财政局

海口市财政局是综合管理市财政收支，执行国家财税政策，实行财政监督，参与本市国民经济调控的职能部门。

2005年，在市委、市政府的正确领导下，海口市财政局深入实践“三个代表”重要思想，不断深化财政改革，规范财政管理，优化支出结构，财政工作取得了新的成绩。2005年，全市财政总收入608,256万元，完成预算的105.5%，同比增长18.2%。其中，地方财政收入216,777万元，完成预算的108.8%，增长24.3%（一般预算收入179,153万元，完成预算的104.8%，增长20.3%；基金收入37,624万元，完成预算的132.4%，增长48.3%）；上划中央、省收入391,479万元，完成预算的103.8%，增长15.1%。全市地方财政总支出326,334万元。其中，地方财政支出324,721万元，完成预算的100%，增长16.6%；上解省支出1,613万元。收支相抵，结余结转2,445万元，其中，结转下年支出1,893万元，净结余552万元。

一年来，海口市财政局认真贯彻落实全市经济工作会议和全省财政工作会议精神，紧紧围绕经济建设这个中心，以提高人民群众的生活水平为出发点，深化财政改革，加强财政监督，认真落实中央、省各项财政政策，充分发挥财政职能作用，在保持财政收入稳定增长的同时，按照建立公共财政的要求，积极推进部门预算、国库集中支付、政府采购等财政改革。财政支出做到“有进有退，有保有压”，重点保障了工资发放、政权建设、三农、教科文卫、社会保障、债务等支出的需要。不断加大支持经济发展力度，全面提高政府应急能力，逐步缩小地区差异，为构建和谐新海口作出积极的贡献。

海口市公安局

海口市委常委、市公安局局长彭晓敏到上访群众家中了解情况

市委书记王为璐，副书记高锦全在市公安局视察工作

民警进行电脑竞岗

海口市公安局为海口改革发展创造了和谐稳定的社会环境,把“难点、热点、焦点”工作变成“亮点”。2005年，该局被海口市政府记集体二等功。

工作中，该局倡导“大情报，小行动”，建立了预测分析制度、处理信访突出问题及群体性事件联席会议制度、信息报送制度、领导干部包片包案制度、督查督办制度等多项维稳工作机制，牢牢掌握维稳工作的主动权。妥善处置高考移民、出租车经营权拍卖、公交车投放、线路调整、导游资格考试等引发的群体性事件。配合全市开展违章建筑拆迁整治工作，顺利完成“女人街”等重点拆迁任务，确保“雷霆拆迁，人性推进”方针落到实处。

坚持警务改革，实施情报主导，警力跟着警情走，全市刑事案件五年来首次负增长，较好解决了领导关心、社会关注、群众反映强烈的“两抢”犯罪问题。创造性提出“打、控、清、查、收”五字措施，实行情报信息三级研判例会制度，沉重打击了“两抢”犯罪分子的嚣张气焰，基本遏制住了“两抢”犯罪的高发势头。同时，坚持严打方针，保持高压态势，深入开展打黑除恶、侦破命案等专项行动，使社会治安总体形势呈“四高四降、总体平稳”的态势，群众安全感不断增强，人民群众对社会治安的满意率达到96%。防控能力提高。各类刑事案件同比下降6.7%。破案率增高。各类刑事案件破案率为33.6%，同比上升6.3个百分点。破获各类刑事案件绝对数同比上升14.1%。打击处理的力度提高。治安案件查处力度提高。共查处治安案件6480起，同比上升3.3%，查处率为92.2%，同比上升9个百分点。严重暴力犯罪案件下降。杀人、伤害、抢劫等案件同比分别下降26.9%、7.5%、30.1%。“两抢”案件大幅度下降。共立“两抢”案件2274起，同比下降25.4%。治安案件受理数下降。共受理治安案件7025起，同比下降6.7%。安全生产方面突出的交通事故四项指标下降。交通事故起数同比下降39.0%；事故造成经济损失同比下降57.6%。年万车死亡率仅为5.2人，低死亡率居全国第二位。

积极推行“三大警务模式”和队伍建设“三大机制”，警风警纪有了明显好转，公安机关和民警形象明显改善。队伍中涌现出王录学、韦一新等一大批先进模范人物。2005年度，市公安局被评为全国“大接访”先进集体；禁毒支队被评为全国扫毒行动先进集体、刑侦支队被评为全国维护妇女儿童权益贡献奖，交巡警支队被评为全国道路交通安全宣传“五进”工作先进集体，计算机网络监察处、指挥中心被评为全国先进单位，市公安局打击“两抢”专业队被评为全国“严打”先进集体，大同派出所被评为全国模范派出所，海垦、金贸派出所、秀英治安大队被评为全国优秀公安基层单位，龙华分局被评为全省优秀公安局。近日，该局纪检委又被评为全国纪检工作先进集体。

群众在认领被盗的摩托车

警民鱼水情深

民警上门为群众服务

抓获犯罪嫌疑人

海口市发展和改革局

领导班子成员

海口市发展和改革局是负责研究提出全市国民经济和社会发展战略、经济发展规划、总量平衡、结构调整和重大建设项目，负责全市工业发展和全市经济体制改革的市政府工作部门。市经济动员办公室是国防动员委员会的办事机构，挂靠海口市发展和改革局。

主要职责：

（一）贯彻执行党和国家及省有关国民经济、社会发展的方针政策、法律、法规规章。研究提出全市国民经济和社会发展战略、中长期规划和年度计划，研究提出总量平衡、发展速度、结构调整的调控目标及调控政策，衔接、平衡各主要行业的规划和年度计划；（二）负责全市社会总需求和总供给等重要经济总量的平衡和重大比例关系的协调，搞好中心城市功能分区、生产力布局和生态环境建设规划，引导和促进全市经济结构合理调整和城乡经济协调发展；（三）负责汇总和分析全市国民经济和社会发展的情况，进行全市宏观经济的预测、监测，研究提出综合运用财税、金融和价格等重要经济手段的政策建议。研究和制订产业政策，引导和协调产业政策的实施；（四）提出全市全社会固定资产投资总规模，作好项目立项、登记、审批与跟踪服务。安排市财政性建设资金和建设项目，审核市财力基建项目的概预算，并对项目建设的全过程进行监督与管理。参与管理国家和市财政拨款建设项目，争取利用外资项目、境外投资项目。指导和监督国外贷款建设资金的使用。参与管理全市建设项目的招投标工作。负责政府投资项目概预算审核与把关，研究提高政府投资管理的体制与机制；（五）研究提出全市利用外资的发展规划、总量平衡和结构优化的目标和政策，负责协调全口径外债的总量控制、结构优化和监测工作。依市政府安排，协调招商引资工作及重点产业投资项目的服务；（六）做好科技、教育、文化、卫生等社会事业建设与全市国民经济、社会发展的衔接平衡，提出经济与社会协调发展、相互促进的政策、建议。协调各项社会事业发展中的重大问题；推进科技成果的产业化；（七）研究拟定全市投融资、计划、价格等方面体制改革方案或实施办法，并组织实施；（八）贯彻执行国家及省、市有关工业工作的方针政策、法律法规。分析、监控和预测本市工业经济运行态势，调节工业经济日常运行，协调解决工业生产经营中的重大问题。拟定并组织实施本市有关工业经济运行的调控目标、法规、计划以及管理规定。组织实施国家产业政策，监督、检查执行情况。指导工业产业结构调整，提出重点行业、重点产品的调整方案；（九）负责全市经济发展规划及工业发展专项规划。负责重点工业项目建设的协调服务，编制我市技术改造计划、项目立项并指导实施。指导企业开展技术创新、技术交流、技术引进和“产学研”结合，加强质量管理；指导资源节约和综合利用，组织协调工业环境保护和环保产业发展；（十）协助市政府领导办理全市经济体制改革和改革开放的有关事项，会同行业管理部门做好企业改制工作，负责全市经济体制改革与社会经济发展的理论、对策的研究，为政府决策和企业改革提供建议和咨询；（十一）做好国防动员委员会交办的国民经济动员工作及其他各项工作。做好党政机关小汽车定编工作。

内设机构：海口市发展和改革局内设9个职能科室，即：办公室、规划综合科、固定资产投资科、重点项目科、产业发展科、社会发展科、工业科、经济运行科、发展政策科。

下属事业单位：海口市社会经济发展研究所、海口市经济信息中心、海口市工程咨询投资服务中心。

中共海口市直属机关工委

2005年，我机关工委认真抓好机关党员干部的理论学习。重点学习贯彻邓小平理论和“三个代表”重要思想、科学发展观、十六届五中全会精神、构建和谐社会、“十一五”规划等内容。

加强党员干部培训 举办两期有近千名机关正科级党员干部参加的理论培训班，举办1-2期党务干部培训班，组织1000多名机关党员参加先进性教育理论辅导报告会和“新理念、新战略、新海口”系列报告会。

加强新形势下的思想政治工作 工委先后到环卫局等单位召开座谈会，进行思想政治工作调研，并在市直机关中开展加强和改进思想政治工作问卷调查，回收4800份调查问卷，进一步掌握了机关党员的思想状况。

加强精神文明建设 开展了“文明椰城”公益广告征集活动，召开李松舍己救人英雄事迹座谈会，参加了省市“国防知识竞赛”和“我爱海南岛，我爱台湾岛”知识竞赛并获得二等奖。

市直机关工委常务副书记潘泽和同志为工委全体党员上党课

市直机关工委党支部组织党员参观爱国主义教育基地

市直机关工委领导慰问帮扶点困难党员

抓好机关文化体育活动 举办广播体操领操员培训班，带动了市直机关每日一操的开展；组织800名机关干部参加海口市迎春万人长跑、拔河等田径比赛活动。

做好信访工作和案件查处工作 不断健全和完善信访工作制度，上半年我们召开了信访工作座谈会；对群众来信，认真抓好自办、转办和催办，充分发挥信访的信息、反馈、监察和保障作用，逐步形成信访工作网络，使很多问题在基层得到解决，纪工委受理的信访件明显下降。截止10月底，共接到群众来信13封，已办结12封，办结率为92%，给5名科级以下干部党纪政纪处分。

开展“优质服务工程”活动 市直机关工委制定并下发了《市直机关开展优质服务工程实施方案》，各单位结合工作实际，改进服务方式，推出了“阳光服务”、“零距离办公”、“零差错岗位”等一系列便民利民措施。机关工委全年共组织了7次检查和调研，8月份邀请市人大代表、政协委员、市投资环境监督专员视察部分职能部门机关作风建设情况。对机关服务中存在的问题督促整改，得到了广大群众的拥护和好评。11月份召开市直机关作风建设工作会议，对2005年度市直机关作风建设进行总结，市检察院等11个单位交流了经验。裴成敏常委对深入开展好机关作风建设提出了具体的任务和要求。

海口市教育局

党员先进性教育成效显著。图为省委书记汪啸风视察海口市实验中学

农村现代远程教育工程全面铺开

龙华区遵潭镇龙合小学改造后的校舍

农村危房改造任务全面完成

2005年，在市委、市政府的正确领导和省教育厅的指导下，全市广大教育工作者以邓小平理论和“三个代表”重要思想为指针，以开展党员先进性教育活动为契机，按照科学发展观要求，紧紧围绕建设教育强市、“办人民满意教育”的目标，扎实工作，开拓创新，出色地完成了年度工作目标，取得了可喜的成绩。主要体现在以下几个方面。

先进性教育成效显著。

圆满完成第一批和第二批先进性教育活动任务，得到了市委的充分肯定，并在全市介绍了经验，省委书记、省人大主任汪啸风对我局的先进性教育活动也给予了高度评价。

机关面貌焕然一新。

以开展党员先进性教育活动为契机，深入开展机关作风整顿，四项措施打造优质高效机关。在今年的教育调研活动中，我们印发教育调研问卷90937份，回收82397份，回收率达90.6%。问卷显示，群众对局机关综合满意度达92.32%。

各类教育再创佳绩。

“普九”水平巩固提高。普及程度稳中有升。小学入学率为99.5%，初中入学率为城区100%，农村90%。

教育教学质量明显提高。全市教师在调教、说课、论文等评比中，获全国一、二、三等奖的分别有76人、32人、18人，获省一、二、三等奖的分别有21人、25人、36人。我市小学语文教师参加全国苏教版小学语文教材美文诵读大赛获组织奖。我市学生在全国物理、英语等学科竞赛中也频频获奖，分别有136人、281人、406人获全国一、二、三等奖；分别有287人、405人、492人获省一、二、三等奖。在第十七届海南省青少年科技创新大赛上，我市在发明创造、科学论文等9个方面全面开花，获得142个奖项，全市共有21件作品被选送参加全国科技创新大赛。

体卫艺工作硕果累累。

我市女教师合唱团代表中国到意大利参加第六届国际合唱节比赛获金奖，在省第二届大中专学生文艺汇演上，海口旅职校获得1个二等奖，1个三等奖；在省器乐比赛中市十一小获得2个一等奖、3个二等奖；在“和谐生活，健康未来”为主题的壁画绘画比赛中，市九小、25小、龙华小学等30人获了金奖，170人获得了银奖。组织了5所学校的舞蹈队和17所学校5000名学生参加中央电视台和市委宣传部共同举办的“中国卡通走出荧屏走近孩子—海口行”大型广场演出活动，向社会展示了我市艺术教育的成果。

热点难点实现突破

贫困家庭子女“上学难”问题得到解决。

治理教育乱收费工作取得新进展。

中小学幼儿园安全卫生工作得到强化。

2006年我局将以邓小平理论和“三个代表”重要思想为指导，深化改革，突出重点，创造特色，促进全市各级各类教育持续快速协调健康发展，做好以下几方面工作。

实施两大工程，夯实教育发展基础

1、实施标准化学校建设工程。

2、实施中小学现代远程教育工程。

突出三大重点，提升教育发展水平

1、巩固提高“普九”成果。

2、扩大“普高”发展规模。

3、加快“职教”发展步伐。

海口市国土环境资源局

徐唐先副市长在海口市国土环境资源局挂牌仪式上讲话

美丽沙挂牌出让签字仪式

美丽沙土地挂牌出让现场会

海口市国土环境资源局成立于2005年9月29日，由海口市国土资源局、海口市环境保护局、原琼山市国土资源局三个单位合并组建而成，是市人民政府负责全市国土环境资源管理的行政工作部门。局机关下设11个正科级科室，4个分局和23个镇管理所，四个副处级事业单位，三个科级事业单位。

海口市国土环境资源局成立以来，在市委市政府和省国土环境资源厅的领导下，新成立的局领导班子带领419名干部职工，坚持以邓小平理论和“三个代表”重要思想为指导，以科学发展观统揽全局，紧紧围绕市委市政府的工作部署，团结拼搏，勇于创新，开拓进取，各项工作取得了较大进展。目前，土地管理工作稳步推进，土地市场运行良好，土地供应阳光操作，地籍管理科学有序，土地储备总量增大，征地工作依法规范，耕保工作落实到位，矿产资源工作有新突破，执法工作力度加大，“窗口服务”顺畅高效，基础工作牢固，能力建设提高，环境质量上了新台阶。先后荣获“全国国土资源系统先进单位”、“全国建设用地审查报批工作先进单位”、“全国环保系统信息工作先进单位”等国家级荣耀称号，并为海口市荣获“国家环保模范城市”、“中国人居环境奖”等荣誉称号做出了突出的贡献。

碧波荡漾美舍河

世界上保存最完整的火山群
——石山火山群国家地质公园

海口市规划局

①王为璐书记、陈辞市长、王路副市长视察市会展中心规划展览馆。
②“海口人民公园东西湖海秀路商业区概念规划竞赛成果评审会”现场。
③“海口石山火山群国家地质公园总体策划咨询成果评审会”现场。
④11月12日，首次对位于东线高速公路那梅立交大桥西侧的一幢五层烂尾楼实施爆破拆除。
⑤10月25日，拆除“女人商业街”违法建筑。

2005年，海口市规划局在市委、市政府的领导和指示下，认真落实科学发展观，努力实践“三个代表”重要思想，全体干部职工齐心协力、开拓进取、奋力拼搏、扎实工作，充分发挥规划在城市建设中的龙头作用；加强管理，科学编制，严格审批，依法行政，圆满地完成了全年的工作任务，取得了骄人的成绩。年内，拆除违法建筑专项工作成绩显著给予记集体三等功，并荣获“为民办实事建设工程协作典范奖”、“党办系统督查工作先进单位”、“人大建议政协提案承办先进单位”、“人口与计划生育工作先进单位”等多项荣誉称号。

创新规划思路和规划方法，全力构建新海口蓝图。认真抓好城市总体规划的修编工作，7月初完成了总体规划成果的编制，并于9月5日经省规委会第三次会议全票通过，现按程序由省政府上报国务院审批。做好专项规划的编制工作，组织了“海口历史文化名城保护规划专家咨询会”、“城市商业网点近期专项规划评议会”和“城市交通规划编制研讨会”，对各规划方案进行了修改和完善。继续完成规划招标项目的深化工作，完成了核心滨海区、西海岸、南渡江滨江地带和东海岸规划设计方案深化和控制性详细规划编制工作；组织了“海口人民公园东西湖海秀路商业区概念规划竞赛成果评审会”和“海口石山火山群国家地质公园总体策划咨询成果评审会”；完成了三条景观道路的规划设计和七条道路街景立面整治规划的编制工作。

依法进行“一书两证”的审批，努力为经济建设服务。全年共办理《建设用地规划选址意见书》91宗，面积475.43公顷，核发《建设用地规划许可证》343宗，用地面积1150.54公顷，核发《建设工程规划许可证》380宗，建筑面积237.22万平方米，道路、管线长度24.17万米，工程投资额达83079.35万元。

2005年是我市实施三年拆违工作的头一年，规划局认真贯彻市委市政府在全市范围内开展违法建设专项整治的决定，按照“四先”(先官后民、先易后难、先已后人、先集体后个人)、“四的”(控制新增的、打击在建的、整治主要道路主要景观的、搞好拆后重建的)原则，以及“雷霆整治、人性推进”工作方针，加大对各类违法建筑的整治拆除力度。全年先后与各区政府组织了七次较大规模的集中拆除行动，共计拆除违法建筑152宗，拆除面积约38万平方米。

2005年2月市政府明确停缓建工程处置工作由规划局全面负责。为加快处置进程，尽快盘活停缓建项目，该局适时调整处置工作思路，从依靠政府提供优惠政策消化盘活转到由政府主导进行强制性处置的轨道上来，以“压、改、购、拆”为主体。即扩大政府收购停缓建项目的数量；调整项目用地性质或使用性质，完善城市公共设施，改善城市环境；加大停缓建项目的拆除力度。需要处置的149宗停缓建项目中，已对1 03宗停缓建项目发出处置批复，其中5 7宗项目核发了规划设计条件，35个项目完成了规划报批手续，16个项目进入了实质复工阶段；同时加大对停缓建工程的拆除力度，对3宗半拉子项目成功实施了爆破拆除，1宗项目实施了自拆，拆除面积16241.9平方米，社会各界反映良好。

市人事劳动保障局党组成员、局直属机关党委书记、市劳动就业管理局局长麦珠丹

海口市劳动就业管理局

2005年，在市人事劳动保障局的领导下，认真学习党的十六大和十六届四中、五中全会精神，坚持以“三个代表”重要思想为指导，以开展保持共产党员先进性教育为契机，扎扎实实做好就业与再就业服务工作，圆满完成各项工作任务，取得了可喜的成绩。全年实现就业与再就业8119人，完成全年目标任务的135%，其中下岗失业人员实现再就业2377人，完成目标任务的105%，“4050”人员再就业747人，完成目标任务的103.7%。指导和协调四个区实现农村劳动力转移就业12439人，超额完成省、市下达的工作任务。做好国有企业下岗职工再就业服务工作，共发放《再就业优惠证》1233张。全年办理失业登记4416人，在册领取失业保险金6199人，发放资金2000.71万元，确保了失业保险金100%足额按时发放。随军家属劳动和社会保障服务、劳动力社区平台建设、就业培训、劳动力输出等工作进展顺利，取得新的突破。

①

②

③

④

①我市召开农村劳动力转移就业暨社区就业工作座谈会。图为黄行光副市长在座谈会上发表重要讲话。
②省人事劳动保障厅副厅长陈永明(左)二、省人力资源开发局局长林志向(左三)、市人事劳动保障局局长邹富兴(右一)在麦珠丹局长陪同下视察海口市劳动就业训练基地。
③11月29日，麦珠丹局长向市全国人大代表及省、市人大代表联合视察组汇报我市农村劳动力转移工作情况。
④省委常委、海口市委书记王为璐、副省长吴昌元、海口市副市长黄行光、省劳动保障厅副厅长陈永明等省、市领导及驻市部队首长在海口市首届随军家属专场大型招聘会开幕仪式上。

海口市社會保障局

改革开放以来，特别是建省办特区以来，我市城镇以养老、医疗保险为主要内容的社会保险体系建设不断完善和发展。截止2005年底，全市建立起养老、医疗、失业、工伤和生育五项社会保险制度，在职从业人员累计参保约55万人；离退休人员累计参保7.8万人，其中，享受基本养老保险待遇4万人，基本医疗保险待遇3.8万人。养老金连续多年保持100％足额社会化发放；医疗保险确保参保从业人员、离退休人员基本医疗，同时辅以公务员补充医疗保险和社会补充医疗保险；工伤保险实行以支定收、收支平衡的原则，确定费率，坚持预防为主，认真做好工伤理赔及职业病防治和工伤康复工作；认真落实《海南省城镇从业人员生育保险办法》，积极推进生育保险工作；企事业离退休人员社会化管理服务工作取得较大成果，在全国名列前矛。一个多层次、广覆盖、社会化和法制化的社会保险体系已在我市初步形成。

过去一年是实施“十五”规划的结局之年，也是我市社会保险工作富有成效，取得新的进展的一年。一年来，我局在市委、市政府的正确领导下，坚持以邓小平理论为指导，认真贯彻落实党的十六大、十六届三中、四中、五中全会精神，以人为本，全面落实科学发展观，进一步做好社会保险各项工作，取得了较大成绩。

市社保局领导深入社区观看离退休人员文体健身表演

海口市农业局

海口市农业局是主管全市农业和农村经济工作的市政府工作部门。内设五个科级职能机构：办公室、农业管理科、农村经济管理科、畜牧兽医管理科、乡镇企业管理科；下辖市菜办、农技中心、农民学校、动检站、农机办、农机监理所、农机学校、农科所、种子公司等单位。2005年农业遭受50年一遇的大旱和32年一遇的强台风等重大自然灾害影响，在市委市政府的正确领导和大力支持下，农业局领导班子带领全体干部职工团结奋战，在抓“无疫区”、“无公害”品牌战略的实施，努力提高农业科技支撑能力建设，积极推进农业产业化等关键环节，推进全市农业的发展的同时,迅速组织做好抗旱、防风救灾工作，并在全球高致病性禽流感防控形势异常严峻的非常时期，加强了防疫工作的主动性、科学性，为成功防御动物疫病，创造我市畜牧业发展优良环境，捍卫我省无疫区品牌做出积极贡献。全市农业生产和农业经济实现了在大灾之年最大限度减少损失、保持发展和增长的目标。预计全市农业总产值38.56亿元，比上年增长8.2%；农民人均纯收入3829元，增长7.2%。农业产业化水平获得农业部及省农业厅的好评，被国家农业部等七部委和省农业厅授予的“农业产业化工作先进单位”、“全国果菜产业化龙头市”、“全国农业系统信访工作先进单位”、“全国维护妇女儿童权益贡献奖”，同时还获得“海口市防风救灾先进单位”等荣誉。

海口市安全生产监督管理局

海口市安全生产监督管理局是综合管理全市安全生产工作，履行安全生产监督管理的市政府副处级工作部门。

局长朱国宪

2005年海口市的安全生产工作，在市委、市政府的直接领导下，在省安委会、省安监局的指导、支持下，我市认真落实“安全第一、预防为主”的方针，切实贯彻国务院、省政府《关于进一步加强安全生产工作的决定》，全面实施《安全生产法》，围绕与省政府签定的安全生产工作目标责任书，采取一系列重大措施加强安全生产工作，明确了各级政府、各部门的安全生产工作目标责任，初步建立了安全生产工作考核制度，加强对重大危险源和重大事故隐患的调查和监控，大力开展专项整治，改善生产经营秩序和安全生产条件，加大执法力度，严格责任追究，完善监管体系，确保了全市安全生产形势平稳安定，取得一定成绩。

团结战斗的领导班子

海口质量技术监督局

2005年，以高平同志为局长的新一届领导班子带领全局继续以“三个代表”重要思想为指导，紧密围绕省局和市委、市政府的中心工作，以开展保持共产党员先进性教育、创建“四好”(团结协作好、政治素质好、执法监督好、作风形象好)单位活动为契机，认真执行监督与服务并重的质监职能新定位，按照“质量立市、质量兴企”的总体规划，求真务实、与时俱进，创新队伍建设机制、职能履行机制、事业发展机制，较好地实现了“一个加强、一个转变、二个结合、三个提高”(即加强稽查执法力度，转变传统监管方式，监督管理与服务企业相结合，打假治劣与培育名牌相结合，提高工作水平、提高效率、提高工作质量)，切实地履行了质量技术监督综合管理和行政执法的职能，为促进海口市经济社会健康快速发展做出了应有的贡献，取得了可喜的成绩，被评为全国农业标准化示范区建设先进单位、2005年度海南省质监系统工作先进单位、2005年度海口市安全生产工作先进单位。

一是组织制定了7项地方农业标准，填补了4项农产品农残标准空白。二是不断完善企业质量档案，进一步理清监督对象，初步掌握全市现有生产加工企业1286个。三是全面启动了全市、四个区的质量兴市工作，质量兴市工作取得实质性突破。四是完成了52万只气瓶的产权转移和托管，基本上解决了长期困扰安全监察工作的气瓶监管难题。五是开展打击旅游市场“四黑”专项行动，检查生产销售企业130家，进行食品抽样250个、珠宝玉石抽样14个；检查市内主要餐饮企业41家，立案查处33宗，并以最短的时间通过省市主流媒体对执法检查情况进行报道，对违法违规企业进行曝光，在社会引起强烈反响。六是开展了餐饮计量、桶装水、苏丹红一1号、气瓶、农资等专项监督检查，检查企业1301家(次)，发现存在质量问题的生产(销售)企业100多家，查处案件161宗，罚款76万元，移交公安机关和农业部门处理案件各1宗，处理和解决消费者投诉52宗，为消费者挽回经济损失16万元。六是积极开展“帮扶企业大走访”活动，走访帮扶企业169家，涉及行业20个。

副市长袁秀梅到质监检局调研

团结一心、锐意进取的局领导班子

工作人员向消费者介绍如何甄别真假商品

海口市房产管理局

海口市房产管理局是海口市人民政府负责城镇房产管理的工作部门。主要职责是：贯彻执行党和国家以及省、市有关房地产方针、政策和法律、法规，依法制定和组织实施房地产业管理规章，负责全市房屋产权登记、发证，房地产交易、评估、测绘、租赁、直管公房、物业管理监察指导等工作。

2005年，在市委、市政府的正确领导下，在省、市有关部门的指导下，我局干部职工认真学习贯彻党的十六届四中、五中全会精神和省委四届四次全会及市委十届四次全会精神，以邓小平理论和“三个代表”重要思想为指导，紧密结合房产实际，努力实践市委、市政府“两个率先”、“两个翻番”的奋斗目标，努力完成市委、市政府下达的各项工作任务，深化改革，积极开拓创新，建设科学型、服务型、法制型的现代文明政府机关。全年工作再创佳绩，各项业务指标成绩斐然，房产管理水平进一步提高，取得了建设部房地产市场信息系统考评优秀城市和海口市“中国人居环境奖”创建工作先进单位、海口市机关作风建设先进单位等荣誉，为我市经济建设和房地产业发展做出了新的贡献。

全年办理房屋交易转让10440宗，成交面积131.28万平方米，成交金额24.05964亿元；房产评估9222宗、评估面积109.1万平方米、评估金额18.47亿元；各种房屋产权登记发证73167宗，发证面积1416.43万平方米；房屋他项权利登记1080宗、登记面积214.16万平方米；房屋档案整理、编号、装订、入库共55344宗；房屋租赁监证1596宗，验证面积15.88万平方米；房产测绘项目714宗，测绘面积116.4万平方米。

①

②

③

④

图片说明：

1、该局陈庆明局长（右三）带队到金宇街道帮助开展共产党员先进性教育活动。

2、积极开展帮扶工作，帮扶村给该局送来了感谢锦旗。图为该局陈庆明局长接受锦旗。

3、市政务服务中心房产局服务窗口。

4、市房产管理局工作人员走上街头义务为群众进行房产业务咨询。

海口市
城市管理局

市领导在2005年城管工作总结表彰会议上

2005年成功举办海口市城管首届运动会，市领导陈辞等亲临运动会开幕式现场

局领导与部分获奖运动员合影

海口市城市管理局是2001年初机构改革时设立的主管全市城市管理和综合执法工作的市政府工作部门，设办公室、市容环卫科、园林绿化科、综合管理科，下设城市管理监察支队(副处级事业单位)。主要职责是开展城市管理综合执法工作，依法行使市容环境卫生管理、城市规划管理、市政管理、城市绿化管理等方面法律、法规、规章规定的处罚权等。

2005年通过先进性教育，进一步加强班子建设，提高党员素质，增强基层组织建设。认真贯彻落实市委市政府《关于开展环境综合整治，加强城市管理的决定》，加大力度对占道经营、乱搭建、“三车”违章入市、乱张贴、乱停车等影响城市容貌环境行为的整治。一年来，有计划、有步骤地组织力量完成了全市34条主要道路的广告、招牌、遮阳蓬的整治任务，拆除不规范广告牌匾6567块，面积116290平方米，查处车辆乱停放23880辆，暂扣“三车”10223辆，整治占道经营93万多宗，清洗乱张贴44.6万张，拆除违章搭建13000平方米，使城市容貌有较大的转变。城市管理工作上进行创新，举行立法听证会，实行开门执法，邀请人大代表、政协委员、城管社会义务监督员进行城管日活动等，在队伍中全面实施规范执法，严格按照城管监察业务规范，做到依据合法、制度健全、程序规范、文书统一。坚持开展“走出机关、贴近市民、倾听呼声”等行政优质服务活动，创建文明机关。积极做好综合执法实施前的各项准备工作，修订综合执法配套法规，建立相关的制度，对人员、编制、资产、执法依据等进行调查摸底，协调有关部门制订人员招录、分流、安置方案和资产交接方案，为全面推进综合执法奠定基础。

海口市
海洋与渔业局

水产品加工

海口市海洋与渔业局是市政府海洋综合管理与渔业工作职能部门。内设办公室、海洋管理科、信息市场科、渔业生产科、渔政渔监船检科5个科级职能机构。下属单位有：中国海监海口市支队、海口渔政管理站、海口渔港监督处、海口市水产养殖技术推广站、海口市灵山水产良种繁育场。

2005年，在市委市政府的领导和省海洋与渔业厅的指导下，围绕全市经济工作目标任务，以“三个代表”重要思想为指导，坚持树立和落实科学发展观，以市场为导向，深化产业结构调整；坚持依法行政，维护渔业生产秩序，保障渔民生产安全；加强海洋管理基础设施建设，规范海域使用管理，有效保护海洋生态环境。各项工作成效显著。全年水产品总产量54998吨，同比增长9.25%。其中：海洋捕捞24411吨，同比增长17.63%；海水养殖13880吨，同比增长8.35%；淡水捕捞1374吨，同比增长14.02%；淡水养殖15333吨，同比负增长1.5%。水产品加工出口创汇7175.745万美元，同比增长30.39%。水产品质量抽检合格率达100%。

新的一年，我们将坚持以邓小平理论和“三个代表”重要思想为指导，树立和落实科学发展观，围绕市委市政府“两个翻番，两个率先”的发展目标，加强海洋综合管理，促进资源开发和保护协调发展，切实保护海洋生态环境。加快技术创新，深化产业结构调整，重点发展中深海捕捞业和水产品深加工业，促进渔业产业化，争取海洋与渔业经济有较大的发展和突破。

海洋监测

水产养殖基地

海口市计生局

上门为流动人口提供计划生育宣传，技术服务。

2005年，在市委、市政府的正确领导和省人口计生局的指导下，我市人口与计划生育工作以邓小平理论和“三个代表”重要思想为指导，贯彻落实中共中央、国务院关于树立和落实科学发展观的精神，坚持“抓基层、抓基础、求规范、上水平”的工作方针，按照省委、省政府颁发的《海南省人口与计划生育目标管理责任制分类考核奖惩办法》的要求，强化全市人口和计划生育工作目标管理，紧紧围绕争创全省人口与计划生育先进市奋斗目标，突出计生工作的重点和难点，采取措施，切实把各项工作落到实处，较好地完成了人口与计划生育各项工作任务。据计生年度报表统计，自2004年10月1日至2005年9月30日止，全市期末总人口为1698127人，共出生17193人，人口出生率10.30%;比去年同期下降0.63个千分点，人口自然增长率7.31%，低于省下达考核指标0.89个千分点；符合法定生育率96.52%，高于省下达考核指标1.52%；出生人口性别比为112.18，低于省下达考核指标2.82；创建计生合格村(居)委会，人口占全市总人口63.6%以上，高于省规定的占总人口比例55%以上的指标。全面完成省下达人口计划生育指标与各项工作任务，获省人口与计划生育先进市称号，连续14年人口与计划生育达标先进。

街头宣传吸引市民踊跃参与

计划生育宣传进村入户到人

海口市中级人民法院

法院审理破产案件

海口中院以“抓信访、促公正、保稳定”为指导思想，逐步建立起“大信访工作格局”。图为9月16日海口中院举行院领导大接访活动。

2005年，海口中院全体法官和其他工作人员以“三个代表”重要思想为指导，认真贯彻党的十六大精神，坚持科学发展观，坚持“公正司法、一心为民”指导方针，坚持“公正与效率”工作主题，团结协作，勤奋工作，圆满完成了全年各项工作任务，为我市经济和社会的持续、快速、和谐发展提供了有力的司法保障和优良的司法服务。全年共受理各类审判案件5036件，审结4947件，结案率为98.2%。收、结案数和结案率再创历史新高。

一年来，海口中院充分发挥审判职能作用，依法审结了一批具有社会影响的大要案件，有力地维护了社会稳定，促进了经济发展；继续推进法院改革和审判，逐步建立起“大信访工作格局”，进一步规范各项审判活动，在全市基层法院率先进行速裁法庭试点并取得成功；法院基层建设得到进一步加强，基层法院面貌有了很大改善;认真开展保持共产党员先进性教育活动和“规范司法行为，促进司法公正”专项整改活动，坚持从严治警和从优待警相结合，大力加强队伍建设，不断提高司法能力和司法水平，涌现出了法警支队等“全国法院司法警察先进集体”等一批新的先进集体和郭朝阳、陈伟等一批先进个人。

展望未来，我们满怀豪情。在依法治国的征程上，我们将更加奋发有为，努力工作，谱写人民法院工作的新篇章。

盗车案件中的涉案赃车

海口中院正在审判具有重大社会影响的盗车案

海口市双拥办

双拥办吴胜刚主任

2005年，我市双拥工作坚持以邓小平理论、“三个代表”重要思想和胡总书记一系列重要指示为指导，认真贯彻党的十六大和全国、全省双拥工作会议精神，紧紧围绕全面建设小康社会、构建和谐海口这个目标，坚持用科学的发展观指导双拥工作实践，推动了双拥工作的深入发展，促进了地方生产力，提高了部队战斗力，增强了军民凝聚力，为我市经济发展和驻市军警部队的全面建设作出了新的贡献。

一、认真抓好国防教育，努力营造浓厚双拥氛围。有计划、有组织地系统抓好以领导干部和青少年学生为重点的国防教育。并结合海南解放55周年和中国人民抗日战争暨世界反法西斯战争胜利60周年，举办演讲比赛、抗战大型图片展、大型演唱会、老战士座谈会、琼崖革命斗争史开馆仪式等以“勿忘国耻、固我国防”为主题的系列宣传教育活动，增强全民的国防意识和爱国热忱。创办了海南首家双拥网站，开设国防教育专栏，宣传国防知识。

二、加大拥军力度，树立双拥活动的新形象。2005年，市委、市政府增拨至300万元作为为部队办实事专项经费。颁发军功奖金、慰问金23万元，慰问品计81.8万元；在全市开展“送书进军营，援建部队图书室”系列活动，拨款20万元为驻市军警部队购买图书，发放2004年度、2005年上半年驻市军警部队随军未就业家属的生活补助211.9万元；拨款40万元举办随军家属就业技能培训和两用人才培训班。一年来，我市市级财政拨款3000多万元，支持了部队各项建设。

三、大力开展行业拥军，不断丰富双拥活动内容。我市大多数行业与部门把行业拥军作为自己的自觉行动，加大拥军力度。公安部门快速为随军家属及子女办理户籍迁调手续；劳动人事部门为随军家属办理工作调动安置、托管档案与接续人事劳动关系；民政部门做好重点优抚安置对象的工作；科技、文卫等部门通过开展各种形式的活动，丰富部队官兵的业余文化生活；教育系统一年来为就读我市重点中小学的军警部队官兵子女每个减免3000元择校费；粮食部门今年为驻市军警部队201个伙食单位的粮油供应量共计3220吨；司法部门组织法律工作者开展“送法进军营”活动7场，赠送法律书籍10000册，24小时开通军队法律专线；各级法院开设维护国防利益和军人军属合法权益法庭，为保障部队和官兵的合法权益，提供法律服务。

地址：市政府大楼1号楼201室
电话：66786673
海口双拥网址：www.hksyw.net

四、军警部队充分发挥各自优势,树立拥政爱民新形象。驻市部队在完成训练执勤、战备演习任务的同时，充分发挥部队人员集中、战斗力强、思想政治过硬的优势，积极参加“三个文明”建设。驻市军（警）部队把创建文明生态村、文明社区作为共建活动的一项重要内容来抓，为我市的经济建设和社会稳定作出了积极贡献。一年来，出动官兵近30000人次，车辆4000台次参加义务植树、清理西海岸油污、抗击台风“达维”抢险救灾和恢复灾后建设、冬修水利等各类活动。为配合政府城市规划，军警部队主动拆除各类违章建筑2万多平方米。今年我市50年不遇的特大旱灾，驻市军警部队捐款28多万元，并出动人力物力支持地方抗旱。

五、精心打造基层双拥共建的大平台。我们始终坚持把双拥工作的重点放在基层，按照“组织健全、政策落实、活动经常、关系融洽”的要求，加大基层共建工作的力度，努力探索具有时代特色的双拥共建新路子。目前，全市共有军民共建点118个，其中80%先后被省、市、区各级评为先进单位。2005年7月，海口市龙华区滨濂村还被评为全国军民共建社会主义精神文明先进单位。

2005年海口市军功颁奖大会暨庆“八一”文艺晚会

军民共建文明生态村一角

海口市总工会

2005年海口市总工会在市委和省总工会的正确领导下，紧紧围绕全面落实科学发展观和加强党的执政能力建设这一全党工作大局，坚持“组织起来，切实维权”的工作方针，加强工会机关自身建设和基层工会组织建设，维护职工的合法权益，推进再就业工作，推行厂务公开民主管理制度，深入实施送温暖工程，着力解决职工的生产生活困难，团结动员全市广大职工为改革发展建功立业，为促进海口经济进步、社会发展、政治稳定，做出了新的贡献。2006年市总工会将坚持以邓小平理论和“三个代表”重要思想为指导，认真学习贯彻党的十六届五中全会和市委十届六次全会精神，全面贯彻落实科学发展观，坚持走中国特色社会主义工会发展道路，贯彻“组织起来、切实维权”的工作方针，围绕扩大工会工作覆盖面、增强工会组织凝聚力的要求，加强协调劳动关系，完善工会组织领导下的维权机制，推进企业工会建设，提高职工素质，团结动员广大职工在实现我市“十一五”规划、构建和谐社会中充分发挥工人阶级主力军作用。

2006年元旦文艺晚会、法制日宣传、消防日宣传

龙华区财政局

局长程伦吉

党委书记李会文

近年来，龙华区财政局在区委、区政府的正确领导下，以邓小平理论为指导，全面实践“三个代表”重要思想，与时俱进，开拓创新，按照科学发展观的要求，充分发挥职能作用，大力加强财源建设，以改革为突破口，大力推行财政体制改革，建立起稳定持续快速增长的财政收入机制，不断调整和优化支出结构，加强内部管理和制度建设，依法行政，依法理财，极大地促进了龙华区经济持续快速健康发展。2005年全区财政收入237000万元，比上年同期增长13.5%。

龙华区财政局现有公务员16人。全局财政干部认真贯彻好党的十六届四中、五中全会精神，落实好中央、省、市对财政工作的指示，按照区委四届人大全会提出的工作目标，顽强拼搏，锐意改革，开拓进取，狠抓落实，抓出成效。一是抓住机遇，积极培植财源，大力发展高新技术产业，壮大优势产业，增强财政实力；二是配合税务部门依法加强税收征管，严厉打击偷、逃、抗税行为，充分调动基层生财聚财积极性，促进财政收入稳定增长；三是建立现代化的财政管理体系，规范预算内外资金管理，树立增收与节支并重，经济增长与财政增长同步，经济总量和经济结构均衡，区强民富兼得的理财观念，不断深化和完善预算编制制度、会计委派制、国库集中支付制、政府非税收入、政府采购制，依法理财水平不断提高；四是推进财政信息化管理，从预算编制、拨款、结账、结算、数据分析的全过程实行计算机管理，不断提高理财、用财的管理水平；五是加快公共财政体系建立，优化支出结构，加大社会保障投入；六是扎实推进农村综合改革，发展农村经济，促进农民增加收入，进一步深化农村税费改革，加大对农业、农村、农民发展的支持力度，推行“村级财务统一管理”，切实加强村集体经济组织财务管理，促进农村经济的健康发展和社会长期稳定；七是努力创建“现代文明机关”，抓好领导班子建设和干部队伍建设，努力提高新形势下对财政工作的能力和水平，建立健全保持共产党员先进性长效机制，从外树形象、内强素质的高度，不断提高财政干部队伍的整体素质。

海口市龙华区人事劳动保障局

龙华区人事劳动保障局局务会，左五为龙华区组部副部长兼区人事劳动保障局局长欧金文

龙华区农村社会养老保险管理处

龙华区劳动监察中队

海口市龙华区人事劳动保障局是主管全区人事、劳动和社会保障工作的区政府工作部门，主要职责是：1.贯彻执行党和国家及省、市有关人事、劳动和社会管理工作的方针政策、法律、法规规章；2.管理全区国家机关、事业单位的人事调配、工资福利，负责机关和事业单位干部职工办理退休手续的审批报送工作；3.负责推行国家公务员制度的具体工作，组织实施省人劳保厅和市人事劳动保障局制定的有关实施细则；4.负责劳动就业、社会保障、军转干部、退伍兵安置、管理及农村养老保险工作；5.指导辖区企业全面实行全员合同制和负责劳动合同的鉴证管理工作；6.负责劳动争议的仲裁处理工作；7.负责全区的专业技术职称的审批报送工作；8.承办区委区政府及上级业务部门交办的其他工作。

下属单位有三个：

一、龙华区劳动监察中队。主要职责为：受区人劳局委托在辖区范围内行使《劳动法》及有关法律、法规赋予的劳动监察职能，宣传《劳动法》，保障劳动法规的贯彻执行；维护劳动关系双方的合法权益，促进劳动力市场建没，取缔非法劳务市场中介机构。

二、农村社会养老保险管理处。主要职责为：综合管理全区农村社会养老保险工作；建立完善的农村社会养老保险制度和管理体系。

三、劳动就业和社会保障管理中心。主要职责为：为辖区户籍居民特别是下岗失业人员提供公共就业服务，包括：办理《待业证》、《再就业优惠证》、离退休人员推进社区化服务管理及自主择业军转干部服务等项目。

2005年我区成功组织农村劳动力转移就业4136人，完成区年度任务的102%。其中，省外转移9批1057人，完成市年度任务的105.7%，共投入经费86万多元。落实“一带十”帮扶干部297人，带动打工农民3108人。组织考察输入地企业7次，其中，书记、区长带队考察2次，与广州、深圳、东莞和惠州等地劳动部门结成劳务合作关系。区举办大型农民工招聘会2次，残疾人招聘会3次，小型专场招聘会6次，当场录用农民工1687人、录用残疾人180人。转移前培训4500多人次，转移后培训1057人，职业技能培训180人，“农民职业素质培训”835人；发放《农民进城就业指南》3000多册，印发《农民打工简报》5期。省外输出跟踪服务和回访10次，召开7次联席会议，表彰18个先进单位和51名先进个人。城镇新增就业岗位6043人，完成市年度目标100%，再就业安置2286人，完成市年度目标101%，其中，安置“4050”人员826人，完成市年度任务103%，共投入经费52万元；发放《再就业优惠证》84人，办理《再就业优惠证》年审63人，小额贷款23人，社会保险补贴申报117人次；再就业培训849人，创业培训43人；举办公益性岗位招聘会录用671人(安置省属下岗职工60人)，协办市第三届人才劳动力招聘会录用1015人。

司就业服务中心大厅

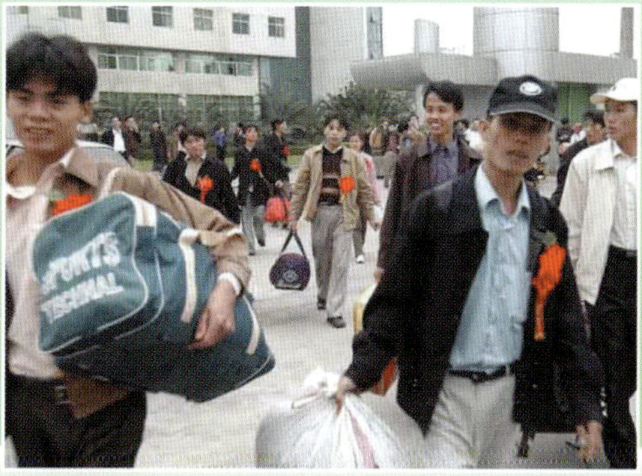

龙华区民政局

民政局党支部成员

陈中局长调研老区村庄建设工作

在龙华区委、区政府的正确领导下，坚持以"三个代表"重要思想为指导，贯彻落实党的十六大和十六届三中、四中全会和省市民政工作会议精神，紧紧围绕区委、区政府提出"两个翻番，两个率先"的奋斗目标，以开展党员先进性教育活动为契机，坚持以"以民为本，为民解困"的宗旨，求真务实，依法行政，规范管理，较好地完成了各项工作。

一、我局狠抓学习，不断提高干部职工的整体素质。

二、创新机制，不断提高依法行政能力和办事效率。

三、真抓实干，不断促进工作上新台阶。我区2005年农村低保对象有5144户，87 46人，共发放低保金2046581.4元；2005年城市低保对象有5439户，13497人，共发放2660133.6元低保金。发放2005年义务兵家属优抚金共1 34040元，388人；发放2005年农村义务兵转移资金97人，145500元。解决2004年农村退伍兵住房困难问题,共解决3 4人住房困难，共拨款5万元。解决优抚对象"三难"经费共23880元，全年共发放重点优抚对象定补金1136284元，伤残人员抚恤金398000元，解决优抚对象住房困难经费 2004年基层组织建设投入120万元，2005年已用于革命老区建设经费22.3万元，2005年发放救灾救济款56756元，2005年双拥工作投入150万经费。

我区在推广"省双拥模范区"四连冠经验的基础上，根据区委、区政府提出的创建"省双拥模范区"五连冠的目标及有关指示精神，我区的各项双拥工作得到进一步落实。全区现有37位百岁老人。我区认真做好婚姻登记工作，2005年已办理结婚登记1517对，离婚登记277对，补办结婚证22对，补办离婚证1对。2005年我区开展殡葬改革试点工作，到2005年年底已完成11426座坟墓治理。

左起：马光常委、陈一华区长、李恩杰书记、梁锦武人大主任、陈中局长

海口市龙华区环卫局

环卫工人的风采

局长林亚福

海口市龙华区环境卫生管理局成立于1991年，2003年10月环卫体改后，龙华区环卫局下设办公室、环卫综合服务管理中心和清扫保洁一、二、三队，共有干部职工(临时工)1720人，目前拥有环卫专用车辆77辆，其中66辆垃圾运输车，2辆洒水车，2部吸粪车，2辆扫街车，5辆环卫“110”清扫保洁应急车。每天24小时负责市区540多万平方米的清扫、保洁、清运垃圾任务。

根据我区实际情况，我局汇编了《龙华区社区环卫管理须知》和续(A)编两本管理规章制度，对各项费用收费实行造册监督制，油料消耗登记制、垃圾载重考核验收制、车辆维修四人签单有效制、一人一车一班制等13条规章制度。

龙华区是海口市最繁华的中心地带，也是政治、经济、文化中心和交通枢纽，享有“椰海明珠”之美誉。龙华区环卫局对辖区内5镇6街(街道办事处)的环卫工作进行指导和监督，并加强镇、街道办事处环卫队伍建设，完善区、乡、街办居(村)委会环境卫生管理网络，使之适应创建国家卫生城市的需要。我局组织了5辆“110”应急车24小时巡检辖区道路，及时处理落地垃圾和市民投诉的环卫问题。还设立三条示范街，对辖区内的门前三包进一步规范制度化，先后投入资金2万元制作2000多块门前三包责任牌。加强对辖区小街小巷环境卫生工作指导和监督，并定期检查或抽查，进行打分评比。

局领导班子和工作人员一起劳动

我局领导深入到社区、乡镇进行环卫调研时，发现社区和乡镇环卫工人作业时不穿反光衣存在安全隐患，就及时自筹资金购买反光衣300多件发放给各镇、街，解决了环卫工人后顾之忧，还投入8万元帮助我区4个镇解决垃圾清运手扶拖拉机4辆。投资23.5万元购买垃圾手推车350辆，部分无偿赠送给社区，及时解决社区垃圾清运难的问题。

加强对乡镇环卫工作指导，解决农民的实际困难。先后联系了昌茂花园、秀英房地产开发总公司、热作两院等单位，共出资9000元为文山村、三角园等修建垃圾池3个。我局出8万元为龙桥镇、新坡镇、遵谭镇、龙泉镇等四镇购置手扶拖拉机各一部，解决长期困扰四个镇的垃圾清运不及时问题。

环卫局为改善村民娱乐和休闲，为儒关村修建的公园

为了更好帮助农民脱贫致富，我局党员干部职工捐款5万元为三角园村修建一条一条长700米的水渠，1万元修建水利涵洞一个，解决2千亩地的灌溉和饮水问题。

为加强农村城市化，创建文明生态村，我局投资4万元为新坡镇新村修建长400米的水泥路。出资10万元为新坡镇新村建造一座卫生公厕。在儒关村我局出资3.8万元修建村民公园一座(受到市委书记的高度赞赏)，还对该村75户家庭厕所进行改造，改造每个家庭厕所需650元，共出资4.9万元。出资6万元为该村建排球场和村文化活动中心。出资1万元对遵谭镇进行镇容镇貌综合整治。

龙华区环卫局拥有一个团结的领导班子，有一支高素质的干部管理队伍。在区委，区政府直接领导下，坚持高标准、严管理的原则，通过全体环卫工人的共同努力，消灭了街道成堆的暴露性垃圾，大大提高了街道的清洁度，从根本上改变了街道的卫生状况，使椰城的卫生面貌焕然一新，市容卫生的整体水平逐年提高，保证了街道的优美整洁，为海口市创建国家优秀旅游城市、国家园林城市、国家卫生城市、国家环保模范城市做出了贡献。

我局先后获得“海口市城市卫生环境综合整治一等奖”、“海口市龙华区现代文明机关”、“海口市创建国家卫生城市工作先进单位”、“海口市精神文明先进单位”和“海南省精神文明先进单位”等荣誉称号。

局领导班子成员到一线检查车辆情况并指导工作

龙华区环卫局去年自筹资金购买的部分车辆

海口市龙华区金贸街道办事处

金贸街道办事处成立于2001年4月，是海口市龙华区委、区政府的派出机构，地处繁华的金融贸易开发区，是海口市政治、经济、文化的活动中心。我街道实行工委领导下的书记主任负责制，人员编制为30名（其中公务员编制17名）。辖区总面积5.54平方米。下属有1个村委会6个社区委员会。辖区有机关团体单位55个，住宅小区99个，总人口5.7万人，其中常驻人口2.2多万人，暂住人口1.28万人，流动人口2.2多万人，境外人口113人。

主任：梁恳

几年来，金贸街道一方面充分利用金融贸易中心的地缘优势，因地制宜开展各种社区服务，促进社会经济健康发展，增创效益；另一方面充分发挥街道和居委会“两作用”，通过依法治理社区，加强城建卫生、社区治安综合治理、计划生育等多项工作的管理，加强社区党的建设和基层基础建设，促进了街道三个文明建设全面发展，各项社会事业蒸蒸日上，多次被省、市、区评为先进或达标单位。

如今，我辖区基础设施完善，道路四通八达，人居环境优美，高档商场酒店云集，精典住宅小区密布。既有大型购物、餐饮、休闲娱乐街区，又有大型文化、运动设施；既有海口市最大的居民休闲娱乐场所万绿园，又有大型购物商务中心——生生百货、宜欣广场，并且金融网点占全市的三分之一，为海口市新型的休闲商务中心。

金贸街道开展社区文明建设

面对海口新的发展机遇，金贸街道工委、办事处将坚持以人为本，树立全面协调、可持续的科学发展观，强化政府职能转变，加强物质文明、精神文明、政治文明和党的建设，维护社会稳定，构建和谐社区、开创金贸街道的新辉煌。

市委王为璐书记到街道检查指导工作

陈辞市长冒雨到辖区玉沙村调研工作

团结战斗、开拓进取的领导班子

工委书记吴优同志慰问困难群众

美兰区委宣传部

区片联创 扮靓美兰新农村

2005年，美兰区在市委、市政府的正确领导下，认真落实科学发展观，以服务“三农”为目标，开阔视野，创新思路，拓展渠道，更新方式，下大力推进民心工程，加快文明生态村创建步伐。立足农村实际，坚持规划先行；立足整合资源，坚持资源共享；立足生态经济，坚持农民增收；立足优势互补，坚持速度效果；立足引导农民，坚持提高素质；立足党员先进，坚持为民办事。创造性地提出了“区片联创”文明生态村的新模式，将全区4个镇694个自然村划分为10个区片。在实施中，区分对象，因村施创，将行政村分为上、中、下三种不同类型，提出“三不同、三相同”，即基础不同、干劲相同；措施不同、标准相同；进度不同、目标相同。实施证明，区片联创文明生态村，创新和开辟了创建资金少、速度快、效果好的新方法、新途径，深受广大农民群众的欢迎和拥护。成功地迎接了全省文明生态村现场经验交流会召开；中央政治局有关领导以及中央先进性教育第五巡回检查组和海南、安徽、福建、广东四省的代表，视察了美兰区文明生态村。省委书记汪啸风等省、市领导多次到美兰区检查指导文明生态村创建工作，给予了充分肯定。

① 简单明快的村牌路标

② 宣传文化室外景

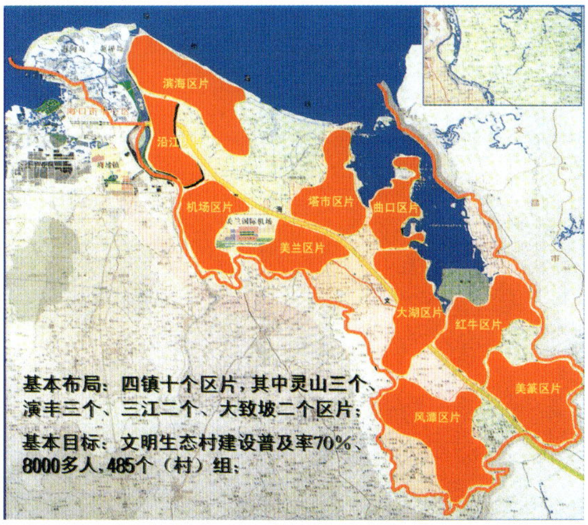

③ 美兰区文明生态村区片分布图

④

⑤

⑥

④⑤⑥ 文明生态村外景掠影

美兰区农林局

在区长袁光平(右一)的陪同下，副省长江泽林(右二)、副市长吴伟雄(右三)检查防控高致病性禽流感工作。

海口市美兰区农林局在区委、区政府的直接领导下，积极贯彻落实区委、区政府提出的“富裕美兰、平安美兰、文明美兰、创新美兰”的四大工程，围绕“农业增效，农民增收”，大力调整农业产业结构，促进全区农业、林业和畜牧业的发展。2005年全区农业总产值11.32亿元，同比增长12%；农民人均纯收入3836元，同比增长7%。

(一) 调高、调精、调优农业产业结构。在发展农业生产中，美兰区农林局狠抓农业基地化和规模化建设。到目前全区现有花卉基地34个，面积1.3万亩；水果基地66个，面积3.2万亩；热作基地57个，面积4万亩；瓜菜基地37个，面积7 万亩(含复种)。

(二) 抓准发展重点，推进林业建设步伐。美兰区农林局在现有林业面积6万亩的基础上，每年以8千亩至1万亩的造林速度发展。2005年主要抓残次林改造和营造农村路边林为重点的生态林建设，全年共营造各类林1.1万亩，完成市计划任务的150.6%，受到市林业主管部门好评，并年年超额完成造林计划，连年被省、市林业部门评为先进单位。

美兰区农林局积极推进畜禽“双千户”建设，努力创建海口畜禽大区，据统计，2005年底止，全区现有规模养猪场(户)329个，规模养鸡场(户)126个，生猪年出栏量52.1万头，产值5.1亿元，家禽年出栏296.82万只，产值5936.4万元，畜禽业总产值6.193亿元，占全区农业总产值的42%。

全区现有花卉基地34个，面积1.3万亩。图为局长张海生深入兰花基地检查工作。

畜禽“双千户”建设初具规模，全区现有规模养鸡场(户)126个。

2005年全区造林1.1万亩，全区现有林面积6万多亩。

全区现有瓜菜基地37个，年种植面积7万亩（含复种）

海口市琼山区财政局

2005年，在区委、区政府的正确领导和市财政局的直接指导下，我们按照科学发展观和“可持续发展”的基本思路，深化财政改革，细化预算编制，强化征收管理，优化支出结构，有力地支持了全区的经济发展和社会各项事业的建设。全年财政总收入预计完成54500万元(预计数，下同)，比上年同期增收6287万元，同比(以下同)增长13.04%。其中，国税局组织的中央库两税收入完成31655万元，完成预算100%，比上年同期增收3642万元，增长13%。地税局组织的工商各税收入完成22357万元，完成预算100%，比上年同期增收2589万元，增长13.1%。财政局组织的收入完成488万元，完成预算100%。全区地方库财政一般预算支出全年预计完成37970万元(含省、市下达专款)，上年同期支出37518万元，基本持平。

2006年工作思路

(一) 抓好“五个进一步”

1、进一步深化改革。

2、进一步严格管理。

3、进一步改变作风。

4、进一步提高素质。

5、进一步促进落实。

(二) 锁定琼山财政收入比上年增长8%，达到58860万元，比上年增收4360万元。

(三) 全面铺开部门预算编制。

(四) 加强财政支出管理

(五) 完善收支两条线管理

(六) 铺开村账镇管工作，铺开面达50%

(七) 进一步扩大政府采购物品范围，使政府采购工作跨上新台阶。

(八) 创造条件使国有企业改制工作走出困境。

①局长：冯所勇

②琼山财政大厦

③富有朝气，开拓进取的领导班子

海口市琼山区人民法院

连续两年被海南高院评为“优秀法院”

海口市琼山区人民法院现有十二个内设机构和一个派出法庭，管辖7个乡镇，2个国营农场。

2005年，琼山区人民法院全面加强各项工作，审判管理工作取得优异成绩。一年来，我院共受理各类案件1195件，结案1173件，结案率98.16%。民商事案件调解率高达54%，比2004年上升20个百分点。除审判工作外，班子建设、队伍建设、党风廉政建设、基础建设等方面的工作均成绩突出，尤其是基础建设方面，新审判办公大楼于2005年12月31日落成使用，为全省基层法院中堪称一流的审判大楼。2005年，我院被省高院评为2004—2005年度全省法院系统优秀法院。

图片说明：

①海口市中级人民法院院长屈建民同志多次到我院检查指导工作，并对我院新审判大楼建设提供无私的帮助

②琼山区法院大审判庭

③琼山区法院大会议室

④团结奋进的领导班子

海口市琼山区规划建设局

在区委、区政府的正确领导下，以邓小平理论和“三个代表”重要思想为指导，树立和落实科学发展观，按照立党为公，执政为民的要求，开拓进取，求真务实，扎扎实实地完成区委、区政府分配的工作任务。

一年来，在小街小巷建设，开展城区“五纵五横”主要道路网络建设和龙塘饮用水位保护区规划建设前期准备工作实践中有声有色。对于文明生态村的规划编制，如红旗镇本立村，大坡镇福佳村等业已完成。完成了对于朱云路 A、B两幢安置楼工程的立体建筑，装修和水电管网的安装；完成了文庄路、高登路、新城路三条人行道改造规划、设计方案施工图纸及工程预算编制；组织编制中山北路，建国路铺装沥青路面改造项目设计及工程预算；完成了中山南路西侧居民区排涝管铺设。在完成各项工作的同时，我们还大抓行政作风和党风廉政建设，提高全体干部职工政治业务素质和工作效率，树立机关良好形象。

2006年是“十一五”的开头年，我们紧紧围绕，加快城乡基础设施建设和环境建设，促进琼山经济和各项社会事业全面协调、可持续发展这个中心，为美化、绿化、亮化琼山区做出了显著的贡献。

依法保护文物资源

城市建设突飞猛进

秀英区人民法院

党组书记、院长黄晓

海口市秀英区人民法院位于秀英区海盛路68号。该院辖区面积512平方公里，辖区人口29万。该院现有内设机构十一个，即刑事审判庭、民事审判第一庭、民事审判第二庭、行政审判庭、审判监督庭、执行庭、立案庭、政工室、监察室、办公室、法警大队，派出法庭一个，在编干警74人。

建院以来，该院始终坚持以邓小平理论和“三个代表”重要思想为指导，紧扣“一个主题三条主线”（即以“公正与效率”为主题，以审判工作和执行工作、法院改革、队伍建设为主线），求真务实，开拓创新，全面推进法院各项工作，为社会稳定和经济发展提供公正高效的司法保障。几年来，该院先后受到省、市、区各种表彰46次，有88人次受到省、市、区表彰，其中有12人次被记为个人三等功。

正在开庭

党组成员在开会

海口市城市管理监察支队

王路副市长、黄礼忠局长、韩忠光支队长在海秀路现场办公

支队长韩忠光主持召开中队长以上干部会议，研究城市管理工作

海口市城市管理监察支队于1996年月9日20正式挂牌成立，现隶属于海口市城市管理局，副处级事业单位。现职支队领导4名，支队长韩忠光、政委裴英杰、副支队长王广山、陈言。支队机关设办公室、市容科、宣教科、党办，下辖纠察队和六个直属大队。支队的管理职能是负责全市33条主要道路的市容市貌、园林绿化监察及市政府授权的其他城市管理监察工作。

支队成立以来，加强队伍建设，内练素质，外树形象。始终坚持“执法就是管理，执法也是服务”的管理思想，坚持宣传、教育和处罚相结合的工作方法，积极开展文明执法活动，队伍的执法管理水平得到显著提高，受到社会各界一致好评。

几年来，支队加强城市市容规范管理，在全市开展创建优秀城市活动中，为海口市成为“中国城市综合实力50强”、“中国优秀旅游城市”、“全国卫生城市”、“国家园林城市”等做出了积极的贡献，先后被国家建设部授予“全国城建监察先进集体”，被省建设厅授予“海南省城建监察先进集体”，被市委、市政府授予“创建中国优秀旅游城市先进单位”、“创建全国城市环境综合整治优秀城市先进单位”、“创建国家环境保护模范城市先进单位”等多项荣誉称号。

“内练素质，外塑形象”军事训练

拆除违章建筑物

清理占道“马路仓库”

武警海口支队

支队政委任金武在成立大会上致辞

武警官兵抗洪抢险

根据中国人民武装警察部队体制编制调整改革工作会议精神，原海口市支队与原一支队于2005年6月1日合并组建成新的海口市（旅级）支队,支队机关驻在澄迈县老城镇盈滨半岛。

新的海口市支队组建以来，支队党委高举邓小平理论和"三个代表"重要思想伟大旗帜，坚决贯彻党中央、国务院和中央军委的指示，坚决执行上级的命令，始终做到任何时候、任何情况下，在思想上、政治上、行动上与党中央保持高度一致，官兵政治立场坚定，思想道德纯洁,确保了部队建设的正确方向。

支队党委在总队党委和海口市委、市政府的正确领导下，坚持以正确的政绩观和科学发展观为指导，以求真务实和高度负责的精神，努力探索旅级支队建设的特点,带领官兵积极投身中国特色军事变革和建设信息化武警、实现跨越式发展的潮流，使部队面貌发生了崭新的变化，各项建设稳步推进,圆满完成了以执勤、处突和反恐为中心的各项任务。支队官兵尤其在参与海口市社会治安综合治理、抗击"达维"台风、完成市公安局“反恐”演练等行动中表现突出，展示了威武、文明之师的良好形象，得到了地方党委政府和人民群众的高度评价。

支队长:宫铁芳

支队官兵在海口市区执行巡逻任务

武警海南省总队海口市支队成立大会

海口公安边防支队

殚精竭虑谋发展　强根固基砺精兵
海口公安边防支队2005年工作纪实

海口市市委副书记高锦全(右一)在海口公安边防支队支队长王越(右二)、政委黄秀山(右三)的陪同下，莅临支队视察“三访四见”工作，并对支队“三访四见”活动给予高度评价。

海口公安边防支队位于海口市龙华区，现有干部225人，是一支现役武装警察部队。今年来，该支队党委以加强“四个能力”建设和贯彻中央《决定》、“二十公”会议精神为主线，坚持“走在前，相一致，海口牌”的工作思路，以全面提高队伍的整体素质为主攻方向，以深入开展“保持共产党员先进性”教育活动和“三访四见”活动为途径，以进一步树立和巩固执法为民思想为出发点和落脚点，以加强基层领导班子建设为重点，以提升部队正规化管理水平和战斗力为目标，狠抓各项基层基础工作建设，较好地完成了各项公安边防工作任务。今年以来，该支队共有3个基层党支部被海南边防总队评为“先进党支部”，8人被海南边防总队评为优秀党务工作者（优秀共产党员）。

近年来，该支队切实加大警力和装备的投入，深入开展人民内部矛盾的排查调处工作，认真研究群体性突发事件发生的深层次原因，拓宽信息来源渠道，及时消除群体性事件的苗头和隐患，2005年共处置群体性事件32起，有效地消除了辖区不安定因素。今年，该支队辖区内共发生刑事案件312起，破获92起，破案率30%，破案率同比增长50%，刑事拘留77人;发生治安案件381起，查处323起，查处率85%，治安拘留155人；抓获各类网上逃犯6人；破获现行贩毒案件29 起，抓获贩毒嫌疑人31人，缴获毒品海洛因94.8克；查处吸毒案件128起，强制戒毒146人，劳教54人；查处赌博案件55起，抓获涉赌人员204人，罚款28万元；查获违规汽油案件17起，缴获违规汽油30.8吨，案值14万元；查获违规香烟案件9起，缴获香烟11258条，案值109万元；查获违规生禽案件9起，缴获各类违规生禽5105只，案值16万元。

同时，该支队将解决信访问题作为一项“民心工程”、“形象工程”和“群众满意工程”，确立了还“感情帐”要不怕丢面子，还“执法帐”要不怕担责任，还“历史帐”要不怕得罪人的工作思路，注重在真心、诚心、恒心和决心上下功夫，积极偿还上访群众的感情帐和法律帐，集中力量展开攻坚，一举解决了17起信访案件，信访案件办结率达到100%，群众停访息诉率达100%。由于坚持从作为中争地位，支队的工作成绩得到地方党委政府的一致认可，为支队全面建设赢得了广泛支持，今年以来，地方政府共支持资金 100余万元用于部队建设，在支队营建征地等方面也给予了大力支持。

中华人民共和国海南海事局海口航标处

◎ 海口航标处处长刘德珍

◎ 海口航标处党总支书记雷新国

中华人民共和国海南海事局海口航标处是海南沿海水域的航标主管机关，主要负责海南沿海干线公用航标和主要商港航标的维护管理和规划建设工作。近年来，该处针对辖区航标配布不合理、技术含量低等实际情况，确立了“以人为本，科技兴标”的工作思想，坚持“两手抓，两手都要硬”的工作方针，在扎扎实实做好各项业务工作的同时，积极开展精神文明建设，取得了良好效果。2003 年该处被交通部海事局评为“全国直属海事系统先进集体”；2002~2005 连续 4 年被评为海南海事局“先进单位”。该处属下的木栏头航标站 2005 年被授予“全国精神文明建设先进单位”；海口航标站 2004 年被交通部海事局评为“先进集体”。

近年来，海口航标处首先从提高沿海航标配布的合理性入手，对辖区重要水域、主要港口灯浮标的配布情况进行了重新调整，增设了大量的灯浮标，使辖区航标的总量从 2000 年底的 126 座增加到 2005 年的 159 座。接着开展一系列的技术改造，如对辖区航标的能源、光源进行技术改造，将所有灯浮标和不能使用市电的灯桩、灯塔都安装了太阳能供电系统，并配上免维护电池外，全部淘汰了可靠性差、性价比低，对海洋污染严重的一次性锌空气电池，不仅增加了航标的可靠性和稳定性，减少了对海洋环境的污染，同时还在全国率先实现航标能源 100% 太阳能化和能源的绿色化；将所有的灯浮标安装上亮度高、射程远、耗能小的 LED 灯器外，还对部分灯桩、灯塔的灯器进行改造或更新；建立起海上“高速公路”，先后在秀英、清澜、三亚和洋浦等主要港口推广应用同步闪和标号发光技术；建立并投入使用了船舶自动识别 (AIS) 系统，实现琼州海峡水域船舶的实时监控。除此之外，海口航标处还注意加强网络开发，建立起强大的信息网络平台和航标对外网站，实现了航标信息的资源共享，为海上航行船舶提供更优质的信息服务。

“百尺竿头，更进一步”，随着科学技术突飞猛进，海口航标处的领导清醒地意识到，加强信息化航标建设，向数字化航标迈进仍是今后航标发展的必然趋势。因此，在“十一五”期间，海口航标处仍会坚持“科技兴标”的工作思路，大力加强技术开发，不断改进助航设施，提高助航效能，为海南沿海船舶航行安全提供更优质的安全保障，为海南的经济和航运事业的发展做出更大的贡献。

◎ 团结奋进、开拓创新的领导班子

◎ 交通部海事局领导前来海口航标处检查工作

中国人民银行海口中心支行

陈成副省长会见中国人民银行副行长吴晓灵

人总行吴晓灵副行长和海口中心支行刘仁伍行长参加海南省农村信用社改革发展座谈会

2005年，海口中心支行坚持科学发展观和以人为本的理念，紧紧围绕着中心工作任务，在实施货币政策、维护金融稳定、改善金融服务、扎实推进征信和反洗钱工作等方面求真务实、开拓创新，取得了显著成绩。一是落实各项宏观调控措施，发挥信贷政策引导结构调整的作用，促进了地方经济健康快速发展。加强信贷政策引导，制定住房和消费信贷指导意见，督导辖区金融机构加快信贷结构调整。积极协调扶持“弱势群体”，帮助我省困难学生解决就学问题，支持了下岗失业人员再就业和自主创业。引导农村金融部门加大“三农”信贷投入，合理调配支农再贷款支持“三农”灾后重建和恢复生产。各项货币政策措施的有效落实，促进了我省经济金融健康快速发展。二是加快地方性金融机构金融风险处置，完善金融风险监测体系，维护辖区金融稳定。地方性有问题金融机构风险处置工作取得重大突破，汇通、海国租、赛格、华银、三亚中亚等5家信托（租赁）公司进入破产清算，有效地化解了积累的金融风险，切实维护了社会稳定。积极推动农村信用社改革，加强对农村信用社改革资金支持问题研究。协调建立反洗钱联席会议制度和协调机制，通过整合反洗钱信息形成本外币反洗钱工作“合一”局面。三是加快金融基础设施建设，创新金融服务手段，改进金融服务。继续完善大额支付系统，加快推进小额支付系统建设，提高社会资金运转效率。积极推进财税库行横向联网建设和配合开展政府收支分类改革模拟试点，国库服务水平明显提高。对辖区资信评级机构实行统计报告制度，在报刊、电视等传媒上广泛宣传信用知识，推进社会信用建设。改善外汇服务，积极参与地方政府的招商引资活动，支持实施企业“走出去”战略，促进贸易投资便利化。

“十五”时期，人行海口中心支行积极推动海南金融深化改革，防范化解金融风险，实施稳健货币政策，引导金融机构调整信贷结构，一度困扰海南经济发展的金融风险因素基本上得到消除，金融秩序稳定，金融生态环境得到一定改善，海南金融业从防范和化解金融风险阶段进入了加快创新和发展阶段，为“十一五”时期海南经济金融快速健康发展奠定了良好的基础。

人保财险海口市分公司

中国人民财产保险股份有限公司原名中国人民保险公司，成立于1949年10月20日，是国内唯一一家国有控股的全国性商业财产保险公司，主要经营以财产为保险标的的专业财产保险业务，兼营人身意外险和短期健康险业务。公司拥有50多年的风险管理、防灾防损、灾害救助经验。2003年7月19日，经国务院同意、中国保监会批准，中国人民保险公司更名为中国人保控股公司，并发起设立中国人民财产保险股份有限公司和中国人保资产管理有限公司。分设后的中国人民财产保险股份有限公司（简称人保财险）继承原中国人民保险公司的品牌。2003年11月6日，中国人民财产保险股份有限公司股票在香港联合交易所主板挂牌交易，成为中国内地金融机构海外上市"第一股"。

人保财险海口市分公司党委书记、总经理：何兆额

中国人保财险始终遵循"以市场为导向，以客户为中心"的经营理念，继承和发扬"求实、诚信、拼搏、创新"的企业精神，经过多年的发展具有了以下几方面的优势：

品牌优势——人保财险具有50多年的经营经验，在国内、国际保险市场享有良好的声誉。

市场优势——几十年来，人保财险在国内财产险业务领域市场份额一直处于绝对领先地位。

产品优势——到目前为止，公司共开发产品900多种，覆盖财险的各个领域。

技术优势——在承保、理赔、风险评估等各方面具有国内领先的技术优势。

再保险优势——与全球100多家保险公司及再保险公司保持着密切的再保险业务联系，拥有亚洲最大的非水险分保合同，可提供充足有效的再保险保障。

网络优势——4000多个机构，销售、服务网点遍及全国。

中国人民财产保险股份有限公司海口市分公司隶属中国人民财产保险股份有限公司海南省分公司，2004年1月19日经中国保险监督管理委员会批准后正式成立。我公司在全省9个市县均设有分支机构和代理网点，在业务规模、机构设置、技术装备、人员素质等方面都有较大的优势。

公司目前已开办的主要险种：

★企业财产保险 ★家庭财产保险 ★机动车辆保险 ★船舶保险 ★货物运输保险 ★建筑安装工程保险 ★信用保证保险 ★责任保险 ★人身意外险和短期健康保险 ★农业保险 ★综合保险 ★航天、航空、石油保险

部门设置：

1、办公室／人力资源部／监察部
2、车辆保险部
3、非车险部
4、理赔管理部／客户服务管理部
5、信息技术部
6、车贷险清收办
7、承保中心
8、理赔／客户服务中心
9、财务中心

24小时保险服务热线：95518

中国人民财产保险股份有限公司网址：http://www.piccnet.com.cn
中国人民财产保险股份有限公司电子商务平台：http://www.e-picc.com.cn

人保财险海口市分公司领导班子成员名单：
何兆额(男)　党委书记、总经理：
黄时汉(男)　党委委员、纪委书记、副总经理：
陈明德(男)　党委委员、副总经理：

海口市农村信用合作社联合社

领导班子团结一心、锐意进取

对讲信用的贷款户授匾和加大授信额度

海口市农村信用社成立于1952年，是经中国银监会海南监管局批准成立的合法金融机构，在半个世纪的历程中，它有力地推动了海口地区经济的稳步发展，是实力雄厚、信誉可靠、服务优良的金融机构。目前，全社有机构网点21个，分别由5个基层法人信用社和1个营业部按行政区域划分进行管理。联社法人代表邢福跃，下属员工183名，其中大专文化以上的占75%。

近年来，海口市农村信用社在改进管理办法、简化贷款手续、提高办事效率基础上，对信贷市场进行细分，形成了支农、下岗、个体工商、工资担保、公务员担保等各具特色的贷款品种，深受广大客户的青睐。截止05年12月末，全社各项贷款余额35484万元；其中，新增支农贷款余额5430万元，累计发放支农货款13048万元，充分发挥了农村金融“主力军”的作用，为辖区“三农”经济的发展做出了突出贡献；此外，海口农村信用社还积极开办下岗贷款，直接或间接帮助了上千名下岗人员实现再就业，得到社会各方面的肯定，为此05年海口市政府下文明确该社为全市下岗贷款的主办银行。

今年初，海口农村信用社结合自身特点，发挥城市型农村信用社作用，在扶持“三农”的基础上，进一步加大扶持中小企业和个体工商户的力度，将促进地方经济发展的使命提升到更高层次上来。

农信社贷款支持的农庄硕果累累

农信社贷款支持的养鹅大户

海口市农村信用社联社

电话：66792141　66792405(传真)

海口市农村信用社辖属基层法人社

红旗信用社　电话：66221782

地址：海口市博爱南路191号

海联信用社　电话：66262172

地址：海口市海甸二西路10号

海秀信用社　电话：68662129

地址：海口市秀英大道21号

长流信用社　电话：68711050

地址：海口市长流镇长康路7号

新海信用社　电话：68716570

地址：海口市新海乡新海村

海口市城市建设投资有限公司

海口市城市建设投资有限公司努力创新投融资体制，在海口市重点项目建设工作中表现突出，使海口的城市建设步入快车道。

近年来，海口城市道路建设明显提速，建设力度史无前例，一条又一条的道路以崭新的面貌迅速呈现在人们眼前，道路平坦了，车流畅通了，景观更美了，道路两边土地开发力度空前加大，城市各项建设事业突飞猛进，城市面貌焕然一新。这一切，得益于海口市委、市政府突破传统思维，大胆创新，改革投融资体制，为城市建设搭建了新的投融资平台，为城市快速发展注入了强大动力。

据统计，从2003年至今，海口市城市建设投资有限公司已完成了23个市政道路工程，累计通车里程75公里，有17项工程被评为优良。

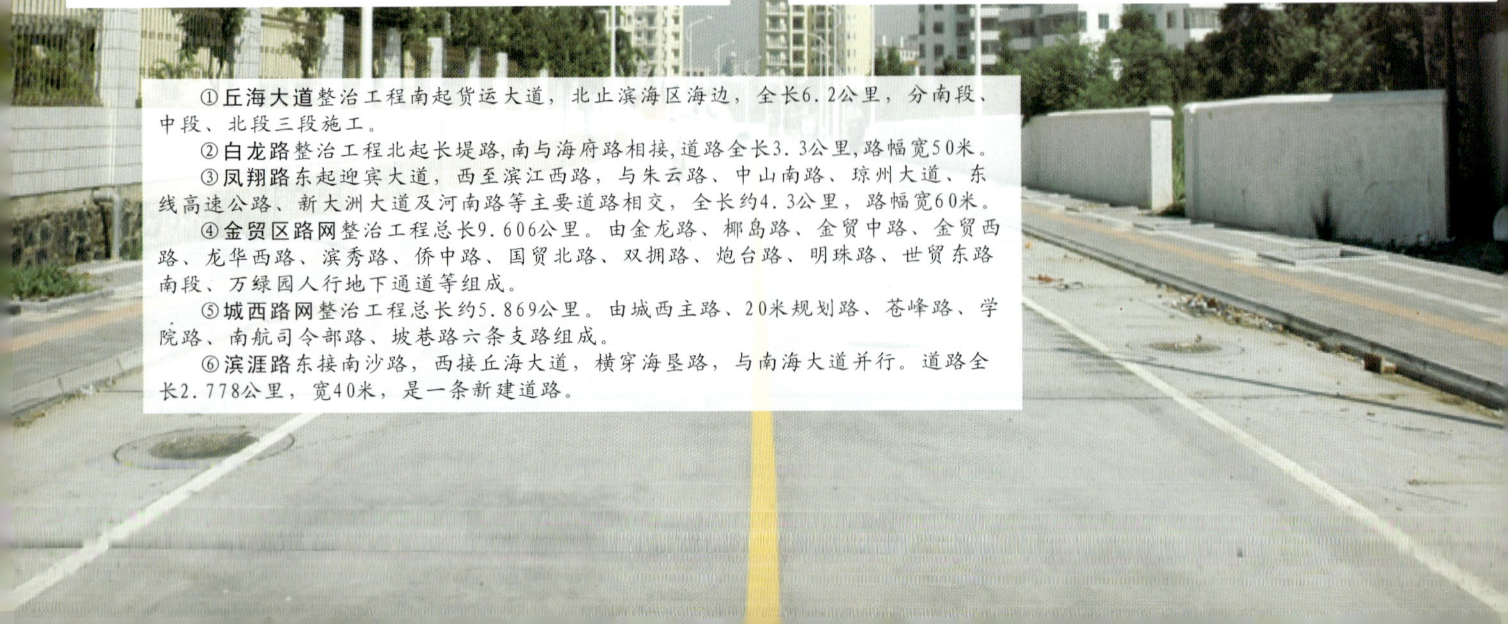

①**丘海大道**整治工程南起货运大道，北止滨海区海边，全长6.2公里，分南段、中段、北段三段施工。

②**白龙路**整治工程北起长堤路,南与海府路相接,道路全长3.3公里,路幅宽50米。

③**凤翔路**东起迎宾大道，西至滨江西路，与朱云路、中山南路、琼州大道、东线高速公路、新大洲大道及河南路等主要道路相交，全长约4.3公里，路幅宽60米。

④**金贸区路网**整治工程总长9.606公里。由金龙路、椰岛路、金贸中路、金贸西路、龙华西路、滨秀路、侨中路、国贸北路、双拥路、炮台路、明珠路、世贸东路南段、万绿园人行地下通道等组成。

⑤**城西路网**整治工程总长约5.869公里。由城西主路、20米规划路、苍峰路、学院路、南航司令部路、坡巷路六条支路组成。

⑥**滨涯路**东接南沙路，西接丘海大道，横穿海垦路，与南海大道并行。道路全长2.778公里，宽40米，是一条新建道路。

中国联通海南分公司

再接再厉 勇攀高峰

公司总经理吴伟

中国联合通信有限公司海南分公司(简称海南联通)成立于1995年5月18日。10年来，公司依托中国联通的雄厚实力，立足海南，致力发展通信业务，建立起覆盖全省的高质量通信、营销、服务网络，服务日臻完善，客户规模不断扩大，成为海南电信市场的重要力量。近年来，公司更是加速向规模、效益并重的内涵型发展模式转型，加快业务发展，加强基础管理，不断提高效益水平。2001-2005年，连续五年实现利润增长，保持了两位数以上的收入增幅。截止2005年底，资产规模逾18.9亿，网上移动电话用户近90万户，基站总数达到1600 座，客户满意度超过85%。

“十五”期间，公司不仅为海南省交警、武警等数十家企事业单位提供了一揽子通信解决方案，更投资7000万元率先建设起“CDMA近海覆盖网”，实现南海海域CDMA网络深度覆盖，为渔业生产、海洋管理、抢险救灾提供先进可靠的通信保障，并连续为四届博鳌亚洲论坛年会提供通信支持，展现了高品质的通信保障技术和服务水准，赢得客户、社会的信赖和认可。先后荣获“全国用户满意企业”，海南省“消费者满意品牌”、海南30强企业等称号。

展望“十一五”，公司将以积极、务实、理性、有效的发展步伐，全力实现网络、业务、服务、管理“四大赶超”，为跻身全国一流电信强企而不懈奋进！

海南联通服务人员魅力形象展示

海南联通“欢乐新时空”号参加三亚金鸡百花电影节及海南岛欢乐节大巡游

服务：心系客户

基站

海南省烟草公司海口公司

公司（局）党组书记、局长、经理刘伯光（右一）
与班子成员一起深入到帮扶点调研。

公司（局）召开工作会议

2005年，海南省烟草公司海口公司（局）认真学习贯彻党的十六大和十六届三中、四中、五中全会以及全省烟草工作会议、局长（经理）座谈会、加强内部管理监督工作会议精神，坚持以人为本的科学发展观，各项工作进展顺利，经济运行质量和效益稳步提高。全年销售卷烟118,810箱，完成省局（公司）下达全年计划的105.6%，同比增长4.85%；实现销售收入131,189.2万元，同比增长13.1%；实现税利8,747万元，同比增长44.36%。全年出动专卖人员约18000人次、车辆约3600辆次，查获“三烟”1598.96万支、烟丝3047.5公斤；查处无证运输案件23起、非法贩卖烟草制品窝点37个；处理各类案件1976起，总案值446.5万元，上缴罚没款72.8万元;刑事拘留16人,逮捕1人,判刑1人;查获了建省以来第一台(套)仿YZ14型烟支卷接机,实现了专卖工作新突破。

【经营措施】一是整合品牌结构。加强对市场需求、消费潜力和客户资源的分析研究，采取订货指导、跟踪服务、引导消费等有效措施。二是优化网络资源。建立城乡一体、高效顺畅的卷烟营销网络体系，不断完善和提高片区“一库式”大配送功能与效率；建立系统、互动的营销数据库，对重点客户实行专业化、个性化服务。三是提供优质服务。发挥客户经理引导市场、服务客户的主导作用，着力于客户情感沟通、货源供应保证、利益驱动等方面的工作。四是加强信息网络系统建设。完成了海口、文昌、定安、澄迈、临高五地通讯线路的切割交换工作；对机关、专卖、营销等部门原有网络线路进行改造。五是积极开展并完善电子结算工作。在继续做好零售户参与农行电子结算货款业务的同时，积极推广邮政代收货款、银联网电子结算货款等业务。

【专卖管理】一是建立联合执法长效机制。二是积极开展清理整顿卷烟市场专项行动。三是营造社会舆论氛围。四是完善专卖管理机制。

【内部管理】一是深化三项制度改革，完成了岗位组合工作。二是狠抓队伍建设，把做好队伍稳定工作视为推进全省行业平稳发展的一项重要的基础工作来抓好落实。三是抓好财务基础和预算管理。四是加强内部管理监督。五是确保经营管理安全运行。

【文明建设】认真部署、精心组织、稳妥推进保持先进性教育活动，深化“先进性见行动”主题实践活动，积极开展“牢固树立国家利益、消费者利益至上价值观”大讨论活动，积极参加公益活动回报社会，在“抗大旱、献爱心”、抗击台风“达维”等活动中，公司（局）捐助5.5万元、职工捐款15100元以及捐赠衣服329件。

2005年，海南省烟草公司海口公司（局）被海南省烟草专卖局（公司）评为“全省烟草行业经济运行质量和效益一等奖”单位、“全省烟草专卖管理先进集体”；被海南省统计局评为“海南省统计系统基层基础建设先进单位”；被市国资委评为“先进基层党组织”；被共青团海口市委员会评为“海口市先进团组织”。

Haikou Running water company

海口市自来水公司

经理唐闻清

省委书记汪啸风视察米铺水厂

省市领导视察米铺水厂

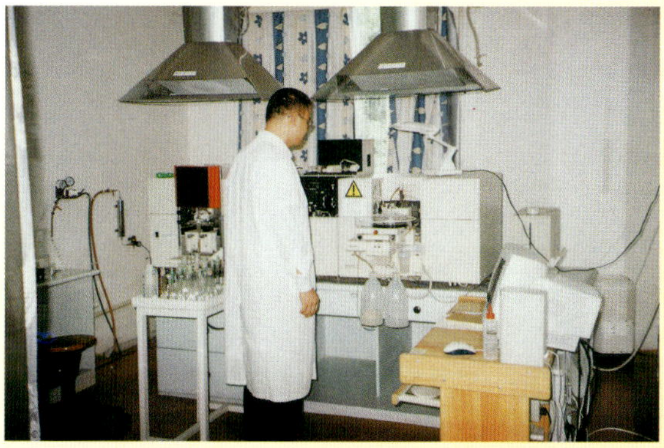

检验员在检测水中的金属元素

海口市自来水公司是海南省省会城市一家国有中型供水企业，公司日供水能力已达52万吨，固定资产4.45亿元，全市管网总长DN100mm以上330公里，DN80mm以下1000公里，供水覆盖面积达53.90平方公里，密度为每平方公里9.95公里，供水管网由枝状型向更科学合理的环状型转变。城市用水普及率达100%，水质综合合格率达99.8%以上，符合《国家生活饮用水质标准》。公司荣获国家统计局授予的全国投入产出调查先进集体，全国精神文明创建活动示范点，海南省最佳企业创新奖，海南省管理效益型企业，海南省服务行业明星企业，海南省技术创新先进企业，2003年度海南工业企业50强，2003年度海南省商业信用企业。

公司本着“诚信守法、服务社会”的经营理念，提出以市民的健康为已任，千方百计狠抓水质管理，打造“水质品牌”，构筑企业的核心竞争能力。公司中心化验室成为国家城市供水水质监测网，是全省唯一通过国家级计量认证的水质监测机构，实现了国家级水质检测不出岛的目标，填补了海南省一项技术空白。目前，中心化验室的检测能力已达79项，为让市民喝上放心水、满意水提供了可靠保证。

公司注重两个文明协调发展。为给市民提供最诚挚、最热情、最优质的服务，公司提出了“内强素质，外树形象”的工作思路，以争一流服务，创一流效率，建一流窗口、树一流形象为目标。打造“服务品牌”对外不断把社会服务承诺制引向深入，简化办事程序，规范服务内容，提高办事效率，并在全市各街区张贴报漏电话方便市民。受到市民的好评。

目前，水司人在唐闻清经理的带领下，围绕“抢抓机遇、加快发展”的指导思想，鼓足干劲，力争上游，为开创椰城供水事业的美好明天辛勤耕耘着。

米铺水厂平流池

米铺水厂平流池全貌

海南电网琼山供电公司

海南电网琼山供电公司担负着海口市所属19个乡镇的供电和电网建设任务，服务各类用电客户160290户，下辖8个中心供电所，26个营业站，目前在岗员工503人。截止2005年底，全公司固定资产原值2.45亿元，拥有35千伏变电站7座，主变压器13台，变电总容量54300千伏安；10KV开闭所3座，35千伏输电线路122公里，10千伏配电线路2300公里，公用变压器1680台。2005年全公司售电量4.49亿千瓦时，营业收入2.74亿元，上缴税金1432万元。

海南电网琼山供电公司始终认真贯彻落实科学发展观，坚持以南方电网公司“对中央负责、为五省区服务”的宗旨、“两型两化”的发展战略及“六个更加注重”的工作方针统揽全局。紧紧围绕海南电网公司“一个中心、二个坚持、三个确保、四个加强”的要求，在省公司党组的正确领导和海口市委、市政府的大力支持下。公司的整体经济运行稳定，管理水平逐步提高，为海口市社会经济发展做出了应有贡献，2005年度被海南电网公司授予先进单位荣誉称号。

2006年是“十一五”的开局之年，海南电网琼山供电公司将继续认真学习贯彻党的十六届五中全会精神，以南方电网公司大政方针为指导，以发展为主题，以安全和稳定为基础，以优质服务为宗旨，以经济效益为中心，以提高公司综合实力为目的，按照海南电网公司“三精一优”的战略发展目标，围绕“确保安全，强化管理，提升服务，科学发展”的总体思路，抓发展，抓管理，抓服务，抓队伍，抓效益，努力开创工作的新局面。

经理：潘轶峰

海口市高级技工学校

(国家级重点技工学校)

技能竞赛在如火如荼地进行

老师在耐心指导数控实习

海口市高级技工学校(原海口市技工学校)是一所培养中高级技术工人和管理人员的职业技术学校。1998年被海南省人民政府定为省级重点技工学校，2002年被国家劳动和社会保障部定为国家级重点技工学校，2005年4月26日被国家劳动和社会保障部确认为高级技工学校。

学校创建于1970年，隶属海口市人事劳动保障局，学校开设计算机应用、计算机网络、电子、电工、电工电子、机电技术应用、空调制冷、物业管理、通讯设备应用与维修等专业，拥有近2万平方米的教学大楼、实习操作间、实验室、多媒体教室、语音室、学生宿舍、食堂等配套设备，并配备先进的闭路电视教学系统和大批较先进的教学仪器及工量具等设备。我校有教职员工112人，由高级讲师、讲师、实习指导教师、技师等双师型教师组成，其中高级讲师20余人，讲师、一级实习指导教师、高级技师、技师47人，助理讲师27人。目前在校生1500余人，每年向社会输送毕业生近500名。

学校办学35年来，已发展成为海南省“职业教学——社会培训——技能鉴定——职业介绍”四位一体的职业技术教育和培训的综合基地。在抓好正常的教学工作基础上，还开办了各专业工种的培训，具体承担着海口市军地两用人才培训和专业技术人员计算机等级培训，负责机关、企事业单位各专业技术工种等级考核的鉴定工作。特别是今年，我校参与了中国—欧盟小项目便捷基金项目活动，与海口市特困居民援助中心、海口市民政局合作，分期分批对海口市下岗女工进行免费的计算机文字录入与处理技能培训，使每位参训的妇女都较熟练地掌握了一门适用劳动技能；为南航部队和武警总队培训计算机和电工技能人才近100人，并首次尝试培训与考证直接挂钩，通过率达99%。学校重视与高等院校联合办学，与天津工程师范学院附属高级技术学校联合办学，开办五年制“高级工+大专班”；加强与企业合作，与龙泉集团联合办学，开设酒店管理与旅游服务专业。在广州万宝冷机集团及海南第一汽车制造厂、新大洲本田摩托车集团公司开展产教结合的试点教学，教学质量稳步提高，近几年中级工达标率在96%以上，就业率达90%以上。被国家劳动和社会保障部确定为“职业指导教学训练实验基地”。被国家教委考试中心、共青团中央定为“全国计算机等级考试培训站”，被省政府定为海南省第十二职业技能鉴定所、专业技术职称人员计算机考核培训站，被市政府定为海口市军地两用人才培训中心、海口市公务员电子政务培训点、海口市第一技能鉴定站。先后被国家教委、劳动部、国家体委授予“全国职业技术教育系统体育工作先进学校称号”；被中国职协技工学校委员会推选为副主任委员单位；今年还获得2004—2005年度中国职协工作“优秀组织奖”，校长李日祥同志被授予“海南省首次职业教育杰出校长”称号。近几年来，我校先后荣获第二届全国技工学校技术开发成果“一等奖”、“二等奖”、“优秀奖”，荣获第三届全国技工学校技术开发成果“二等奖”，获得了中南、西南大区技工学校教工乒乓球比赛男子团体冠军、水上运动体育比赛团体总分第二名和4×25米接力游泳比赛第一名的好成绩，先后有2名教师被授予“全国技校优秀教师”称号、1名教师被授予“全国职业技术教育先进工作者”称号，有3人分别被授予“海口市优秀教师、海口市师德标兵”称号，校工会被评为海口市先进单位，校团委被评为海口市“五四”红旗团委。

校领导班子在研究工作

机电专业的学生在实习

计算机专业的学生在上机操作

海口旅游职业学校

海口旅游职业学校是海南省海口市教育局与北京市西城区教育委员会于1993年联合创办的一所综合性旅游中等职业学校，是北京市西城区旅游职业教育集团成员校。随着学校办学规模不断扩大，现拥有两个校区：海口校区在海口市白龙北路一号，琼山新校区在海口市新大洲大道铁桥墟。学校办学效果显著，被誉为“椰城职业教育的明珠”和“南国旅游人才的摇篮”。

学校开设了《旅游服务与管理》、《航空服务》、《外语导游》、《旅游英语》、《公关导游》、《计算机应用》、《中西餐烹饪》、《美容美发与形象设计》、《酒店管理》、《金融财会》、《休闲体育服务与管理》、《物业管理》、《饭店服务与管理》、《商品经营》《汽车技术服务与营销》等15个专业，并形成了旅游服务与管理、导游、计算机应用、烹饪、美容美发与形象设计等5个省级龙头专业，目前，学校有教学班68个，在校生近3000人。在校教职员工有196人，专任教师121人，具有研究生学历和在职研究生学历16人，大学本科67人，大学专科52人；其中高级教师30人，中级教师39人。国家级专业技能考评员40多人，国家级骨干教师2人，市级骨干教师和学科带头人10人。

办学十二年来，学校实现了三个目标：实现了把学校办成一所面向市场、面向世界、面向二十一世纪的在各方面均属全省一流的综合型旅游职业学校；实现了为海口培养一批能够独立工作的职业教育干部和师资队伍；实现了北京海口两地教育优势互补、携手发展、与时俱进的目标。跨越了七个台阶：1995年被认定为省级重点职业高中；1996年被认定为首批国家级重点职业高中；1998年被评为省一级示范职业学校；2000年再次被认定为国家级重点职业高中，同年被教育部评为“全国德育工作先进校”；2002年被教育部等三部委评为“全国职业教育先进单位”；2005年被海南省人才组委会评为“海南省人才建设成果显著单位”。创出了“高起点、高标准、高速度、高质量”跨越式发展的成功之路，为快速发展中等职业教育作出了榜样。

办学十二年来，学校始终突出旅游职业教育的特点，坚持德育为首不动摇，树立以人为本的教育理念。学校共为社会输送5000多名毕业生，为高等职业院校输送了325名新生。学生参加省级、国家级举行各项专业技能及其它学艺竞赛中共22人获奖。学校先后与51家酒店和企业建立了长期合作实习基地。

在国家关于做好农村扶贫和农村劳动转移的号召下，积极扶持农村贫困地区的职业教育，帮助贫困学生脱贫致富。先后与临高、保亭、东方、琼中、文昌，白沙、乐东等七个贫困市县的职业学校联合办学，2005年《中国教育报》以“海口模式的辐射效应”为题，头版头条刊登了学校扶助农村职业教育发展的经验。

琼山华侨中学

校长：周先平

海口市琼山华侨中学位于海口市府城镇凤翔路，海榆东线高速公路入口处，占地约84亩。

学校始建于1957年，其前身系琼山县三江华侨中学，校址在海口市美兰区三江镇。20世纪80年代，应广大侨胞的强烈要求，1988年将学校从距海口40多公里的三江镇迁至现址，改称琼山市华侨中学，并确定为琼山市重点中学，1989年秋季正式招生。琼山、海口完成行政区域调整后，于2003年9月更名为海口市琼山华侨中学，现为海口市教育局直属中学。

十七年来，在市委、市政府的关怀和上级教育主管部门的正确领导、以及广大海外乡亲和社会各界人士的大力支持下，学校走过了一段不平凡的奋斗历程，在艰苦创业中茁壮成长，在励精图治中发展壮大。学校几近白手起家，却在短短的十多年时间里，完成了一次又一次事业征途的跨越，终于在荒坡僻壤上建起了一所环境优美，校风、学风优良的海口市一级中学。如今学校已发展成为有50个班，3259名学生，224名教职员工（专职教师184人，其中高级教师40名，一级教师64名，初级教师68名，省市骨干教师24名）的办学规模。学校拥有一幢由五十多位华侨捐资兴建的五层教学大楼，一幢由香港著名实业家邵逸夫先生捐资兴建的五层多功能科学馆，一幢泰国华侨吴多兰先生捐资兴建的五层图书馆。有可供2000人住宿的学生宿舍楼3幢和160多户教职工住宿的教工住宿楼5幢，还有400米环型跑道的标准运动场。教学设备也日臻完善，学校目前已配置了电脑室、多媒体报告厅等先进教学设备。

多年来，学校认真贯彻国家的教育方针，坚持正确的办学方向，坚持“以人为本，为学生的终身发展奠定良好基础”的办学理念，确定“以管理要质量，以质量求发展”的办学思路，深化教育教学改革，以教科研为先导，以创新教育为核心，全面推进素质教育，抓机遇，迎挑战，狠抓内部管理，使学校各项工作有条不紊，办学设施逐步完善，优良的校风、学风、教风已经形成，高考、中考升学率逐年提高，学校的教育教学质量赢得社会的广泛赞誉。由于办学成绩显著，学校先后被评为“全国群众体卫工作先进单位”、“海南省文明单位”、“海南省侨务工作先进单位”、“海南省园林式学校”、“海南省现代技术教学示范学校”、“教学先进单位”、“省社会治安综合治理先进单位”、“海口市一级学校”等。

目前，学校全体师生在周先平校长的带领下，继续以发展为主题，以改革为主线，以深化内部管理体制改革和教育教改为动力，团结拼搏，锐意进取，朝着把我校建成省示范性学校的目标迈进。

校园

百姓放心的医院

——海口市人民医院

门诊普通感冒处方金额不得超过100元，其他处方最高不得超过200元，这是海口市人民医院控制大处方做出的规定。过去那种看一个感冒几百块钱的现象已不复存在。该院为扎扎实实开展“医院管理年”活动，特成立了以史克珊院长为组长的“医院管理年”活动领导小组。采取多项措施，减轻病人负担，降低医疗费用。对普通感冒、慢性胃炎等门诊常见病，分轻重程度，制订了用药套餐。规定用药种类和疗程，在用药和费用上做了硬性规定，对违规使用的药品由处方医师买单。

医疗费用的增长，具有深层次的社会原因。为切实把医疗费用降下来，减轻患者负担，该院领导班子组织各科专家及负责人，统一认识，树立以人为本，一切以病人为中心的指导思想，经反复研究和讨论，决定对10种常见病的普通手术实行限价收费。对实施手术的相关科室严格要求，需由科室主任审批适应证，制订了更合理的治疗计划，杜绝大处方和滥检查，并不断提高医疗质量，缩短住院时间。对引起费用超支部分全由相关手术科室承担。对于不常见病单病种普通手术的治疗，海口市人民医院也制定了相应措施，改善诊疗流程，尽量缩短住院日。为保证这些措施的贯彻执行，该院由院领导牵头，组成行风检查小组，价格监督领导小组，对违规者按规定处罚，使为百姓减轻负担的措施真正落实到实处。

为提高医疗技术，保证医疗安全，该院实施了“培养、引进、提拔、留用”相结合的人才发展战略，逐步建成了一支拥有高级职称专家150多人，中级300多人的高素质人才队伍。随着医院知名度的提高，慕名就医的患者也越来越多，按部就班的作息时间已经完全不能适应对患者人性化服务的要求。为使患者尽快得到诊断结果，该院的放射科、B超室、检验科等辅助检查科室都实行错时工作制。在病人相对集中的高峰时段，安排较多的工作人员，尽量缩短患者候诊时间。在下班时段内，也安排人员继续为患者服务，直到患者全部诊断结束。

通过组织开展“医院管理年”活动，海口市人民医院以高质量的医疗技术和服务，保证医疗安全，使患者真正能“看病看得更放心，用药用得更安心，住院住得更舒心”。

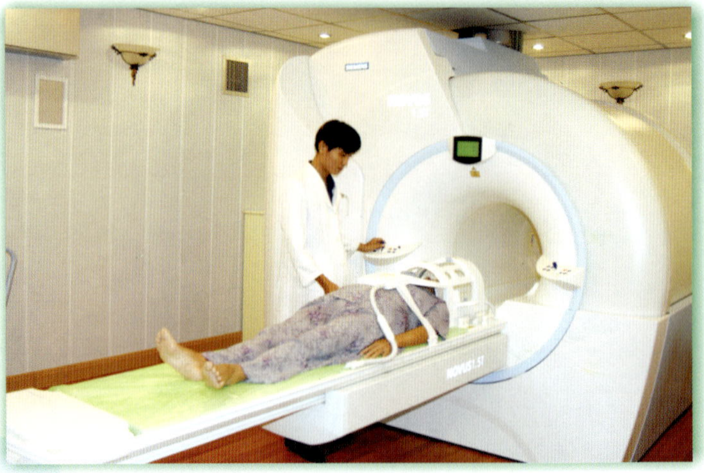

引进先进的医学诊疗技术，培养了一批高素质人才队伍，慕名就医的患者越来越多。图为医务人员为患者做核磁共振检查。

医院设立“病人接待中心”，为患者就医提供全程服务，缩短了候诊时间，方便患者就医。

建设中的医院综合大楼效果图

琼山人民医院

琼山人民医院始建于清光绪二十二年(1896年)间的爱生医院，至今已有106年的历史。是一所历史悠久，绿树成荫、环境优美的花园式医院。

琼山人民医院是国家卫生部授予《二级甲等医院》、《爱婴医院》的综合性医疗单位，先后荣获中华医院管理学会授予全国首批《百姓放心医院》、省政府授予全省环境优美《十佳医院》等50多项荣誉称号。

医院现有土地31亩，建筑面积39241.6m²，医院用房21924.14m²，绿化面积13795m²，全院高级职称30人，中级职称102人，现有3个门诊部、一个社区卫生服务站、29个临床医技科室。同时不断更新医疗设备，先后投资144,779,600元，增设日本全新东芝CT机、多功能彩超机、500豪安X光机、全自动生化分析仪、动态心电图仪、脑中风预测仪、血气分析仪、电解质分析仪等国内外先进医疗设备70余种。全院开放病床360张，可容纳700人次/日门诊量，年门诊量12多万次，住院病人逾5千多人次。正式人员463人。

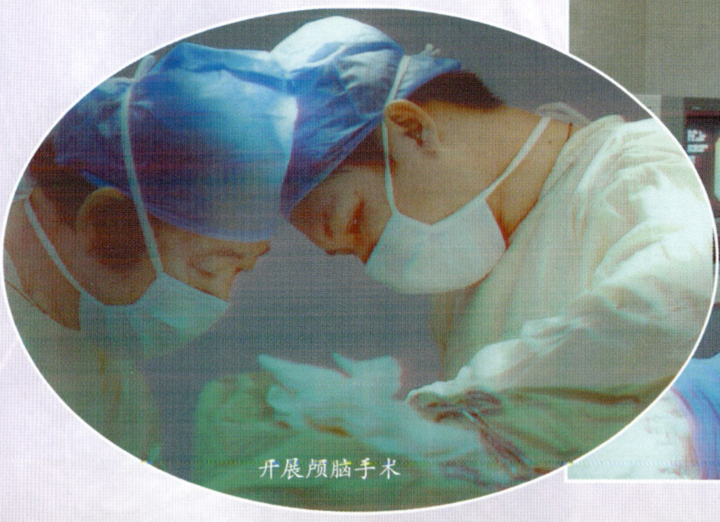
开展颅脑手术

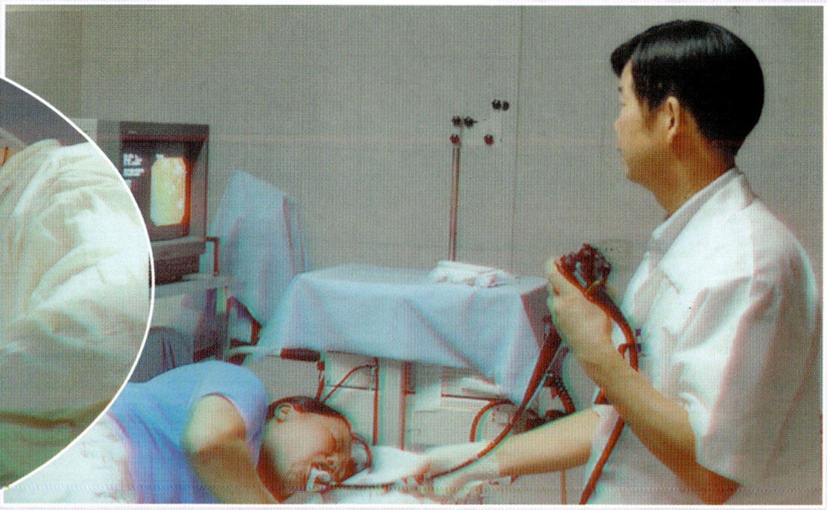
医务人员在为病人进行胃镜检查

海口市审计局

海口市审计局成立于1983年12月，是海口市人民政府的职能部门，依法独立行使审计监督职能。

2004和2005年海口市审计工作在市委、市政府的领导和省审计厅的指导下，以“三个代表”重要思想和科学发展观为指导，紧紧围绕全市经济工作中心和建设和谐社会的目标，认真贯彻审计工作方针，依法履行审计监督职责；适应审计工作的转变，更新审计理念，努力探索新形势下的审计创新，调整工作思路,创新工作体制，形成以投资审计为重点的审计业务新格局；提高依法审计能力和审计工作质量，审计结论办理、审计整改取得明显成效；大力推进审计信息化建设，促进审计方式的变革，在创新中加快了海口审计工作的全面发展。据统计，两年已完成审计项目111个，其中立项项目64个，交办项目47个。通过审计，查出违规资金55267万元，其中应上缴财政3418万元，已全部入库；查出管理不规范资金6235万元，应归还原渠道资金601万元；向纪检监察机关移送经济案件线索2件。完成政府投资的重点工程项目的竣工决算审计和工程结算审计38个，核减金额10955万元，累计送审金额7.95亿元，核减金额10955万元，平均核减率为13.77%;2005年，完成委托投资审计项目24个，送审金额1.6亿元，核减金额2793万元，平均核减率为17.5%。有效地节约了国家建设资金，提高了政府投资效益。审计监督在促进加强宏观管理、推进依法行政、维护群众利益、促进廉政建设等方面发挥了积极作用。

①审计人员在翻阅会计资料
②近年来，海口市审计局加大业务技能的培训力度，计算机辅助审计逐步得到利用，从而大大地提高了工作效率。这是审计人员在录入会计数据
③财务审计是一项严谨细致的工作，丝毫的疏忽都有可能造成审计失败。这是审计人员在认真地复核审计记录

海口地方税务局

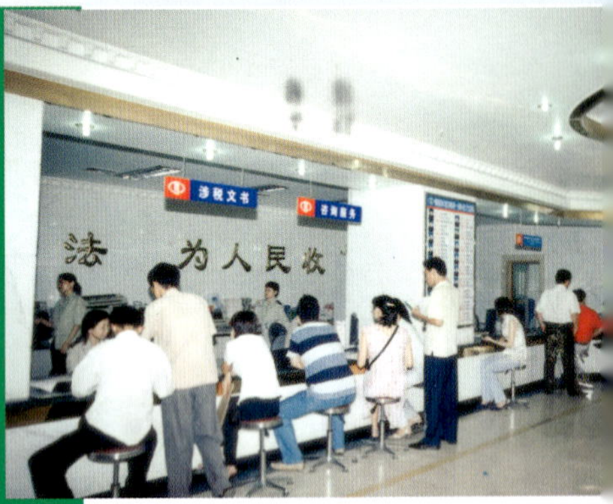

2005年，海口地区工商税收收入255615万元（不含增值税），比上年同期增长13.8%，增收30984万元；农业税收收入合计12630万元，比上年同期增长0.2%，增收22万元；五项社会保险费合计176150万元，比上年同期增长18.2%，增收27071万元。

2006年税收工作要点：

（一）加强税收管理，努力完成各项工作任务

继续夯实税收计会统基础工作；

全面落实税收管理员制度；

加强各税种管理；

提高依法治税能力；

开展整顿和规范税收秩序工作；

加强税务登记和纳税申报管理；

加强税收宣传；

不断推进信息化建设。

（二）以人为本，建设一支廉洁高效的干部队伍

加强领导班子建设；

建立科学的干部管理和评价体系；

开展学习型机关建设；

抓好精神文明建设；

加大培训工作力度；

推进党风廉政建设；

加强党的先进性建设；

加强信访工作；

海口市外事侨务办公室

为璐书记、刘庆声副市长会见韩国21C韩中交流协会会金汉圭、韩国东海市市长金振东

2005年7月，市政府与沃尔玛公司签署合作意向书

海口市外事侨务办公室是海口市人民政府负责外事、侨务、引进国外智力和国际交流工作的职能部门，内设秘书科、侨务科、外事管理科、引进国外智力科和国际交流科。2005年，海口市外事侨务办公室认真学习“三个代表”重要思想，深入开展保持共产党员先进性教育活动，以科学发展观统领外事侨务工作，充分发挥职能作用，坚持外事侨务工作为中央总体外交服务、为侨服务、为海口对外开放与经济发展服务、为树立海口良好的国际形象服务，围绕我市经济发展战略目标，与时俱进，开拓创新，有力推动和促进了海口市的对外开放和经济建设。

全年共接待国(境)外来宾42批、430多人次，因公出访团组123批、330人次，有力促进了我市的对外交流与合作，促进了招商引资工作，提高了海口的国际知名度；继续巩固和发展与澳大利亚达尔文市、英国柏斯市、法国圣纳泽尔市、美国俄克拉荷马市、坦桑尼亚桑给巴尔市等五对友好城市的友好关系，并在一些领域的交流与合作取得了实质性的进展，积极拓展友城工作渠道，进一步加强了与印尼登巴萨市、波兰格丁尼亚市、韩国东海市、日本福冈市的友好交往，海口与印尼登巴萨市、波兰格丁尼亚市的结好已获全国友协批准，两市结好协议即将签署，我市的国外友好城市已扩大到七对，友城工作取得了新的突破；共申报引进外国专家项目3个，派遣国外培训团组1个、10人次；“以人为本，为侨服务”工作深入开展，维权护侨工作成绩显著，海外联谊日趋活跃，全年接待涉侨团组22批、500多人次，进一步促进了海口与海外世界海南社团的联系和友好合作，侨务工作呈现喜人的局面。

主任：韩斌
地址：海口市龙昆北路19号
电话：(0898)66797595

海口市司法局

海口市司法局是主管全市司法行政工作的市政府工作部门，主要职能是负责全市劳教管理、法制宣传、法律服务、法律保障工作，涵盖劳教、律师、公证、人民调解、安置帮教、法制宣传、法律援助、“148”法律咨询等业务范围。

2005年，在市委市政府的正确领导下，在保持共产党员先进性教育活动的带动下，海口市司法局坚持落实科学发展观，扎实做好司法行政各项工作，努力开创司法行政工作的新局面：法制宣传教育路子不断创新，领导干部、司法和行政执法人员、青少年等重点普法对象的法制教育得到很好的落实，基层群众法律知识普及面不断扩大，全民法律素质得到很大提高。法律援助工作取得新成就，一大批困难群众获得法律援助，树立了政府的良好形象。人民调解工作取得良好成效，先后开展民间矛盾纠纷排查1036次，调处各类纠纷1310宗，为社会稳定做出了很大贡献，我市人民调解工作的经验在全省得到推广。劳教管理工作水平进一步提高，最大限度地完成了收教任务，实现了“四无”目标，为全市禁毒工作做出了重要贡献。律师公证管理工作得到全面加强，规范法律服务执业行为、维护司法公正的局面得以形成。

“四五”普法交叉检查

12.4全国法制日活动

海口市粮食局

局领导深入扶贫点慰问困难农户

局领导带领党员深入扶贫点参加抗旱救灾劳动

海口市粮食局党组书记局长:王加文

海口市粮食局是我市正处级粮食行政管理部门，其主要职责是：

一、贯彻执行党和国家有关粮食工作的方针政策、法律法规，依法拟定并组织实施本市粮食经济的发展规划、计划，做好粮食宏观调控和粮食行业服务管理。

二、根据国务院颁布的《粮食流通管理条例》规定，依法管理社会粮食企业；依法行使对粮食收购资格许可证的审批；依法对粮食经营者的经营活动进行监督检查；辖区内的粮食经营者均严格按规定，依法建立粮食经营台账，并每月向粮食行政管理部门报送当月发生的粮食流转基本数据和有关情况，自觉接受粮食行政管理部门的指导、协调和督查。

三、负责做好省市两级地方储备粮的保管、轮换。

四、负责粮食收购，组织粮油购销。负责驻市部队“三军三警”的粮食供应工作。

五、负责收集和提供粮食经济、价格、技术等信息，为领导科学决策和企业经营服务。

六、按照党中央和国务院的部署，会同有关部门研究制订粮食流通体制改革的具体方案，促进粮食购销市场化改革的深入开展。目前我市粮食企业改革已取得阶段性成果，我市粮食经营工作正呈现勃勃生机。

海口市科学技术和信息产业局

海口市科学技术和信息产业局（海口市知识产权局）是主管全市科学技术、信息产业和知识产权工作的市政府工作部门，内设办公室、发展计划科、知识产权科和信息产业科4个科室，行政编制17名，事业编制（工勤人员）3名。下辖市科技情报研究所、市工业科学研究所、市知识产权服务中心、市科技交流中心4个单位。

其主要职责是：贯彻党和国家有关科技和信息产业工作的方针政策、法规和规章，拟定并组织实施我市科技和信息产业发展规划和各类计划；推动高新技术产业发展和科技创新体系建设；归口管理科技成果、科技奖励、科技保密、技术市场和知识产权保护工作；组织重大科技项目攻关和引进技术的消化、吸收、创新，促进科研成果产业化；负责全市科技、信息产业、知识产权的宣传和科普工作；指导和推进全市国民经济和社会服务信息化工作；负责全市信息网络的行业管理，监督执行信息产业技术标准与安全标准；归口管理信息企业的认证工作，依法监管信息服务市场等。

几年来，在广大科技工作者的努力下，海口科技工作取得了一定的成绩，获得了一系列荣誉。市科学技术和信息产业局获得“现代文明机关”称号；2002年我市“制药新技术的转化应用及产业化”项目获省科技成果转化奖特等奖，2003年海口生物制药基地被国家科技部认定为“十五”国家863计划成果产业化基地，2004年市科技和信息产业局（知识产权局）被国家人事部和国家知识产权局授予全国专利系统先进集体荣誉称号和全省“科普先进单位”荣誉称号。全市的科技和信息产业工作以“三个代表”重要思想为指导，紧紧围绕“两个翻番、两个率先”的奋斗目标以及全市的中心工作，加强科技创新；大力发展高新技术产业；推广农村先进适用技术；开展科普宣传；加快信息化建设步伐；加大知识产权工作力度；为我市经济和社会发展做出了应有的贡献。2001年至2004年，我市投入科技经费1310万元，支持大专院校、科研院所和科技企业的项目研发、新产品试制和科技成果推广，共实施市重点科技计划项目116项，取得各级科技成果50项，获得科技进步奖27项，实现产值增长40亿元，税收增长3.2亿元，拉动了我市6.5万人就业，为我市经济社会发展提供了较好的支撑；全市拥有国家级企业技术研究开发中心1个，省级21个，市级13个，技术创新示范企业14家；全市经省科技厅认定的各类高新技术企业已达102家，制药工业呈强势运行势头，信息产业在全市经济发展中的先导地位基本形成，生态环保产业稳定发展，海洋产业扎实推进；建设了农业科技服务“110”，组建了专家服务团，开通了专线电话（963110）；组织开展“科技活动周”等活动，加大科普宣传，加强专利行政执法工作，使市民和企业的科技素质和知识产权保护意识都不断提高。

陈小鹰局长在2005年秋季科技下乡活动中讲话

海口市园林局

海口城市园林绿化长足发展

道路绿化

近年来，海口市围绕创建国家园林城市等活动，大搞园林绿化建设，投资建设并完成了万绿园、金牛岭公园、西海岸带状公园、美舍河带状公园、假日海滩等9座公园，新增加公园绿地面积334公顷。目前，全市建成区绿地率33.5%，绿化覆盖率达38.5%，人均公共绿地8.3平方米，全市各项绿化指标均达到或超过国家规定的要求。如今，海口市基本形成了以椰子树等棕榈科植物为主，配置常绿乔木和四季间隔开花的树木花卉，点、线、面相交映的总格局，初步展现“椰风海韵，热带风光，终年葱翠，四季常青”的园林绿化景观。近年来，海口市先后获得了“国家造林绿化十佳城市”、“全国园林绿化先进城市”和“国家园林城市”等荣誉称号。

万绿园

海口市林业局

海口市林业局是主管全市林业工作的市政府工作部门，内设办公室、营林科技科、林政法规科3个科级职能机构。

2005年，在市委、市政府的正确领导下，在省林业局的指导帮助下，我局深入贯彻落实党的十六大、十六届五中全会精神，结合开展保持共产党员先进性教育活动，努力实践“三个代表”重要思想，按照构建和谐社会的要求，坚持依法行政，广大干部职工团结奋进，开拓创新，扎实工作，全市造林绿化和森林资源保护管理工作取得了一定成绩。

1. 全年造林总面积2986.7公顷，占全年任务（2333.3公顷）的128%，其中，退耕还林（荒山荒地）完成造林666.7公顷，浆纸林造林完成1732.8公顷，三边防护林造林完成面积859.1公顷。

2. 全面加强林政资源管理工作，全年共申报办理征占用林地11宗，审批林木采伐申请228宗，组织、协助查处林业行政案件102宗，查处乱砍滥伐等毁林案件5宗。

3. 全市共发生森林火灾9起，总计过火面积6公顷，森林火灾受害率为零，没有人员伤亡事故的发生。

4. 采取药物防治与生物防治相结合的办法，积极开展椰心叶甲虫害的防治工作，全年共挂药包防治椰子树20多万株，释放椰心叶甲天敌约1000万头，现已取得阶段性成效，有效地扼制疫情的进一步扩散。

5. 2005年度全市林业总产值约28471万元，其中营造林方面1571万元，林政资源方面1400万元，木片加工5400万元，花卉方面约20100万元。

新的一年，我们将在市委、市政府的正确领导下，在省林业局的监督指导下，以更加饱满的热情，更加积极的工作态度，全面完成各项任务，使海口市的林业工作迈上一个新的台阶。

深入基层，帮助羊山地区农村解决人畜饮水问题

加大力度营造林打造绿色海口

积极开展党员先进性教育活动，加强党组织建设

海口市建设局

在龙昆南道路扩建建设中，市建设局积极履行行业管理职能，主动协调各参建方关系，强化质量管理，确保了该项目的顺利竣工通车，被市政府授予“海口市为民办实事建设工程突出贡献奖”单位。图为市建设局党组书记、副局长朱崇伦(前右二)在领奖台上。

滨海立交桥夜色。

海口市建设局（海口市人民防空办公室）是主管城市建设和人民防空工作的政府职能部门。其主要职责是：

一、贯彻执行党和国家及省市有关城市建设、市政公用事业、建筑行业、房屋折迁的方针政策。

二、负责全市市政工程和公用事业建设管理。

三、负责全市建筑市场管理工作。

四、负责全市人民防空建设管理工作。

五、负责全市建设工程的拆迁调查和报批，依法进行拆迁赔偿安置工作。

六、负责全市建设工程抗震设计、设防审查，督促有关单位按规划要求进行建筑物的防震加固工作；负责全市市政公用基础设施的抗震抢修工作。

海口市建设局内设6个科室：办公室、人事科、市政公用工程建设科、市政公用设施管理科、建筑工程管理科（人防工程施工管理科）、人民防空指挥科。

地址：海口市滨海大道47号海口城建大楼

电话：0898-66701448　66701425

邮编：570105

龙昆南路经过一年多的扩建建设，于2005年9月底建成通车。

海口市建筑工程质量监督站

海口市建筑工程质量监督站成立于一九八五年九月，现有各类专业技术人员占全站总人数的90%，其中高级工程师20名，工程师28名；站内设10个室：质量监督一、二、三室，安全监督一、二、三室，人防监督室、综合室、备案室、办公室。

建站以来，累计监督工程4254项，建筑面积2229万平方米，合格率100%，9项被建设部核定为优质样板工程和中国建筑工程鲁班奖，81项工程被海南省建设厅核定为省优质样板工程，61项工程被评为椰城杯建设施工优质样板工程。

该站先后荣获：“海南省建设系统精神文明先进单位”、“全国工程建设质量管理先进单位”、“全国建设工程先进质量监督站”、和“全国工程质量监督系统先进工程质量监督站”等荣誉称号。连续多年被市建设局评为先进单位。

该站监督工作总体目标：确定一个定位，履行行政监督职能；突出一个重点，保证结构工程质量；抓住一个关键，落实各方质量责任；把握一个环节，执行工程建设标准；落实一个目标，提高工程质量水平。

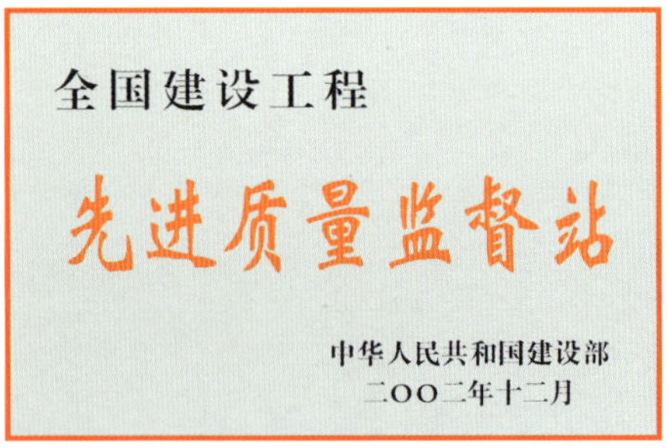

2002年先进监督站

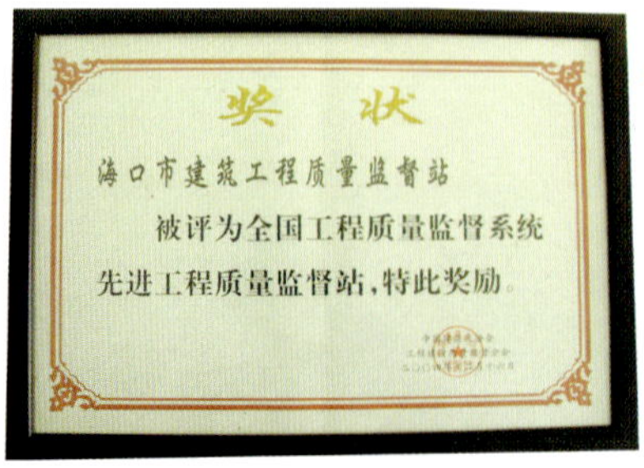

2004年先进监督站

地址：海口市金宇东路29号

邮编：570206

电话：0890-66794953

2001-2003精神文明建设先进单位

海口市交通局

海口市交通局是市政府主管交通运输的职能部门，主要负责对全市水陆运输、琼州海峡轮渡运输、汽车维修行业、汽车驾驶员培训行业的行政管理和地方公路的建设养护工作。

几年来，海口市交通局以“三个代表”重要思想为指导，认真贯彻落实党的十六大精神和市第十次党代会精神，与时俱进，开拓创新，全力推行交通事业改革工作。

2006，海口市交通局广大干部职工坚决贯彻市委、市政府的指示精神，引导交通运输全行业开拓创新，加大改革力度和建设步伐，优化交通运输环境，为海口的经济和社会事业的发展做出新的贡献。

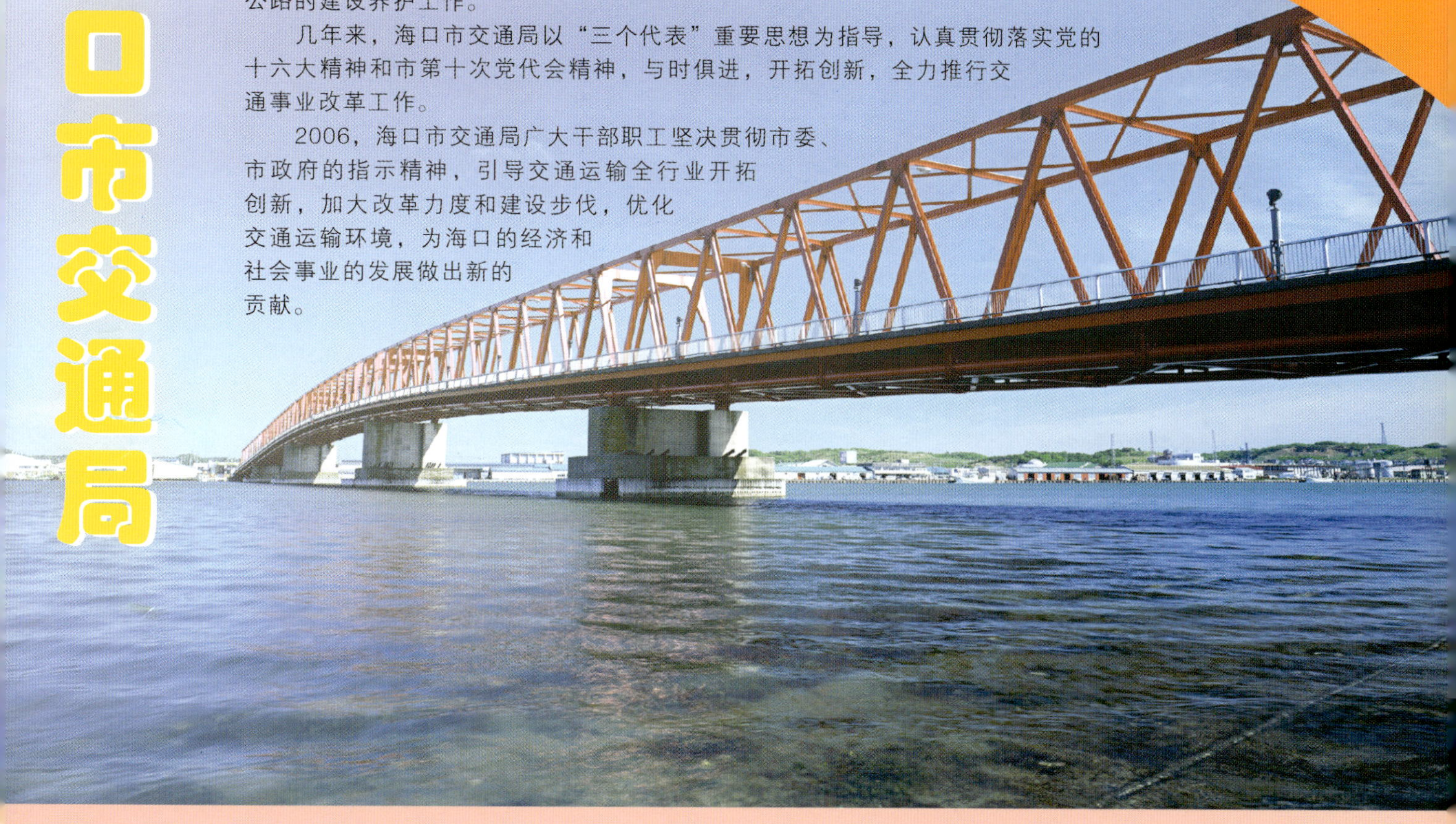

海口市道路交通运输管理处

李文光处长

海口市道路交通运输管理处具体负责实施海口市道路运输管理工作，主要业务范围是海口市道路客、货运输(包括城市公共交通客运、出租汽车、旅游汽车、班线客运、普通货物运输、道路危险品货物运输、特种货物运输等)，搬运装卸，道路运输服务业的组织、指导、协调、监督和管理。该处下辖四科一室一队和一个运政服务大厅，稽查大队下设四个运管站，是海口市道路运输行政管理的职能机构。所管辖的道路客货运输车辆18300多辆，客运站5个，城市公交中巴车站6个，从业的司乘人员约2000人。

海口市运管处李文光处长陪同交通部冯正霖副部长视察我市交通基础设施建设

训练有素的交通执法队伍

海口市拆迁管理办公室

全体工作人员

海口市拆迁管理办公室成立于1992年，属副处级事业单位。下设四个科室：综合科、管理科、法规科、检审科。主要职责：

1. 贯彻执行城市房屋拆迁管理的法律、法规、规章和规范性文件。
2. 根据城市房屋拆迁的有关法律法规，起草本市的房屋拆迁法规和规范性文件。
3. 负责对房屋拆迁单位、评估单位进行资质审查，颁发房屋拆迁资格证书。
4. 负责颁发房屋拆迁许可证、发布拆迁公告。
5. 负责对拆迁补偿安置资金进行监管。
6. 负责对房屋拆迁工作人员进行业务培训和考核，发放拆迁上岗证。
7. 负责对于房屋拆迁活动进行检查、指导和监督。
8. 负责对拆迁补偿安置纠纷的调解、裁决，负责拆迁信访工作。
9. 处罚违反城市房屋拆迁管理规定的行为。
10. 负责房屋拆迁有关数据的统计和档案管理。海口市拆迁管理办公室锐意开拓，勇于创新，科学管理，奋发有为，实现了拆迁法规体系完善、拆迁行业管理规范，拆迁市场健康有序的目标。为生态海口、魅力海口、产业海口、便捷海口、和谐海口的建设做出了应有的贡献。

领导班子

办公地址：金贸区文华东路3号五楼
电　　话：68593582、68593586、68593590
传　　真：68593586、68593582

诚诚恳恳做人　踏踏实实做事

业主没有看到的我们为他们看到　业主没有想到的我们为他们想到　业主没有做到的我们为他们做到

海口新家园拆迁安置工程有限公司

公司全体员工合影

本公司是一家从事城市房屋拆迁的专业公司，部门设置有：总经理室、办公室、法律顾问室、政策研究室、项目部、财务部、发展部、审计部、工程部。

公司拥有一支高素质的管理和工作团队，绝大部分员工具有大专以上学历，所有员工均经过严格的上岗培训，政策法规运用得当，处理纠纷果断、准确，不留后遗症，是一批素质高、能吃苦、纪律严明、作风正派、服务规范的精兵强将。

自2004年底成立以来，公司已经完成了凤翔东路、滨涯路、金贸西路、丘海南段、城西路网、学院路、地税路、城西主干道、坡巷路、苍峰路、青年路、海瑞大桥东岸连接线道路十二个拆迁工程项目；滨江西路、白龙匝道两个拆迁项目正在实施中；振兴路、和平南路贯通、海甸五东路、红城湖分洪、通华小区、长秀路、新港路七个拆迁工程项目正在调查中。

我们公司凭着一支业务过硬的拆迁队伍、先进的管理理念、务实的工作作风、规范的服务技能，赢得了业界的好评，并在海口市拆迁行业中异军突起，已经成为拆迁行业中的一支主力军。

公司地址：海南省海口市国贸大道49号中衡大厦16楼，邮编570125
电话：0898-68555380　68560668
传真：0898-68555390
网址：[illegible]
电子邮箱：newhomelane@163.com

让海口更美丽！

礼貌待人　规范服务　公平公正　依法拆迁

龙华区金宇街道办事处

书记：杨福根

主任：李美健

金宇街道办成立于2001年7月，是海口市龙华区委、区政府的派出机构。街道下辖三个村委会，四个居委会，一个家属委员会，面积2.9平方公里。东临迎宾大道，西至金牛岭公园，南接南海大道，北依金宇路。总人口5.67万人，其中常驻人口3.32万人，流动人口2.35万人。辖区内驻有省电视台、海口晚报等新闻媒体。有先声药业，新西源家私城、亚洲豪苑等全国、全省知名企业。有锦秀京江、亚洲豪苑、昌茂花园等许多高档小区。

刚刚过去的2005年，是我们街道经济和社会各项事业取得显著成就的一年。一年来，街道工委、办事处紧紧抓住发展这一要务，进一步解放思想，锐意创新，全面落实科学发展观。经济迈上新台阶，农民人均纯收入5180元，财政税收突破1000万元，引进上规模企业8家。社区建设取得显著成效，居民互帮、互助、互爱、扶贫济困蔚然成风；社区治安稳定，居民安居乐业。

金宇街道“十一五”规划的宏伟蓝图已经绘就，展望未来，催人奋进。明天的金宇，将是不断崛起的金宇，商机无限的金宇。社会各界人士能够继续给予我们更多的关心和支持，让我们握成拳，抱成团，共同为经济建设奉献力量，为金宇经济社会发展插上更强劲有力的翅膀。

龙华区综治办

2005年龙华区被评为全国社会治安综合治理先进集体。左四为区委书记李恩杰，左五为区委副书记、区长陈一华，左三为区人大主任梁锦武

龙华区委政法委和政法机关联合开展大接访活动。右五为区委副书记、纪委书记符泰明。

2005年，龙华区综治办坚持党对综治工作的领导，坚持以科学发展观统领综治工作，以创建“平安龙华”为目标，加强矛盾纠纷排查调处工作力度，积极预防和处置群体性事件，坚持不懈处置“法轮功”，社会政治稳定。开展打击“两抢一盗”和涉毒犯罪专项斗争，刑事案件下降，破案率上升，“两抢”犯罪活动得到有效遏制。开展禁毒五大战役，禁毒工作各项指标全部提前超额完成市下达任务，扩建区戒毒康复中心，在城郊四镇各建起一个禁毒教育馆，规范建设无毒社区，创建省“无毒社区”一个，创建了一批“禁毒优秀街镇”和“无毒社区”。大力加强治安联防队伍规范化建设，健全完善群防群治网络，社会面治安打防控能力进一步提高。推行流动人口管理试点工作，加强对流动人口的服务和管理。严厉打击“黄、赌”和私彩活动，加强企业及校园周边治安综合治理。荣获中央综治委、国家人事部授予的“全国社会治安综合治理先进集体”和海南省人民政府授予的“海南省禁毒优秀市县”称号。

美兰区灵山镇政府

一、概况

灵山镇位于海南省东北部，东为桂林洋经济开发区，西依南渡江，南与云龙镇接壤，北靠琼洲海峡。全镇下辖22个村委会，1个居委会，235个自然村，313个村(居)民小组。总人口68298人，14973户，其中农业人口63788人。全镇总面积为112.3平方公里，耕地面积38579亩，海水养殖3567亩，拥有机动渔船345艘。镇内有灵山、大林、新市、东营4个集墟，其中镇政府驻地的灵山墟是全镇政治、经济、文化、信息中心。

二、各项社会事业全面发展

我镇紧紧围绕区委提出的36项工作目标，全面发展我镇各项社会事业，实现经济、社会和环境协调发展。

1、“三农”工作扎实、深入，农村经济全面发展。加大农村基础设施建设力度，实施农村改水改厕和沼气池建设工程；大力调整农业产业结构，继续实施“三条产业带”工程；大力发展畜禽饲养、花卉种植和海水养殖，“三农”工作稳步发展。

2、加强小城镇建设，进一步提高窗口形象。继续加强墟镇基础设施建设；坚持不懈地开展环境综合整治，继续配备环卫工作设备，规范环卫管理制度，不断改善城镇环境卫生条件，创建椰城卫生镇。

3、加大招商引资力度，乡镇企业上新台阶。全镇辖区共有企业325家。

4、各项社会事业协调发展。2005年我镇紧紧围绕区委区政府的工作重点，统筹兼顾，协调发展文教卫生、计划生育、农村新型合作医疗、农村最低保障、劳动就业、生态文明村建设，各项社会事业快速、健康发展。

①

②

③

①市长陈辞（左二）等市领导视察大林兰花基地

②镇委徐清武书记代表镇委、镇政府在“美兰驻区部队捐助抗旱工程启用仪式”上讲话

③我镇组织党员参加大昌后尾村九名无名烈士的扫墓活动

美兰区三江镇政府

三江镇是省内著名的老区镇和侨乡镇，位于海口市东部，东望国营三江农场，南邻大致坡镇，西与琼山区的红旗、云龙镇交界，北与演丰镇接壤，地势较平坦，少许属半丘陵地，距市中心37公里，境内有琼文干线公路和海文高速公路穿镇而过，交通十分便捷。

全镇有102个自然村，设有8个村委会，1个居委会，111个经济社，镇辖区人口近3万人，镇人口14146人，其中农业人口11283人。三江墟常驻人口4500人，驻有机关单位25个。镇土地面积70.9平方公里，其中：耕地面积39007亩；林地37615亩；滩涂4710亩；淡水面积3075亩；海岸线长11公里，红树林面积约2000亩。

镇辖区内有国营三江农场、海南省美兰监狱、海口罗牛山农场、红牛饮料厂、缤纷花卉木场、江岛化肥厂、美顿猪场等单位和外引内联企业47家，乡镇企业176家。该镇有得天独厚的产业优势，现有花卉基地27个，面积达3110亩，产品远销大陆市场及东南亚部分国家。热作种植以橡胶为主，面积5811亩，年产干胶240吨。现有100亩以上的水果基地27个，全镇水果种植面积达9348亩，主要种植香蕉、荔枝、龙眼等热带水果，产量达5010吨。海水养殖以放养虾、蟹、牡蛎为主，面积达3150亩，是沿海农民的支柱产业。依靠石矿资源优势，石料加工业蓬勃发展，现有石料加工场15个，产品享有盛名。

三江镇正以新世纪新海口为契机，优化投资环境，完善服务体系，加快发展步伐。热忱欢迎国内外客商来投资，共同发展三江经济。

三江镇发展讯速的花卉特色产业

琼山区卫生局

区卫生局局长吴乾虎在听取医院管理年工作检查汇报。

区助调员、卫生局局长吴乾虎传达国务院全国艾滋病防治电视电话会议精神。

海口市琼山区卫生局位于琼山区府城镇建国路17号，是琼山区人民政府管辖下的一个行政机关。全局公务员编制7人，其中：正副局长3人，主任科员1人，副主任科员1人，科员2人。

琼山区卫生局管辖有琼山人民医院、防疫站、保健院、中医院、爱卫办、皮防所、结防所、健康教育所和新型农村合作医疗管理委员会办公室等九个直属事业单位，府城医院、铁桥卫生院、大坡镇卫生院、三门坡镇卫生院、红旗中心卫生院、云龙镇卫生院、龙塘中心卫生院、旧州镇卫生院、甲子镇卫生院、三门坡卫生院谭文分院、甲子镇卫生院新民分院等11间卫生院。

琼山区卫生局担负着全区的公共卫生、妇幼保健、卫生防疫、中医药等方面的规划管理、监督各项工作。全系统共有人员1045人，其中副高以上职称44人，中级职称174人，初级职称588人。全区已实现镇镇有卫生院、村村有卫生室、农村实行新型农村合作医疗，参合人数达86.4％以上，初步解决了农村看病难、看病贵的问题。

全国卫生系统先进单位
——琼山区卫生防疫站

我站通过省级质量认证的检验室

海南省琼山市卫生防疫站建于1953年，2002年1月海口琼山两市合并后改称为“海口市琼山区卫生防疫站”，座落于琼山区府城镇，这里环境优雅，交通方便，站容站貌整洁美观，具有一定的规模，是我省唯一的一家市县级一等卫生防疫站。

两市合并以来，我站以人为本、开拓进取、锐意创新、求真务实、与时俱进、精诚团结。实行目标责任管理，坚持预防为主的卫生工作方针，大力开展卫生防病、监测、监督、卫生宣教和科研工作，取得了优异成绩，先后荣获全国贯彻《食品卫生法》先进单位，“一等卫生防疫站”、“全国质控网络碘盐合格实验室”、“海 南省创建文明行业先进单位”及全国卫生系统先进集体。

目前琼山区卫生防疫站共设站办、防疫、计免、食品、检验等八大科室，拥有一批气相色谱仪、半自动生化仪、酶标仪、自动洗板机等一批精密仪器，是全区卫生防疫食品安全、传染病防治、突发公共卫生应急处理技术指导中心，是我市唯一的区级计量认证单位。

党支部班子成员集体研讨卫生防疫建设
左起：陈垂基支委、陈积文副书记、梁居民书记、梁安锦支委、何秀燕支委

海口市公共汽车公司

海口市公共汽车公司于1951年6月成立，是省会海口市唯一一家国有公交龙头企业。截止2004年底止，公司资产总额2561万元，现有在册职工1309人，拥有营运车辆455台，营运线路28条，线路总长447公里，占海口市区客运网75％以上。其中有7条线路实行无人售票。年客运量约6880万人次。近两年来，在市委市政府和市交通局主管局的鼎力支持和关怀下，将市区主干线上近100台车辆全部更新为高档、环保、豪华型的空调大巴车。同时，在市区建造了100多个豪华、亮丽的不锈钢候车亭。公司以“服务市民、奉献社会"为企业宗旨，不断提升本企业的“新品牌”、“新形象”，为优化海口城市公共交通增添了一道亮丽的风景线。

地址：海口市龙华路42号　　电话：0898－66767275
邮编：570102　　传真：0898－66746331

市、局领导李鸿儒、徐唐先、李杰莅临我司调研

省领导蔡长松、张德春、陈成莅临我司慰问

团结奋进的领导班子

秀英区人民武装部

我部组织辖区“李向群基干民兵应急连”参加抗击“达维”台风

军地有关领导参加我区征兵办荣获“全国征兵先进单位”挂牌仪式

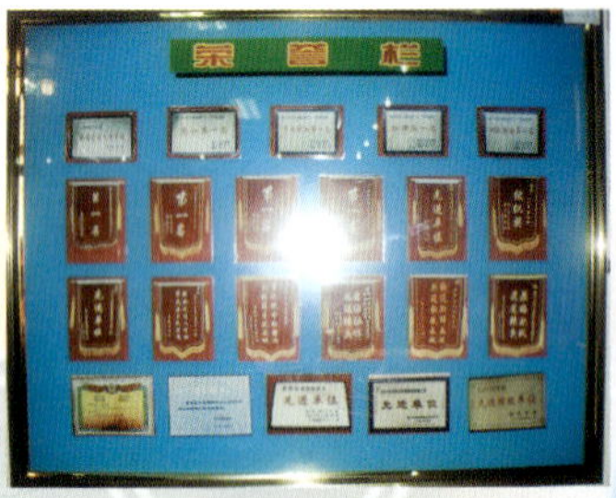

秀英区人民武装部二OO五年主要成果

二OO五年我部在省军区、海口警备区，以及区委、区政府的领导下，取得了很好的成绩。主要取得的成绩是：

①征兵工作获《全国征兵工作先进单位》。全省在我区召开平时征兵准备工作现场研讨会。

②区人武部被省军区评为2005年度《全面建设先进团级单位》、在抗击“达维”台风中被省评为先进单位。

美兰区政法委员会

全力打造"平安美兰"，努力维护社会稳定

2005年，在市委、市政府的正确领导下，美兰区以实施"平安美兰"为载体，全力维护社会稳定，促进经济社会协调发展。一年来，我区重点抓好五方面的工作：

一、创新机制、强化措施，全力抓好维稳工作。建立健全维稳分析评估机制、目标量化考核机制、应急预警机制和矛盾纠纷排查机制，全面启动治安与维稳问责制，定期对各部门和基层单位进行检查督促、考核评估，确保各项工作措施的落实，有效地控制和化解了基层的各种矛盾，特别是妥善处置了美兰机场、白沙门、鲁能等一批省市挂牌督办的重大矛盾纠纷，维护了美兰社会的稳定，确保了重点建设项目的顺利实施。

二、 专群结合、严厉打击，解决社会治安突出问题。全面开展严打专项斗争，努力将严打方针贯彻落实到侦查破案、批捕起诉、定罪量刑等各个环节，突出"打击战略、打击责任、打击方式、打击重点"的四个转变，始终保持对刑事犯罪分子高压态势。全区全年刑事发案3631宗、同比下降14.6%，"两抢一盗"发案3038宗、同比下降16.7%，刑事案件和"两抢一盗"案件的发案总量是建区以来首次下降；侦破刑事案件1159宗、同比上升11.6%，命案发案15宗，侦破14宗，命案侦破率93.3%；打击推毁各类犯罪团伙25个，尤其是先后打掉了"色狼会"、"乐东帮"、"三峰车队"等抢劫、抢夺犯罪团伙。

三、打惩并举、帮教并重，深入开展禁毒人民战争。紧紧围绕创建"全省禁毒优秀市县"的目标，强化禁毒一把手责任制，积极开展"五大战役"，实施"四个一百"和启动"4321"工程，确保禁毒工作取得了显著成效。全年全区共强制收戒938人，完成任务的170.5%，劳教收戒228人，侦破毒品案件244宗，完成市下达任务的198.3%，抓获毒品犯罪嫌疑人120人，完成市下达任务的158%。

四、抓住关键、创新思路，构建社区网格化防范体系。形成公安、联防队员和治安专管员联动防范的网格化防范机制，推进了联户联防和群防群治工作，提升了城区治安防控能力。同时，大力改革联防队伍管理体制，把联防队伍的管理权限下放到基层，有针对性地适时调整防范力量，强化社会面的防范控制，取得了良好的成效。

五、领导重视，把平安建设纳入经济社会发展规划。落实"平安美兰"领导责任制，实施"一把手"工程，区委高度重视，区主要领导亲自挂帅、亲自抓，区人大定期检查督办，区政府在人力、物力、财力等方面给予支持和倾斜，并拨款600万元作为平安建设的专项经费，确保"平安美兰"工程顺利实施。

一年来，我区政法工作做了大量工作，取得了明显成效。2006年我区政法工作将变挑战为机遇、变压力为动力、变困难为责任，在维护社会稳定工作上，着重抓好以下几方面工作，并有新的突破。

一、着眼于切实解决社会治安热点问题，在打击团伙和打击盗窃等刑事犯罪方面有新的突破。
二、着眼于巩固禁毒创建成果，在监控、帮教和宣传方面有新的突破。
三、着眼于提升基层防范能力，在实施居民社区网络化防范方面有新的突破。
四、着眼于控制刑事发案，在外来人口、出租屋和停车场的管理方面有新的突破。
五、着眼于维护社会稳定，在创新征地、开发与维稳工作机制方面有新的突破。
六、着眼于深化和推进"平安美兰"工程，在建立长效的打击、防范、管理等机制方面有新的突破。

海口市妇幼保健院

海口市妇幼保健院、海口市妇女儿童医院，坐落在海南省海口市国兴大道文坛路。它东临南渡江，西望美舍河，风景秀丽，环境优美，目前是全省最具规模和现代化的妇女儿童专科医院。

医院总建筑面积2.6万平方米，设有病床300张。拥有温馨病房、电梯、自动扶梯、中央空调、中央供氧、中心吸引、自动传输系统、电子传呼系统、电子监控系统、电视播音系统等一流的设施，并开设了儿童乐园、购物走廊、咖啡吧、健康书屋、营养餐厅等辅助设施，生态环境良好。

医院现有固定资产1.6个亿，医疗设备总值4000余万元。拥有美国GE公司的螺旋CT、德国西门子数字式800mAX光机、50mAX光机、乳腺钼靶X光机、彩色多谱勒超声诊断仪、乳腺超细光纤导管内视镜，胎儿及双胞胎监护系统、高危产妇监护系统、腹腔镜、宫腔镜、阴道镜、小儿胃（肠）镜、全自动生化分析仪等国内外一流的先进设备，形成了完整的医疗、保健、监护、急救体系。

目前，医院设有妇女保健科、儿童保健科、成人健康体检管理中心、儿童健康体检管理中心、生殖健康科、健康教育科、产科、妇科、新生儿科、小儿内科、小儿外科、乳腺病科、急诊室、手术室、麻醉科、检验科、影像科、病理科、功能检查科以及专家门诊、专科专病门诊等，为广大妇女儿童的健康提供全方位的医疗保健服务。

医院专业技术力量雄厚，现拥有专业技术人员378人，中级以上职称技术人员115人，有40多位专家、教授，每日亲临门诊、临床，为病人的健康服务。

医院以服务妇女、儿童健康为特色，坚持"妇儿第一，管理第一，技术第一，服务第一。"的办院宗旨。以保健为中心，以保障生殖健康为目的，保健与临床相结合，突出专科特色，面向群众、面向基层，综合全面发展。

医院以一流的人性化优质服务为特色，多年来为医院赢得了口碑，赢得了褒奖。

1995年获得"爱婴医院"称号，1998年评为二级甲等专科医院，2002年9月被评为"海南省医院感染管理先进单位"，2003年荣获"海南省用户满意服务单位"。

2004年2月，医院通过了IS09001国际质量认证，成为我省第一家取得国际质量认证的专科医院。2005年6月，被中国医学基金杨崇瑞妇幼卫生奖励基金管委会评为先进单位。2005年9月18日，获得中华医院管理协会颁发的"全国医院感染管理基层先进单位"。

医院将严格恪守医德规范，拒收红包，发扬人道广义精神，维护医疗职业的圣洁和荣誉；严格执行国家物价政策，依照《海南省医疗收费项目及收费标准》，实行阳光收费；自觉使用文明礼貌语言，保护您的隐私，维护您的权益，竭诚为您提供安全、周到的人文关怀。

我们的承诺：关爱妇女、关爱儿童、关爱健康、关爱生命。

爱您胜过爱自己，迎接生命，呵护健康，是我们追求的至高境界！

海南的母亲河——南渡江在我们的身边缓缓流淌，让海南岛上的生命繁衍不息。我们给您的温馨也会像南渡江一样源远流长，永不停息，永不中止。

海口市工人文化宫

海口市工人文化宫是市总工会举办的"职工学校和乐园"，几年前被评为"全国工会示范工人文化宫"。2005年，又以开展共产党员先进性教育活动为动力，推动了各项工作向前发展。

这一年，文化宫培训工作有了新的发展，"学校"这个职能有了新的体现。在文化艺术培训方面，全年共招收学员557人参加各类学习班学习。特别是职业技能培训方面，在市人劳保障局和市总工会领导下，开办下岗职工再就业技能培训班，已办3期。经过深入企业、社区进行组织发动，先后有下岗职工、待业青年592人参加培训，学到了一技之长，由市人劳保障局发给毕业证书，有些下岗职工已再就业。为社会稳定，构建和谐海口做了一件有益的工作，受到市委和市总工会的好评。

文化宫抓"学校"建设的同时，也抓了"乐园"的建设。突出点是面对全市影业景气不佳，迎接挑战，在全省领先创办数字电影院，增添了各电影小厅放映音响设备，大大提高视听效果，促使文龙电影城的经营有所发展，2005年1—11月票房收入比2004年同期增长17.3%。11个月，文龙电影城和工人影剧院观众228,566人次，舞场活动2万多人次，老工人之家活动9千多人次等，人们在此享受欢乐。此外，文化宫于2005年4月成立两支流动放映队，深入乡填、街道、企业和学校放映，累计至11月止，共外出放映电影112场，其中政治教育影片42场，丰富群众对文化生活的需求。

文化宫还为特殊群体免费服务、献了爱心。2005年间，专车接送市福利院孤儿来宫免费观看电影140人次；与摇滚族鞋店共同举办"七一"给孤儿50人免费赠鞋活动；与佳平眼镜超市到海口老人公寓，给20名老人验光，赠送老花眼镜各一副；给贫困大学生免费观看电影两次，共220人次；分别邀请离退休干部、劳动模范、基层工会主席、中小学校校长和辅导员免费观看数字电影，省、市新闻媒体都作了报道，受到称赞。

法人代表： 陈世培
地　　址： 海口市解放西路9号
联系电话： 66218535（办公室）66224494（工人影剧院）
66221683（文龙影城）66217854（培训中心）
传　　真： 66200787
邮　　编： 570102

海口市社会福利院

老人们在一起玩得多高兴多认真

环境优雅的海口市社会福利院

海口市社会福利院始建于1951年。1992年，市委、市政府投资3000多万元人民币扩建市社会福利院，占地108亩，设计床位700张，现投入使用床位400张。设有老人部颐和公寓、儿童部和医疗康复中心，在编医疗、护理、管理人员110人。

几年来，在省、市政府及社会各界关怀下，市社会福利院全院职工齐心协力、勤奋工作、甘于奉献、使市社会福利院从一个初级福利院发展成为省一级福利院。1993年，被评为"省精神文明建设先进单位"。1994年获省民政厅授予"省一级福利院"称号。1995年获"市民政工作优质服务管理先进单位、特殊教育先进单位"及"市先进党支部"和"青年文明号"称号。1996年，省民政厅把该院定为"海南省样板福利院"。1997年，荣获"未成年人保护法先进集体"和"市花园式单位"、"市卫生考核评比最佳单位"称号。2000年荣获市创建安全文明小区"最佳单位"称号。2001年，荣获"市社会治安综合治理和计划生育管理工作先进单位"。2002年，荣获市"市社会治安综合治理和计划生育管理工作先进单位"。2003年荣获市"市残疾人康复工作先进集体"。2004年，荣获"市巾帼文明示范岗"。

海口市社会福利院已具有集供养、医疗、护理、康复、教育、娱乐及科研为一体的综合基础功能，面向社会开放，对家庭不便照料的病残患者实行自费抚养。该院居住环境幽雅、安静，生活设施齐全配套，各部门有完整、系统的服务管理措施，可为入住者提供音乐舞蹈、书画、健身、康复、棋艺、茶艺、球类、垂钓等健康娱乐服务项目。

秀英区海秀卫生院

海秀卫生院全院职工进行人禽流感业务知识培训。

唐明学院长下乡为农民义诊

海口市秀英区海秀卫生院(海秀社区卫生服务中心)位于秀英区秀华路53号，创办于1958年。现有医务人员35人，中级以上职称7人。设有内、儿、妇、外、骨、中医、针灸等科室。拥有手术室、观察室、套间空调病房、康复病房、设备齐全。及心电图、B超、放射科，脑电图，脑血流图，检验科、理疗等辅助科室，是一家技术力量较强，设备齐全的卫生院。

院领导以健康为中心，以提高医疗服务质量为主题，贯彻我们办院宗旨：方便、快捷、经济、优质、高效、热情、周到。抓行风建设、抓安全医疗环境打造、抓医院文化建设、抓简化服务流程、降低医疗成本，加强医院内涵建设，改善服务态度，提高医疗服务质量，使全院职工各方面素质得到很大的提高。内儿科、外骨科、妇产科疾病进行中西结合治疗，口腔科新技术治疗方法，辅助科室设备增加，诊断技术的提高，全院各科室协调配合，使医院的社会效益和经济效益进一步提高。由于服务质量好，疗效显著，服务面广，讲信誉，来就诊的人越来越多。“爱婴医院”产房24小时热情服务，住院舒适，环境优美。

我院预防、妇幼保健、医疗工作多年来被评为先进单位，受到上级的嘉奖。

为了配合政府进行小街改造，院领导抓住这个契机，大力打造医院的医疗环境，从长远发展观点出发，冲破层层阻力，下定决心在政府不拨一分钱的情况下，自筹资金，克服种种困难，拆除原来的旧门诊危房和铺面，建起一幢高五层面积达3500平方米的综合医用大楼，内设有门诊、病房、手术室、预防、保健、各辅助科室。从2005年9月开始动工，2006年5月竣工投入使用。大楼建成后，引进专家，提高服务质量，增加服务范围，加强医院管理。我院将以崭新的面貌出现在人民群众面前，创造一个有爱心、细心、舒适、清洁、温馨的良好优质服务环境，更好的为人民服务。

美兰区人民检察院

院党组书记、检察长：刘璟

海口市美兰区人民检察院在中共美兰区委和海口市人民检察院的正确领导下，在区人大的监督支持下，坚持以邓小平理论和“三个代表”重要思想为指导，围绕“强化法律监督、维护公平正义”的检察工作主题，正确履行法律监督职责，大力加强队伍建设和规范化建设，各项工作取得了新的进展，为构建和谐美兰作出了积极的贡献。一是以创建“平安美兰”为主线，充分发挥职能作用，为构建和谐社会提供法律保障。全年共批准逮捕各类刑事犯罪嫌疑人600人，提起公诉各类犯罪案件384件554人，同比分别上升25.3%和28.8%。加大查办职务犯罪工作力度，立案侦查职务犯罪案件10件11人，涉案金额达867.9万元，通过办案挽回经济损失106.7万元，抓获在逃职务犯罪嫌疑人2名。同时，积极开展职务犯罪预防工作，建立了农村职务犯罪预防网络。加强对诉讼活动的法律监督，要求公安机关说明不立案理由16件，监督公安机关立案9件。依法对侦查活动、审判活动进行监督，决定不批准逮捕25人、不起诉10人，纠正漏捕6人，漏罪案件2件，立案审查民事、行政申诉案件3件。积极参加集中处理涉法涉诉联合接访活动，努力运用检察职能为群众排忧解难。全年共受理群众来信76件，接待群众来访31件54人，处理集体上访5批17人次。二是以认真开展保持共产党员先进性教育活动为契机，加强检察队伍建设，队伍素质有了新的提高。三是深入开展“规范执法行为、促进执法公正”专项整改活动，加强规范化建设，初步形成了结构合理、配置科学、程序严密、制约有效的业务工作运行机制。2005年该院先后有2个集体、20名干警受到各级检察院的表彰和嘉奖。

海口路通汽车销售有限公司

海口路通汽车销售有限公司成立于1997年，从2000年开始专营长安铃木系列产品。座落于海口西海岸风光带上，占地1700平方米。前店后厂，面对滨海大道，位于海口港和新港之间，爱华汽车广场的首档，交通位置十分理想。公司现有员工20多人，主要领导都是原国有专业汽车销售公司的业务骨干，具有丰富的汽车销售经验。营销人员大部分都经过长安铃木公司的培训。修理厂的主要负责人都是原国有企业三包站的业务领导、骨干，都具有工程师、助理工程师等职称、相关人员都接受过长安铃木汽车公司的专业培训。注册资金从原来的30万元增加到现在的200万元。从一个名不见经传的公司，成长为有一定知名度的企业，公司从1999年—2004年连续六年被海口市工商局评为“守合同、重信用”先进单位。

路通公司一贯与长安铃木公司保持步调一致，销量每年都直线递增。2003年及2004年，总销量均突破500辆。修理厂的工作也逐渐正规化，业务不断扩大。公司一定严格按照“4S”店的要求，搞好售前售后服务工作，真正做到一条龙服务，处处为用户着想，为长安铃木品牌在海南长期稳定、健康发展而努力工作。

路通汽车销售有限公司外景

宽敞的汽车展销大厅

琼山区总工会

2005年琼山区总工会在琼山区委和海口市总工会的领导下，坚持“组织起来，切实维权”的工作方针，认真履行工会的各项职能，为琼山稳定发展发挥了工会应有作用。全年工作主要表现在六个方面：一、工会自身建设得到加强。全区各级工会干部参加保持共产党员先进性教育活动，进一步坚定了理想信念，明确了政治方向，激发了工作热情。二、工会基层组织建设有新的发展，根据市、区《关于建立镇(街道)总工会的实施意见》，全区使用一个多月的时间，就完成府城、龙塘、云龙、红旗、旧州、三门坡、大坡、甲子和国兴街道组织总工会工作，此外，组建基层工会组织16个，积极开展“建功立业标兵活动”，我区府城镇毛巾厂郑碧霞被评为海口市建功立业标兵。三、工会维权机制发挥重要作用。2005年区总工会认真组织基层工会干部学习《工会法》和《劳动法》，学会依法维权的本领，充分发挥民主协商和职代会制度，把企业重大问题提交职代会表决，切实维护了职工合法权益。加强对厂务公开工作的指导，促进我区厂(事)务公开制度化和法制化。四、劳动模范管理的力度不断加大。2005年争取政府拔款2.5万元，对全区149个全国、省部级以上劳动模范和先进工作者进行身体健康检查，得到劳模的普遍好评。五、职工文化娱乐活动更加丰富。2005年区总工会举办球类、文艺会演等文化娱乐活动达10多场次，有力地推动基层工会文化娱乐活动的开展。六、为职工办好事实事形成制度。2005年区总工通过“送温暖”工程，坚持重大节日慰问活动，对全区劳动模范，特困工会主席，特困职工、外来工进行慰问，全年投入资金近10万元。此外还开展“金秋助学"活动，向灾民捐款。全年多项工作获得表彰。

2006年是“十一五”规划开局之年，在新的一年中，我们决心振奋精神，坚定信心，团结一致，不断创新，团结和动员广大职工为实现琼山“十一五”规划而努力奋斗，为构建和谐琼山全面建设小康社会，做出更大的、新的贡献。

海口市市政工程维修公司

海口市市政工程维修公司办公楼

经理：王学芳

海口市市政工程管理处(海口市市政工程维修公司)成立于1990年5月，实行一套班子两块牌子办公，系全额预算拨款的行政事业单位，隶属于海口市建设局，担负着海口市区主要道路、桥梁、路灯、排水等市政设施的管养任务，1999年6月以后，排水专业职能划归海口市排水管理处。目前共有员工545人，各类专业技术人员55人，其中具有高、中级职称的专业技术人员26人，固定资产2322万元。

多年来，海口市市政工程管理处在市委市政府的关怀下，坚持以人为本，服务第一的科学发展观，为提升海口市的城市品位、美化城市形象、塑造地域特色鲜明的滨海生态城市做出了积极的贡献。1997年被评为海南省建设系统精神文明先进单位，1998年被评为海南省建设系统精神文明建设示范单位，1996年被评为全国首次市政公共设施普查先进单位，1997年被评为全国首届最佳路灯景观大选先进单位，1999年被评为中国建设职工优秀思想政治工作研究会，2001年被评全国建设系统基层思想政治工作先进单位，2004年被评为中国市政设施维修行业思想政治工作研究会最佳文明集体。

路灯所工人正在维修路灯

海口市统计咨询服务中心

海口市统计咨询服务中心成立于1998年3月，系海口市统计局下属专事统计信息咨询和市场调研的独立法人机构。

自成立以来，中心依托海口市统计局的雄厚实力，成功完成了政府部门及企事业单位委托的各项调查。经过多年的市场磨合，我们在市场调研方面取得了长足的进步。目前，中心主要围绕公民和消费者、企事业单位及政府部门开展满意度调研、消费者行为研究、产品及服务研究、企业形象研究、广告调研、投资环境调研、民意调查等业务，为政府部门决策及企业改善和调整竞争手段提供科学、准确、权威、快捷的市场信息。

法人代表：张文秀

地　址：海口市龙昆北路19号市政府1号办公楼
邮　编：570145
电　话：0898-66748343
传　真：0898-66752506
E-mail：zxzx@hk stats.gov.cn

万绿园管理处

万绿园是我市目前最大的开放式的具有热带园林特色的滨海生态风景公园，位于金融贸易区滨海大道北侧，面向浩瀚的琼州湾，东依海口体育馆，西邻高级商住区和市人大会堂、政协大楼，总面积72.49公顷。该园建于1994年11月，1996年1月3日首期工程竣工并向社会正式开放。

园内现有乔木(含大灌木)38科79种12600余株，花灌木32种15800多平方米、草坪4种60万平方米；园内配备供市民健身锻炼的体育设施和各种休闲、自由活动的设施及场地，还有隧道式的动感亮丽夜景灯光。到处绿茵葱茏，鸟语花香，受到了来自全国各地的游客和广大市民的交口称赞。是我市人民健身休闲的佳所以及四方游客游览休憩的胜地。

二期工程为风景重点建设工程，将实施建没数十个景区，数百个景点和配套设施，亭、廊、榭、阁等游憩类建筑点缀其间，自然环境和人文景观相得益彰，大海为前景，摩天楼群为依托，蓝天、大海、绿地、高楼、椰林融为一体，小桥流水、假山名石、曲径亭榭形成人间仙境。

为了保护管理好万绿园这座海口城建史上的里程碑，2000年8月海口市第十二届人大常委会通过了《海口市万绿园保护管理规定》，同年9月省二届人大常委会予以批准自2001年1月1日正式颁发实施，万绿园做为开放性绿地的地位从此得到了法律的保护，成为全国第二例立法保护的开放性公园。

万绿园，就象一颗光彩夺目的绿色翡翠，镶嵌在美丽壮观的滨海大道旁，是一座功在当代，利在千秋，流芳百世的绿色历史丰碑。

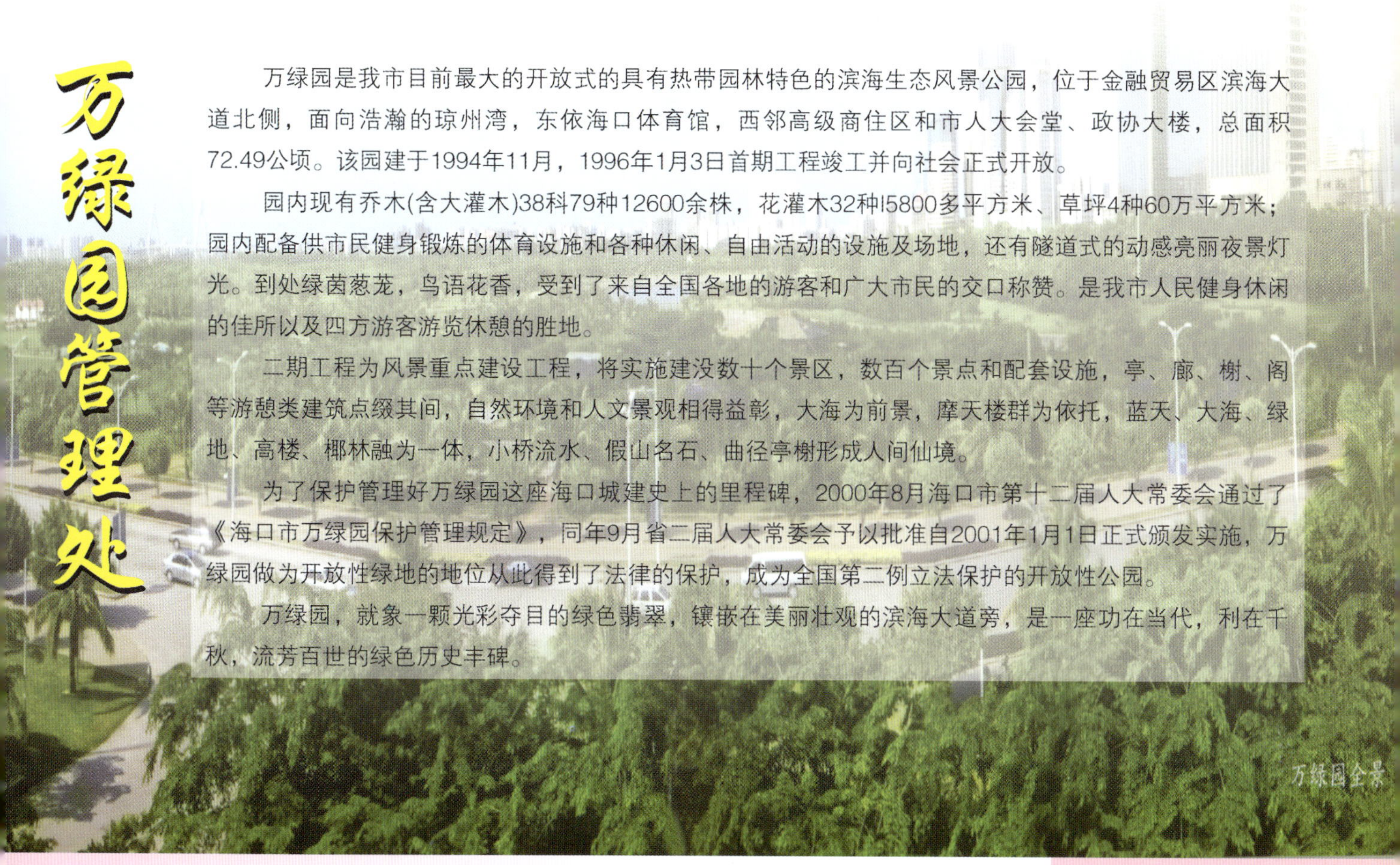

万绿园全景

海口市职业技术培训中心

海口市职业技术培训中心于一九八五年经市政府批准成立，隶属市人事劳动保障局，是一所培养初、中级职业技术人才的培训机构。其主要职责是：负责市属机关、企事业单位工人技术等级培训，劳动预备制人员上岗前培训，下岗失业人员再就业转岗培训，以及部队军地两用人才培训等。根据社会经济发展需要，中心先后开设的培训项目有：电子、家电、空调制冷、通信设备维修，电、焊工操作，厨师、面点师，机动车驾驶，电脑操作，服装裁剪，美容、美发、家政服务等。中心自成立来，先后举办各类中、短期培训班600多期，培训各类技能人才28000多人，为海南的经济发展，社会稳定做出了应有的贡献。

海口市殡

骨灰楼

大追悼厅

运尸服务车

海口市殡葬管理所作为海口市殡葬工作的具体
行政管理事业型单位，现有在编人员50人，编
11人。下设殡仪服务公司、颜春岭安乐园管理处、

海口殡仪馆始建于1964年，当时的生产、工作
化采用的是土窑式，防腐采用的是药物防腐，追悼
到60平方的小房子。1995年，海南省从省情出发，
游大省，优越的热带旅游风光为全国所独有，宝贵
得到有效的保护，在省委、省政府的主持下，《海
行办法》出台，海口、三亚划定为土葬改革区，大
革土葬。同时，由政府投入2000多万重建海口市殡
仪馆占地近百亩，拥有四个追悼厅共1500多平方，
500多平方，设施豪华，还有办公楼、骨灰寄存楼、

海口市殡仪馆年火化量达到1200具，同时有能
悼会。

殡仪馆重建后，历任馆领导均为争创国家一级
馆产生新领导班子。新领导班子上任后，把争创国
对前来办业务的家属采取“点对点”式服务，丧事
的满意程度。这样在软、硬两方面同时提高我所的

2005年，在海口市政府的大力推行下，于当年
街道办事处管辖区域和府城镇所设立居委会的管辖
葬，禁止土葬。土葬改革既是海口市殡葬事业的一
保障。

为配合海口市土葬改革的进行，海口市殡葬管理监察队进一步加强全市行业统管，有效控制了不正当的行业竞争，依法监理殡葬用品市场制造销售的合法性，对地下行为与不公平行为逐步进行改正与平衡，使我市殡仪服务宗旨正确、明朗，使殡葬服务市场合理、有序。

总而言之，在二OO六年，我所将遵照省、市两级政府提出的建设旅游大省和“美化椰城”的战略部署，将我馆的服务档次和馆内环境再提高一个档次。同时，我馆也将从实际出发，参照国内一些优秀同行，在适当的时候申报国家一级殡仪馆。

地址：海口市海榆中线六公里处（海口监狱下行20
联系电话：68630023、68630444

葬管理所

服务与推行改革的
监察队员）
队。
酉：火
间不
一旅
须
暂
改
的殡
面积达
筑。
、中、小型追

业务大厅一角

业务办理处

05年，市民政局对各基层领导进行“轮岗”，殡仪
工作目标，大力改善馆内环境，同时推行优质服务，
的跟踪服务小组继续跟踪了解家属对我所服务质量

全市范围内实行土葬改革。凡本市行政区域内所有
区，火葬区内死亡遗体除另有规定外，一律实行火
为海口这个优美的滨海城市的健康发展提供了有利

绿树成荫的办公区域

办公楼

办公区

秀英区人口计划生育局

局长：余贤兴

人口与计划生育法律、法规宣传

2003—2005年来，秀英区委、区政府在区划调整后，坚持以科学发展观统揽全区的人口与计划生育工作，把人口与计划生育问题当作确保资源、环境、社会可持续发展的大事来抓。坚持以“三个代表”重要思想为指导，认真贯彻落实中央人口环境资源工作会议和省市计生工作会议精神，紧紧围绕“三为主”的工作方针，按照我区提出抓住“一个关键”(即要抓住党政“一把手”亲自抓负总责这一关键)、突出“两个重点”(突出抓基层工作规范管理，抓后进镇转化这两个重点)、开展“三项活动"(积极开展创建优质服务区活动、以“关爱女孩行动”为主题的婚育新风进万家活动和出生人口性别比整治活动)、加强“四项工作”(加强人口与计划生育工作依法行政、流动人口管理服务、完善计划生育利益导向机制、加快育龄妇女信息化建设四项工作)的总体思路，强化领导，狠抓基层，夯实基础，改革创新，逐步建立“依法管理、村(居)民自治、优质服务、政策推动、综合治理”的人口与计划生育工作新机制，为构建合谐新秀英奠定了坚固的人口基础。

截止2005年9月30日，全区总人口为29.14万人，已婚育龄妇女5.30万人，人口自然增长率7.4 0‰，符合法定生育率96.03%，出生人口性别比112.28，人口出生率10.64%，全区计划生育人均投入12.8元，创建计划生育合格村(居)60个，达全区总人口的65.75%。

美兰区文体局

一年来，我局在区委、区政府的正确领导和上级业务部门的指导下，坚持以“三个代表"重要思想为指导，积极开展保持共产党员先进性教育活动，加强队伍建设和工作作风建设，不断提高机关办事效率和管理水平，积极组织开展健康、向上、文明、丰富多彩的群众文体活动，极大地丰富和活跃了人民群众的文体生活。依据国家和省、市的文件精神，加强对文化市场的监管力度，取得了明显成效，使我区文化市场逐步走向规范、健康、繁荣发展的轨道，促进了我区社会经济的全面发展，较好地完成了区委、区政府赋予的各项工作任务。先后被国家体育总局评为“第五次全国体育场地普查先进单位”、“全国群众体育先进单位”。

海口市美兰区灵山镇卫生院

在保持共产党员先进性教育活动中，海口市美兰区灵山镇卫生院医务人员针对弱势群众迫切需要解决的医疗费用高，看病治病难的突出问题，想方设法为群众排忧解难。为此，他们创建了“十元门诊”、“百元病房”活动，并将其作为头等大事、中心工作来抓，做实做细，全院医务人员踊跃参与。今年5月31日，“十元就医门诊”正式开业。两个多月来，共诊治病人650多人次，每位困难群众的总费用基本控制在10元钱以内。群众对这个特殊门诊拍手叫好，称它是爱心门诊、慈善门诊、困难群众的知音。随后开设的“百元病房”也获得群众的称赞。

“十元门诊”：诊断明确或基本明确且病情较轻的常见病、多发病、慢性病；服务范围：五保户、低保户、特困户、残疾人、军列属、下岗失业人员及其他弱势群体；收费方法：挂号费、诊金、检查费、治疗3–5折收取，药品材料费按成本价收取，每位病人的医药费尽量严格控制在10元以内。

“百元病房”：床位费、护理费、治疗费、检查费按国家规定的收费标准5折收取，内科、儿科、五官科病病住院3天，总费用百元左右，普外手术住院7天，费用千元以内。

目　　录
CONTENTS

特　载
SPECIAL REPORTS

一、综　合
GENERAL SURVEY

二、人　口
POPULATION

三、从业人员和劳动报酬
EMPLOYMENT AND LABOR REWARD

四、农 业
AGRICULTURE

五、工　业
INDUSTRY

六、固定资产投资和建筑业
INVESTMENT IN FIXED ASSETS AND CONSTRUCTION

七、交通运输和邮电通讯
TRANSPORTATION, POST AND TELECOMMUNICATIONS

八、国内贸易业
DOMESTIC TRADE

九、原材料和能源消费
CONSUMPTION OF RAW MATERIAL AND ENERGIES

十、对外经济贸易和旅游
FOREIGN ECONOMIY AND TOURISM

十一、财政、金融和保险
FINANCE, BANKING AND INSURANCE

十二、物 价
PRICE

十三、科技、教育、卫生、文化和体育
SCIENCE &TECHNOLOGY, EDUCATION, HEALTH, CULTURE AND SPORTS

十四、城市建设、海洋开发和环境保护
URBAN CONSTRUCTTION, MARINE EXPLOITTATION AND ENVIRONMENTAL PROTECTION

十五、人民生活
PEOPLE'S LIVELIHOOD

十六、全国大中城市统计资料
STATISTICS ON Large and Medium Scale CITIES IN CHINA

十七、附 录
APPENDIX

海口统计年鉴

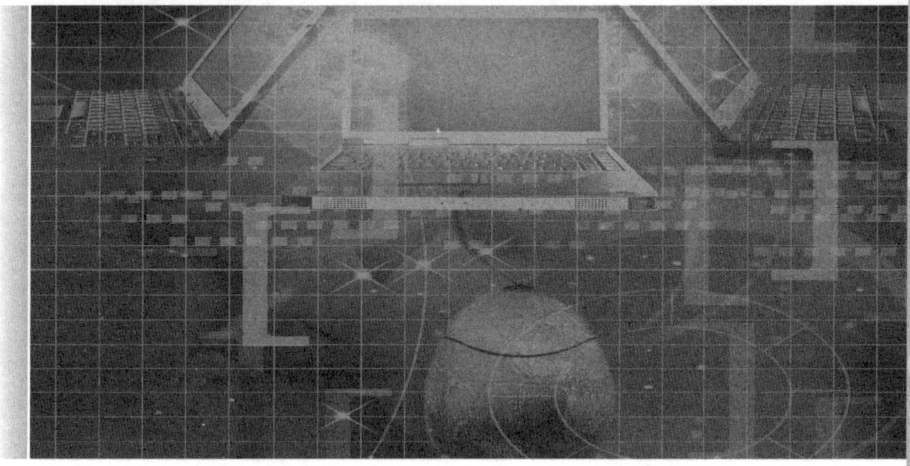

HAIKOU STATISTICAL YEARBOOK

SPECIAL REPORTS 特载

HAIKOU STATISTICAL YEARBOOK

关于海口市国民经济和社会发展第十一个五年规划纲要的报告

2006年2月21日在海口市第十三届人民代表大会第四次会议上

海口市市长　陈　辞

各位代表：

现在，我代表海口市人民政府向大会作《海口市国民经济和社会发展第十一个五年规划纲要的报告》，请各位代表连同《纲要(草案)》一并审议，并请市政协各位委员和其他列席人员提出意见。

一、“十五”时期经济社会发展回顾

“十五”时期，在省委、省政府的正确领导下，我市坚持以邓小平理论为指导，努力实践“三个代表”重要思想，树立和落实科学发展观，聚精会神搞建设，一心一意谋发展，经济社会发展取得显著成就，基本完成了“十五”计划任务。

(一)国民经济步入稳定快速发展轨道，综合经济实力显著增强

经济保持快速增长态势。全市生产总值突破300亿元大关，由2000年的175.23亿元增加到2005年的301.35亿元，年均增长12.1%；人均生产总值由12471元增加到17418元，年均增长8.6%。财政总收入突破60亿元大关，由2000年的23.1亿元增加到2005年的60.83亿元，增长了一倍多，年均增长21.4%。全社会固定资产投资由2000年的77.18亿元增加到2005年的137.17亿元，年均增长12.2%。产业结构进一步优化，三次产业结构从2000年的8.8∶24.7∶66.5调整到2005年的7.7∶27.6∶64.7。整体经济跃上一个新的台阶，综合经济实力和竞争力显著增强。

特色优势产业发展加快。工业化进程步伐加快。汽车工业实现跨越式发展，“药谷”建设快速推进，资源加工型产业持续增长，电子信息等新兴产业开始崛起，形成了以机械制造、医药、饮料食品、化学纤维业为主的产业结构。三星光缆、16万吨瓶级聚酯切片等一批项目建成投产，启动狮子岭飞地工业园区建设。2005年全市工业总产值达262.21亿元，五年年均增长22.8%。农业经济稳步发展。加大农业资金投入，加快调整优化农业结构，城郊型、服务型农业得到巩固和发展，无疫区建设取得成效，农业产业化发展加快，综合生产能力明显增强。2005年农业总产值达38.5亿元，五年年均增长7.6%。旅游业加速发展。石山火山群国家地质公园、海南热带野生动植物园等一大批景区、景点相继建成，凯莱、喜来登等一批五星级国际著名大酒店顺利开业，启动打造海口“娱乐之都”，成功举办旅游商品展销会、海南岛欢乐节、冼夫人文化节等系列旅游主题活动，积极组织参加海内外旅游促销活动，旅游业取得较好经济效益。2005年全市接待过夜游客512.2万人次，五年年均增长9.5%；旅游总收入47.2亿元，五年年均增长12.6%。商贸业繁荣活跃。完成了全市商业网点的规划建设，五年全市新增大中型商业网点121个，新增面积74.35万平方米。积极培育连锁经营、集中配送、电子商务等现代物流业，明珠广场、第一摩尔广场等一批商城建成运营，家乐福、国美等一批国内外著名零售企业签约落户，大大提升了海口的商业品位。2005年社会消费品零售总额138.45亿元，五年年均增长12.9%。

(二)城市建设步伐加快，人居环境明显改善

城市规划建设取得重大进展。创新城市规划理念，在全国省会城市首次进行了城市总体规划概念国际招标、总体规划纲要国内招标及专项规划设计国际招标。修编完成《海口市城市总体规划》。成立海口市城市规划委员会。启动城市规划四级管理机制。五年累计市政基础建设投资40.45亿元，比“九五”期间增加近12亿元，完成道路建设投资27.81亿元，新建、改造道路44条，总长126公里，面积570万平方米，龙昆南路、世纪大桥、滨海大道、国兴大道、秀英大道等建成通车，货运大道和绕城公路开工建设，美兰机场二期扩建投入运营，粤海铁路建成开通，区域交通枢纽地位进一步增强。自然村通车率99.2%，基本实现村村通公路的目标。城市燃气普及率96.8%，管道燃气普及率35%。供水、供电能力和港口吞吐量、信息通讯水平都有新的提高，城市服务功能不断增强。城市化步伐加快，2005年城市化率达59.5%，比2000年提高8.9个百分点。“十五”时期是全市城乡建设投入最多、变化最显著的五年。

人居环境建设成效显著。抓好美舍河、南渡江、东西湖等河、湖、渠水体整治改造，启动龙塘饮用水源保护工程，加强对演丰镇和三江镇湿地、东寨港国家自然保护区等生态脆弱区的保护。开展城市环境综合整治，五年拆除违法建筑62万平方米。停缓建工程处置取得重大进展，243宗、788万平方米停缓建工程复工建设，占总量的58%，收回闲置土地约4万亩，建成一批精品小区，房地产业健康发展。建成世纪广场、美舍河带状公园、华海花园及一批街心公园和绿地，新增改造绿地面积1047公顷，建成区绿地率达33.5%，森林覆盖率35%，绿化覆盖率达39.5%，人均公共绿地8.3平方米。重点工业污染源得到有效治理，城市空气质量继续保持国家Ⅰ级水平，先后荣获“国家环境保护模范城市”、“国家园林城市”、“中国人居环境奖”和“全国创建文明城市工作先进城市”等荣誉称号，城市品位进一步提升。

（三）改革开放步伐加快，发展活力进一步增强

各项改革顺利推进。全面启动政府机构和事业单位机构改革，加快理顺市、区两级管理体制，审批制度改革取得明显成效，行政审批事项大幅度减少，政府职能进一步转变。积极推行部门预算改革和国库集中支付改革。建立市级国有资产监督管理机构，加大对企业的监管力度，以粮食、商贸等国有企业为重点的产权制度改革基本完成。大力扶持个体私营等非公有制经济和中小企业发展，非公有制经济的活力和竞争力大大增强。建立“政府入口、市场出口”的城市建设投融资体制的基本框架，2005年与国家开发银行签订200亿元的开发性金融合作协议。加大城市经营力度，完成出租车、公交线路、广告经营权等市场化运作，美丽沙土地成功拍卖18.08亿元。

对外开放取得新成效。积极参与泛珠三角、大特区大都市“双大互动”等区域合作，不断创新招商引资方式，大力改善投资环境，鼓励企业积极参与国内外市场竞争，招商引资和对外贸易取得新进展，对外开放和国际交流不断扩大，韩国三星等6家世界500强企业相继进入海口。五年累计实际利用外资19.8亿美元。2005年全市外贸口岸进出口总额12.35亿美元，比2000年增长1.5倍，五年年均增长19.7%。

（四）社会事业加快发展，和谐海口建设全面启动

科技教育等各项社会事业取得新发展。大力实施“科教兴市”战略，培育高新技术企业109家，建立科技研发中心38个、技术创新示范企业14家，国家863生物医药成果产业化基地挂牌运作，取得科技成果429项，获得专利1171件，2005年高新技术产值达158亿元，比2000年增长4.5倍。教育事业快速发展，“两基”达标成果不断巩固提高，素质教育加快实施，职业教育快速推进，社会办学迅速发展，教育布局调整力度加大，城市教育综合改革稳步推进，普教经费总投入达30.78亿元，是“九五”时期的2.86倍。大力实施“文化精品”战略，歌舞剧《达达瑟》荣获第十届“文华奖”，广播剧《请到天涯海角来》、《西沙女兵》荣获“五个一工程”奖，首部《海口市志》出版发行。群众体育蓬勃发展，全民健身活动不断深入，竞技体育取得突破，在洲际体育赛事上共获得7金7银的好成绩，在全国体育赛事上共获得17枚金牌、24枚银牌、14枚铜牌。加强卫生基础设施建设，全市医疗卫生条件明显改善，医疗技术水平不断提高，公共卫生应急网络和公共卫生体系建设不断加强和完善，疾病预防工作取得重大成绩，农村与社区卫生工作不断加强，新型农村合作医疗试点工作取得明显成效，农民参合率达到76.3%。双拥工作成绩显著，连续五次荣获“全国双拥模范城”称号。民族团结进步事业成绩突出，2005年被国务院评为“全国民族团结进步模范集体”。妇女儿童工作成效显著，获“全国妇女儿童权益贡献奖”。计生、统计、审计、外事、侨务、民族宗教、人防、气象、档案等各项工作都取得新的成绩。

人民生活水平显著提高。2005年城市居民人均可支配收入9740元，比2000年增加2637元，年均增长6.5%，扭转了“九五”时期收入下降趋势。全面取消农业特产税，实行良种和农机具补贴等一系列政策，2005年农民人均纯收入3829元，比2000

年增加976元，年均增长6.1%，比“九五”时期提高3.46个百分点。

和谐海口建设开局良好。为民办实事扎实有效。千方百计拓宽就业渠道，五年累计新增就业岗位9.9万个，国有企业下岗失业人员再就业2.8万人，转移农村劳动力2.9万人，城镇登记失业率控制在4%以内。积极实施农村饮水工程、城市路巷改造工程，推行城乡医疗救助工作，缓解了群众饮水难、行路难、看病难等问题。社会保障体系逐步健全，城乡低保覆盖面不断扩大、标准不断提高，47万人次进入低保范围。落实维护社会稳定各项工作措施，实现了全市无影响社会稳定的重大政治事件、无造成群死群伤的重大治安案件和事故、无集体进京上访事件的三个“零”的工作目标。深入开展基层安全文明小区和无毒社区创建活动，集中开展打击“两抢一盗”和毒品犯罪专项斗争，群众的安全感普遍增强，社会治安形势明显好转。建立公共突发事件应急处理机制，颁布实施《海口市突发公共事件总体应急预案》，制定25个专项预案，提高处置紧急事件的应变能力。大力整顿和规范市场经济秩序，加强安全生产目标管理，确保正常的社会秩序和市民生命财产安全。

（五）民主法制和精神文明建设不断推进，行政效能明显提高

民主法制进一步发展。自觉接受人大的法律监督、工作监督和人民政协、民主党派的民主监督，做到重大决策事项事先征求人大、政协的意见。虚心接受舆论和群众的社会监督。大力推进民主科学决策，设立市政府法律顾问、科技顾问，健全重大事项报告制度、质询制度、常务会议制度、民主评议制度及责任追究制度。认真抓好“四·五”普法教育，依法治市取得成效。五年来，市政府及各部门共办理人大议案和建议905件，政协提案1345件，办理三级人大代表视察建议80余件，提请市人大审议法规议案17件。积极贯彻《行政许可法》，提请人大修改地方性法规6件，清理政府规章34件，清理行政许可事项303项。

精神文明建设再上新台阶。开展保持共产党员先进性教育活动，真正达到了“党员受教育、群众得实惠”的目标要求。积极开展爱国主义和民族精神教育，大力实施《公民道德建设实施纲要》，贯彻落实中央《关于加强未成年人教育的意见》，加强社会公德、职业道德、家庭美德教育，深入开展文明机关、文明社区、文明诚信企业等群众性创建活动，城市文明程度和市民整体素质不断提高，青少年德育教育工作得到中央文明委的肯定。文明生态村建设全面开展，农村面貌有了很大改观，建成文明生态村640个，占自然村总数的29.2%，获“省文明生态村建设工作示范市县（区）”称号。

政府自身建设得到加强。深入开展投资环境建设活动，做好机关优质服务，建立市长接待日制度，正式启用海口市政务服务中心，建立行政首长问责制，全力营造一个勤政为民的政务环境。组织监督专员和特邀监察员走访百家企业听取意见，开展万人评议政府机关问卷调查，有力地促进了政府机关效能建设，提升了政府的公信度。加强制度建设，再造政府流程，依法行政意识不断增强，行政执法水平明显提高。

各位代表！过去五年，是在省委、省政府正确领导下，市委、市政府带领全市人民不断解放思想、开拓进取、团结拼搏的五年；是我市各项改革顺利推进、城市发展活力明显增强的五年；是我市经济社会发展取得显著成效、城乡面貌发生巨大变化、人民群众得到更多实惠的五年。在此，我代表本届政府，向奋斗在各条战线的全市广大干部群众及外地来海口的建设者，向给予我们支持的人大代表、政协委员、各民主党派、工商联和社会各界人士，向中央和各省区市驻市单位，驻市解放军、武警官兵，向所有关心和支持海口发展的港澳台同胞、海外侨胞和国际友人表示崇高的敬意和衷心的感谢！

我们也清醒地看到，“十五”期间我市经济社会发展还存在许多的困难和问题：一是经济总量小，综合竞争力不强，与兄弟城市差距拉大。二是产业发展层次低，自主创新能力弱，核心竞争力尚未形成。三是农村发展滞后，农民增收不稳定，镇域经济活力不足。四是中心城市聚集辐射能力差，城市特色不突出。五是就业压力较大，城乡居民收入不高。六是社会事业发展相对滞后，与城乡居民生活需求差距较大。七是制度性的障碍依然存在，体制和观念都亟需创新；投资环境建设的任务依然繁重，政府的行政效能有待进一步提高。对此，我们要高度重视，采取措施，认真加以解决，为我市“十一五”发展创造更加有利的条件。

二、“十一五”时期的奋斗目标和主要任务

“十一五”时期，是我市全面建设小康社会的关键时期，也是实现经济社会跨越式发展的重要机遇期。当前,国际形势有利于合作和发展,我国经济发展已步入结构升级、增长方式转变的新阶段,我省通过坚持不懈地夯实基础和优化环境,正在形成新一轮开发热潮。基于对当前形势的客观把握,我市认真贯彻中央、省关于"十一五"经济社会发展的指导方针和市委十届六次全会审议通过的《中共海口市委关于国民经济和社会发展第十一个五年规划的建议》,在深入调查研究、加强科学论证、广泛征求意见和反复推敲修改的基础上,本着立足我市实际、符合科学发展观和具有较强操作性的总体要求,着重体现加快经济发展、打造城市特色、构建和谐社会与提高创新能力,编制了《海口市国民经济和社会发展第十一个五年规划纲要(草案)》。

"十一五"规划,是我市全面贯彻落实科学发展观的第一个五年规划,《纲要(草案)》提出要把握好以下原则:必须以科学发展观统领全局,促进经济社会协调发展;必须加快转变经济增长方式,提高自主创新能力;必须大力调整经济结构,发展壮大特色优势产业;必须加快城乡一体化进程和生态城市建设,促进城乡区域协调发展和人与自然和谐相处;必须深化改革,扩大开放,增创体制新优势;必须坚持物质文明、政治文明、精神文明和社会建设四位一体,努力构建和谐海口。

《纲要(草案)》确定了"十一五"时期我市经济社会发展的主要目标:综合经济实力明显增强、社会事业全面发展、人民生活水平显著提高、城市功能进一步完善、改革开放深入推进、构建和谐海口取得新的进步。在实现"六大目标"的过程中,逐步形成产业特色、文化特色、城市特色、体制特色、环境特色,实现"三个翻番、两个突破",即以2000年为基数,确保2010年生产总值、人均生产总值翻一番以上,力争城乡居民收入水平翻一番,生产总值突破500亿元,财政收入突破100亿元。建设宽裕型小康社会,努力跨入全国先进城市行列。

为此,必须全力抓好以下几个方面的重要工作。

(一)建设"四地一中心",把海口发展成为辐射带动全省的中心城市

从提高产业层次和技术水平、提高规模和集聚效应入手,进一步调整产业结构,加快工业化进程,加快发展生物产业、现代服务业和都市型农业,壮大特色优势产业,不断提高经济发展的核心竞争力,落实省委、省政府提出的要把海口建设成为辐射带动全省的中心城市的要求。

建设全省以高新技术产业为导向的新型工业基地。坚持不污染环境、不破坏资源、不搞低水平重复建设的"三不原则",加快发展现代制造业,大力推进工业化,重点发展壮大汽车制造、制药、化纤纺织、食品饮料、农产品加工等支柱产业,培育电子信息、精细化工、橡胶化工、旅游工艺、生态环保等潜在优势产业。促进重点产业和新建项目集中发展,着力建设好保税区、高新技术产业开发区、海口"药谷"和汽车工业园等高端产业功能区。抓好狮子岭飞地工业园建设。加快发展节能型工业和资源再利用型工业,全面推行清洁生产,发展循环经济,把我市建成全省以高新技术产业为导向的新型工业基地。到2010年,全市工业增加值达到120亿元,占全市生产总值的23.6%。

建设全国热带滨海旅游休闲胜地。全面实施《海口市旅游产业发展规划》,积极推进"娱乐海口"工程,立足省会城市功能定位,实现以观光旅游为重点向以度假休闲旅游为重点转变。加大富有地方特色和特定文化内涵的旅游资源开发,突出旅游产品特色,重点规划建设一批文化娱乐项目和设施,打造滨海度假旅游休闲基地,抓好石山火山群国家地质公园、红树林生态旅游区等一批项目建设,努力开发一批旅游精品景点。加强旅游与其他产业的协调和融合,发挥省会城市综合优势,加强旅游区域协作,积极参与海口旅游圈旅游资源整合,把海口发展成为集观光游览、度假休闲、疗养健身、商务会展、文化娱乐为一体的多功能、综合型全国热带滨海旅游休闲胜地。到2010年,全市旅游总收入达到76亿元,年均增长10%。

建设全省都市型农业基地。坚持"富裕农民、服务城市"的方针,突出"无疫区、无公害"特色,充分利用城市提供的市场和生产技术条件,调整优化农业结构与布局,重点发展高效生态农业和观光休闲农业,为城市提供名、特、鲜、新农产品,为城市居民提供优美的生态环境。立足环境优势,建设沿海地区、美兰机场周边地区、东部南部地区和西部羊山地区特色产业基地,增强农业集聚效应。不断推进农业标准化生产,积极引进和推广新品种、新技术,在郊区建设1—2个高科技农业示范区,促进产业化经营和规模化发展,加速传统城郊农业向现代都市农业转变。以农产品出口为主攻方向,建设一批标准化的种植、养殖、加工出口示范基地,积极开拓国内外市场。到2010年,全市农业增加值达到32亿元，年均增长7%；畜牧业产值占农业总产值的50%。

建设国家海岛生物产业基地。紧紧抓住国内外生物科技革命和产业革命的重大战略机遇，充分发挥海南热带资源、生物海洋资源优势，加强技术开发，重点发展生物医药、生物农业、生物海洋产业，为建设国家海岛生物产业基地打下基础。力争到2010年生物医药产业增加值占工业增加值的20%。

建设区域交通枢纽和现代服务中心。依托我市空港、海港、火车站和汽车站“四位一体”等有利条件，完善海、陆、空交通功能和信息港功能，形成以海口为中心、覆盖全岛、畅通便捷的交通网和信息网，强化海口交通、信息枢纽地位。建设海、陆、空港物流园区，健全现代物流配送系统，形成现代化区域物流中心。实施《海口市商业网点规划》，建设市、区、镇商业中心，优化网点布局，完善配套设施，营造便利消费和物畅其流的消费环境；发展和壮大商业龙头企业，创新现代流通组织形式和服务方式，健全城乡商贸体系。加快发展现代物流、房地产、金融、中介服务和社区服务等服务业，不断增强海口区域性现代服务中心功能。到2010年，全市社会消费品零售总额达到244亿元，年均增长12%。

（二）提升城市品位，打造温馨宜居城市和理想的第二居住地

围绕打造城市特色，着眼于进一步增强城市集聚辐射功能，加快重大基础设施建设，基本建成现代化城市基础设施体系；着力于建立健全长效管理机制，不断提升城市管理的现代化水平；积极实施城市经营，推动城市资源优化配置；倡导环境文明和生态文明，加快环境友好型城市建设。到2010年，城市化率达到65%以上。

突出城市特色。根据《海口市城市总体规划》，完善和实施分区规划、详细规划和各专项规划。组织编制和实施长流组团、江东组团建设规划，大英山城市中心区、海甸岛、新埠岛等片区开发规划，旧城和“城中村”改造规划。制定和实施区域合作发展规划，将周边地区纳入我市经济社会发展协调区，统筹区域产业发展、交通设施建设和生态环境建设。通过规划的实施，突出热带海岛、绿色生态、南洋建筑风格和温馨宜居城市特色。

完善城市功能。按照《海口市城市总体规划》要求，实施“温馨和谐海口”的八大工程，推进城乡建设。围绕产业发展，抓好一批关键性基础设施、公共服务设施及重要带动项目建设，引导产业集聚，加快完善我市产业发展的基础设施。加强城区道路网络建设，改造和平桥等三座桥梁，新建海新大桥等三座桥梁，形成以主干道为骨架，次干道、支线路合理分布的城市道路网络。着力抓好以能源供应、水资源保障、信息通讯、环境保护和城市安全为主体的基础设施建设，维护城市安全高效运行。加强文化、体育、医疗、卫生等社会事业基础设施建设，提高人民群众的生活质量。

优化城市环境。发展社区服务和社会公益事业，推进和谐社区、和谐村镇建设，培育城市宜居文化。“十一五”时期，计划安排城市环境建设保护资金20亿元，占政府投资的6.7%，是“十五”时期的2.7倍。落实《海口生态市建设总体规划》，以对水源、绿地、森林、海洋、湖泊、河流等自然资源的生态保护和建设为重点，加强生态环境建设；强化对城市水系的综合治理，完成美舍河、五源河、龙昆沟、大同沟、东西湖、红城湖的治理，构筑城市活水系，形成江、海、湖、河贯通的“水城”；继续推进“三边林”建设，实施城乡大环境绿化建设，形成林带环绕、绿树成荫的“林城”；科学规划和配置城区花草种植，新建10个公园和100个街边绿地、小游园，促进城乡环境美化，形成鲜花盛开、姹紫嫣红的“花城”，不断扩大城市绿色空间，力争2010年森林覆盖率达39%，城镇人均公共绿地面积12平方米。

强化城市管理。要统筹规划、建设与管理，把管理放在更加突出的位置。健全完善城市管理法规，形成较为完整的城市管理法规体系，推进城市依法管理。科学划分市、区、街道、居委会的事权界限，加强区、街道、居委会的管理能力建设，充分发挥区、街在城市管理中的主体作用和人民群众的参与作用。认真落实城市管理权限属地化的各项政策，完善城管执法目标管理、执法保障体系和公共城管联动机制建设，积极推进城管执法工作向中心镇延伸。继续推进违法建筑、交通秩序、市容市貌、市场秩序、安全生产等方面的城市环境综合整治工作，使城市面貌发生实质性变化。深化城市管理体制改革，推进城市管理综合执法，健全法治、科学、长效的管理机制，提高城市管理整体水平。

拓展城市经营。整合、重组城市各种优势资源，运用市场机制经营城市，重点加强城市资源的包装营销，积极推进城市资源资本化，鼓励各种资本进入基础设施建设领域，促进城市资源增值，实现城市资源优化配置。继续抓好土地规划、整理、储备和经营开发,加强土地资源成片推介,通过策划包装推向市场。拓展旅游房地产市场,积极培育旅游房地产业。推进城市基础设施的市场化运作,城市供水、污水处理、公交、环卫、园林绿化等逐步实现社会化投入、市场化经营和企业化管理。充分挖掘城市无形资产,为城市可持续发展筹集更多资金。

(三)统筹城乡发展,建设社会主义新农村

加强城乡互动,改善农村生产生活条件,发展农村经济,增加农民收入,提高农业综合生产能力。以文明生态村为综合创建载体,建设"生产发展、生活宽裕、乡风文明、村容整洁、管理民主"的社会主义新农村。"十一五"时期,计划安排"三农"资金18亿元,占政府投资的6%,是"十五"时期的4.9倍。

加强城乡互动。探索建立城乡统筹的新机制,统筹城乡经济社会发展,建立"工业反哺农业、城市支持农村"的长效机制,运用工业化理念和规模经营方式,全面提高农业综合生产能力。加强部门间的统筹协调,形成支持农村发展的合力。坚持"多予少取放活"的方针,继续完善和强化各项支农政策,完善扶持农业工作机制,加大对农村投资的倾斜力度,尤其要加大对贫困乡村发展的支持力度,扩大公共财政覆盖农村的范围,让全市农民共享改革发展的成果。

发展镇域经济。发展镇域经济是加快我市城乡一体化的重要途径,制定和实施《海口市加快镇域经济发展的决定》及《海口市扶持镇域经济发展的若干规定》,加强城镇规划编制工作,完成全市23个小城镇的规划编制,重点完善10个中心镇基础设施和公共服务设施;制定镇域产业发展规划,建设各类专门性市场,加快家具、花卉、建材、服装等部分专门性市场向近郊城镇转移。根据镇、村的不同特点,因地制宜,培育发展优势产业,不断提高镇域经济整体实力,促进人口向小城镇转移。

致力增加农民收入。健全农民增收长效机制,坚持比较效益最大化和生态平衡原则,以市场为导向,加快农业产业化进程,积极发展农村第二、第三产业,加快农村经济结构调整步伐,拓宽增收渠道。开展"10万农民大培训"活动,加强对农民的劳动就业技能培训,提高农民就业能力。继续建立农村劳务市场,建立和完善农民工劳动合同制度,做好农民外出务工就业的组织、指导和服务工作,鼓励和支持农民工异地劳务输出,组织更多农民工到珠三角等国内发达地区打工。5年转移农村劳动力6万人。到2010年,力争农民人均纯收入5700元,年均增长8%左右。

改善农村生产生活条件。健全财政支农资金稳定增长机制,扩大公共财政覆盖农村的范围,创新政府支农资金管理方式,同时,加大对农业的投入。落实我市制定的鼓励投资农业政策,全方位拓展农业投资渠道,积极引进社会资金发展农业。做好中型和小(一)型水库除险加固工程、水库灌区防渗配套工程,加强水库工程建设,完成千亩以上田洋整治任务,实施羊山地区农业用水工程,解决羊山地区农业缺水问题,推进农田水利基础设施建设。加快农村道路硬化、厕所改造、清洁能源使用和禽畜圈养,推行新的垃圾收集处理模式,建设适合乡村的排水和污水处理设施,继续推进农村路通、水通、电通、信息通工程建设,缩小城乡生活条件的差别。加快农村教育、卫生、文化、科技等社会事业发展,整体改善农村居民的生产生活条件。

切实保障农民权益。认真贯彻实施农村土地承包法,建立规范的土地使用权流转机制,完善对征地农民的合理补偿机制和失地农民基本生活保障制度,治理农村土地承包纠纷问题。深化农村体制改革,抓好村镇机构及农村税费配套改革,进一步减轻农民负担;推动生产组织形式和经营模式创新,支持农村各类合作组织发展。推进农村民主管理,建立健全村民委员会民主选举和民主议事、民主监督制度,推行村务公开,确保广大农民依法行使当家作主的权利。

建设文明生态村。建立健全"以城带乡、城乡共建"的创建机制,深入开展干群共建、工农共建、村企共建、军(警)民共建和村校共建等活动,全力推进文明生态村创建,到2010年,全市65%以上的自然村建成文明生态村。要把创建文明生态村工作与农村工作、扶贫工作、文教卫生、农业产业调整、农村水电网改造、科技兴农、社会治安综合治理、计划生育、思想道德建设等工作密切结合起来,开展综合创建;统筹城乡规划,将规划管理延伸到村镇;加强文明生态集镇建设,形成文明生态村和文明生态集镇共同进步、协调发展的新局面。

(四)推进改革开放,营造一流的发展环境

"十一五"期间,继续推进政府职能转变,基本完成国有企业改革,加快发展民营经济,分类推进社会事业管理体制改革,深化投融资体制和财政体制改革，完善社会主义市场经济体制，提高对外开放水平，努力形成非国有企业为主体、市场调节为主、社会自我管理水平较高、政府廉洁高效、外向开放的海口体制特色。

加快行政管理体制改革，进一步改善投资软环境。以转变政府职能为重点，继续推进行政管理体制改革，减少和规范行政审批，切实把政府职能转到经济调节、市场监管、社会管理和公共服务上，提高社会管理和公共服务水平。调整和完善政府机构设置，明确职能分工，理顺市与区的权责关系，合理划分权限。加强行政法制建设，建立权责明确、行为规范的行政执法体制，严格按照法定权限和程序行使职权、履行职责，认真落实行政执法责任制和行政执法过错追究制度，完善和执行行政首长问责制等制度，提高政府依法行政水平和行政效能。创新政府行政方式、方法，加快电子政务建设，推行政务信息公开，扩大网上办公范围，促进政府部门资源共享。完善行政管理决策机制，坚持实行民主集中制，加强专家咨询、社会公示和听证、决策执行评估等制度建设。

深化国有资产管理体制改革，促进非公有制经济发展。加快市属国有企业的改制重组和股权调整，基本完成国有企业改革。以旅游、水务、公交、城建领域为重点，加快优势资源和资产整合，组建水务、公交、城建集团公司，进一步完善国有资产监督管理体系，加强对国有资产运营监管，确保国有资产保值增值。完善和落实扶持非公有制经济发展的各项政策措施，创造平等竞争、一视同仁的法制、政策和市场环境，保护非公有制企业的合法权益，提高和扩大非公有制经济发展水平和规模。放宽准入标准，鼓励非公有资本进入基础设施、基础产业、公用事业领域，参与国有企业改制和重组。建立和完善社会化服务体系和信用担保体系，充分发挥中小企业融资担保公司作用，切实帮助企业解决融资问题。

深化财政管理体制和投融资体制改革。合理调整财政支出，提高对公共安全体系、公共卫生体系等社会事业的支出比重。按照事权和财权相统一的原则，完善市区财政体制，明确两级政府的支出责任和范围。加强财政资金使用管理，提高资金使用效益。强化部门预算，全面推行国库集中支付，加强政府采购和收支两条线管理。落实企业投资自主权，对非政府投资的建设项目，不再实行审批制，推行社会投资备案制和核准制。规范政府投资行为，增强政府投资的导向和带动作用，对非经营性政府投资项目建设推行工程总承包制度，加强审计监督，完善政府投资监督评价机制。

加快社会事业管理体制改革。创新社会事业管理模式，合理界定经营性和非经营性社会事业项目，建立社会事业建设和管理的多元投资机制，鼓励和吸引社会投资进入教育、文化、体育、卫生等领域。继续推进教育体制改革，形成以政府办学为主体，公办学校与民办学校共同发展的格局。深化文体体制改革，加快职能转变，把注重部门管理转到行业管理上来，把注重于“办文化、体育”转到“管文化、体育”上来，推进文化行政综合执法体系建设。继续推进医疗卫生体制改革，着力解决群众看病难、看病贵问题。

提高对外开放和区域合作水平。以园区招商、产业招商和项目招商为重点，积极引进大企业、大集团来海口投资建设。抓好项目的筛选储备和推介，加强对已签订协议及在建项目的跟踪服务，促进项目开工建设，全面提高招商引资的质量和水平。坚持实施“走出去”战略，积极参与区域经济合作，进一步加强与“泛珠三角”等地区和东盟各国的经贸交流与合作，推动与琼北周边地区的资源整合，促进区域协调发展。“十一五”期间，外商直接投资年均增长10%，外贸出口总额年均增长12%。

（五）统筹社会发展，提高覆盖城乡的公共服务水平

统筹经济社会发展，统筹城乡发展，加快公共资源向社会事业、向农村倾斜，提供覆盖城乡的公共服务，促进均衡发展。“十一五”时期，计划安排资金65.5亿元用于发展社会事业，占政府投资的21.8%，是“十五”时期的1.7倍。

提高科技创新能力。把自主创新能力建设摆到更加突出的位置，大力实施科教兴市、人才强市战略，建立以企业为主体、市场为导向、产学研相结合的技术创新体系；围绕主导产业，帮助一批骨干企业建立研发机构，增强企业科技创新能力，培育和拥有更多的自主知识产权。通过建设维堤瑷生物研究院、海洋生物技术研发中心等机构，推动生物医药产业化基地、海洋生物技术研发基地的建设，大力开发和推广应用新技术、新产品，加快科技成果向现实生产力转化，大力发展高新技术产业。加快科技服务体系建设，设立生产力促进中心，抓好农业科技服务。加快完善培养人才、聚集人才、激励人才的工作机制，为经济社会发展提供强有力的人才保障和智力支持。加强知识产权保护，建立健全区域科技创新体系，为构建创新型城市提供强有力的科技支撑。

优先发展教育事业。全力推进中小学标准化建设，优化教育环境，到2010年小学、初中、高中优质学位率分别达到35%、55%和75%。重视发展农村教育，调整农村中小学布局，完成危房改造。全面落实“两免一补”政策，全部免收九年义务教育杂费和课本费，坚持对困难家庭学生给予寄宿生活费补助。着力提高教师整体素质，实施城乡教师交流制度，促进义务教育均衡发展。基本普及高中教育，积极发展成人教育。推动中职和高职教育协调发展，到2010年职业学校增加15所，在校生总数达到3万人。加快发展高等教育，争取成建制引进3到5所高校，在海口市职业经济技术学院的基础上创办海口大学，到2010年市属各类高等教育在校生达6万人。推进学习型城市建设，初步形成现代国民教育体系和终身教育体系。

加快发展文体事业。加快文体基础设施的建设，积极发展公益性文化事业，满足人民群众日益增长的文化生活需求。依法做好历史文化名城的保护工作，充分挖掘、保护、利用文化资源，打造独具特色的文化品牌。全面建设公共文化服务体系，重视发展社区和农村公共文化事业，丰富基层文化生活。大力发展广播电视、新闻出版事业，进一步扩大广播、电视人口覆盖率。强化文化市场和互联网管理，净化青少年成长环境。深入开展全民健身活动，提高竞技体育水平。积极推进足球冬训、高尔夫球、帆船训练、潜水培训等项目建设，加快文化、体育产业发展，努力建设文化海口。

大力发展医疗卫生事业。做好预防保健和重大疾病、传染病防治工作，加强疾病预防控制、医疗救治和卫生执法监督，全面提高医疗和公共卫生服务水平。加快发展社区医疗卫生事业，实施社区卫生服务机构标准化建设。改善农村医疗卫生条件，搞好中心镇卫生院建设，每个行政村设立1个以上医疗服务点，完善巩固农村新型合作医疗制度。整顿和规范医疗市场，严厉打击非法行医、制售假冒伪劣产品违法行为。加强妇幼保健工作，深入开展爱国卫生运动，普及健康教育，建设健康城市，到2010年力争城市居民健康水平和卫生服务指标达到国内先进水平。

（六）坚持以人为本，构建和谐海口

着眼于解决人民群众最关心、最直接、最现实的利益问题，促进社会充分就业，提供社会保障，加强精神文明和民主法制建设，维护社会稳定和公共安全，着力推进和谐海口建设。

努力扩大社会就业。认真落实积极的就业政策，重视发展就业容量大的服务业和劳动密集型产业，开发更多的就业岗位。落实财政补助、小额贷款和税费减免等优惠政策，做好下岗职工、大中专毕业生和复转军人安置工作，完善对困难群众的就业帮扶援助机制。加快劳动力市场建设，建立市场导向的就业机制。加强劳动技能培训，建立政府扶助、社会参与的职业技能培训机制，建立覆盖城乡的就业服务体系，促进城镇失业人员再就业。“十一五”期间，全社会从业人员年均增加3.2万人，城镇登记失业率控制在4%以内。完善社会保障体系。增加财政对社会保障的投入，多渠道筹措社会保障资金，扩大社会保障覆盖面。加强社会保险基金征缴和管理，确保各项保险金依法按时足额支付。健全医疗、失业、工伤、生育保险制度，加快基本养老金计发办法改革，规范企事业单位退休人员社会化管理。完善农村养老保险制度，解决被征地农民的社会保险问题。完善社会救助体系，提高最低生活保障标准，保障城乡困难群众的基本生活，逐步形成覆盖城乡、全市统一、多层次的社会保障体系。充分发挥社会慈善、社会捐赠、群众互助在扶贫帮困中的作用，推动慈善事业和社会福利事业发展。

加强社会主义精神文明建设。贯彻落实《公民道德建设实施纲要》、《关于加强未成年人教育的意见》，加强社会公德、职业道德和家庭美德教育，增强市民法律意识、公德意识，加快社会主义思想道德体系建设。倡导科学、文明、健康的生活方式，大力弘扬遵纪守法、诚实守信的社会风尚，培育和发扬市民的自主创业意识和爱岗敬业精神，普及科学文化知识，提高全民素质。广泛开展群众性精神文明创建活动，加快文明城市、文明社区、文明村镇、文明行业建设，提升城乡文明程度，争创全国文明城市。

加强民主法制建设。坚持依法行政，自觉接受人大和社会各界监督，认真听取政协和民主党派、工商联、无党派人士的意见，广泛征集专家学者和市民建议。认真办理人大代表的议案、建议和政协委员的提案，提高办理的质量和效率。充分发挥工会、共青团、妇联等人民团体的桥梁和纽带作用。深入实施政务公开，推广厂务公开。扩大基层民主，尊重基层和群众的民主权利，完善城乡居民自治。加强政府立法工作，强化行政执法监督。开展“五·五”普法教育，在全社会营造学法、懂法、守法的良好氛围。

加强公共安全建设。高度重视公共安全工作，全力维护人民生命财产安全和正常社会秩序。加强预防、避险、自救、互救、减灾等知识宣传教育，提高社会公众应对公共安全突发事件能力。加强台风、洪涝、地震、火灾和交通、食品安全、公共卫生事故等重大公共安全突发事件应急体系建设，建立健全预测预警机制、响应处置机制及应急保障机制，增强政府有效处置公共突发事件的能力。

努力保持社会稳定。完善和落实社会治安综合治理各项措施，推进社会治安防控体系建设。坚持“严打”方针，严厉打击黑恶势力、贩卖毒品等严重违法犯罪活动。加强情报信息工作，建立有效预警机制，提高预防、发现和控制各类违法犯罪的能力。做好预防和减少青少年犯罪工作。开展禁毒人民战争，坚决扫除各种社会丑恶现象。重视做好人民群众来信来访工作，加大矛盾排查、调处力度，维护社会稳定。关心和支持部队建设，加强国防教育，推进双拥共建工作，巩固和发展军政、军民团结。做好人口和计划生育、外事、侨务、民族宗教、老龄、档案等工作，依法保障妇女、未成年人和残疾人的合法权益。

（七）实施“八大工程”，夯实经济社会发展的物质基础

“十一五”期间加快我市发展必须保持应有的投资力度，全市五年投资总额将达920亿元，年均增长10%，全面实施“八大工程”。

“便捷海口”工程。加强各类对外交通和通信设施建设，强化中心城市交通、通信枢纽功能。实施马村港、秀英港扩建工程，规划建设航空物流中心、客运中转基地，完成绕城公路建设，完善对外交通公路体系和城市道路网络，提高信息传输和服务功能，提升区域性海洋运输、航空运输、公路交通、信息港枢纽地位。

“品质海口”工程。提升城市品位，改变城市面貌，拓展城市空间。启动大英山城市中心区、美丽沙、新埠岛建设，加快长流新区开发，启动江东组团建设，加快推进旧城和“城中村”改造步伐，优先实施小街小巷改造、城市亮化等民心工程，合理布设大型公园、步行街、街心公园，增加绿色公共空间和公共设施，建设最佳人居环境。

“产业海口”工程。围绕产业发展进行市政基础设施配套，基本完成三大工业园区、保税出口加工物流园区和农产品会展中心的配套设施建设，建设沃尔玛购物广场等大型商业设施。进一步建设完善城市供水系统，加大供电工程建设力度，完成城乡电网改造，扩大燃气管网覆盖范围，为我市工业、现代物流业、商贸业的快速扩张及支柱产业的发展壮大创造条件。

“娱乐海口”工程。围绕打造“娱乐之都”，完善相关基础设施配套，加快旅游娱乐业发展，为游客、市民的吃、住、游、玩提供良好条件。重点规划建设一批度假酒店、酒吧街、购物街、休闲娱乐会所、游艇码头和高尔夫球场，在主要旅游区配套建设文化、体育、疗养设施，抓好西海岸体育休闲长廊等项目建设。

“人文海口”工程。提高公共服务和社会管理水平，抓好教育、医疗、文体等社会事业基础设施的合理布局与建设，建立健全城乡医疗卫生体系，加快文体设施建设，完善城市社会服务功能。有计划、高标准实施历史文化名城保护工程，选择一批地方特色较突出、历史原貌保留较好的村镇，予以重点修整和保护，丰富海口民间民俗文化内涵。

“生态海口”工程。规划建设长流、江东污水处理厂和垃圾处理场项目，加快推进我市垃圾、污水处理产业化进程。全面启动“一园两湖”改造、红城湖整治工程，加大地表水水体整治和饮用水源保护力度，实施红树林生态恢复工程。完成美舍河等几条河系的治污，高标准地进行城市绿化美化，保护和优化生态环境。

“平安海口”工程。健全城市综合防灾减灾系统，完善城市安全保障体系，确保城市综合安全。建立和完善以110系统为基础，包括治安、消防、人防、三防、防震在内的统一的公共安全保障体系及指挥系统，提高对公共安全事故和自然灾害的应急处置能力。加强南渡江、新埠岛、海甸岛防洪、防潮工程建设，完善城市消防和人防工程建设。完成公共安全应急处置中心、强制戒毒所等政法系统基础设施建设，确保社会平安稳定。

“田园海口”工程。加快社会主义新农村建设步伐，促进城乡经济社会协调发展，实现都市风光与田园风光的完美结合。抓好10个中心镇规划建设。加大农村基础设施投人，加快水、电、路、通讯、广播电视“五网”建设，基本完成所有适宜推广沼气村镇的“一池三改”，实现人畜安全饮水目标，改善农村居民生活条件。加大农村教育的投入，改善农村医疗条件，建立农村医保，加快文明生态村建设。

三、全力以赴做好2006年各项工作，努力实现“十一五”良好开局

2006年是“十一五”规划的起步之年，做好全年的各项工作至关重要。今年我市经济和社会发展的主要指标是：生产总值增长12%，财政总收入增长15%，全社会固定资产投资增长15%，社会消费品零售总额增长12%，城市居民人均可支配收入增长8%，农民人均纯收入增长6%，人口自然增长率控制在8‰以内，城镇登记失业率控制在4%以内。今年政府的投资将向“三农”、民生和环保领域倾斜，安排在这三个领域的资金分别是2005年的3.8倍、1.7倍、3.1倍。为了实现今年的发展目标，要着力抓好以下工作。

第一、确保经济平稳快速增长。要加快发展现代制造业、旅游休闲业、旅游房地产业、现代物流业，确保开局之年经济稳定增长。要加强部门沟通协调，多渠道筹集建设资金，抓好“八大工程”等投资项目的启动工作，强化项目工作责任制，确保今年投资计划的顺利实现；完成海汽发动机项目的设备安装调试，抓好15个配套厂项目的按期入园，加快海马二期、药谷二期及狮子岭飞地工业园的基础设施建设，引导工业项目向园区集中，形成集聚效应和规模效益，力争实现工业总产值283亿元，工业增加值66亿元；完成《海口市旅游产业发展规划》，编制《海口市旅游资源目录》和《海口市在建拟建旅游项目库》，抓好石山火山群国家地质公园、东寨港红树林生态风景区、热带植物博览园等项目建设，加强城市营销力度，优化旅游环境，拓展旅游房地产市场，力争实现旅游总收入51亿元；调整商业布局，重点抓好国贸、老城区、府城和秀英小街等商业功能区建设，支持家乐福等按期运营，积极推进美兰机场、火车站、港口等物流园区建设，加快发展现代物流业，力争实现商品零售总额155亿元。

第二、确保社会主义新农村建设有良好开端。按照新农村建设的总体要求，以创建文明生态村为综合载体，以发展经济、增加农民收入为中心任务，扎实推进我市新农村建设。完成二十三个镇的建设规划，抓紧编制镇域产业发展规划，制定实施发展镇域经济的决定和扶持办法，加快城市功能向城郊镇转移。安排资金2450万元加快农田水利工程和安全饮水工程的建设，积极争取省政府的支持，落实资金4500万元推进农村公路“村村通”工程建设。继续打造无疫区品牌，建设19个种猪基地；推进标准化生产，建设4个标准化生态蔬菜示范基地；扶持农产品出口，建设畜禽生产出口基地；筹建全省最大的热带农产品展示中心；发展海洋捕捞、海淡水养殖和水产品加工；力争全年完成农业总产值41.2亿元，畜牧业总产值占农业总产值的40%，水产品总产量5.8万吨，加工出口2.5万吨。大力发展打工经济，启动建设农村劳动力培训基地，完成3万人次的农业技术培训和1万人次的农民劳务技能培训，全年力争转移输出农村劳动力5000人以上。进一步加大文明生态村建设力度，做到全面发动、整体推进，争取全年新建168个文明生态村，覆盖率达到35.6%。

第三、确保民生问题得到妥善解决。要以构建和谐社会为目标，下大力气解决群众关心、社会关注的就业、收入、住房、教育、医疗、社保等问题，切实为群众谋福利。千方百计扩大就业，全年力争新增就业岗位2.8万个，城镇登记失业率控制在4%以内。积极扶持弱势群体，进一步改善中低收入家庭住房条件，通过租金补贴、租金核减、提供廉租房等途径，缓解200户特困居民和100户农村残疾人以及城镇低收入者的住房困难问题；安排资金5800万元，用于完成农村学校危房改造和布局调整，免费为300名特困家庭子女提供市属职业教育、补贴困难家庭子女义务教育寄宿生活费；完成8个镇卫生院的改扩建任务，缓解农民看病难问题。推进城乡社会保障体系建设，安排2700万元资金，用于扩大城乡低保范围，力争城区居民和农村居民低保人数均达到5%；安排100万元在全省率先建立专项基金，着力解决进城农民工的工伤保险问题；安排资金1000万元，继续完善新型农村合作医疗制度，提高市级对参保农民的补助标准，力争全市农民参保率达80%以上。安排300万元，用于城镇无业居民社区卫生医疗服务，覆盖城区无业居民30万人。努力保障公共安全，高度重视安全生产，落实安全生产责任制，提高处置公共突发事件的能力，大力推进“平安海口”工程。全力办好20件直接关系群众生活的实事。

第四、确保城市形象进一步提升。以启动八大片区开发为重点，努力把海口打造成热带海岛、绿色生态、南洋建筑风格和温馨宜居的城市。提高城市品位。完成南渡江地带和东海岸城市设计招标方案，完成海甸溪北岸改造规划，组织编制控规，着手制定城市静态交通组织规划。加快城市建设步伐。推进货运大道、滨江西路、海口绕城公路的建设，实施大同路、海秀东路慢车道、琼州大道东半幅、大英后路、长堤路改造，继续完成城市次干道改造，打通断头路；落实资金3800万元加快改造小街小巷和安装路灯；推动海甸岛、新埠岛、长流新区、桂林洋大学园区、江东旅游区、大英山城市中心区等片区建设，实施“一园两湖”和“红城湖”的改造、整治，做好美丽沙片区开发的服务工作；加快城市公园、街心花园及公共绿地建设，全面推进城市绿化；建成一批垃圾转运处理配套设施。提高城市管理水平。认真落实《海口市环境污染行政责任追究办法》，坚决查处破坏环境的事件；抓好违章建筑、交通秩序、市容市貌、市场秩序、安全生产等专项整治，今年力争清理并拆除违法建筑50万平方米。

第五、确保创新能力建设有明显起色。通过推进体制改革，加大技术创新，提高我市的整体创新能力。推进改革开放。完成椰树集团的改制、椰岛股份公司的股权分置改革及煤管总的股权调整，组建水务集团、公交集团、城建集团，做好港航控股公司的移交管理工作；贯彻实施《海口市市级事业单位机构改革实施方案》，积极推进事业单位机构改革和人事制度改革；大力推进政府管理创新和和制度创新，启动城市管理综合执法，推行“数字化、网络化、下沉式”城市管理体制；成立政府投资项目管理中心，规范重点项目决策制度；成立工业发展职能部门，强化工业发展带动战略；成立专门招商机构，统筹全市资源，理顺招商体制，组织本地企业到国内外进行产品推介、项目招商，精心策划好“海口市城市推介暨投资洽谈会”等重大招商项目，力争全年实现外商直接投资4.3亿美元。加大技术创新力度。将海口保税区、狮子岭飞地工业园等所有市属园区纳入海口高新技术园区范畴，形成“一区多园”的格局；整合科技要素，实现资源共享；增加科技三项经费投入、落实高新技术产业风险资金，提高我市高新技术自主创新能力；鼓励企业加大研发投入，努力开发一批事关我市经济社会发展和提升产业核心竞争力的关键技术。

加强政府自身建设，是全面完成今年各项工作任务和实现“十一五”宏伟目标的重要保证。要高度重视人大代表、政协委员的意见、建议，自觉接受人大及其常委会的法律监督，自觉接受人民政协的民主监督，全面推行行政执法责任制，提高依法行政水平；要在提高经济管理水平的同时，更加注重社会管理，把财力、物力更多地放到推进社会发展和解决民生问题上来，把精力、注意力更多地用到促进社会公平和正义、维护社会秩序和稳定上来，加快建立公共危机防控体系和社会矛盾化解机制，不断增强处置突发事件的能力，提高公共服务水平；要按照省委《关于加强投资环境建设若干问题的决定》，认真落实市委加强经济发展环境建设的总体要求，加强政风建设，切实提高政府办事效率和服务水平，优化发展环境；贯彻实施《中华人民共和国公务员法》，进一步规范公务员管理，加强对公务员的监督，建设高素质的公务员队伍；严格贯彻《市直单位领导班子重大问题议事规则》，增强各单位一把手集体决策的意识，规范决策程序，提高决策水平；严格执行廉政建设各项规定，从严查处各种违纪违法案件，树立“为民、务实、清廉”的政府形象，努力建设人民满意政府。

各位代表，我市“十一五”发展蓝图经本次人民代表大会审定，将成为号召、凝聚全市人民团结奋斗的行动纲领。海口发展将进入新的重要历史时期，我们既感到任务艰巨，也充满信心。我们坚信，在全市人民的共同努力下，五年后海口将会成为一个充满热带海岛风情、环境优美舒适、生活质量一流的温馨宜居城市。让我们在新的历史起点上，更加紧密地团结在以胡锦涛同志为总书记的党中央周围，高举邓小平理论和“三个代表”重要思想的伟大旗帜，以科学发展观统领全局，在市委的正确领导下，万众一心，艰苦奋斗，开拓创新，求真务实，共同创造海口更加美好、灿烂的明天！

关于海口市2005年国民经济和社会发展计划执行情况与2006年国民经济和社会发展计划草案的报告

——2006年2月21日在海口市第十三届人民代表大会第四次会议上

海口市发展和改革局局长　徐敏生

各位代表：

受市政府委托，现将2005年海口市国民经济和社会发展计划执行情况与2006年国民经济和社会发展计划草案提请会议审议，并请市政协各位委员提出意见。

一、2005年经济和社会发展计划执行情况

2005年是实施“十五”计划的最后一年。一年来，全市认真贯彻落实市委、市政府的各项工作部署，大力调整经济结构，培育壮大优势产业，推进改革开放，增创体制新优势，完善城市综合功能，优化人居环境，全市经济社会发展继续保持持续、健康、快速发展的良好势头。全市实现生产总值301.35亿元，比上年增长12.1%，完成年初预期目标的105%。其中，第一产业实现增加值23.09亿元，增长7.1%；第二产业实现增加值83.14亿元，增长12.7%；第三产业实现增加值195.12亿元，增长12.4%。经济社会发展呈现以下主要特点：

（一）三次产业稳步发展，经济综合实力增强

第一产业大灾之年形势仍然较好。2005年我市虽然遭遇干旱、强台风等自然灾害，对农业生产的影响较大，但全年农业生产仍然保持总量增长、结构优化、效益提高的良好态势，全年实现农业总产值38.46亿元，增长8.2%。从总体情况看，一是畜牧业持续增长，总产值完成14.96亿元，占农业总产值的38.9%，比上年提高2.7个百分点；二是热带高效农业实力增强，全年种植瓜类产量2.91万吨，增长19.9%，水果产量14.93万吨，增长15.4%；三是农业基础设施投入加大，完成了传桂洋等7个田洋综合整治、沙坡水库等7个水库除险加固和一批水渠的防渗、维修，农业的生产条件进一步改善。

工业经济稳定增长。2005年我市工业经济延续了近几年来两位数增长的势头，工业经济总量继续稳步扩张。全年实现工业增加值62.12亿元，增长14.2%；完成工业总产值262.21亿元，增长13.3%，完成年初预期目标的94%。工业经济运行基础扎实，主要表现在：工业产销衔接较好，产销率99.2%；产品出口形势较好，实现出口交货值14.5亿元，增长16.7%；食品饮料、电器设备制造等行业增长较快，部分高新技术行业快速成长，正红科技、清华显示器、三星光纤等企业发展态势良好。

第三产业发展较快。从总量看，2005年第三产业增加值占全市生产总值的比重稳步上升，由上年的63.83%提高到64.7%。从结构看，第三产业内部发生了新的变化，运输邮电、批发零售贸易、餐饮业、文教卫生等传统行业发展迅速，旅游、房地产开发、金融等行业也充满活力。全市旅游总收入47.2亿元，增长10.4%，完成年初预期目标；房地产开发面积694.1万平方米，增长26.8%；全市金融机构存款余额为789.19亿元，比年初增长10.1%，贷款余额为729.14亿元，比年初增长10.4%；全年货物周转量406.6亿吨公里，增长22.4%。

（二）三大需求共同拉动，经济发展动力增强

投资需求增势强劲。2005年全市全社会固定资产投资完成137.17亿元，增长15%，完成年初预期目标。一是从投资结构看，第二产业投资增长13.1%，第三产业投资增长16%，投向交通运输及仓储、房地产业、水利和公共设施业、住宿和餐饮业等成为拉动投资增长的动力，其中房地产开发投资47.17亿元，增长12.8%；二是新开工项目较多，全年在建项目565个，其中新开工项目250个，增长8.2%；三是重点项目建设进展顺利，凤翔路、城西路等市政道路建成通车，23万吨瓶级项目、光纤光缆

等工业项目建成投产，宜欣商业广场等商贸项目加快建设步伐。

消费需求明显趋旺。2005 年全市实现社会消费品零售总额 138.45 亿元，增长 14.5%，完成年初预期目标的 124%。从总体上看，在汽车、通讯器材、住房等消费热点刺激和消费结构升级的推动下，消费需求已经进入稳定增长轨道，对经济增长的拉动作用逐步增强。据统计，批发零售贸易业完成 112.57 亿元，增长 15.2%；餐饮业完成 19.58 亿元，增长 12.6%。居民消费价格指数上涨 1.3%。

出口增长较快。2005 年全市外向型经济再上新台阶，外贸出口 4.12 亿美元，增长 20.3%，完成年初预期目标 108%。水产品、机电产品、纺织服装、木制品等出口占我市出口总值的 80% 以上。对外贸易市场结构逐步改善，在巩固日本、香港、韩国、欧盟、美国等传统市场的同时，进一步拓展了中东、俄罗斯等新兴市场。

（三）三大收入稳定增长，经济效益明显提高

财政收入高位增长。得益于经济的快速增长和税源的持续扩大，2005 年我市财政增收情况良好，政府调控和驾驭经济的能力进一步提高。全年财政总收入 60.83 亿元，增长 18.2%，完成年初预期目标的 106%。其中，地方财政收入完成 21.68 亿元，增长 24.4%。从税收结构分析，各大税种全面增长，其中：企业所得税增长 21.5%，个人所得税增长 18.8%，增值税增长 17%。

企业盈利情况良好。2005 年我市企业效益水平有了新的提高。全市规模以上工业企业实现利润总额 13.36 亿元，增长 16.1%。企业事业单位存款继续增加，全市金融机构企业事业单位存款余额 295.62 亿元，比年初增长 11.4%。

居民收入继续增加。在国民经济增长、企业经济效益提高、居民收入渠道增多、支农政策落实等有利因素推动下，2005 年我市城乡居民收入持续增长，城镇居民人均可支配收入 9739.5 元，增长 8.4%，完成年初预期目标 101%；农民人均纯收入 3829 元，增长 7.2%，实现年初预期目标。城乡居民储蓄存款持续增长，储蓄存款余额达 374.05 亿元，比年初增长 10.6%。

（四）三大举措关注民生，构建和谐社会取得新进展

各项社会事业加快发展。大力实施技术创新工程，已建立国家级企业技术研究开发中心 1 个，省级 21 个，技术创新示范企业 14 家。积极落实"两免一补"政策，为全市义务教育阶段学生免收杂费，为全市特困家庭子女免除课本费，补助特困家庭子女寄宿生活费；投入 1960 万元改造农村学校危房 2.9 万平方米。农村合作医疗试点工作效果显著，有 38 万多农民签订合同自愿参加新型合作医疗，占应参合人数的 75% 以上。全市年末人口出生率 10.43‰，人口自然增长率 7.4‰，全面完成人口与计划生育任务。文明生态村建设稳步推进，精神文明建设迈上新的台阶。文化、体育等各项社会事业全面进步。

就业持续扩大。市政府采取工作目标责任制、落实各项就业优惠政策、举办海口市第三届人才劳动力招聘大会和全国民营企业就业招聘周海口招聘会、组织农村富余劳动力转移等有效措施，有力地促进了就业再就业工作。2005 年新增就业岗位 30573 个，下岗失业人员再就业 10913 人，转移农村劳动力 4559 人，城镇登记失业率控制在 4% 以内。

为民办实事项目全部顺利完成。继续把为民办实事做好事作为政府工作的重中之重抓好落实，年初确定的 17 项为民办实事项目，件件都与广大人民群众的生产生活息息相关，年底前已全部办结。

经过全市人民的共同努力，2005 年我市经济和社会发展取得了可喜的成绩。全市生产总值、全社会固定资产投资、财政总收入、社会消费品零售总额、城镇居民人均可支配收入、农民人均纯收入等指标达到或超过年初预期目标；城镇登记失业率和人口自然增长率均控制在预期目标内。各项指标中仅工业总产值未达到预期目标，主要是由于汽车价格下调、工业原材料价格上涨和部分项目没有如期投产等原因，导致工业总产值少于年初预期 15.79 亿元。

2005 年经济运行中还存在一些困难和问题：一是工业产业群规模较小，结构不合理，增长过于依赖个别行业、个别企业；二是对外运输瓶颈严重制约经济社会发展，港口超负荷运转；三是工业项目用地落实较难；四是制造业投资在全社会投资总额中的比重偏小，制造业投资比去年同期下降 6%。对上述问题，我们务必高度重视，增强发展的危机感、压力感和紧迫感，通过发展和改革逐步加以解决。

二、2006 年经济和社会发展的总体要求和主要预期目标

2006 年是"十一五"的开局之年，经济社会发展的指导思想和总体要求是：**以邓小平理论和"三个**

代表”重要思想为指导，以科学发展观统领经济社会发展全局，落实“五个统筹”，贯彻“六个必须”，加快经济结构调整与经济增长方式的转变，着力提高经济增长的质量和效益，实现又快又好发展，促进和谐海口建设，进一步加强海口作为全省新型工业基地、全国热带滨海旅游休闲胜地、全省都市型农业基地、国家海岛生物产业基地、区域性交通枢纽和现代服务中心的战略地位，为顺利实施“十一五”规划开好局、起好步。

按上述的工作要求，结合我市实际，2006 年经济社会发展的主要预期目标是：

——全市生产总值增长 12%；

——财政总收入增长 15%；

——全社会固定资产投资增长 15%；

——社会消费品零售总额增长 12%；

——城镇居民人均可支配收入增长 8%，农民人均纯收入增长 6%；

——城镇登记失业率控制在 4% 以内；

——人口自然增长率控制在 8‰以内。

为了实现 2006 年的预期目标，建议做好如下几项工作：

（一）以工业园区建设为载体，建设全省新型工业基地

以“药谷”、海马工业园、狮子岭飞地工业园为重点加快工业园区建设，使其成为我市新的经济增长点。积极壮大汽车制造、制药、化纤纺织、食品饮料、农副产品加工等五大支柱产业，培育电子信息、精细化工等潜在优势产业。切实解决工业发展中的主要问题，一是开阔思路，采取有力措施，尽快解决工业项目用地困难；二是积极搭建产业投融资平台，进一步扩大工业投资；三是围绕大型骨干企业、大型生产项目发展上下游产品，提高本地配套能力，延长产业链；四是完成椰树等国有企业改革，推动传统支柱产业加快发展。

（二）以打造“娱乐之都”和发展现代物流业为重点，发展现代服务业

按照“大旅游”的发展思路，整合我市和周边市县的旅游资源，发挥整体优势，抓好石山火山群国家地质公园、东寨港红树林自然保护区、热带植物博览园等一批项目建设，打造一批旅游精品景点。尽快启动西海岸体育休闲长廊、海口湾游艇码头等项目，高水平规划东海岸的开发建设，加强旅游与其他产业的协调和融合，丰富旅游内涵，打造以休闲保健、高尔夫运动、游艇经济为主要内容的“娱乐之都”。高度重视旅游宣传促销，积极策划、包装和推介旅游新项目和新线路，开展多层次、全方位旅游宣传促销活动，巩固国内客源市场，扩大东南亚、俄罗斯等国外市场。

大力发展现代物流业。积极发展连锁经营、专卖店、集中配送等多种商业业态，加快沃尔玛、家乐福等项目的建设步伐，推进商业企业的整合，提高我市商业的整体水平，满足不同消费层次的需要。依托全省热带高效农业、新型工业、商贸旅游业的加快发展，大力发展会展经济。积极组织商业企业节假日期间开展各种促销活动，活跃市场，努力扩大消费需求。

（三）以增加农民收入为目标，建设社会主义新农村

突出“无疫区、无公害”特色，积极调整农业内部结构，扩大热带瓜果、蔬菜、热带花卉等种植面积，大力发展畜牧业，鼓励发展外海、远海捕捞、水产养殖业。积极开拓海外市场，不断扩大农产品出口。加强农产品的质量检测和认证体系建设，提高农业科技水平，大力推进农业标准化。进一步完善农业基础设施建设，加快病险水库除险加固、农村安全饮水工程、农村公路等项目建设步伐。大力发展镇域经济，完成所有镇的建设规划编制，制定和落实镇域产业发展规划，调整和优化镇域产业布局，形成“一镇一品”的产业特色。积极发展“打工经济”，加强对外出务工农民的劳务技能培训，完成劳务技能培训 1 万人次，输出和转移农村劳动力 5000 人。

（四）以建设绿色温馨城市为方向，统筹城乡基本建设

按照“科学规划、量力而行、适度超前、确保重点”的原则，推进“八大工程”建设。一是实施“便捷海口”工程，构建城市道路主干网，加快改造城市次干道，打通断头路、丁字路，重点实施绕城公路、货运大道、滨江西路等市政工程；二是实施“品质海口”工程，优先安排实施与市民生产生活密切相关的小街小巷改造、道路照明、城市排涝等民心工程，进一步改善居民生活环境。逐步推进美丽沙、大英山新城区等新区开发和海甸溪北岸、玉沙村等旧城改造；三是实施“产业海口”工程，重点推进“药谷”二期、海汽工业园、狮子岭飞地工业园、东门市场路、旅游景点道路等产业基础设施配套工程，解决部分生产经营企业道路交通问题；四是实施“娱乐海口”工程，围绕旅游娱乐设施及项目建设，完善配套市政基础设施；五是实施“人文海口”工程，实施一批卫生、教育、青少年和妇女儿童建设项目；六是实施“生态海口”工程，加大环境保护力度，全面启动“一园两湖”改造、红城湖整治、龙塘饮用水源点环境保护建设，改善和优化人居环境；七是实施“平安海口”工程，重点是建立和完善以110系统为基础，包括治安、消防、人防、三防、防震在内的统一的公共安全保障体系及指挥系统，提高对公共安全事故和自然灾害的应急处理能力；八是实施“田园海口”工程，加快社会主义新农村建设步伐，加大农业和农村基础设施投入，解决农民安全饮水问题，加快文明生态村建设，促进城乡经济社会协调发展。

（五）以改革开放为动力，营造一流的投资环境

深化投融资体制改革，落实企业投资决策自主权，实行社会投资备案制和核准制。规范政府投资行为，逐步推行“代建制”。以保税区为主体，搭建我市产业发展投融资平台，大力改善产业发展的金融环境。积极推进国有产权流动与资产重组，强化国有资产监督、管理、运营体系，确保国有资产保值增值。放宽市场准入，鼓励和支持民营企业参与公用事业的投资和经营，拓展民营经济发展空间，拓宽民营企业融资渠道。加强分类指导，稳步推进社会事业管理体制改革。

积极营造对外开放的新优势，充分利用航权开放、港口开放的机遇，推进“区港联动”，办好高新技术园区、保税区等各类园区。推动金融保险、医疗、教育、物流和中介服务等产业的进一步开放，有序承接国际现代服务业转移，培育外商投资新增长点。理顺招商体制，加大招商引资力度，成立全市招商工作牵头部门，形成招商引资工作的合力。加强政务环境监督，充分发挥政务服务中心和投资环境监督中心的职能，完善投资环境评价和责任追究机制，进一步提高行政效率和服务水平，营造良好投资环境。

（六）以建设和谐海口为目标，加快发展社会事业

加大社会事业投入力度，解决社会发展建设滞后的突出问题，增加对科技、教育、文体、卫生事业的投入。科技投入重点是将科技转化为生产力，服务产业发展；教育投入重点是解决义务教育上学难、学位紧缺、中小学危房等问题；文体事业投入重点是创新机制，为市民提供丰富健康向上的文化产品，改善全民健身的条件；卫生事业投入的重点是解决居民就医难，特别是改善农村医疗卫生条件，建立和健全公共卫生应急网络。落实安全生产责任制，努力遏制重特大火灾、交通事故等公共安全事故的发生。加大装备投入，提高对社会治安突发事件、自然灾害、公共卫生事件、恐怖事件等社会公共安全问题的处置能力，为建设和谐海口提供安全保障。

（七）以“十一五”规划为指导，做好经济社会发展各项工作

“十一五”规划是党的十六大提出全面建设小康社会目标后的第一个五年规划，也是贯彻落实党中央提出的“以人为本”全面、协调、可持续发展观的第一个五年规划。我市“十一五”规划经市人大批准通过后，将成为我市经济社会发展、城乡建设的纲领性文件，必须根据“十一五”规划的要求科学制定专项规划、年度计划，促进规划的实施。要加强规划实施的监督考核，确保规划的指导性。建立规范化的规划中期评估机制，根据未来环境变化和规划实施情况适时修订调整，确保规划的科学性和可操作性，真正使“十一五”规划成为政府科学决策、宏观调控的依据，成为企业投资决策，引导社会投资方向的参考。

各位代表，2006年是“十一五”的开局之年，我市经济社会发展的目标和工作任务已经明确，让我们在市委、市政府的正确领导下，同心同德，开拓创新，扎实工作，为实现“十一五”良好开局，加快我市经济社会发展，全面建设小康社会做出新的贡献！

关于2005年海口市和市本级预算执行情况及2006年海口市和市本级预算草案的报告

——2006年2月21日在海口市第十三届人民代表大会第四次会议上

海口市财政局局长　侯新明

各位代表：

受市政府委托，现将2005年海口市和市本级预算执行情况及2006年海口市和市本级预算草案提请会议审议，并请市政协各位委员提出意见。

一、2005年海口市和市本级预算执行情况

2005年，在市委、市政府的正确领导下，我市财政部门认真贯彻落实全市经济工作会议和全省财政工作会议精神，努力实践科学发展观，坚持稳健的财政政策，大力支持经济发展，财政收入继续保持跨越式增长，公共财政建设初显成效，全面超额完成了预算任务，有力地促进了经济社会的全面协调和可持续发展。

2005年，全市财政总收入608,256万元，完成预算的105.5%，同比增长18.2%。其中，地方财政收入216,777万元，完成预算的108.8%，增长24.3%（一般预算收入179,153万元，完成预算的104.8%，增长20.3%；基金收入37,624万元，完成预算的132.4%，增长48.3%）；上划中央、省收入391,479万元，完成预算的103.8%，增长15.1%。

全市地方财政总收入328,779万元。其中，地方财政收入216,777万元；省级补助收入111,895万元；上年结余107万元。全市地方财政总支出326,334万元。其中，地方财政支出324,721万元，完成预算的100%，增长16.6%；上解省支出1,613万元。收支相抵，结余结转2,445万元，其中，结转下年支出1,893万元，净结余552万元。

市本级地方财政总收入303,267万元。其中，地方财政收入191,265万元，完成预算的109.9%，增长25.7%；省补助收入111,895万元；上年结余107万元。市本级地方财政总支出301,294万元。其中，地方财政支出213,121万元，完成预算的100%，增长20.7%；补助区支出86,561万元；上解省支出1,613万元。收支相抵，结余结转1,972万元，其中，结转下年支出1,893万元，净结余79万元（上述预算执行数字，在决算编制汇总后，还会有些变动）。

为圆满完成2005年预算任务，我局紧紧围绕市委、市政府的中心工作，按照“科学、创新、服务、务实、高效、廉洁”的财政工作总体要求，充分发挥财政职能作用，着力构建财政支持社会经济发展的长效机制，努力实现“收入持续增长，支出有效保障，效益不断提高”的综合管理目标，财政工作取得了较好的成绩。

（一）发挥财政职能，完善征管措施，财政收入再创新高

2005年，我市财政部门克服“达维”台风、禽流感等自然灾害以及新的经济增长点尚未形成，主体税种增长乏力等诸多不良因素的影响，不断加大财政对经济发展的支持力度，从发展中要收入，同时全面加强财政收入形势分析和监控，积极配合税务部门依法加强征管，组织开展税收、财务专项检查，认真做好清缴欠税及非税收入等征收工作，从征管中要效益，确保了财政收入再创历史新高。

2005年财政收入的特点主要有：全市财政总收入完成60.82亿元，同比增长18.2%，圆满实现了市委、市政府提出的突破60亿元的奋斗目标，超额完成了年度预算收入任务；地方财政收入占全省的25.6%，比上年增加0.5个百分点，对全省的贡献率逐步加大；税收收入与非税收入均取得了增长，尤其是非税收入增长53.2%，较好地促成了地方财政收入的增收；主体税种包括增值税、消费税、营业税、企业所得税、个人所得税等均取得了全面增长，但占财政总收入的比例下调为73.8%，比上年减少1.9个百分点，财政收入来源渠道进一步拓宽；受政策性影响，农税（包括农业税、农业特产税、耕地占用税、契税）收入增长乏力，全年只增长0.1%，比上年下降了22个百分点。

（二）优化支出结构，保障重点支出，公共财政建设不断增强

2005年，我市财政按照统筹经济社会全面协调发展的要求，进一步优化支出结构，做到“有进有退，有保有压”，重点保障了工资发放、政权建设、三农、教科文卫、社会保障、债务等支出的需要，不断加大支持经济发展力度，全面提高政府应急能力，逐步缩小地区差异，努力构建和谐新海口。

1.保障政权建设，优先保证工资发放。

2005年，市本级基本支出58,118万元，其中，人员支出、对个人和家庭的补助支出50,028万元，保证了机关事业单位人员工资、离退休人员离退休费的足额发放；公用支出8,090万元，增加了通讯费、降温费等定额支出内容。

2005年，市本级政权建设的项目支出43,103万元，其中，政法部门的项目支出13,611万元，包括办案及设备购置等经费12,566万元、“三台合一”系统建设经费544万元、双拥经费451万元、四五普法教育经费50万元等；其他部门的项目支出29,492万元，保证了政府机关事业单位的正常运转。

2.统筹城乡发展，认真解决三农问题。

2005年我市继续认真落实各项惠农政策，进一步加大对农业的投入，努力改善农村的生产生活面貌，全面加强社会主义新农村建设。

一是加大对农村基础设施建设等方面的投入。2005年市本级共投入资金5,441万元，其中，农业综合开发等项目建设资金1,876万元，南渡江防洪工程等水利建设资金1,545万元，小型农田建设资金212万元，农村人畜安全饮水工程资金575万元，村镇道路建设资金788万元，农村沼气池建设资金142万元，农村精神文明建设资金118万元，农民技能培训经费85万元，西秀镇渔民转产经费100万元，农业机械购置及农业研究活动等经费150万元。

二是全力支持抗旱救灾及防治病虫害等工作。2005年我市遭遇了百年一遇的严重自然灾害，为了有效化解灾情，市本级共投入各种救灾资金1,328万元，其中，抗击达维台风资金410万元，抗旱救灾资金548万元，椰心叶甲虫、红火蚁及水稻螟虫等各类病虫害防治经费214万元，森林防火支出156万元。

3.贯彻“科教兴市”，全面发展社会事业。

2005年我市坚定不移贯彻“科教兴市”战略，继续支持教育优先发展，努力满足人民群众的文化需求，不断增强科技创新能力，积极完善公共卫生和医疗服务体系，促进各项社会事业协调发展。

一是教育事业。2005年市本级共投入12,643万元用于发展教育事业。其中，投入4,799万元用于免除中小学义务教育杂费，受益中小学生460,595人（其中民办学校396万元，受益中小学生46,119人），在全省率先实现中小学义务教育全额免缴杂费；投入1,797万元完成101个项目的危房改造工作；投入2,587万元用于公共项目建设；投入2,336万元用于学校教学楼及教学基地等的新建续建；拨付520万元用于偿还教育贷款；拨付563万元用于农村中小学现代远程教育工程；拨付41万元的市长奖教奖学资金，用于资助特困优秀大学生及奖励农村优秀教师等。

二是文化事业。2005年市本级共投入1,122万元用于发展文化事业。其中，拨付体育比赛、文艺晚会、展览制作及文化下乡等各类节庆文体活动活经费898万元；拨付出访等对外文化交流经费69万元；拨付人居奖、十大杰出青年表彰会及外宣费等155万元。

三是科技事业。2005年市本级共投入2,450万元用于科技三项费用。其中，生物医药孵化器150万元、科技顾问咨询70万元、高新技术发展资金100万元、院士工作站80万元、农村科技“110”服务中心100万元、农业科技专项经费300万元、保税区高新区科技三项费用1,650万元。

四是公共卫生事业。2005年市本级共投入3,316万元用于公共卫生事业。其中，拨付360万元用于扩大新型农村合作医疗制度试点工作；拨付离休干部医疗费补助950万元；拨付市医院医疗专用设备购置费155万元；拨付216万元用于防治霍乱等卫生救灾防疫工作；拨付1,316万元用于完善无规定动物疫病区建设（其中拨付禽流感防治经费600万元）；拨付319万元用于各项学术交流、培训、体检等支出。

4.关心弱势群体，切实解决群众困难。

2005年市本级共投入3,972万元用于社会保障事业。其中，拨付城镇及农村居民最低生活保障经费996万元；拨付国有企业下岗职工基本生活保障及再就业培训等资金1,402万元；拨付企业军转干部困难补助经费802万元；拨付就业再就业及培训经费389万元；拨付“两节”特困职工生活补助经费383万元。实实在在想群众所想,急群众所急,切实帮助群众排忧解难。

5.积极偿还债务,防范财政风险。

2005年市本级共拨付各种债务性资金50,898万元。其中,外国政府贷款本息6,520万元,国债贷款本息5,446万元,开行贷款本息28,214万元,其他国内金融贷款本息6,679万元,历年市政工程欠款3,000万元,消化粮食挂帐贴息191万元,粮食企业贴息518万元,企业政策性补贴330万元。

6.加大转移支付力度,缩小地区差距。

为了缓解区级财政困难,确保支出水平,2005年市对区财力性转移支付资金19,615万元。其中,工资性转移支付资金14,165万元,包括原琼山市人员工资拉平补助6,967万元、工资改革增资补助2,014万元、市环卫体制改革下划经费补助4,080万元、原区环卫工人补助380万元、居委会补助724万元;农村税费改革转移支付1,723万元;取消农业税、农业特产税转移支付941万元;一般性财力转移支付2,786万元,包括优抚对象定额等补助813万元、农村医疗保障补助经费504万元、农村居民最低生活保障补助783万元、退伍兵安置等补助640万元、麻风病人补助11万元、老党员补助22万元、精简人员补助13万元等。

7.落实财政政策,支持经济发展。

一是大力支持工业园区的建设。2005年市本级共投入8,700万元用于完善保税高新区、"药谷"园区、狮子岭"飞地工业"园区等的基础设施建设,为我市经济发展打造一批成熟的运行载体。

二是加大招商引资力度。2005年市本级拨付160万元用于参加"泛珠三角省会城市市长论坛"、长三角"双大互动"和高新特药品交易会等活动。

三是加快市容市貌的整治。2005年市本级投入1,926万元用于城市环境综合治理。其中,投入1,673万元用于拆除违法建筑368,647.76平方米等综合整治;投入253万元用于城市排污等治理,着力打造一个园林海口、生态海口,进一步优化投资硬环境。

四是尽力扶持中小企业的发展。2005年市本级增加投入市担保公司注册资本金1,000万元,做大市担保公司融资规模,切实帮助解决民营企业等中小企业融资难问题。

五是积极落实财政优惠政策。严格按照《海口市鼓励投资发展医药产业的若干规定》的有关规定,返还医药企业2004年新增增值税市级留成收入287万元,以实际行动支持医药企业的发展。

六是合理利用中央处置积压房补助资金。自2000年以来我市已累计利用中央处置积压房专项补助资金31,522万元,盘活了一大批半拉子工程,并带动了新一轮的房地产开发热潮。

七是深化国有企业改革。2005年市本级共返还国有企业改制资金4,375万元,用于安排海口糖厂等国有企业改制职工安置等改制成本支出,进一步深化国企改革,盘活国有资产。

8.规范补贴支出,提高公务员待遇水平。

为进一步规范职务消费,以及切实提高公务员的待遇水平,2005年市本级出台了《海口市市直机关通讯费补贴管理办法》和降温费的有关规定,追加安排通讯费补贴支出1,250万元和降温费补贴支出2,593万元。

9.市本级地方一般预算超收收入安排情况说明。

2005年全市地方一般预算收入179,153万元,比年初预算超收8,246万元,其中,市本级超收3,959万元,占预算收入数的2.7%。由于市本级动用的超收收入未超过本级预算收入的3%,因此政府没有专门向本级人大常委会作安排使用情况报告。经市委、市政府批准,2005年市本级超收主要用于安排降温费支出2,593万元、市担保公司注册资本金1,000万元及其他工作经费366万元。

(三)深化财政改革,加强财政监督,提高财政管理水平

一是加快财政管理体制调研与创新工作,努力增强体制活力。为进一步调动区级政府增强理财的积极性,我市加快了对现行财政管理体制的调研工作,为下一步完善市对区的财政管理体制提前做好准备。在积极支持和加快园区项目建设的同时,努力创新园区的财政管理体制,按照"4+1"(四个区和保税区)的发展模式开发建设狮子岭"飞地工业"园区,做到"谁开发,谁受益",形成多级共赢的良性发展局面,为现有体制注入了活力。

二是进一步完善部门预算改革。为了确保我市的预算管理工作更加科学化和规范化,我市制定《海口市市本级基本支出预算管理办法(试行)》和《海口市市本级项目支出预算管理办法(试行)》),明确划分基本支出预算和项目支出预算内容,规范基本支出预算管理,控制项目支出预算规模;制定

《海口市市直机关通讯费补贴管理办法》及降温费发放办法等，在基本支出预算中增列通讯费、降温费和妇女卫生补贴等内容，扩大预算定额范围，细化预算定额标准，逐步提高国家公务员的福利待遇水平。

三是不断推进国库集中支付制度。2005 年我市进一步扩大国库集中支付管理范围，截止 2005 年底，市直 122 家预算单位已纳入国库集中支付改革试点，比上年增加了 65 家，进一步提高了财政资金的使用效益，增强了财政部门对资金的调度能力。

四是逐步扩大政府采购规模和范围。2005 年我市政府采购工作已经初具规模型、效益型、质量型、计划型、规范型、廉洁型六个特点。采购从服务领域和工程领域进一步拓展到医药领域。采购资金也从一般预算资金逐步扩大到政府性基金、预算外资金和政府性债务资金等。采购规模和范围逐年扩大，采购程序进一步规范，采购质量进一步提高。2005 年采购资金完成 10,270 万元，节约资金 1,972 万元，节约率为 16.1%。

五是加强财政监督检查工作。2005 年我市财政部门联合市纪检、审计、税务等部门，重点开展了营业税、企业所得税、个人所得税和政府非税收入等专项检查工作，共查出应缴税款 23,183 万元(税收 2,495 万元，非税收入 20,688 万元)，已追缴入库(户)22,970 万元(税收 2,446 万元，非税收入 20,524万元)，入库(户)率为 99.1%。

六是继续推进金财工程建设。2005 年我市继续完善金财工程各子系统包括财政系统局域网、工资统发系统、财税库横向联网、政府非税收入网络、国库集中支付网络的财政信息化网络建设，加强了各系统、财税库部门之间的资源共享，方便财政部门及时掌握税收入库情况，加强了资金调度能力，极大提高了工作效率。

七是建立求真务实高效廉洁的干部队伍。2005 年，通过开展保持共产党员先进性教育活动、行政执法制度的学习及形式多样的专业知识培训，我市财政部门干部队伍政治思想素质、业务水平和服务质量不断提升，工作作风发生明显转变，工作效率显著提高。

2005 年，我市财政工作取得了比较可喜的成绩。但受各种因素的影响，仍存在不少困难和问题：受税源基础薄弱和财政体制制约等因素的影响，财政增收难度加大；债务支出等增支压力越来越大，财政收支矛盾更为突出；财政体制不尽合理，财权与事权不对称问题依然存在；财政监管力度仍显薄弱，财政资金使用效益有待提高。这些问题需要财政在“十一五”时期或甚至更长一段时期，通过深化财政改革，规范财政管理，逐步加以解决。

二、2006 年海口市和市本级预算草案

2006 年我市财政工作的指导思想是：**以邓小平理论和“三个代表”重要思想为指导，认真按照《中共中央关于制定国民经济和社会发展第十一个五年规划的建议》的有关精神，全面贯彻落实科学发展观和稳健的财政政策，加大财政支持经济发展的力度，确保财政收入持续快速增长，努力壮大地方财政实力；优化财政支出结构，加快公共财政建设步伐，全面构建和谐社会；深化财政改革，加强财政监督，不断提高财政管理水平。**

2006 年全市和市本级预算安排如下：全市财政总收入 699,400 万元，增长 15%。其中，地方财政收入 247,441 万元，增长 14.1%；上划中央、省收入 451,959 万元，增长 15.4%。

全市地方财政总收入 363,684 万元，增长 10.2%。其中，地方财政收入 247,441 万元；省补助收入 113,798 万元；上年结余结转 2,445 万元。全市地方财政总支出 363,584 万元。其中，地方财政支出 361,584 万元；上解省支出 2,000 万元。收支相抵，结余结转 100 万元。

市本级地方财政总收入 336,322 万元。其中，地方财政收入 220,552 万元，增长 15.3%；省补助收入 113,798 万元；上年结余 结转 1,972 万元。市本级地方财政总支出 336,222 万元。其中，地方财政支出 240,939 万元，增长 13.1%；补助区支出 93,283万元；上解省支出 2,000 万元。收支相抵，结余结转 100 万元。

为圆满完成 2006 年财政预算任务，为“十一五”规划开好头，起好步，按照今年我市财政工作的指导思想，我市预算内资金支出安排原则是：严格按照公共财政建设的有关要求，努力做到“三个确保、七项倾斜、一个提高、一个树立”；充分发挥财政职能，促进经济发展；坚持以人为本，提高为民理财的公共保障能力；强化统筹兼顾，促进城乡协调发展；坚持经济建设、政治建设、文化建设和社会建设四位一体，努力构建和谐新海口。

(一)“三个确保”：保工资，保正常经费，保政权建设

2006 年市本级部门预算安排人员支出、对个人和家庭补助支出61,245万元,专项支出预留工资改革增资和正常调资12,100万元,确保机关事业单位人员工资、离退休人员离退休经费的及时足额发放;部门预算安排项目支出32,250万元,保证政权建设支出依法增长,支持海口市各项社会事业全面协调发展。

2006年市对区继续安排原琼山市人员工资拉平补助7,000万元和工资改革增资补助2,000万元,确保各区的工资发放水平。

(二)"七项倾斜":加强社会口投入,重点突出对"三农"、教育、科技、卫生、民营经济、为民办实事、维护社会稳定(创建双拥工作)的投入

1.保障支农支出,加快建设社会主义新农村。

按照统筹城乡经济社会发展,推进现代农业建设,全面深化农村改革,大力发展农村公共事业,千方百计增加农民收入的要求,全面加强社会主义新农村建设。

2006年市本级专项支出安排3,888万元,具体包括:农田基本水利建设支出2,150万元、人畜饮水工程300万元,进一步改善我市农村的生产生活条件;农业综合开发治理项目配套资金300万元,落实国家补助农业综合开发项目地方配套资金;农村精神文明建设经费300万元,继续加强农村、社区等生态文明示范区建设;农村劳动力转移经费300万元,拓宽就业渠道,拓展农民增收空间;农业发展风险资金500万元,专项用于扶持农产品出口等经费;农村基层组织和干部奖励经费38万元。

2006年市对区补助安排3,964万元,具体包括:农村医疗救助金300万元、农村合作医疗基金1,000万元,加大农村卫生事业投入,切实帮助农村群众解决就医看病的实际困难,推进农村公共卫生事业发展;农村税费改革资金1,723万元;取消农业税、农业特产税补助资金941万元。

2.加大教育投入,实施"科教兴市"战略。

继续加大学校基础设施建设,积极调整教育支出结构,坚持向义务教育特别是农村义务教育倾斜,重点支持中小学布局调整,促进义务教育均衡发展,全面实施"科教兴市"战略。

2006年市本级专项支出安排8,500万元,具体包括:教育费附加8,400万元,主要安排教育布局调整、远程教育、学校教学楼建设、危房改造、购置办公设备、设立教学基地等方面支出;市长奖教奖学基金100万元,专项用于资助特困优秀大学生,奖励农村优秀教师。

3.关注民生,扶持弱势群体。

2006年我市将全面运用财政投入、小额贷款担保等措施,完善就业和再就业的财政支撑体系和城乡统一的劳动力就业服务体系,巩固民生之本;进一步完善以"低保"为基础,抚恤和社会福利救济为辅的社会救助体系,对城乡特殊困难群众,给予更多的关爱。

2006年市本级专项支出安排1,930万元,具体包括:城镇居民最低生活保障经费650万元;就业再就业及培训经费500万元,主要用于增加就业再就业岗位及下岗人员岗位培训等方面支出;"两节"特困职工生活补助450万元,用于企业职工和城镇居民等生活困难补贴;下岗失业人员小额担保贷款贴息300万元,主要用于帮助下岗失业人员尽快实现自谋职业和自主创业;困难劳模援助基金30万元。

2006年市对区补助安排2,110万元,具体包括:农村居民最低生活保障经费1,200万元;优抚对象定额补助701万元;优抚对象"三难"(生活难、住房难、治病难)补助40万元;优抚对象重大节日慰问补助42万元;麻风病人补助50万元;老党员补助22万元;低保工作经费补助55万元。

4.以人为本,为民办实事。

2006年我市将进一步加大对为民办实事的投入,实实在在为民谋福利。

2006年市本级专项支出安排11,052万元,具体包括:廉价住房租金补贴200万元,逐步改善特困居民的住房条件;中小学校义务教育免除杂费补助2,913万元;农村中小学校义务教育免除课本费补助949万元;离休干部医疗费补助1,000万元,主要是弥补离休干部医疗费支出缺口;企业离休干部补助经费100万元,安排预留用于补助破产、改制等企业离休干部特殊经费、活动经费等;城市环境综合治理费2,000万元,主要是拆除城市违章建筑经费;老人及学生乘车优惠补贴90万元;其他专项3,800万元(用于建设路灯及小街小巷改造等)。

5.维护社会稳定,构建和谐海口。

加大对公检法系统的资金投入,支持基层政法队伍建设,积极推动军民共建,提高预防和打击犯罪、驾驭治安局势的能力,妥善处理各种拖欠款及区划调整改革遗留问题,防范和化解社会矛盾,维护社会稳定,构建社会主义和谐社会。

2006年市本级专项支出安排5,240万元,具体包括:解决拖欠款支出3,000万元,妥善处理历年征地及工程等欠款;双拥经费400万元,加大支持部队硬件设施建设;见义勇为奖励资金50万元,用于见义勇为个人奖励资金和伤残人员生活保障支出;办案奖励资金50万元,主要用于我市政法部门办案奖励;企业军转干部生活困难及自主择业等补助500万元,落实地方各项军人优抚安置政策和经费保障;公安工作经费500万元;戒毒宣传及康复基地建设经费500万元;举报毒品犯罪奖励资金180万元;收容费30万元,专门用于安排街头精神病人收治经费支出;"法轮功"人员感化教育经费30万元。

2006年市对区补助安排5,781万元,具体包括:居委会补助400万元;环卫体制改革下划经费等补助4,460万元;精简人员补助13万元;伤残军人抚恤保健费195万元;二等乙级以上军人医疗费108万元;义务兵家属优待金68万元;退伍兵自谋职业补助448万元、建房困难补助24万元、安置期间生活补助65万元。

6.落实科学发展观,保障社会各项事业发展。

2006年我市将坚定不移地以科学发展观为统领,转变发展观念,创新发展模式,提高发展质量,落实"五个统筹",坚持"六个必须",不断探索支出产业结构调整,着力提高科技自主创新能力。

2006年市本级专项支出安排8,200万元,具体包括:科技三项费3,000万元、发展高新技术产业风险资金500万元,主要用于安排高新技术自主创新、办公信息网络建设等支出;节庆及招商引资工作经费1,000万元,主要安排国庆、元旦、春节等重大节日活动以及旅游促销、招商引资等经费支出;文体活动经费200万元,主要安排日常文化体育活动经费支出;创建国家先进城市专项经费200万元;民营企业发展专项资金200万元,积极培育包括个体私营等中小企业在内的各类市场主体;工业发展资金(保税区)2,500万元,不断完善"飞地工业"、"药谷"等工业园区的基础设施建设,支持经济发展,做大财政"蛋糕";无疫区防治经费300万元,用于完善我市的无规定动物疫病区建设;环保治污经费300万元。

(三)"一个提高":加大总预备费,提高政府应对突发公共事件能力

2006年我市安排总预备费6,000万元,主要用于应对公共突发事件和救灾及其他难以预料的开支。

(四)"一个树立":合理安排债务支出,树立政府形象

2006年市本级安排债务性支出58,371万元,其中:国债贷款本息6,821万元;外国政府贷款本息6,127万元;国内金融贷款本息4,385万元;开行贷款本息37,867万元;归还省工业发展资金借款2,100万元;粮食风险基金350万元,主要用于弥补市级储备粮周转差价补贴等;上缴省财政厅新增消化粮食财务挂账贴息款191万元;粮食企业补贴530万元,其中:储备粮占用资金贷款利息补贴151万元、周转粮储备保管费和综合费用179万元、粮仓维修资金200万元。

三、2006年财政工作主要措施

(一)支持经济发展,努力壮大地方财政实力

我市财政工作将牢牢把握"发展是第一要务"的思想,积极筹措和合理分配财政资金,不断加大财政支持经济发展的力度,为公共财政建设奠定坚实的财力基础。

一是合理利用省工业发展资金、开行贷款等,加快对狮子岭"飞地工业"园区、"药谷"工业园区等的前期政府性投入,完善园区基础设施及配套设施建设,为我市新的一轮工业发展打造一批成熟的运行载体。

二是深入实施大项目、大企业推动战略,全面扶持我市汽车制造、生物制药、食品饮料、化工化纤等工业支柱产业及重点项目、重点企业的发展。

三是适时制定一些符合我市实情的财税优惠政策,落实好《海口市鼓励投资发展医药产业的若干规定》等现有优惠政策,吸引更多的企业到我市落户发展,消除"地产地销"优惠政策取消后对我市经济发展的不利影响。

四是认真贯彻落实《海口市关于加快民营经济发展的决定》,通过做大市担保公司融资规模以及在财政预算中设立民营经济发展专项资金等方式,大力扶持个体私营等非公有制经济的发展。

五是推进政府投融资体制改革,加快城市经营步伐,进一步改善投资环境,全面提升我市品位及土地资源的价值,为经济发展积累更多的后续财源。

(二)完善财政收入管理,优化支出结构,确保完成预算收支任务

一是坚持依法治税,合理征收。全面加强税收征管,依法查处各种偷逃骗欠税行为,确保应收尽收;积极探索更为合理有效的地方税种征管体制,建立起基础管理扎实、征管手段先进、征管查相分离、寓执法于服务之中的税收征管新模式;健全税源动态监控体系,合理制定或调整税收征管政策手段,确保经济平稳有序发展,建立财政收入稳定增长机制。

二是完善省、市、区财政管理体制。按照分税制财政管理体制财权与事权相一致的原则,力争逐步理顺省对我市的财政管理体制;合理划分市、区政府的财政收入,将一些涉及面广,税源分散,税额较小,难于征管的税种划归区级管理,充分挖掘税收潜力。

三是加强非税收入管理。争取将预算外资金统一纳入非税收入管理系统,扩大非税收入规模,并严格执行"收支两条线"管理。

四是优化财政支出结构。"十一五"时期,我国将更加坚定不移地以科学发展观统领经济社会发展全局,全面构建以人为本的和谐社会。因此,2006年我市财政在保吃饭,保政权正常运转的前提下,财力进一步向经济社会事业发展的重点领域、薄弱环节倾斜,向困难地区、困难群体倾斜。

(三)完善财政管理,加强财政监督,构建科学高效的财政运行新机制

"十一五"时期,我市将重点推进财政支出制度改革,规范财政支出分配方式和手段,建立与社会主义市场经济相适应的公共财政支出结构和分配体制,杜绝和消除体制内的财政资金分配不均现象。

一是完善财政管理手段:

1. 预算编制方面。一是建立统一、完整的公共财政预算,完善预算编审制约机制,进一步细化定员定额标准和扩大定额管理范围,增强财政收支的透明度和规范性;二是建立项目支出评审体系和项目库管理办法,有效控制项目支出规模;三是建立绩效预算评价体系,提高财政资金使用效益。

2. 国库集中支付方面。全面推进国库集中支付改革,全市预算单位实施国库集中支付,所有财政资金均纳入国库单一账户体系内运行;财政直接支付范围逐步扩大,全市财政供养人员的工资纳入工资统发,实行财政直接支付;建立安全、效率、监管相统一的新型国库监控管理体系,加强财政资金用款计划、支付审核、财务核算、信息报告、监控管理等各环节工作。

3. 政府采购方面。政府采购工作努力实现"三规"化,即"上规模,定规则,抓规范"。以《政府采购法》为统领,结合我市实际制定相对完整的具体实施办法,为政府采购活动提供法制保障;建立完善的政府采购监管机制,不断规范政府采购主体行为,确保政府采购工作平稳健康开展;稳步扩大政府采购范围和规模,逐步将政府采购扩大到货物、服务及工程等所有领域。

4. 收支两条线方面。逐步将各部门预算外收入纳入预算管理,严格执行综合预算,取消收支挂钩;研究制定非税收入有关制度,促进"收支两条线"管理制度化、规范化。

5. 政府收支分类方面。按照公共财政建设的总体要求,建立一套符合我市实际情况的规范合理的政府收支分类体系,为进一步深化财政改革、提高预算透明度、强化财政监督创造有利条件。

6. 财政决策机制方面。研究制定财政重大决策规则,推行重大财政事项社会公示制度,实行支出决策论证制和责任制,促进财政支出的科学化和民主化。

二是加强财政监督。按照财政部提出的"三个统筹"(统筹制定财政监督计划、统筹整合财政监督力量、统筹使用财政监督成果)精神,着力构建事前审核、事中监控、事后核查问效相结合,涵盖预算编制、预算执行、资金运行全过程的财政监督新机制。

整体推进各项财政体制改革,提高预算透明度和内部监督的刚性;强化预算编制监督,有效消除体制内的财政资金分配不均现象;加强财政专项资金的监管。制定和完善财政专项资金管理办法,及时跟踪监督专项资金的使用过程,提高专项资金使用效益;加强《会计法》执法检查,规范会计工作秩序;认真做好会计从业人员后续教育培训及会计职业道德教育,切实提高会计人员整体素质。

加强财政法治建设。大力宣传财政法规,营造依法理财的良好环境;进一步完善财政政策法规制度建设,加强财政干部的法律法规知识培训,切实做到依法理财,依法行政。

加强政府债务监管。一是研究制定《海口市债务管理办法》,促进政府举债决策规范化和法制化。二是建立政债务财政风险预警机制,定期对本级的财力状况、政府债务规模、债务风险比率等指标进行统计分析,综合评价财政承担政府债务风险级别。三是落实偿债资金来源,及时化解财政风险:(一)在保证"吃饭"的前提下,在财政支出预算中适当安排偿债资金;(二)根据需要出让土地,并大力清缴历年的土地出让金,将部分土地出让金用于偿债;(三)深化国企改革,盘活国有资产存量,将部分国有资产收益用于偿债；(四)加强管理财政专户资金，将其结余用于偿债；(五)加大城市经营力度，从无形国有资产变现收入中筹措资金用于偿债，如拍卖出租车经营权、户外广告经营许可等。四是建立政府债权债务过错责任追究制度，积极探索政府债务的有效管理监控办法。

(四)加强财政队伍建设，提高财政管理水平，建立一支勇于创新的团队

“十一五”时期，是公共财政建设趋向成熟的关键时期。财政工作面临许多新课题、新考验，财政干部队伍的自身建设任重道远。只有坚持以人为本，全面提高财政队伍的整体素质，真正建立起一个政治过硬、业务精通、勇于创新、充满干劲的团队，才能更好地适应纷繁复杂的国际经济形势，切实做好财政工作。

一是强化政治思想教育，不断巩固和扩大先进性教育活动成果，建立和落实好“长期受教育、永葆先进性”的长效机制，真正树立权为民所用，情为民所系，利为民所谋的理财思想。

二是全面加强人力资源管理，建立合理的人才激励机制。通过人才引进和输出，不断优化干部队伍的整体学历层次、知识结构、专业结构和年龄结构；做好干部轮岗交流和挂职锻炼工作；全面、客观、准确反映干部的德、能、勤、绩表现，完善干部选拔任用制度，真正实现能者上、庸者让、劣者下的用人激励机制；推行人性化管理，切实帮助干部职工解决一些实际困难。

三是加强再教育管理，全面提高干部队伍的整体业务素质。经常组织干部职工开展各种形式的内部学习交流，增加培训投入，积极开展各种培训学习，切实帮助干部职工掌握更多的新知识、新技能，进一步提高管理水平和创新能力。

各位代表，2006 年是“十一五”规划的开局之年，扎实抓好各项财政工作，全面完成预算收支任务，为财政“十一五”规划开好局、起好步，为促进我市又快又好发展具有十分重要的意义。我们将在市委、市政府的正确领导下，以科学发展观统揽财政工作全局，开拓创新，锐意进取，不断开创财政改革和发展的新局面。

2005年海口市国民经济和社会发展统计公报

海口市统计局

（2006年2月20日）

2005年是“十五”计划的最后一年，全市人民在市委、市政府的正确领导下，以十六届四中、五中全会精神为指导，全面贯彻落实科学发展观，认真执行中央宏观调控政策，在发展中顺应调控，在调控中谋求发展，抓住机遇，乘势而上，全市经济保持平稳较快的增长态势，经济运行质量和效益不断提高，科技、文化、教育、卫生等各项社会事业全面发展，城乡居民生活条件进一步改善，主要经济社会指标全面实现或超过了“十五”计划和预期发展目标，为“十一五”规划的起步实施和构建和谐海口奠定了坚实的基础。

一、综　合

国民经济快速稳定增长。据初步核算，2005年全市生产总值（GDP）首次突破300亿元大关，达到301.35亿元（不含农垦，下同），按可比价格计算，比上年增长12.1%，增幅分别高于全国2.2个百分点和全省2个百分点。“十五”期间年均递增12.1%。按常住人口计算，人均生产总值达到17418元，比上年增长9.5%。

三次产业结构调整日趋合理化。第一产业实现增加值23.09亿元，比上年增长7.2%；第二产业实现增加值83.14亿元，增长12.7%；第三产业实现增加值195.12亿元，增长12.4%。一、二、三次产业结构由上年的7.9∶28.2∶63.8调整为7.7∶27.6∶64.7。

经济效益总体水平进一步提高。2005年，全市规模以上工业企业经济效益综合指数为193.82%；实现利税总额33.58亿元，比上年增长20.9%，其中利润总额14.81亿元，增长28%；工业产品销售率达99.2%，比去年同期提高1.1个百分点。

市场物价运行平稳。2005年全市居民消费价格总水平上涨1.3%。其中，食品价格上涨0.9%，烟酒及用品价格上涨1.7%，家庭设备用品及维修服务价格上涨1.3%，居住价格上涨5.3%，医疗保健及个人用品价格上涨0.3%，娱乐教育文化用品及服务价格上涨2.8%，衣着价格下降3.4%，交通和通讯价格下降0.1%。全年商品零售价格上涨0.4%，原材料、燃料、动力购进价格上涨0.8%，工业品出厂价格下降5.4%。

国民经济和社会发展中存在的主要问题是：农业抵御自然灾害能力较弱，农资价格持续上涨造成农民收入持续增长难度加大；企业面临受上游产品价格上涨过快、部分下游产品价格下降等不利因素影响，部分企业生产经营有较大困难；科技自主创新能力有待增强；城乡低收入居民生活仍较困难。

二、农　业

农业生产平稳增长。2005年，全市农业完成增加值23.09亿元，按可比价格计算，比上年增长7.2%，“十五”期间平均每年递增7.3%。其中，种植业增加值9.87亿元，增长3.8%；林业增加值1.19亿元，增长2%；牧业增加值8.23亿元，增长12.3%；渔业增加值2.99亿元，增长5%。农林牧渔业实现的总产值分别为15.54亿元、1.88亿元、14.96亿元、4.79亿元，在总产值中的比例关系由上年的43.1∶4.8∶36.2∶12.8调整为40.4∶4.9∶38.8∶12.5。畜牧业快速发展，比重上升了2.6个百分点，成为拉动今年我市农业经济增长的主要因素；而粮食、橡胶、糖蔗等种植业受干旱、“达维”强台风等重大自然灾害影响减产幅度较大，比重下降了2.7个百分点。

2005年主要农产品产量

产品名称	单位	绝对数	比上年增减%
粮食	万吨	13	-16.8
糖蔗	万吨	22	-29.5
蔬菜	万吨	40.58	3.4
瓜类	万吨	2.91	19.9
#西瓜	万吨	2.47	22.6
水果	万吨	14.93	15.4
#波萝	万吨	2.07	0.5

产　品　名　称	单位	绝对数	比上年增减%
香蕉	万吨	9	22.5
柑桔橙	万吨	0.45	73.4
杨桃	万吨	0.29	7.3
石榴	万吨	0.55	40.1
橡胶	万吨	0.59	-7.5
椰子	万吨	1298	0.7
胡椒	万吨	0.18	7.5
槟榔	万吨	0.09	63.9
肉类总产量	万吨	10	11.5
其中:猪、牛、羊肉产量	万吨	8.02	11.4
禽肉产量	万吨	1.74	12.4
禽蛋产量	万吨	0.63	-10.2
水产品总产量	万吨	5.5	9.3
#海水产品	万吨	3.83	14.1
淡水产品	万吨	1.67	-0.4

农业生产条件不断改善。2005年末农业机械总动力为32.2万千瓦,拥有农用排灌机械7622台,总动力5.3万千瓦。年末耕地面积72.5万亩,农田水利有效灌溉面积23.8万亩。全年农用化肥施用量(按折纯量计算)2.85万吨,比上年增长5.9%。

三、工业和建筑业

工业生产较快增长。2005年工业完成总产值262.21亿元,比上年增长13.3%。"十五"期间年均增长22.8%,占全部GDP的比重由2000年的17.2%提高到2005年的20.6%。其中,规模以上工业总产值245.7亿元,增长13.5%。分轻重工业看,轻工业完成总产值105.66亿元,增长6.9%;重工业完成总产值140.04亿元,增长18.5%,增速比轻工业快11.6个百分点,成为拉动工业增长的主要动力。从主要行业看,交通运输设备制造业、医药制造业、饮料制造业等三大优势行业继续发挥主导作用,全年共完成产值136.73亿元,占规模以上工业总产值的55.6%,对全市规模以上工业增长的贡献率达77.6%。从重点企业看,其拉动作用明显,年末,工业产值超亿元的企业有48家,比去年同期增加6家,共完成产值209.56亿元,占规模以上工业总产值的85.3%,比去年同期提高0.6个百分点。从产销情况看,全年工业产品销售率99.2%,比去年同期提高1.1个百分点,工业品出口交货值14.5亿元,同比增长16.7%,主要集中在纺织业、农副食品加工业、通信设备、计算机及其他电子设备制造业、金属制品业和电气机械器材制造业等五大行业上(占83.5%)。

2005年主要工业产品产量

产　品　名　称	单位	绝对数	比上年增减%
主要工业产品产量			
售电量	亿度	23.04	10.6
配混合饲料	万吨	58.24	7.3
罐头	万吨	13.84	15
啤酒	万吨	11.99	36.7
软饮料	万吨	25.91	4.1
卷烟	亿支	59	持平
农用氮、磷、钾化肥	吨	4398	10.4
化学纤维	万吨	4.61	-17.6
聚酯切片	万吨	4.27	-22
塑料制品	万吨	1.71	26.4
汽车	辆	73086	9.2
#轿车	辆	58815	9.9
变压器	千伏安	4175632	5.6

建筑业生产继续保持稳步增长。2005年全市完成建筑业增加值21.02亿元,比上年增长8.1%,"十五"期间年均递增9.8%。建筑企业房屋建筑施工面积588.92万平方米,同比增长30.8%,竣工面积182.48万平方米,增长2.0%。

四、固定资产投资

固定资产投资保持适度增长。2005年,全市完成全社会固定资产投资137.17亿元,比上年增长15%;"十五"期间年均递增12.2%。其中,城镇固定资产投资完成134.94亿元,增长19.4%。在全社会固定资产投资中,第一产业完成投资2.51亿元,下降12.0%;第二产业完成投资15.62亿元,增长13.1%;第三产业完成投资119.04亿元,增长16.0%,其中,电力、燃气及水的供应业、水利、环境和公共设施管理业、卫生、社会保障和社会福利业、文化体育业等基础设施建设和社会事业投资增长较快,分别增长2.1倍、37.7%、71.2%和1.1倍。全年全市计划总投资超过亿元的项目有97个,共完成投资87.3亿元,占全市固定资产投资比重63.6%。

房地产业投资继续增长。2005年,全市房地产开发投资完成46.38亿元,比上年增长15.1%,其中,商业营业用房投资6.57亿元,增长77.9%;住宅投资35.75亿元,增长7.7%。全年房屋施工面积694.1万平方米,比上年增长26.8%。其中,住宅施工面积554.43万平方米,增长17.8%;新开工面积202.74万平方米,增长18.7%。全年房屋竣工面积110.32万平方米,比上年增长35.8%。其中,住宅竣工面积96.91万平方米,增长26.1%。全年房屋销售面积139.9万平方米,比上年增长29.9%。其中,住宅销售面积133.15万平方米,增长32.2%。全年房屋销售总额36.1亿元,增长49.9%。其中,住宅销售额33.6亿元,增长50.4%。

五、国内贸易

消费品市场交易活跃。2005年,全市社会消费品零售总额138.45亿元,比上年增长14.5%,"十五"期间年均递增12.9%。其中,批发零售贸易业零售额112.57亿元,增长15.2%,占全市零售总额的81.3%;餐饮业零售额19.58亿元,增长12.6%;其他行业零售额6.29亿元,增长8.4%。全年限额以上企业商品零售额51.7亿元,比上年增长16.8%,其中家用电器销售额增长14.5%,石油制品销售额增长39%。

六、对外经济和旅游

对外贸易出现下降。2005年,全市外贸口岸进出口总值12.35亿美元,比上年下降18%,"十五"期间年均递增19.7%。其中进口总值8.22亿美元;下降29.3%;出口总值4.12亿美元,增长20.3%。

外商投资规模不断扩大。2005年,全市新签外资协议合同94个,新签协议合同总投资4.56亿美元,比上年增长66.5%。全年实际外商直接投资3.79亿美元,比上年增长18.3%,"十五"期间年均递增12.3%。其中,外资企业投资2.8亿美元,增长50.1%,合资企业投资0.26亿美元,增长25.4%。

旅游业继续升温。2005年,全市接待过夜旅游者512.2万人次,比上年增长11.2%,"十五"期间年均递增9.5%。其中,接待海外旅游者14.03万人次,增长38.5%;接待国内旅游者498.17万人次,增长10.6%。全年实现旅游总收入47.2亿元,比上年增长10.4%,其中,境外旅游收入3.25亿元,增长47.0%;国内旅游收入43.95亿元,增长8.1%。年末,全市拥有星级饭店63家,其中,五星级4家,四星级13家,三星级26家。

七、交通运输、邮政电信

交通运输业快速增长。2005年,全市各种运输方式完成货物运输总量4909万吨,比上年增长20.6%;旅客运输总量14914万人,增长1.9%。

2005年交通运输周转量和港口吞吐量

	单位	绝对数	比上年增减%
一、货物周转量	亿吨公里	406.6	22.4
公路	亿吨公里	10.94	3.4
水运	亿吨公里	387	26.9
民航	亿吨公里	1.6	22.5
铁路	亿吨公里	7.1	24.5
二、旅客周转量	亿人公里	138.7	6
公路	亿人公里	40.2	4.5
水运	亿人公里	1.3	-10.8
民航	亿人公里	96	5.5
铁路	亿人公里	1.2	8.4倍
三、港口货物吞吐量	万吨	2524	16.4
#出口量	万吨	1241	22.8
港口集装箱吞吐量	万标箱	21.68	-5
四、旅客吞吐量	万人		
港口	万人	589.6	15
机场	万人	702.7	-6

邮电业务量稳步发展。全年邮电业务总量完成31.44亿元,比上年增长17.1%。其中,电信业务总量30.02亿元,增长17.6%;邮政业务总量1.41亿元,增长6.6%。年末全市固定电话用户113万户,比上年增长36.5%。移动电话用户91万户,增长26.7%。

八、财政、金融和保险业

财政收入持续较快增长。2005年全市财政总收入60.83亿元,比上年增长18.3%,"十五"期间年均递增21.4%。其中,地方财政收入21.68亿元,增长24.5%。在地方财政收入中,一般预算收入17.91亿元,增长20.5%;基金收入3.76亿元,增长48.3%。全年财政总支出32.41亿元,比上年增长13.2%。其中,地方一般预算支出30.21亿元,增长21.5%。在地方一般预算支出中,基本建设支出4.41亿元,增长14.5%;农业支出0.68亿元,增长24.9%;文体广播事业支出0.6亿元,增长8%;教育事业支出3.65亿元,增长4.8%;医疗卫生事业支出1.37亿元,增长7.9%。全年税务部门组织的地方财政收入12.87亿元,同比增长14.4%。其中,增值税1.44亿元,增长17%;营业税3.22亿元,增长15.3%;企业所得税0.7亿元,增长21.5%;土地增值税1.13亿元,增长57.2%。上划省和中央"四税"收入39.15亿元,按同口径计算比上年增长15.1% 。

金融运行保持稳定。年末全市金融机构各项本外币存款余额为789.19亿元,比年初增长10.1%。其中,企业事业单位存款295.62亿元,增长11.4%;城乡居民储蓄存款374.05亿元,增长10.6%。年末金融机构各项本外币贷款余额为729.14亿元,比年初增长10.4%。其中,中长期贷款543.79亿元,增长16.9%;短期贷款137.01亿元,下降11%;票据融资34.44亿元,增长88.8%。

保险市场不断扩大。全年实现保费收入9.8亿元,比上年增长4.5%。其中,财产险保费收入4.3亿元,增长11.5%;人寿险保费收入5.3亿元,下降1.6%。全年各项赔款或满期给付金额2.6亿元,增长0.8%。其中,财产险赔付2.1亿元,下降1.2%;人寿险赔付0.47亿元,增长6.8%。年末全市共有各类保险公司8家。

九、科学技术和教育

科技事业迈出新步伐。全年市级单位组织实施国家级重点火炬计划项目9项,国家"863"计划项目1项,国家重点新产品计划项目4项,国家科技型中小企业技术创新基金项目4项,国家科技攻关计划项目1项,国家火炬计划项目1项,科技部国际科技合作重点计划项目2项,全年科技经费支出2450万元。共获得重大科技成果59项,专利申请291件,比上年增长5%。年末全市拥有国家级企业技术研究开发中心3个,省级22个,市级13个,技术创新示范企业14家。

教育事业全面发展。全年普通高等教育招生1.72万人,比上年下降17.2%;在校生5.07万人,增长2.7%。各类中等专业教育招生1.55万人,增长12%;在校生3.84万人,增长18.9%;毕业生0.8万人,增长5.9%。普通高中招生1.5万人,增长9.8%;在校生4.1万人,增长14%。初中招生3万人,下降1%;在校生9.1万人,增长4.3%。小学招生3.17万人,增长3.2%;在校生19.06万人,增长0.6%;幼儿园在园幼儿3.67万人,增长4.2%。

十、文化、卫生和体育

文化事业健康发展。全年全市文艺工作者共创作、辅导、演出、展出、发表和获奖的作品1200件,其中国家级44件,省级61件,论文《强化群文效应,促进和谐社会建设》等获优秀论文奖并入选《文化大视野》;小说《回归的爱》获中国作家创作成果金奖;诗歌《漓江之约》获全国"山水情杯"电视诗歌大奖赛优秀奖;舞蹈《调声乐乐调声》获第四届全国"四进社区文艺展演评比铜奖。儿童文学作品在"五洲之星"杯第二届全国中小学新思维作文大赛中获得金奖4个、银奖8个、铜奖26个。群众性文化活动蓬勃开展。全年新审批文艺团体11家,各类专业和民营剧团演出达3579场,观众近70万人次。全年共举办30场大型群众性文化活动,文化下乡活动8场,四进社区活动12场。对外文化交流活跃。市琼剧团应邀出访演出15场,引进国内外高水平演出团体25个、演出71场次,观众近8万人次,极大地丰富了市民的文化生活。年末拥有各类文艺表演团体27家,文化艺术馆3个,公共图书馆2个。年末全市有线电视用户20万户,广播电视综合人口覆盖率为90%。

医疗卫生事业不断进步。年末全市共有各类卫生医疗机构167个,其中各类医院40个,各类卫生院36个,疗养院2个,妇幼保健院6个,急救中心3个,其他卫生机构6个,拥有各类医疗病床6781张,各类卫生技术人员8817人,其中执业医师(含助理执业医师)2977人。

体育事业取得新成绩。全年我市运动员在国内外重大比赛中,获得亚洲性赛事金牌6枚,在全国各类赛事上获得银牌3枚,铜牌1枚,省级运动会上获得金牌99枚、银牌61枚和铜牌51枚。年内成功举办了2005年全国健美操锦标赛和万人迎春长跑、市业余足球联赛、市篮球甲级联赛等16项大型群众性体育活动和赛事。

十一、城市建设和环境保护

城市建设成绩显著。全年实施市政工程项目19个,其中新开工项目6个,续建项目13个,实际完成投资8亿元。海口绕城公路、滨江西路、和平大道北段延长线、万国商城西侧道路年内开工建设;龙昆南路改造已全线通车,兑现了政府对全市人民做出的承诺;风翔路、城西路、国兴大道西段、海景路、西环路博养干架工程已竣工投入使用;滨涯路、西环路、丘海大道延长线、海瑞大桥等工程进展顺利。人居环境建设和城市环境改造不断取得新的进展,在创建文明城市等工作中成效显著。

环境保护工作效果明显。为巩固“一控双达标”和“国家环保模范城市”成果，严格遵守建设项目环境保护的有关法律法规，全市加强对建设项目环境保护管理，充分发挥环保龙头作用，强化对新建、改建、扩建和技术改造等建设项目的环保审批管理，严格执行“环保一票否决”制度，防止产生新的环境污染和生态环境破坏。全年完成审批工业项目39个，审查同意20个项目选址，审批其他项目295个，验收竣工项目22个，“三同时”执行率大中型项目达到100%，小型项目90%以上。年末全市建成烟尘控制区面积62.64平方公里，环境噪声达标区面积46.74平方公里，高污染燃料禁烧区面积62.64平方公里。工业二氧化硫年日平均值为0.011毫克/立方米，二氧化氮年日平均值0.015毫克/立方米，PM10年日平均值为0.04毫克/立方米，环境污染指数(API)平均值39，全年空气质量处于Ⅰ级优的318天，Ⅱ级良的47天，空气环境质量继续保持国家Ⅰ级水平。主要江河、湖库、饮用水源水质均达到国家标准。

十二、人口、劳动就业、社会保障和人民生活

人口自然增长率保持较低水平。2005年末全市户籍人口147.29万人，增长3.0%。其中，非农业人口86.49万人，增长5.2%；农业人口60.8万人，与上年基本持平。

城乡居民生活水平稳步提高。2005年，全市城镇单位在岗职工工资总额49.81亿元，比上年增长17.4%；在岗职工年平均工资20220元/人，增长14.8%，首次突破2万元大关(不包括私营企业、乡镇企业及个体从业人员所获取的劳动报酬)。据抽样调查，城市居民人均可支配收入9740元，增长8.4%；人均消费性支出7368元，增长8.7%。农村居民人均纯收入3829元，增长7.2%。年末城市居民人均居住面积21.4平方米，比上年增加1.3平方米，农村居民人均居住面积26.97平方米，比上年增加0.9平方米。

社会保障体系建设不断完善。年末参加养老保险人数(不包含省属单位，下同)13.2万人，比上年增长9.6%；医疗保险参保人数14.5万人，增长6.4%；工伤保险参保人数11.4万人，增长14.4%；生育保险参保人数10.3万人，增长2.8%。

劳动就业规模不断扩大。2005年末，全市城镇从业人员25.77万人(不包括私营企业、乡镇企业从业人员及个体劳动者)，比上年增长3.3%，其中，在岗职工人数25.05万人，增长2.5%。

注：

1. 本公报数据为初步统计数；
2. 按国家统计局的规范要求，我市GDP中文名称提法，由原来的海口市国内生产总值改为海口市生产总值；
3. 公报中生产总值、各产业增加值绝对数按当年价格计算，增长速度按可比价格计算；
4. 农业总产值按国家统计局规定使用新口径，即不包括农民家庭兼营手工业产值，包括农林牧渔服务业产值；
5. 规模以上工业企业是指全部国有工业企业和年销售收入500万元及以上的非国有工业；
6. 社会消费品零售总额中不含居民住宅销售额；
7. 限额以上贸易企业是指年销售收入2000万元以上的批发企业和500万元以上的零售企业。

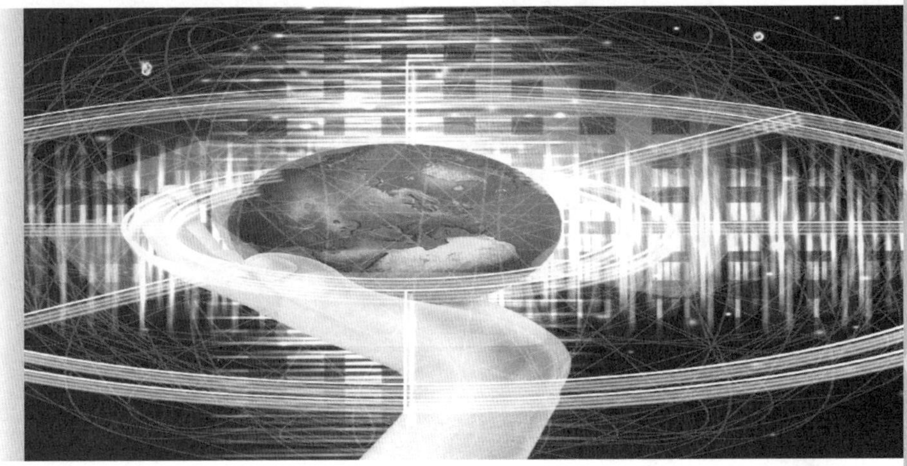

HAIKOU STATISTICAL YEARBOOK

GENERAL SURVEY 综合

1

Chapter 1

HAIKOU STATISTICAL YEARBOOK

1—1　行　政　区　划

(2005 年底)

指　标	单　位	全市合计	市辖区			
			秀英区	龙华区	琼山区	美兰区
土地面积	平方公里	2 304.84	511.5	300.6	939.9	552.8
人口密度	人/平方公里	753.76	618.18	1 560.54	434.73	1 062.36
镇政府	个	23	6	5	8	4
街道办事处	个	18	2	6	1	9
居民委员会	个	137	15	52	18	52
村民委员会	个	250	71	54	72	53

1—2　各区所辖镇、街道办事处及居民、村民委员会

(2005 年底)　　单位:个

指　标	居民委员会	村民委员会
秀英区	16	69
长流镇	长流墟	长东、康安、会南、长丰、美德、博新、长南、堂善、长流、棠昌、长北、美李、镇海
西秀镇		博养、长德、龙头、祥堂、荣山、新和、丰盈、拨南、新海、荣山寮
海秀镇	海榆	新村、水头、业里、儒益、周仁、永庄

1—2　续1

指　　标	居民委员会	村民委员会
石山镇	石山墟	和平、扬佳、道堂、北铺、岭西、施茶、安仁、福安、建新、美岭、道育
永兴镇	永兴	永秀、永德、美东、建中、雷虎、建群、罗经、博强
东山镇	镇南、镇北	东星、儒万、永华、东山、东溪、光明、溪头、马坡、东苍、玉下、雅德、建丰、文圹、紫罗、前进、环湖、东升、溪南、射钗、东城、城西
秀英街道办事处	秀华、秀海、秀中、秀新	向荣、书场
海秀街道办事处	海港、东方洋、长秀、金鼎、十一支队家属	
龙华区	52	54
城西镇	仁里、府西、金盘	高坡、丁村、山高、沙坡、头铺、苍西、苍东、薛村、大洋村
龙桥镇		挺丰、玉符、道贡、龙桥、龙洪、玉荣、永东、三角园
新坡镇		文山、文丰、新村、雄丰、农丰、新彩、群益、群丰、民丰、新坡、光荣、仁南、仁里
遵谭镇		新谭、群力、咸谅、龙合、咸东、东谭、遵谭
龙泉镇	东占	汉香、扬亭、新江、五一、仁新、雅咏、大叠、椰子头、美仁坡、新联、元平、市井、富伟、永昌、美定、占符、国扬
中山街道办事处	长堤、人和坊、居仁坊、园内里、竹林、得胜沙、富兴、义兴、西湖、西门外、永兴	

1—2　续2

指　标	居民委员会	村民委员会
滨海街道办事处	八灶、滨海新村、滨海、盐灶一、盐灶二、盐灶三、龙华中、滨港	
金贸街道办事处	龙华南、珠江、电力村家属、世贸、国贸、玉沙	
大同街道办事处	友谊、大同里、华海、龙昆上、龙昆下、正义、侨中、义龙	
海垦街道办事处	海垦一、海垦二、海秀、金山、顺发、疏港、金牛岭、秀英村、滨涯、滨濂	
金宇街道办事处	银湖、昌茂、面前坡、坡博、坡巷	
琼山区	18	72
府城镇	府城、城东、忠介、云露、文庄、下坎、桂林、高登、大园、北官	铁桥、五岳、那央、儒逢、红星、石塔
龙塘镇	龙塘	三桥、龙富、仁三、潭口、龙光、新民、龙新、文道、仁庄、三联
云龙镇	云龙墟南区	云龙、云阁、云裕、云岭、云蛟、儒林、长泰
红旗镇	土桥	昌文、大山、龙榜、合群、道崇、龙源、龙发、墨桥、红旗、苏寻三
三门坡镇	庆丰	新德、文岭、美城、龙马、谭文、谷桥、乐来、清泉、友爱、文蛟
大坡镇		树德、福昌、中税、大坡、新瑞
甲子镇		甲子、群星、新昌、民兴、红岭、昌西、青云、民昌、琼新、琼星、益新、益民、大同、仙民
旧州镇		旧州、联丰、红卫、联星、池连、光明、岭南、道美、雅秀、文新

1—2 续3

指　　标	居民委员会	村民委员会
国兴街道办事处	巴伦、攀丹、米铺、道客	
美兰区	52	53
新埠街道办事处	新埠、新东、三联、土尾	
灵山镇	文明	东头、东湖、新琼、林昌、新管、新市、锦丰、福玉、东营、仲恺、爱群、灵山、群山、晋文、桥东、大林、红丰、大昌、新岛、东平、美庄、东和
演丰镇	演丰	演海、边海、北港、演中、美兰、演东、演西、苏民、山尾、演南、昌城、群庄、塔市
三江镇	三江	三江、茄南、道学、茄芮、苏寻、上云、眼镜塘、江源
大致坡镇	民乐、椰林	昌福、金锥、大东、永群、栽群、咸来、崇德、美桐、大榕、美良
海府街道办事处	东湖里、白坡里、龙峰、龙舌坡、大英、南宝	
蓝天街道办事处	龙岐、万华、下洋、塔光	
博爱街道办事处	新风里、振龙、龙文、三亚、联桂坊、红坎坡、南联	
海甸街道办事处	新安、沿江、金甸、海达、白沙、福安	
人民路街道办事处	银甸、捕捞、邦墩、拦海、新利、万福	
白龙街道办事处	美舍、振兴、五贤、千家、流水坡	
和平南路街道办事处	文明、君尧、上坡、琼苑、光阳	
白沙街道办事处	锦山里、白沙坊、白龙、岭下	

1—3　海口分月气象概况

（2005年）

	平均气温（℃）	日照时数（小时）	降水量（毫米）	相对湿度（%）
全　年	24.5	1 908.4	1 354	81
一　月	18.5	96.2	86	82
二　月	19.9	104.6	85	86
三　月	19.8	110.7	24.1	86
四　月	24.7	138.6	49	82
五　月	28.7	230.3	231	78
六　月	28.8	167.5	225.6	81
七　月	28.8	246.5	1 534	79
八　月	28.1	222.1	344.5	83
九　月	27.7	188.8	253	84
十　月	26.4	195.2	17.2	77
十一月	24.1	146.1	16	80
十二月	18.7	61.8	22.2	76

1—4 国民经济主要指标

指标	单位	1987年	2000年	2003年	2004年	2005年
一、人口						
年末常住人口	万人	85.57	150.83	166.92	171.03	173.73
年末户籍人口	万人	84.03	126.19	139.19	143.07	147.3
二、年底社会从业人员	万人	16.82	36.29	79.56	85.4	89.4
#职工人数	万人	11.83	18.14	22.26	24.43	25.05
三、地区生产总值	亿元	11.82	175.23	236.12	271.53	301.35
四、工业总产值(当年价)	亿元	7.06	115.87	220.57	247.7	267.23
五、农业总产值(当年价)	亿元	3.08	31.16	29.8	34.29	38.52
六、运输邮电						
社会货物周转量	亿吨公里	2.84	274.27	188	322.5	406.6
社会旅客周转量	亿人公里	8.01	81.46	94	131.02	138.7
港口货物吞吐量	万吨	267	1 367	2 095	2 180	2 524
邮电计费业务总量	亿元	0.12	18.34	21.14	27	32.67
七、社会固定资产投资总额	亿元	4.82	77.18	103.4	123.49	137.17
基本建设	亿元	2.86	53.79	61.38	60.33	84.52
更新改造	亿元	1.42	7.13	6.17	9.43	
房地产开发	亿元		9.22	27.7	44.54	46.38
其他	亿元	0.54	7.03	8.15	9.19	6.27
八、国内商业						
社会消费品零售总额	亿元	7.89	75.32	103.11	120.94	138.45
九、外经外贸						
1.新签协议合同	宗	12	146	92	93	94
#客商协议合同	宗	12	146	92	93	94

指　标	单 位	1987 年	2000 年	2003 年	2004 年	2005 年
协议合同总投资	亿美元	0.15	1.37	2.24	2.74	4.56
#外商合同投资	亿美元	0.15	0.94	1.39	1.66	1.68
实际利用外资	亿美元	0.04	3.57	2.83	3.64	3.79
#外商直接投资	亿美元	0.04	2.12	2.77	3.2	3.79
2. 外贸口岸进出口总值	亿美元	1.86	5.02	9.8	15.06	12.35
进口总值	亿美元	1.49	3.32	7.13	11.63	8.22
出口总值	亿美元	0.37	1.7	2.67	3.43	4.12
十、旅游						
旅游饭店(宾馆)接待游客人数	万人次	31.82	257.6	283.17	316.72	348.86
#境外游客	万人次	7.8	13.26	7.33	10.12	14.03
旅游总收入	亿元	0.84	26.02	32.42	42.76	47.2
国际旅游收入	万美元	3 415	4 647	2 075	2 736	4 003
十一、财政						
财政总收入	亿元	1.05	23.1	42.88	51.44	60.83
其中:地方财政收入	亿元	1.08	8.73	13.71	17.43	21.68
上划中央、省收入	亿元	-0.03	14.37	29.17	34.01	39.15
地方财政支出	亿元	0.98	15.42	23.75	28.64	32.41
十二、金融						
金融机构年末存款余额	亿元	11.12	618.81	618.55	664.19	760.02
#城乡居民储蓄年末存款余额	亿元	5.04	205.44	324.89	316.59	356.09
金融机构年末贷款余额	亿元	13.69	425.73	514.09	567.95	615.04
十三、职工工资						
在岗职工工资总额	亿元	1.68	20.79	34.04	42.42	49.81

指　　标	单　位	1987 年	2000 年	2003 年	2004 年	2005 年
#国有单位	亿元	1.42	14.4	23.31	29.33	34.33
在岗职工平均工资	元	1 449	11 658	14 820	17 613	20 220
#国有单位	元	1 597	12 377	16 308	19 431	22 118
十四、人民生活						
城市居民人均可支配收入	元	1 112	7 103	8 349.7	8 981.4	9 739.5
城市居民人均消费性支出	元	979	5 424	6 607.4	6 777.7	7 367.9
农村居民人均纯收入	元	783	2 853	3 271	3 572	3 829
农村居民人均生活费支出	元	590	2 098	2 406	2 626	2 921
十五、物价指数(以上年为100)						
商品零售价格指数	%	109.5	101	99.9	102.6	100.4
居民消费价格指数	%	109.7	101.5	99.8	103	101.3
十六、教育卫生文化						
普通高等学校在校学生数	人	6 223	12 359	30 202	49 370	50 724
中等专业学校在校学生数	人	1 931	18 043	26 855	32 261	39 579
普通中学在校学生数	万人	4.68	8.11	11.05	12.26	13.03
小学在校学生数	万人	10.3	16.57	18.93	18.94	19.06
图书出版量	万册		3 269	7 800	8 458	5 583
杂志出版量	万册		620	1 200	1 289	1 203
报纸出版量	亿印张	0.97	2.74	5.28	5.59	2.56
医院病床数	张	3 946	5 777	4 349	5 971	6 781
卫生技术人员数	人	5 751	8 810	7 971	8 434	8 817
#中(西)医师	人	1 573	2 722	3 074	3 214	3 239

1—5　海口市国民经济主要指标占全省比重

（2005 年）

指　　标	单　位	全　省	海口市	海口市占全省比重（%）
一、年末常住人口	万人	828	173.73	21.0
年末户籍人口	万人	819.03	147.3	18.0
#非农业人口	万人	313.73	86.49	27.6
二、从业人员	万人	—	89.4	—
三、国内生产总值（当年价）	亿元	903.6	301.35	33.3
第一产业	亿元	301.1	23.09	7.7
第二产业	亿元	228.91	83.14	36.3
第三产业	亿元	373.59	195.12	52.2
四、工农业总产值（当年价）				
工业总产值	亿元	494.72	267.23	54.0
农业总产值	亿元	475.88	38.52	8.1
五、运输邮电				
社会旅客周转量	亿人公里	239.5	138.7	57.9
港口货物周转量	万吨	3 428.72	2 524	73.6
邮电计费业务总量	亿元	70.64	32.67	46.3
固定电话数	万户	230.02	113.1	49.2
六、固定资产投资总额	亿元	376.51	137.17	36.4
#房地产开发	亿元	70.85	46.38	65.5
七、社会消费品零售总额	亿元	268.55	138.45	51.6
八、外贸口岸进出口总值	亿美元	25.92	12.34	47.6
进口总值	亿美元	15.7	8.22	52.4
出口总值	亿美元	10.22	4.12	40.3
九、实际利用外资	亿美元	7.07	3.79	53.6

1—5 续

指　　标	单　位	全　省	海口市	海口市占全省比重(%)
十、旅游饭店(宾馆)接待游客人数	万人次	1 516.47	348.86	23.0
#境外游客	万人次	43.19	14.03	32.5
十一、地方财政收入	亿元	84.71	21.68	25.6
地方财政支出	亿元	167.21	32.41	19.4
十二、人民生活				
在岗职工工资总额	亿元	104.19	49.81	47.8
在岗职工年平均工资	元	14 162	20 220	—
城市居民人均可支配收入	元	8 124	9 740	—
农村居民人均纯收入	元	3 004	3 829	—
城乡居民储蓄存款余额	亿元	721.98	356.09	49.3
十三、物价				
商品零售价格指数	%	100.9	100.4	—
居民消费价格指数	%	101.5	101.3	—
十四、教育卫生				
普通高等学校在校学生	万人	7	5.07	72.4
中等专业学校在校学生	万人	5.84	3.96	67.8
普通高中在校学生	万人	11.8	4.06	34.4
小学在校学生	万人	105.6	19.06	18.0
卫生机构数	个	2 400	167	7.0
#医院	个	2 464	40	1.6
卫生技术人员数	人	30 609	8 817	28.8
#执业医师	人	9 599	2 977	31.0
病床位	张	18 300	6 781	37.1
#医院	张	18 873	4 731	25.1

1—6　居民物质文化生活状况

指　　标	单　位	1987 年	2000 年	2003 年	2004 年	2005 年
就　　业						
每一城市就业者负担人口	人	1.81	2.09	2.1	2.25	2.23
每一农村劳动力负担人口	人	1.84	1.97	1.42	1.60	1.51
收　　入						
城市居民人均可支配收入	元	1 112	7 103	8 350	8 981	9 740
*基尼系数		0.19	0.33	0.38	0.34	0.35
农村居民人均纯收入	元	783	2 853	3 271	3 572	3 829
在岗职工年平均工资	元	1 449	11 658	14 820	17 613	20 220
消　　费						
城市居民人均消费性支出	元	979	5 424	6 607	6 778	7 368
#食品支出	元	573	2 597	2 872	3 173	3 248
*恩格尔系数	%	58.6	47.9	43.8	46.8	44.1
农村居民人均生活费支出	元	590	2 098	2 406	2 626	2 921
储　　蓄						
城乡居民储蓄存款年末余额	亿元	5.04	205.44	324.89	338.26	356.09
人均储蓄余额	元	598	13 621	19 464	19 778	20 497
住　　房						
城市人均住房面积	平方米	7	16.4	19.7	20.1	21.4
农村人均住房面积	平方米	15.1	19.4	20.98	26.05	26.97
交通、邮电						
每万人拥有公共车辆	标台	3	12.4	3.71	7.34	8.46

1—6 续

指　　标	单　位	1987 年	2000 年	2003 年	2004 年	2005 年
每万人拥有出租汽车	辆	8	53	10.62	11.27	11.15
每百人拥有固定电话机	部	1	30	43.8	48.4	65.1
城建设施水平						
家庭用燃气普及率	%		99.9	65.27	96.7	95
人均日生活用水量	升	389	294	180.71	190	252
人均拥有道路面积	平方米	4	12.8	7.07	5.78	12.37
人均公共绿地面积	平方米	2.7	8.6	5	8.3	8.3
文化教育卫生						
城市每百户拥有彩色电视机	台	46	117	127.5	129	123
农村每百户拥有彩色电视机	台	6	93	78.8	90	78
学龄儿童入学率	%	99.5	100	100	99.9	100
每万人拥有在校大学生	人	74.1	97.9	180.9	345.3	344.4
每万人拥有在校中专生	人	35.1	160.1	167.9	235.5	260.5
每万人拥有在校中学生	人	582.5	673.5	686.5	858.3	892.5
每万人拥有在校小学生	人	1 226	1 313	1 134.1	1 323.8	1 294.3
每万人拥有中(西)医师	人	18.72	21.57	18.4	20	18.6
每万人拥有医院床位	张	47	46	38	37	39

1—7 地区生产总值及指数

年　份	地区生产总值	第一产业	第二产业	第三产业	人均地区生产总值（元）
绝对数(万元)					
1987	118 213	15 254	31 968	70 991	
1989	264 275	25 782	72 846	165 647	
1990	321 264	26 781	86 590	207 893	3 255
1991	436 544	29 446	111 272	295 826	4 363
1992	928 350	36 098	201 114	691 138	8 855
1993	963 422	53 361	317 313	592 748	8 659
1994	102 5031	71 716	332 477	620 838	8 797
1995	1 113 036	80 342	314 202	718 492	9 299
1996	1 204 524	94 246	305 100	805 178	9 860
1997	1 295 028	102 789	317 492	874 747	10 376
1998	1 415 338	122 781	353 626	938 932	11 122
1999	1 551 511	138 526	390 097	1 022 888	11 990
2000	1 752 333	154 438	433 323	1 164 571	12 471
2001	1 889 801	158 130	474 434	1 257 237	12 293
2002	2 045 857	171 326	558 318	1 316 212	12 816
2003	2 361 234	185 831	687 344	1 488 059	14 330
2004	2 715 269	215 199	767 021	1 733 049	16 069
2005	3 013 506	230 953	831 372	1 951 181	17 482
指数(以上年为100)					
1987	115.5	101.3	115.0	120.6	
1988	116.2	102.9	129.3	113.1	
1989	118.1	102.4	113.1	123.9	
1990	120.3	107.4	119.8	122.5	
1991	130.4	105.9	130.1	133.7	
1992	177.4	114.6	160.3	190.2	116.2
1993	105.8	121.2	148.9	92.4	100.9
1994	104.1	110.4	104.1	103.5	100.9
1995	102.8	109.6	93.5	107.0	101.0
1996	105.9	111.0	99.0	108.3	102.9
1997	109.1	110.4	107.9	109.4	104.2
1998	110.8	113.4	112.3	109.9	105.5
1999	111.0	117.9	113.7	109.1	106.5
2000	110.2	109.2	112.3	109.6	101.2
2001	110.3	107.8	115.3	108.8	101.1
2002	111.4	107.2	122.7	107.7	103.0
2003	113.7	106.6	127.3	108.8	104.2
2004	113.5	107.8	114.4	113.8	105.3
2005	112.1	107.2	112.7	112.4	106.0

注:人均地区生产总值按常住人口计算

1—8 分行业增加值

年份	地区生产总值	农业	工业	建筑业	交通运输邮电仓储业
绝对数(万元)					
1986	98 381	17 842	17 990	9 129	6221
1987	118 213	15 254	21 830	10 138	9 118
1988	176 861	22 653	33 858	15 154	12 048
1989	264 275	25 782	42 665	30 181	21 199
1990	321 264	26 781	55 885	30 705	29 942
1991	436 544	29 446	63 270	48 002	47 226
1992	928 350	36 098	103 210	97 904	66 317
1993	963 422	53 361	159 371	157 943	98 040
1994	1 025 031	71 716	164 555	167 922	146 136
1995	1 113 036	80 342	170 922	143 280	165 908
1996	1 204 524	94 246	166 085	139 015	198 486
1997	1 295 028	102 789	183 644	133 849	217 518
1998	1 415 338	122 781	209 102	144 523	242 135
1999	1 551 511	138 526	253 260	136 837	275 724
2000	1 752 333	154 438	300 728	132 595	313 182
2001	1 889 801	158 130	332 648	141 786	339 777
2002	2 045 857	171 326	424 455	133 863	368 093
2003	2 361 234	185 831	530 527	156 817	395 474
2004	2 715 269	215 199	575 097	191 924	453 860
2005	3 013 506	230 953	621 192	210 180	526 723

年份	批发零售贸易和餐饮业	金融保险业	房地产业	其他社会服务业
绝对数(万元)				
1986	17 126	15 633	2 919	11 521
1987	24 155	19 009	3 538	15 171
1988	36 705	27 197	6 619	22 628
1989	60 420	37 375	10 088	36 566
1990	74 436	43 423	12 202	47 890
1991	104 174	46 029	29 883	68 515
1992	260 097	61 718	180 782	122 223
1993	143 904	77 847	121 596	151 360
1994	146 689	97 308	40 562	190 142
1995	169 824	94 239	51 853	236 668
1996	193 183	99 861	45 645	268 004
1997	224 413	98 757	45 641	288 418
1998	241 309	91 794	53 295	310 399
1999	271 716	86 607	56 471	332 369
2000	309 054	86 872	60 398	395 064
2001	338 003	84 881	64 247	430 329
2002	372 651	80 573	69 084	425 810
2003	415 905	81 271	78 908	516 501
2004	500 526	86 192	89 824	602 647
2005	561 490	92 370	100 859	669 739

1—9　分区主要经济指标

(2005 年)

指　　标	单　位	全　市	龙华区	美兰区	秀英区	琼山区
地区生产总值	万元	3 013 506	1 427 560	871 360	436 384	278 204
第一产业	万元	230 953	26 193	76 807	55 937	72 016
第二产业	万元	831 372	519 665	102 562	124 038	85 108
工　业	万元	621 192	407 662	53 366	92 284	67 881
建筑业	万元	210 180	112 003	49 196	31 754	17 227
第三产业	万元	1 951 181	881 702	691 991	256 409	121 080
交通运输邮电仓储业	万元	526 723	176 769	265 708	61 927	22 319
批发零售餐饮业	万元	561 490	265 431	172 093	81 533	42 433
金融保险业	万元	92 370	74 255	11 873	3 155	3 087
房地产业	万元	100 859	43 737	30 500	12 830	13 792
其他服务业	万元	669 739	321 509	211 817	96 963	39 449

Investment

海口统计年鉴

HAIKOU STATISTICAL YEARBOOK

POPULATION 人口 2

Chapter 2

2—1 历年人口数

（2005 年末数）　　单位:人

年份	总人口（常住人口）	总人口（户籍人口）	按性别分		按农业、非农业分	
			男	女	非农业人口	农业人口
1950		387 628	199 888	187 740		
1951		409 038	205 250	203 788		
1952		423 776	210 340	213 436	94 054	329 722
1953		432 388	218 619	213 769	96 856	335 532
1954		442 276	223 032	219 244	107 246	335 030
1955		469 286	233 472	235 814	120 690	348 596
1956		481 470	239 908	241 562	133 918	347 552
1957		473 807	233 724	240 083	129 372	344 435
1958		504 569	242 804	262 765	124 436	380 133
1959		464 148	224 656	239 492	148 825	315 323
1960		457 014	221 455	235 559	145 609	311 405
1961		478 244	234 116	244 128	151 509	326 735
1962		495 434	243 067	252 367	153 589	341 845
1963		507 141	253 874	253 267	167 321	339 820
1964		512 680	257 730	254 950	162 041	350 639
1965		530 173	266 450	263 723	170 559	359 614
1966		538 597	263 378	275 219	170 744	367 853
1967		563 987	282 156	281 831	191 376	372 611
1968		583 759	291 908	291 851	199 179	384 580
1969		604 414	302 094	302 320	218 488	385 926
1970		625 680	311 556	314 124	212 254	413 426
1971		627 788	316 393	311 395	171 213	456 575
1972		642 811	323 793	319 018	172 894	469 917
1973		656 448	330 186	326 262	177 908	478 540
1974		665 155	336 137	329 018	179 056	486 099
1975		673 747	341 520	332 227	182 214	491 533

2—1 续　　　　单位:人

年　份	总人口（常住人口）	总人口（户籍人口）	按性别分		按农业、非农业分	
			男	女	非农业人口	农业人口
1976		682 815	346 321	336 494	185 563	497 252
1977		693 059	352 204	340 855	191 965	501 094
1978		709 161	361 186	347 975	203 420	505 741
1979		723 823	368 925	354 898	212 969	510 854
1980		742 340	378 713	363 627	229 942	512 398
1981		757 648	387 551	370 097	243 733	513 915
1982		772 287	395 601	376 686	253 715	518 572
1983		783 516	402 245	381 271	260 750	522 766
1984		796 244	407 206	389 038	275 456	520 788
1985		808 903	415 199	393 704	288 520	520 383
1986		821 955	423 751	398 204	298 262	523 693
1987		840 280	433 284	406 996	311 121	529 159
1988		879 060	453 392	425 668	334 154	544 906
1989		910 542	471 817	438 725	354 603	555 939
1990	986 956	935 576	486 101	449 475	373 374	562 202
1991	1 014 342	959 863	499 458	460 405	392 540	567 323
1992	1 082 501	990 132	515 765	474 367	415 255	574 877
1993	1 142 750	1 027 949	534 722	493 227	444 725	583 224
1994	1 187 582	1 070 445	554 862	515 583	475 237	595 208
1995	1 206 193	1 102 460	571 276	531 184	502 576	599 884
1996	1 236 945	1 132 393	587 120	545 273	533 341	599 052
1997	1 259 163	1 155 922	600 041	555 881	560 837	595 085
1998	1 286 024	1 181 723	613 868	567 855	583 241	598 482
1999	1 301 921	1 205 914	624 671	581 243	604 121	601 793
2000	1 508 341	1 261 913	654 455	607 458	638 423	623 490
2001	1 566 200	1 296 199	668 517	627 682	671 899	624 300
2002	1 626 411	1 341 868	692 038	649 830	715 069	626 799
2003	1 669 198	1 391 913	717 932	673 981	760 519	631 394
2004	1 710 338	1 430 688	736 248	694 440	822 506	608 182
2005	1 737 300	1 473 015	754 206	718 809	864 879	608 136

2—2 历年人口出生、死亡、自然增长情况

年 份	出 生		死 亡		自 然 增 长	
	出生人数（人）	出生率（‰）	死亡人数（人）	死亡率（‰）	自然增长人数（人）	自然增长率（‰）
1954	11 541	26.39	4 348	9.94	7 193	16.45
1955	13 540	29.71	5 264	11.55	8 276	18.16
1956	15 277	32.14	4 879	10.26	10 398	21.88
1957	15 479	32.41	4 039	8.46	11 440	23.95
1958	12 772	26.11	3 840	7.85	8 932	18.26
1959	11 076	22.87	7 443	15.37	3 633	7.5
1960	0	0	0			
1961	10 379	22.19	5 044	10.79	5 335	11.4
1962	12 098	24.85	2 466	5.07	9 632	19.78
1963	18 590	37.08	3 647	7.28	14 843	29.8
1964	16 574	32.5	3 675	7.21	12 899	25.29
1965	16 989	32.58	3 032	5.81	13 957	26.77
1966	15 426	24.32	3 413	5.38	12 013	18.94
1967	0					
1968	0					
1969	0					
1970	15 957	25.94	2 316	3.77	13 641	22.17
1971	15 121	24.13	2 585	4.12	12 536	20.01
1972	15 949	25.1	3 499	5.51	12 450	19.59
1973	15 490	23.84	3 650	5.62	11 840	18.22
1974	12 980	19.64	4 215	6.38	8 765	13.26
1975	12 064	18.02	4 062	6.07	8 002	11.95
1976	11 272	16.62	4 545	6.7	6 727	9.92
1977	12 267	17.83	4 278	6.22	7 989	11.61
1978	14 249	20.32	3 775	5.38	10 474	14.94
1979	15 604	21.78	3 942	5.5	11 662	16.28
1980	14 374	19.61	4 054	5.53	10 320	14.08

2—2 续

年份	出生		死亡		自然增长	
	出生人数（人）	出生率（‰）	死亡人数（人）	死亡率（‰）	自然增长人数（人）	自然增长率（‰）
1981	14 828	19.77	4 070	5.43	10 758	14.34
1982	12 700	16.6	3 745	4.9	8 955	11.7
1983	11 190	14.38	4 002	5.14	7 188	9.24
1984	11 466	14.52	3 496	4.43	7 970	10.09
1985	10 129	12.62	3 618	4.51	6 511	8.11
1986	10 671	13.09	3 778	4.63	6 893	8.46
1987	11 634	14	3 898	4.69	7 736	9.31
1988	12 492	14.53	3 925	4.57	8 567	9.96
1989	19 446	21.73	4 324	4.83	15 122	16.9
1990	15 551	16.39	4 333	4.57	11 218	11.82
1991	17 077	17.07	4 306	4.3	12 771	12.77
1992	18 613	17.75	4 467	4.26	14 146	13.49
1993	19 074	17.14	4 874	4.38	14 200	12.76
1994	19 319	16.58	4 679	4.02	14 640	12.56
1995	18829	15.73	4 742	3.96	14 087	11.77
1996	18 816	15.4	4 994	4.09	13 822	11.31
1997	17 961	14.39	4 436	3.55	13 525	10.84
1998	17 672	13.89	4 621	3.63	13 051	10.26
1999	16 281	12.58	4 616	3.57	11 665	9.01
2000	17 581	12.51	5 296	3.77	12 285	8.74
2001	18 466	12.01	4 794	3.12	13 672	8.89
2002	19 033	11.92	4 837	3.03	14 196	8.89
2003	17 393	10.42	5 525	3.31	11 868	7.11
2004	17 276	10.35	5 358	3.21	11 918	7.14
2005	17 755	10.22	5 386	3.10	12 369	7.12

2—3 分乡镇(农场)户籍总人口

(2005 年底)

乡镇(农场)名称	总户数(户)	总人口(人)	按性别分		按农业、非农业分	
			男	女	非农业人口	农业人口
总计	243 137	850 821	434 617	416 204	270 218	580 043
长流镇	11 237	31 407	15 712	15 695	14 799	16 608
西秀镇	12 898	37 570	18 752	18 818	8 332	29 238
海秀镇	2 602	9 759	4 924	4 835	3 024	6 735
石山镇	9 308	35 259	18 467	16 792	3 635	31 605
永兴镇	7 524	27 763	14 534	13 229	4 120	23 643
东山镇	13 811	60 258	30 882	29 376	5 677	54 534
城西镇	14 215	47 616	24 308	23 308	35 295	12 318
龙桥镇	5 352	20 385	10 535	9 850	1 217	19 167
新坡镇	6 983	32 276	16 367	15 909	1 771	30 505
遵谭镇	5 738	22 767	12 024	10 743	1 344	21 431
龙泉镇	9 791	38 199	20 142	18 057	2 141	36 063
府城镇	36 657	114 142	59 254	54 888	105 312	8 814
龙塘镇	8 718	30 004	15 639	14 365	2 871	27 108
云龙镇	5 427	19 270	9 885	9 385	3 661	15 608
红旗镇	6 256	24 015	12 427	11 588	2 790	21 172
三门坡镇	5991	22 105	11 537	10 568	3 077	19 010
大坡镇	5 592	20 242	10 424	9 818	2 787	17 458
甲子镇	8 832	32 442	17 079	15 363	3 774	28 327
旧州镇	6 635	26 235	13 645	12 590	1 944	24 294
新埠镇	3 497	11 466	5 581	5 885	4 337	7 132
灵山镇	15 562	55 593	26 969	28 624	8 460	47 126
演丰镇	11 729	38 839	18 618	20 221	8 451	30 389
三江镇	4 740	14 228	7 173	7 055	2 726	11 492
大致坡镇	4 229	16 891	8 411	8 480	3 229	13 633
桂林洋农场	4 891	14 084	6 776	7 308	6 112	7 973
三江农场	4 740	14 228	7 173	7 055	2 726	11 492
红明农场	6 269	21 063	10 756	10 307	17 184	3 878
东昌农场	3 913	12 715	6 623	6 092	9 422	3 290

2—4 分区人口

(2005年末)

单位:户、人

地区	总户数	常住人口	户籍人口	按性别分		按农业、非农业分	
				男	女	非农业人口	农业人口
总计	421 195	1 737 300	1 473 015	754 206	718 809	864 879	608 136
秀英区	71 838	316 200	256 016	133 457	122 559	86 758	169 258
龙华区	117 067	469 100	400 407	206 344	194 063	279 486	120 921
琼山区	100 605	408 600	366 316	188 232	178 084	185 263	181 053
美兰区	131 195	543 400	450 276	226 173	224 103	313 372	136 904

海口统计年鉴

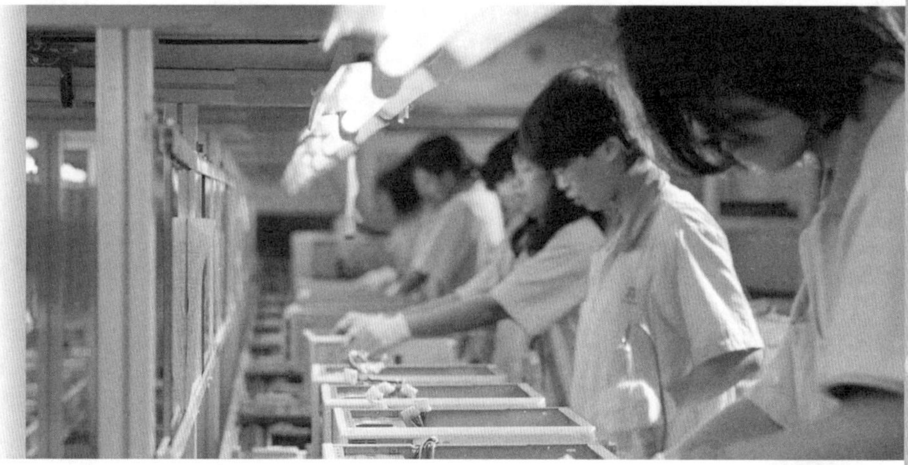

HAIKOU STATISTICAL YEARBOOK

EMPLOYMENT AND WAGES 从业人员和劳动报酬

3

Chapter 3

3—1 全市社会从业人员

单位:人

指标	1987年	2000年	2003年	2004年	2005年
一、社会从业人员	168 167	362 908	795 570	853 842	893 959
职工	118 278	181 421	222 643	244 282	250 468
国有经济单位职工	89 976	118 570	139 263	152 057	158 569
城镇集体经济单位职工	25 323	10 115	12 302	11 474	11 172
其他各种经济类型单位职工	2 979	52 736	71 078	80 751	80 727
其他从业人员		1 918	3 584	5 284	7 262
城镇私营企业从业人员		62 267	190 425	187 322	230 886
城镇个体从业人员	9 711	73 523	86 852	114 851	93 430
乡村从业人员	40 178	43 779	292 066	302 103	311 913
二、按三次产业分					
第一产业	29 609	28 633	219 833	214 469	228 362
第二产业	54 231	69 485	134 097	152 988	162 974
第三产业	84 327	264 790	441 640	486 385	502 623

注:1987年职工人数包括离开本单位仍保留劳动关系的人数;2003年以后各项指标按新海口口径计算,其他年份为原海口数,下同。

3—2 分行业社会从业人员

单位:人

指标	2005年
总计	893 959
农、林、牧、渔业	228 362
采矿业	1 402
制造业	75 067
电力、燃气及水的生产和供应业	7 489
建筑业	79 016
交通运输、仓储和邮政业	47 046
信息传输、计算机服务和软件业	23 108
批发和零售业	177 021
住宿和餐饮业	37 508
金融业	8 781
房地产业	27 098
租赁和商务服务业	32 146
科学研究、技术服务和地质勘查业	6 566
水利、环境和公共设施管理业	9 324
居民服务和其他服务业	54 559
教育	25 355
卫生、社会保障和社会福利业	12 170
文化、体育和娱乐业	11 039
公共管理和社会组织	30 902

3—3 各区分行业在岗职工人数

(2005 年) 单位:人

指标	全市	秀英区	龙华区	琼山区	美兰区
总计	250 468	34 405	99 847	35 068	81 148
农、林、牧、渔业	2 310	417	411	810	672
采矿业	366		84	272	10
制造业	34 885	11 348	15 522	4 674	3 341
电力、燃气及水的生产和供应业	6 206	130	2 779	1 007	2 290
建筑业	38 061	191	11 303	4 372	22 195
交通运输、仓储和邮政业	24 145	8 288	7 485	1 960	6 412
信息传输、计算机服务和软件业	7 061	2	6 414	69	576
批发和零售业	12 080	363	6 346	981	4 390
住宿和餐饮业	10 801	573	4 955	577	4 696
金融业	8 449	79	6 765	908	697
房地产业	10 895	646	5 864	613	3 772
租赁和商务服务业	6 910	55	1 656	655	4 544
科学研究、技术服务和地质勘查业	6 361	524	3 022	811	2 004
水利、环境和公共设施管理业	9 118	673	2 636	1 060	4 749
居民服务和其他服务业	515	136	111	41	227
教育	24 761	3 908	5 960	8 267	6 626
卫生、社会保障和社会福利业	11 056	3 105	2 078	2 591	3 282
文化、体育和娱乐业	6 312	345	4 039	781	1 147
公共管理和社会组织	30 176	3 622	12 417	4 619	9 518

3—4 各区分行业国有单位在岗职工人数

(2005 年) 单位:人

指标	全市	秀英区	龙华区	琼山区	美兰区
总计	158 569	17 577	55 528	26 755	58 709
农、林、牧、渔业	1 501	279	96	702	424
采矿业	317		45	272	
制造业	6 093	2 078	1 881	1 393	741
电力、燃气及水的生产和供应业	3 520	47	828	1 007	1 638
建筑业	27 879	165	6 714	3 128	17 872
交通运输、仓储和邮政业	12 445	4 159	1 735	1 948	4 603
信息传输、计算机服务和软件业	4 675		4 651	5	19
批发和零售业	5 298	103	2 812	579	1 804
住宿和餐饮业	2 829	55	1 142	228	1 404
金融业	7 026	79	5 747	539	661
房地产业	3 292	94	1 549	157	1 492
租赁和商务服务业	3 243		837	554	1 852
科学研究、技术服务和地质勘查业	5 064	197	2 558	663	1 646
水利、环境和公共设施管理业	8 492	485	2 310	1 046	4 651
居民服务和其他服务业	274	49	8	20	197
教育	22 344	3 245	5 171	7 629	6 299
卫生、社会保障和社会福利业	9 340	2 851	1 782	1 840	2 867
文化、体育和娱乐业	4 819	69	3 264	443	1 043
公共管理和社会组织	30 118	3 622	12 398	4 602	9 496

3—5 各区分行业城镇集体单位在岗职工人数

(2005年) 单位:人

指标	全市	秀英区	龙华区	琼山区	美兰区
总计	11 172	961	2 820	2 706	4 685
农、林、牧、渔业	8		8		
采矿业					
制造业	1 295	412	236	88	559
电力、燃气及水的生产和供应业					
建筑业	4 057		662	1 025	2 370
交通运输、仓储和邮政业	358	14	234	12	98
信息传输、计算机服务和软件业	9				9
批发和零售业	1 341	82	248	287	724
住宿和餐饮业	738	113	499		126
金融业	498		184	314	
房地产业	623	47	179	226	171
租赁和商务服务业	233	37	92	33	71
科学研究、技术服务和地质勘查业	68		9		59
水利、环境和公共设施管理业	3		3		
居民服务和其他服务业	16	2	3		11
教育	84				84
卫生、社会保障和社会福利业	1 595	254	251	709	381
文化、体育和娱乐业	193		193		
公共管理和社会组织	53		19	12	22

3—6 各区分行业其他各种经济单位在岗职工人数

(2005年) 单位:人

指标	全市	秀英区	龙华区	琼山区	美兰区
总计	80 727	15 867	41 499	5 607	17 754
农、林、牧、渔业	801	138	307	108	248
采矿业	49		39		10
制造业	27 497	8 858	13 405	3 193	2 041
电力、燃气及水的生产和供应业	2 686	83	1 951		652
建筑业	6 125	26	3 927	219	1 953
交通运输、仓储和邮政业	11 342	4 115	5 516		1 711
信息传输、计算机服务和软件业	2 377	2	1 763	64	548
批发和零售业	5 441	178	3 286	115	1 862
住宿和餐饮业	7 234	405	3 314	349	3 166
金融业	925		834	55	36
房地产业	6 980	505	4 136	230	2 109
租赁和商务服务业	3 434	18	727	68	2 621
科学研究、技术服务和地质勘查业	1 229	327	455	148	299
水利、环境和公共设施管理业	623	188	323	14	98
居民服务和其他服务业	225	85	100	21	19
教育	2 333	663	789	638	243
卫生、社会保障和社会福利业	121		45	42	34
文化、体育和娱乐业	1 300	276	582	338	104
公共管理和社会组织	5			5	

3—7 各区分行业女职工人数

(2005 年)　　　　单位:人

指　标	全　市	秀英区	龙华区	琼山区	美兰区
总　计	94 035	15 106	36 436	15 049	27 444
一、按经济类型分					
国有经济单位	56 309	7 111	19 654	10 899	18 645
城镇集体经济单位	4 128	505	1 057	1 076	1 490
其他各种经济类型单位	33 598	7 490	15 725	3 074	7 309
二、按行业分					
农、林、牧、渔业	921	173	152	344	252
采矿业	79		13	64	2
制造业	16 526	6 745	6 192	2 447	1 142
电力、燃气及水的生产和供应业	2 442	37	982	513	910
建筑业	3 772	38	1 016	1 098	1 620
交通运输、仓储和邮政业	7 152	2 167	2 177	792	2 016
信息传输、计算机服务和软件业	2 603	1	2 374	43	185
批发和零售业	5 041	133	2 618	423	1 867
住宿和餐饮业	6 239	243	2 847	387	2 762
金融业	3 817	54	3 189	288	286
房地产业	3 533	180	1 873	228	1 252
租赁和商务服务业	3 558	31	713	277	2 537
科学研究、技术服务和地质勘查业	1 989	152	974	243	620
水利、环境和公共设施管理业	5 568	379	1 516	579	3 094
居民服务和其他服务业	186	74	54	17	41
教育	12 666	1 658	3 262	3 898	3 848
卫生、社会保障和社会福利业	7 215	2 114	1 366	1 730	2 005
文化、体育和娱乐业	2 588	71	1 546	438	533
公共管理和社会组织	8 140	856	3 572	1 240	2 472

注:女职工指标指单位从业人员的女性。

3—8 分行业城镇个体劳动者人数

(2005 年)　　单位:人

指　　标	2005 年
总　　计	93 430
农、林、牧、渔业	80
采矿业	35
制造业	1 913
电力、燃气及水的生产和供应业	99
建筑业	108
交通运输、仓储和邮政业	10 985
信息传输、计算机服务和软件业	284
批发和零售业	55 921
住宿和餐饮业	12 084
金融业	
房地产业	
租赁和商务服务业	446
科学研究、技术服务和地质勘查业	
水利、环境和公共设施管理业	
居民服务和其他服务业	10 432
教育	
卫生、社会保障和社会福利业	529
文化、体育和娱乐业	514
公共管理和社会组织	

3—9　按经济类型分各行业从业人员

（2005 年）　　　　单位：人

指　　标	合　计	#国有经济单位	集体经济单位	其他各种经济类型单位	城镇私营企业从业人员	城镇个体劳动者	农村劳动者
总　　计	893 959	162 481	12 584	82 665	230 886	93 430	311 913
一、按行业分							
农、林、牧、渔业	228 362	1 510	8	856	19 464	80	206 444
采矿业	1 402	337		49	981	35	
制造业	75 067	6 252	1 344	27 942	16 161	1 913	21 455
电力、燃气及水的生产和供应业	7 489	3 724		2 700	966	99	
建筑业	79 016	28 475	5 124	6 714	21 606	108	16 989
交通运输、仓储及邮政业	47 046	12 556	376	11 370	2 766	10 985	8 993
信息传输、计算机服务和软件业	23 108	4 914	9	2 387	14 856	284	658
批发和零售业	177 021	5 486	1 497	5 545	92 965	55 921	15 607
住宿和餐饮业	37 508	2 943	740	7 321	3 809	12 084	10 611
金融业	8 781	7 141	498	1 142			
房地产业	27 098	3 341	642	7 099	16 016		
租赁和商务服务业	32 146	3 493	241	3 484	24 482	446	
科学研究、技术服务和地质勘查业	6 566	5 174	70	1 322			
水利、环境和公共设施管理业	9 324	8 697	3	624			
居民服务和其他服务业	54 559	285	18	225	12 443	10 432	31 156
教育	25 355	22 824	84	2 447			
卫生、社会保障和社会福利业	12 170	9 587	1 680	125	249	529	
文化、体育和娱乐业	11 039	4 899	196	1 308	4 122	514	
公共管理和社会组织	30 902	30 843	54	5			
二、按三次产业分							
第一产业	228 362	1 510	8	856	19 464	80	206 444
第二产业	162 974	38 788	6 468	37 405	39 714	2 155	38 444
第三产业	502 623	122 183	6 108	44 404	171 708	91 195	67 025

3—10 分行业职工人数

(2005年) 单位:人

指标	在岗职工	专业技术人员	长期职工	离开本单位仍保留劳动关系人数
总计	250 468	68 846	219 981	26 051
一、按企业、事业、机关分				
企业	167 925	38 113	140 443	24 336
事业	53 653	29 635	51 886	1 120
机关	28 890	1 098	27 652	595
二、按国民经济行业分				
农、林、牧、渔业	2 310	352	2 126	451
采矿业	366	53	361	59
制造业	34 885	5 144	33 942	7 814
电力、燃气及水的生产和供应业	6 206	1 324	6 141	1 126
建筑业	38 061	5 038	19 323	1 788
交通运输、仓储和邮政业	24 145	7 309	21 497	3 813
信息传输、计算机服务和软件业	7 061	3 148	6 642	606
批发和零售业	12 080	2 215	11 532	5 390
住宿和餐饮业	10 801	1 106	9 601	860
金融业	8 449	5 068	8 181	836
房地产业	10 895	2 369	9 905	1 000
租赁和商务服务业	6 910	1 893	6 577	339
科学研究、技术服务和地质勘查业	6 361	3 286	6 024	257
水利、环境和公共设施管理业	9 118	243	8 975	93
居民服务和其他服务业	515	152	427	12
教育	24 761	18 881	23 725	483
卫生、社会保障和社会福利业	11 056	8 088	10 530	155
文化、体育和娱乐业	6 312	2 205	5 536	334
公共管理和社会组织	30 176	972	28 936	635

3—11 分行业国有单位职工人数

(2005 年) 单位:人

指标	在岗职工	专业技术人员	长期职工	离开本单位仍保留劳动关系人数
总计	158 569	47 404	135 003	15 834
一、按隶属关系分				
中央	16 486	7 396	15 213	1 424
省、自治区、直辖市	74 876	19 831	56 922	8 545
地区	36 316	10 429	33 674	3 045
县及县以下	29 785	9 578	28 126	2 798
其他	1 106	170	1 068	22
二、按企业、事业、机关分				
企业	79 895	19 184	59 252	14 570
事业	49 784	27 122	48 099	669
机关	28 890	1 098	27 652	595
三、按国民经济行业分				
农、林、牧、渔业	1 501	217	1 395	433
采矿业	317	43	317	59
制造业	6 093	979	6 028	3 561
电力、燃气及水的生产和供应业	3 520	622	3 455	871
建筑业	27 879	3 270	11 086	1 520
交通运输、仓储和邮政业	12 445	2 473	10 933	2 394
信息传输、计算机服务和软件业	4 675	2 240	4 264	434
批发和零售业	5 298	1 190	5 242	2 773
住宿和餐饮业	2 829	270	2 431	480
金融业	7 026	4 699	6 765	811
房地产业	3 292	577	2 861	674
租赁和商务服务业	3 243	847	3 172	280
科学研究、技术服务和地质勘查业	5 064	2 570	4 781	255
水利、环境和公共设施管理业	8 492	134	8 381	87
居民服务和其他服务业	274	51	228	12
教育	22 344	17 295	21 427	111
卫生、社会保障和社会福利业	9 340	6 972	8 890	129
文化、体育和娱乐业	4 819	1 987	4 463	315
公共管理和社会组织	30 118	968	28 884	635

3—12 分行业城镇集体单位职工人数

(2005 年)　　　　单位:人

指　　标	在岗职工	专业技术人员	长期职工	离开本单位仍保留劳动关系人数
总　　计	11 172	2 666	9 386	6 027
一、按企业、事业、机关分				
企业	9 375	1 624	7 671	5 948
事业	1 797	1 042	1 715	79
机关				
二、按国民经济行业分				
农、林、牧、渔业	8		8	2
采矿业				
制造业	1 295	148	1 083	1 808
电力、燃气及水的生产和供应业				
建筑业	4 057	717	2 799	201
交通运输、仓储和邮政业	358	45	358	1 082
信息传输、计算机服务和软件业	9	6	3	
批发和零售业	1 341	212	1 275	2 476
住宿和餐饮业	738	83	698	216
金融业	498	165	498	
房地产业	623	86	591	161
租赁和商务服务业	233	74	230	55
科学研究、技术服务和地质勘查业	68	34	68	
水利、环境和公共设施管理业	3		3	
居民服务和其他服务业	16		16	
教育	84	15	84	
卫生、社会保障和社会福利业	1 595	1 032	1 524	26
文化、体育和娱乐业	193	45	101	
公共管理和社会组织	53	4	47	

3—13 分行业其他各种经济单位职工人数

(2005 年)

单位:人

指标	在岗职工	专业技术人员	长期职工	离开本单位仍保留劳动关系人数
总计	80 727	18 776	75 592	4 190
一、企业、事业分				
企业	78 655	17 305	73 520	3 818
事业	2 072	1 471	2 072	372
二、按国民经济行业分				
农、林、牧、渔业	801	135	723	16
采矿业	49	10	44	
制造业	27 497	4 017	26 831	2 445
电力、燃气及水的生产和供应业	2 686	702	2 686	255
建筑业	6 125	1 051	5 438	67
交通运输、仓储和邮政业	11 342	4 791	10 206	337
信息传输、计算机服务和软件业	2 377	902	2 375	172
批发和零售业	5 441	813	5 015	141
住宿和餐饮业	7 234	753	6 472	164
金融业	925	204	918	25
房地产业	6 980	1 706	6 453	165
租赁和商务服务业	3 434	972	3 175	4
科学研究、技术服务和地质勘查业	1 229	682	1 175	2
水利、环境和公共设施管理业	623	109	591	6
居民服务和其他服务业	225	101	183	
教育	2 333	1 571	2 214	372
卫生、社会保障和社会福利业	121	84	116	
文化、体育和娱乐业	1 300	173	972	19
公共管理和社会组织	5		5	

3—14 历年在岗职工工资总额和平均工资

年份	工资总额（万元）	国有经济单位	城镇集体经济单位	其他各种经济类型单位	平均工资（元）	国有经济单位	城镇集体经济单位	其他各种经济类型单位
1952	614				592			
1957	1 646				705			
1962	2 159				684			
1965	2 443	2 443			732	732		
1970	2 465	2 465			707	707		
1971	2 398	2 398			629	629		
1972								
1973	4 033	3 197	836		698	714	607	
1974	4 126	3 254	872		696	719	622	
1975	4 243	3 255	988		696	719	628	
1976	4 415	3 356	1 059		676	698	613	
1977	4 736	3 533	1 203		673	697	612	
1978	5 357	4 092	1 265		685	712	610	
1979	6 069	4 728	1 341		747	789	630	
1980	7 172	5 627	1 545		844	891	709	
1981	7 791	6 248	1 543		855	920	664	
1982	8 795	7 108	1 687		908	989	676	
1983	9 386	7 708	1 678		964	1 047	707	
1984	11 102	8 834	2 252	16	1 128	1 232	845	1 707
1985	13 694	11 058	2 463	173	1 294	1 403	955	1 501
1986	15 221	12 512	2 401	308	1 358	1 482	946	1 377
1987	16 825	14 156	2 233	436	1 449	1 597	904	1 532
1988	22 760	18 956	3 082	722	1 824	1 964	1 270	1 796
1989	33 548	27 997	3 404	2 147	2 406	2 571	1 447	3 063
1990	44 540	37 232	3 782	3 526	2 921	3 119	1 647	3 482
1991	54 216	44 086	4 034	6 096	3 264	3 387	2 017	3 822
1992	95 127	76 996	7 889	10 242	4 450	4 668	3 134	4 328
1993	133 713	100 650	12 225	20 838	5 793	5 790	4 030	7 821
1994	181 740	141 328	12 736	27 676	7 657	7 910	5 014	8 331
1995	205 964	155 828	16 065	34 071	8 205	8 455	5 870	8 656
1996	197 234	145 328	11 303	40 603	8 162	8 352	4 844	9 163
1997	211 968	151 221	11 907	48 840	8 470	8 554	4 986	9 717
1998	185 803	129 480	6 659	49 664	8 525	8 639	3 928	9 731
1999	198 139	136 655	7 268	54 216	10 425	10 659	6 790	10 599
2000	207 888	143 956	7 540	56 392	11 658	12 377	7 407	10 881
2001	233 318	163 739	6 775	62 804	13 323	14 211	7 871	12 243
2002	313 423	217 628	9 314	86 481	13 777	15 165	7 966	11 960
2003	340 392	233 133	10 784	96 475	14 820	16 308	8 405	13 055
2004	424 218	293 311	10 328	120 579	17 613	19 431	9 166	15 333
2005	498 116	343 348	12 278	142 490	20 220	22 118	11 151	17 788

3—15 各区分行业在岗职工工资总额和平均工资

(2005 年)

指 标	全 市	秀英区	龙华区	琼山区	美兰区
一、工资总额(万元)	498 116	61 681	230 148	64 946	141 341
农、林、牧、渔业	2 448	388	514	854	692
采矿业	365		175	176	14
制造业	48 786	14 912	23 004	7 028	3 842
电力、燃气及水的生产和供应业	14 335	372	8 254	1 278	4 431
建筑业	46 556	190	14 573	3 489	28 304
交通运输、仓储和邮政业	58 119	16 461	24 787	5 647	11 224
信息传输、计算机服务和软件业	36 828	1	35 037	80	1 710
批发和零售业	18 441	431	10 878	808	6 324
住宿和餐饮业	11 700	802	5 490	482	4 926
金融业	29 947	320	24 886	2 239	2 502
房地产业	17 162	1 031	9 612	625	5 894
租赁和商务服务业	12 759	68	2 500	1 008	9 183
科学研究、技术服务和地质勘查业	12 771	958	5 708	1 193	4 912
水利、环境和公共设施管理业	13 032	680	4 302	1 583	6 467
居民服务和其他服务业	776	236	102	51	387
教育	59 137	7 408	15 039	20 908	15 782
卫生、社会保障和社会福利业	26 496	7 643	5 426	5 596	7 831
文化、体育和娱乐业	12 474	467	9 147	811	2 049
公共管理和社会组织	75 984	9 313	30 714	11 090	24 867
二、平均工资(元)	20 220	17 665	23 345	18 857	18 026
农、林、牧、渔业	11 056	8 975	13 000	10 833	11 568
采矿业	9 550		18 323	6 359	13 400
制造业	13 823	13 024	14 582	14 795	11 575
电力、燃气及水的生产和供应业	23 177	29 508	29 715	12 433	19 664
建筑业	13 375	10 701	13 454	8 835	14 260
交通运输、仓储和邮政业	23 632	18 843	32 953	29 137	17 544
信息传输、计算机服务和软件业	50 332	7 000	54 127	11 111	22 208
批发和零售业	15 216	11 900	17 064	8 066	14 433
住宿和餐饮业	10 952	12 074	11 584	8 381	10 471
金融业	35 129	42 066	36 553	24 057	35 251
房地产业	15 937	15 639	16 841	10 090	15 583
租赁和商务服务业	18 826	11 400	15 514	15 475	20 615
科学研究、技术服务和地质勘查业	20 811	19 911	19 783	15 405	24 616
水利、环境和公共设施管理业	14 357	9 794	16 420	15 161	13 705
居民服务和其他服务业	16 754	19 244	9 171	12 488	20 532
教育	24 510	19 267	26 119	25 796	24 583
卫生、社会保障和社会福利业	24 579	25 075	26 898	22 377	24 366
文化、体育和娱乐业	20 094	11 992	23 471	10 529	17 806
公共管理和社会组织	25 420	25 927	25 206	23 978	26 205

3—16 各区分行业国有单位在岗职工工资总额和平均工资

(2005年)

指标	全市	秀英区	龙华区	琼山区	美兰区
一、工资总额(万元)	343 348	35 374	145 212	53 911	108 851
农、林、牧、渔业	1 575	196	155	774	450
采矿业	239		63	176	
制造业	6 912	2 113	2 507	1 356	936
电力、燃气及水的生产和供应业	6 994	239	3 040	1 278	2 437
建筑业	37 128	175	9 301	2 945	24 707
交通运输、仓储和邮政业	25 039	8 070	3 873	5 635	7 461
信息传输、计算机服务和软件业	26 957		26 922	9	26
批发和零售业	9 755	113	5 944	518	3 180
住宿和餐饮业	2 769	89	1 219	207	1 254
金融业	26 486	320	22 120	1 691	2 355
房地产业	5 297	137	2 544	145	2 471
租赁和商务服务业	5 581		1 517	851	3 213
科学研究、技术服务和地质勘查业	10 634	373	4 803	1 019	4 439
水利、环境和公共设施管理业	12 403	499	3 977	1 573	6 354
居民服务和其他服务业	481	113	6	18	344
教育	55 125	6 386	13 519	19 879	15 341
卫生、社会保障和社会福利业	23 313	7 107	4 961	4 150	7 095
文化、体育和娱乐业	10 807	131	8 098	614	1 964
公共管理和社会组织	75 853	9 313	30 643	11 073	24 824
二、平均工资(元)	2 2118	19 731	26 575	25 048	19 290
农、林、牧、渔业	10 922	7 036	16 177	11 355	11 660
采矿业	7 143		30 333	6 359	
制造业	11 151	9 824	13 506	9 354	12 612
电力、燃气及水的生产和供应业	19 960	58 220	37 215	12 433	15 060
建筑业	14 752	10 646	14 793	10 612	15 498
交通运输、仓储和邮政业	19 382	17 690	21 467	29 257	16 126
信息传输、计算机服务和软件业	56 253		56 464	18 000	13 526
批发和零售业	18 085	10 922	20 639	8 766	17 476
住宿和餐饮业	9 928	16 236	10 959	9 159	8 984
金融业	37 746	42 066	38 760	30 252	34 893
房地产业	15 747	14 585	15 746	9 132	16 524
租赁和商务服务业	17 304		18 080	15 339	17 545
科学研究、技术服务和地质勘查业	21 365	19 005	19 700	15 516	26 327
水利、环境和公共设施管理业	14 737	10 267	17 449	15 268	13 752
居民服务和其他服务业	20 468	23 102	8 000	8 950	21 741
教育	25 283	19 877	27 050	26 524	25 160
卫生、社会保障和社会福利业	26 555	25 417	28 810	23 567	25 265
文化、体育和娱乐业	22 629	18 507	25 094	14 120	18 829
公共管理和社会组织	25 427	25 927	25 185	24 029	26 228

3—17 各区分行业城镇集体单位在岗职工工资总额和平均工资

(2005 年)

指　　标	全　市	秀英区	龙华区	琼山区	美兰区
一、工资总额(万元)	12 278	1 233	3 355	2 670	5 020
农、林、牧、渔业	8		8		
采矿业					
制造业	1261	411	233	122	495
电力、燃气及水的生产和供应业					
建筑业	3 049		706	361	1 982
交通运输、仓储和邮政业	433	11	275	12	135
信息传输、计算机服务和软件业	6				6
批发和零售业	1 456	55	218	185	998
住宿和餐饮业	733	100	528		105
金融业	608		271	337	
房地产业	719	74	221	190	234
租赁和商务服务业	374	43	152	59	120
科学研究、技术服务和地质勘查业	116		14		102
水利、环境和公共设施管理业	4		4		
居民服务和其他服务业	17	3	3		11
教育	88				88
卫生、社会保障和社会福利业	2 999	536	369	1 393	701
文化、体育和娱乐业	282		282		
公共管理和社会组织	125		71	11	43
二、平均工资(元)	11 151	13 260	12 397	10 020	10 658
农、林、牧、渔业	9 875		9 875		
采矿业					
制造业	9 967	9 973	9 840	13 864	9 369
电力、燃气及水的生产和供应业					
建筑业	7 523		11 299	3 630	8 146
交通运输、仓储和邮政业	11 907	8 286	11 475	9 917	13 724
信息传输、计算机服务和软件业	9 667				9 667
批发和零售业	10 842	6 412	8 951	6 406	13 756
住宿和餐饮业	10 521	12 146	10 818		11 483
金融业	12 164		14 712	10 680	
房地产业	11 639	16 087	12 684	8 538	13 383
租赁和商务服务业	15 506	11 703	16 419	17 206	15 481
科学研究、技术服务和地质勘查业	20 643		15 333		21 660
水利、环境和公共设施管理业	14 667		14 667		
居民服务和其他服务业	10 313	15 500	8 333		9 909
教育	10 524				10 524
卫生、社会保障和社会福利业	19 081	21 278	14 803	19 987	18 759
文化、体育和娱乐业	21 496		21 496		
公共管理和社会组织	22 764		39 278	9 333	17 320

3—18 各区分行业其他各种经济单位在岗职工工资总额和平均工资

(2005 年)

指　　标	全　市	秀英区	龙华区	琼山区	美兰区
一、工资总额(万元)	142 490	25 074	81 581	8 365	27 470
农、林、牧、渔业	865	192	351	80	242
采矿业	126		112		14
制造业	40 613	12 388	20 264	5 550	2 411
电力、燃气及水的生产和供应业	7 341	133	5 214		1 994
建筑业	6 379	15	4 566	183	1 615
交通运输、仓储和邮政业	32 647	8 380	20 639		3 628
信息传输、计算机服务和软件业	9 865	1	8 115	71	1 678
批发和零售业	7 230	263	4 716	105	2 146
住宿和餐饮业	8 198	613	3 743	275	3 567
金融业	2 853		2 495	211	147
房地产业	11 146	820	6 847	290	3 189
租赁和商务服务业	6 804	25	831	98	5 850
科学研究、技术服务和地质勘查业	2 021	585	891	174	371
水利、环境和公共设施管理业	625	181	321	10	113
居民服务和其他服务业	278	120	93	33	32
教育	3 924	1 022	1 520	1 029	353
卫生、社会保障和社会福利业	184		96	53	35
文化、体育和娱乐业	1 385	336	767	197	85
公共管理和社会组织	6			6	
二、平均工资(元)	17 788	15 614	19 782	15 102	15 908
农、林、牧、渔业	11 322	12 510	12 041	7 505	11 401
采矿业	14 776		14 960		13 400
制造业	14 593	13 940	14 810	17 274	11 767
电力、燃气及水的生产和供应业	27 381	15 659	26 590		31 394
建筑业	11 419	11 385	11 648	10 223	10 954
交通运输、仓储和邮政业	28 863	20 144	37 676	10 597	21 690
信息传输、计算机服务和软件业	39 164	7 000	47 592		22 530
批发和零售业	13 431	15 179	14 506	8 590	11 685
住宿和餐饮业	11 390	11 628	11 924	7 877	11 209
金融业	28 305		27 203	37 696	42 143
房地产业	16 423	15 790	17 478	12 185	15 099
租赁和商务服务业	20 549	10 913	12 224	15 742	22 977
科学研究、技术服务和地质勘查业	18 319	20 533	20 336	14 788	14 130
水利、环境和公共设施管理业	9 491	8 688	9 497	7 286	11 490
居民服务和其他服务业	13 123	16 722	9 290	15 857	16 632
教育	17 511	16 168	20 003	16 861	14 803
卫生、社会保障和社会福利业	15 182		20 783	12 349	10 938
文化、体育和娱乐业	10 649	10 542	14 230	5 866	7 926
公共管理和社会组织	12 000			12 000	

3—19 在岗职工工资总额和平均工资的增长速度

单位:%

年份	工资总额				平均工资			
	合计	国有经济单位	城镇集体经济单位	其他各种经济类型单位	合计	国有经济单位	城镇集体经济单位	其他各种经济类型单位
"一五"时期		21.8				3.6		
"二五"时期		5.6				-0.6		
"三五"时期		0.2				-1.7		
"四五"时期		5.7				0.3		
"五五"时期	11.1	11.6	9.4		3.8	4.4	1.3	
"六五"时期	13.8	14.4	9.8		8.9	9.4	6.1	
"七五"时期	26.6	27.5	9	82.7	17.7		11.5	18.3
"八五"时期	35.8	33.2	33.5	57.4	22.9	22.1	28.9	20
1979－1996年	22.7	22.3	13.4		15.1	14.9	12.7	
1988－1996年	31	29	17.6	65.5	20.6	19.8	18.2	22.6
1996年比1995年	-4.2	-6.7	-29.6	19.2	0	-1.2	-17.4	5.9
1997年比1996年	7.5	4.1	5.3	20.2	3.8	2.4	2.9	6
1998年比1997年	-12.3	-14.3	-44.1	1.7	6.5	6	-21.2	1.4
1999年比1998年	6.6	5.5	9.1	9.2	22.2	23.3	72.8	8.9
2000年比1999年	4.9	5.3	3.7	4	8.3	16.1	9.1	2.7
2001年比2000年	12.2	13.7	-10.2	11.4	14.3	14.8	6.3	12.5
2002年比2001年	13.6	10.3	-1.1	24.9	8.5	11.6	8.7	1.9
2003年比2002年	8.6	7.1	15.8	11.6	7.6	7.5	5.5	9.2
2004年比2003年	24.6	25.8	-4.2	24.9	18.8	19.2	9.1	17.4
2005年比2004年	17.4	17.1	18.9	18.2	14.8	13.8	21.7	16

3—20 离休、退休、退职年末人数

(2005 年)

指　　标	离休、退休、退职人员年末人数(人)			
	合　计	女　性	离休人员	退休人员
合　　计	57 523	26 678	1 044	56 479
企业	41 978	21 017	516	41 462
内资企业	41 897	20 983	516	41 381
国有企业	29 365	12 624	462	28 903
集体企业	12 120	8 120	52	12 068
其他企业	412	239	2	410
港、澳、台及外资企业	81	34		81
事业	10 140	4 472	106	10 034
机关	5 405	1 189	422	4 983

3—21 离休、退休、退职人员保险福利费用构成情况

(2005 年)

指　　标	保险福利费用构成(千元)				
	合　计	离休金	退休金	医疗卫生费	其　他
合　　计	711 626	28 288	591 086	70 204	22 048
企业	383 483	14 441	316 437	40 824	11 781
内资企业	382 816	14 441	315 913	40 717	11 745
国有企业	282 297	13 117	226 861	33 300	9 019
集体企业	97 100	1 272	86 350	6 872	2 606
其他企业	3 419	52	2 702	545	120
港、澳、台及外资企业	667		524	107	36
事业	215 632	3 567	186 610	19 165	6 290
机关	112 511	10 280	88 039	10 215	3 977

3—22　离岗职工人数和离岗职工生活费

(2005年)

指　　标	合　计		国　有	集　体	其　他
	离岗职工人数（人）	离岗职工生活费（万元）	离岗职工生活费（万元）	离岗职工生活费（万元）	离岗职工生活费（万元）
总　　计	26 051	12 483	9 584	311	2 588
农、林、牧、渔业	451	18	15	1	2
采矿业	59				
制造业	7 814	1 811	747	114	950
电力、燃气及水的生产和供应业	1 126	1 304	781		524
建筑业	1 788	134	87	13	34
交通运输、仓储和邮政业	3 813	2 395	1 776	77	542
信息传输、计算机服务和软件业	606	1 001	743		258
批发和零售业	5 390	914	784	80	50
住宿和餐饮业	860	144	109	1	34
金融业	836	1 582	1 541		41
房地产业	1 000	458	329	10	118
租赁和商务服务业	339	173	159	14	
科学研究、技术服务和地质勘查业	257	124	124		
水利、环境和公共设施管理业	93	37	35		2
居民服务和其他服务业	12	1		1	
教育	483	106	90		16
卫生、社会保障和社会福利业	155	257	257		
文化、体育和娱乐业	334	376	359		17
公共管理和社会组织	635	1 648	1 648		

3—23 单位从业人员变动情况

(2005年) 单位:人

指标	合计	#国有单位	城镇集体单位	其他各种经济单位
本年增加人数	29 895	16 621	1 191	12 083
从农村招收	6 701	3 653	759	2 289
从城镇招收	4 064	1 235	72	2 757
录用的退伍军人	838	350	45	443
录用的大、中专、技工学校毕业生	7 434	2 557	92	4 785
调入	2 839	2 413	31	395
# 由外省、自治区、直辖市调入	965	775	1	189
其他	8 019	6 413	192	1 414
本年减少人数	31 717	20 029	872	10 816
离休、退休、退职	9 054	8 128	295	631
开除、除名、辞退	6 472	4 707	106	1 659
终止、解除合同	8 979	2 623	290	6 066
离开本单位仍保留劳动关系的职工	1 024	791	84	149
死亡	168	120	9	39
调出	2 285	1 843	35	407
# 调到外省、自治区、直辖市	378	267		111
其他	3 735	1 817	53	1 865

海口统计年鉴

HAIKOU STATISTICAL YEARBOOK

AGRICULTER 农业

4

Chapter 4

HAIKOU STATISTICAL YEARBOOK

4—1 农 村 基 本 情 况

指 标	单位	1987年	2000年	2003年	2004年	2005年
农村乡镇	个	32	34	24	24	23
村民委员会	个	252	279	248	250	250
自然村	个		2 226	2 222	2 222	2 214
村民小组	个		2 810	2 776	2 578	2 747
乡村户数	户	113 401	142 801	143 634	150 314	153 092
#农业户	户	109 701	126 795	129 563	128 980	129 546
乡村人口	人	506 917	631 855	641 167	651 039	646 648
#农业人口	人	488 934	564 587	575 607	575 819	575 025
乡村实有劳动力合计	人	204 696	275 704	292 066	302 103	311 913
按性别分						
男劳动力	人		139 767	146 167	152 101	155 626
女劳动力	人		135 937	145 899	150 002	156 287
按行业分						
农林牧渔业劳动力	人	160 537	190 597	199 456	196 743	206 444
工业劳动力	人	9 498	14 397	17 508	21 904	21 455
建筑业劳动力	人	12 742	15 668	16 434	16 411	16 989
交通运输和邮电劳动力	人	4 337	9 592	9 502	10 179	9 651
商业、饮食业劳动力	人	4 211	12 685	14 629	25 994	26 218
其他劳动力	人	13 184	32 765	34 537	30 872	31 156

4—2 分区农村基层基本情况

(2005年)

指 标	单位	全 市	龙华区	美兰区	秀英区	琼山区
农村乡镇	个	23	5	4	6	8
村民委员会	个	250	54	53	71	72
自然村	个	2 214	312	755	329	818
村民小组	个	2 747	346	811	582	1 008
乡村户数	户	153 092	28 108	32 700	51 593	40 691
# 农业户	户	129 546	27 078	26 351	39 630	36 487
乡村人口	人	646 648	125 771	134 244	218 525	168 108
# 农业人口	人	575 025	120 756	113 933	179 460	160 876
乡村实有劳动力合计	人	311 913	54 617	62 212	100 108	94 976
按性别分						
男劳动力	人	155 626	27 018	29 667	50 949	47 992
女劳动力	人	156 287	27 599	32 545	49 159	46 984
按行业分						
农林牧渔业劳动力	人	206 444	37 153	34 476	67 535	67 280
工业劳动力	人	21 455	2 931	2 187	8 644	7 693
建筑业劳动力	人	16 989	3 619	7 005	2 556	3 809
交通运输和邮电劳动力	人	9 651	1 227	2 741	2 927	2 756
商业、饮食业劳动力	人	26 218	2 890	6 555	10 902	5 871
其他劳动力	人	31 156	6 797	9 248	7 544	7 567

4—3 耕地面积

单位:公顷

指标	1987年	2000年	2003年	2004年	2005年
年末耕地面积	56 884	50 614	48 483	48 217	48 348
水田	19 549	18 262	16 413	16 160	16 271
旱田	8 428	6 640	4 622	4 604	4 456
旱地	28 907	25 712	27 448	27 453	27 622
年内增加的耕地面积		153	116	164	1 254
年内减少的耕地面积		98	778	430	1 123
#国家基地占用			117	99	112

4—4 分区耕地面积

(2005年)

单位:公顷

指标	全市	龙华区	美兰区	秀英区	琼山区
年末耕地面积	48 348	7 294	10 600	9 213	21 241
水田	16 271	1 816	4 506	2 752	7 197
旱田	4 456	1 201	1 144	1 759	352
旱地	27 622	4 277	4 950	4 703	13 692
年内增加的耕地面积	1 254	403	834	1	16
年内减少的耕地面积	1 123	21	240	246	616
#国家基地占用	112	22	41	49	

4—5 主要农业机械拥有量

指 标	单位	1987年	2000年	2003年	2004年	2005年
农业机械总动力	万瓦特	11 801	24 530	22 590	24 035	23 248
其中:主要机械与动力						
大中型拖拉机	台	222	89	101	184	199
	万瓦特	740	387	364	804	979
小型拖拉机	台	1 224	4 166	4 300	3 319	3 316
	万瓦特	3 833	3 927	3 448	3 053	3 369
农用排灌柴油机	台	649	2 235	3 019	5 631	6 082
	万瓦特	979	1 499	1 872	2 569	3 823
农用排灌电动机	台	491	309	343	1 050	1 184
	万瓦特	797	309	270	554	706
农用水泵	台	644	1 512	2 097	4 637	5 956
农用运输车	辆		3 762	4 166	4 590	5 077
	万瓦特		4 006	6 128	7 040	8 629
渔用机动船	艘	857	1 342	1 361	1 285	1 470
	万瓦特	845	1 398	1 595	1 036	1 048

4—6 农业用电、化肥、水利情况

指　　标	单位	1987年	2000年	2003年	2004年	2005年
一、农村电气化情况						
农村用电量	万千瓦时	1 317	3 323	4 665	5 428	6 567
二、农用化肥施用量						
实物量	吨	34 170	62 392	65 314	75 479	73 335
氮　肥	吨	16 763	22 878	22 492	23 106	22 442
磷　肥	吨	11 744	19 733	22 547	24 460	22 002
钾　肥	吨	3 255	7 936	6 730	10 284	10 500
复合肥	吨	2 408	11 845	13 545	17 629	18 391
折纯量	吨	11 951	30 399	24 259	26 851	28 456
氮　肥	吨	7 710	18 140	11 415	9 957	10 545
磷　肥	吨	1 409	2 368	2 706	2 935	3 109
钾　肥	吨	1 628	3 968	3 365	5 144	5 603
复合肥	吨	1 204	5 923	6 773	8 815	9 199
三、农药施用量	吨	422	399	449	456	498
四、农田水利情况						
有效灌溉面积	公顷	14 807	17 853	16 563	15 200	15 894
#机电灌溉面积	公顷	1 637	3 044	2 799	3 737	4 440
旱涝保收面积	公顷	6 874	7 207	6 963	5 621	6 493

4—7　农林牧渔业总产值

单位:万元

年　　份	总　计	农　业	林　业	牧　业	渔　业	农林牧渔业服务业
当年价格						
1987 年	30 794	18 380	2 274	8 247	1 893	
1988 年	46 507	28 994	2 312	11 611	3 590	
1989 年	53 071	33 844	2 146	13 321	3 760	
1990 年	54 508	32 705	2 618	14 491	4 694	
1991 年	60 071	36 282	3 493	15 253	5 043	
1992 年	73 541	44 324	4 012	18 593	6 612	
1993 年	109 193	67 929	5 003	26 902	9 359	
1994 年	147 698	94 797	7 278	33 388	12 235	
1995 年	165 081	104 912	8 378	38 037	13 754	
1996 年	193 965	124 039	10 940	43 761	15 225	
1997 年	210 244	130 785	11 770	50 386	17 303	
1998 年	248 457	146 211	14 640	64 183	23 423	
1999 年	279 491	163 607	16 361	70 053	29 470	
2000 年	311 614	180 045	18 375	78 076	35 118	
2001 年	323 853	185 783	16 282	83 635	38 153	
2002 年	343 449	191 620	17 546	94 643	39 640	
2002 年(新口径)	273 858	127 826	14 048	87 406	36 104	8 474
2003 年	298 002	138 723	15 452	95 014	39 406	9 407
2004 年	342 869	147 911	16 280	124 021	43 913	10 744
2005 年	385 170	155 386	18 753	150 127	47 904	13 000
1990 年不变价格						
1987 年	47 327	31 362	4 188	8 404	3 373	
1988 年	48 421	31 149	3 935	8 735	4 602	
1989 年	50 300	31 867	4 032	9 527	4 874	
1990 年	53 811	34 067	3 405	10 940	5 399	
1991 年	56 958	34 755	4 322	12 119	5 762	
1992 年	66 197	40 972	5 085	13 543	6 597	
1993 年	77 588	47 965	5 414	17 090	7 119	
1994 年	86 173	52 020	6 381	19 084	8 688	
1995 年	94 069	56 673	6 381	21 155	9 860	
1996 年	105 810	63 640	8 891	23 403	9 876	
1997 年	119 524	71 549	9 982	26 703	11 290	
1998 年	137 251	78 200	10 830	31 223	16 998	
1999 年	161 797	94 324	11 989	35 011	20 473	
2000 年	178 689	97 839	14 127	40 884	25 839	
2001 年	193 121	107 192	14 067	45 395	26 467	
2002 年	204 728	111 635	15 959	49 769	27 365	
2002 年(新口径)	162 459	74 533	11 494	46 564	25 540	4 328
2003 年	172 982	79 267	12 468	49 223	27 262	4 762
2004 年	186 302	84 866	12 742	54 214	29 366	5 114
2005 年	201 477	88 533	13 446	62 385	31 613	5 500

4—8 农林牧渔业总产值构成

单位:%

年 份	总 计	农 业	林 业	牧 业	渔 业	农林牧渔业服务业
1987 年	100	59.7	7.4	26.7	6.2	
1988 年	100	62.2	4.9	24.9	8	
1989 年	100	63.7	4	25.1	7.2	
1990 年	100	60	4.8	26.6	8.6	
1991 年	100	60.3	5.8	25.4	8.5	
1992 年	100	60.2	5.4	25.3	9.1	
1993 年	100	62.2	4.6	24.6	8.6	
1994 年	100	64.2	4.9	22.6	8.3	
1995 年	100	63.5	5.1	23	8.4	
1996 年	100	63.9	5.6	22.6	7.9	
1997 年	100	62.2	5.6	23.9	8.3	
1998 年	100	58.8	5.9	25.8	9.5	
1999 年	100	58.5	5.9	25.1	10.5	
2000 年	100	57.8	5.9	25.1	11.2	
2001 年	100	57.3	5	25.8	11.9	
2002 年	100	55.9	5.1	27.6	11.4	
2002 年(新口径)	100	46.7	5.1	31.9	13.2	3.1
2003 年	100	46.6	5.2	31.9	13.2	3.1
2004 年	100	43.2	4.7	36.2	12.8	3.1
2005 年	100	40.3	4.9	39.0	12.5	3.3

4—9　农林牧渔业总产出、中间消耗及增加值

单位:万元

指　　标	2000 年	2002 年	2003 年	2004 年	2005 年
农林牧渔业总产出	246 560	273 858	298 002	342 869	385 170
农　业	120 090	127 826	138 723	147 911	155 386
林　业	14 718	14 048	15 452	16 280	18 753
牧　业	72 664	87 406	95 014	124 021	150 127
渔　业	31 992	36 104	39 406	43 913	47 904
农林牧渔业服务业	7 696	8 474	9 407	10 744	13 000
农林牧渔业中间消耗	93 158	103 845	113 684	129 525	156 227
物质消耗	80 954	90 274	98 858	110 763	132 848
农　业		41 714	45 781	47 152	50 998
林　业		4 295	4 824	4 892	6 145
牧　业		29 009	31 282	40 020	54 769
渔　业		11 618	12 897	13 897	15 125
农林牧渔业服务业		3 638	4 074	4 802	5 811
对非物质部门的劳动支出	12 204	13 571	14 826	18 762	23 379
农　业		4 687	5 144	5 144	5 666
林　业		482	542	542	682
牧　业		6 111	6 590	9 590	13 125
渔　业		1 524	1 692	2 659	2 905
农林牧渔业服务业		767	858	827	1 001
农林牧渔业增加值	153 402	170 013	184 318	213 344	228 943
农　业	77 619	81 425	87 798	95 615	98 722
林　业	9 857	9 271	10 086	10 846	11 926
牧　业	41 791	52 286	57 142	74 411	82 233
渔　业	20 466	22 962	24 817	17 357	29 874
农林牧渔业服务业	3 669	4 069	4 475	5 115	6 188
农业贷款利息分摊	1 036	1 313	1 513	1 855	1 990
农林牧渔业增加值总计	154 438	171 326	185 831	215 199	230 933

4—10　分区农林牧渔业总产值及增加值

(2005 年)

单位:万元

	农林牧渔业总产值	中间消耗	农业增加值	农业贷款利息分摊	农业增加值总计
全　市	385 170	156 227	228 943	1 900	230 933
龙华区	43 612	17 650	25 962	231	26 193
美兰区	129 159	53 034	76 125	662	76 787
秀英区	93 247	37 787	55 460	477	55 937
琼山区	119 152	47 756	71 396	620	72 016

4—11　主要农作物播种面积及农产品产量

指　　标	1987 年	2000 年	2003 年	2004 年	2005 年
播种面积(公顷)	116 336	90 652	88 530	84 953	80 268
一、粮食作物	53 820	50 436	44 389	43 900	39 403
(一)按品种分					
稻　谷	41 962	34 993	31 630	30 940	27 521
早　稻	18 455	15 954	15 108	14 301	11 497
晚　稻	23 343	18 815	16 430	16 491	15 886
山兰坡稻	164	224	92	148	138
旱　粮	280	1 487	1 273	1 303	1 511
薯　类	11 578	13 956	11 486	11 657	10 371
(二)按季节分					
春　收			3 607	3 957	3 375
夏　收			18 407	17 725	15 365
秋(冬)收			22 375	22 218	20 662
二、经济作物	17 015	11 990	11 176	10 501	9 781
糖　蔗	9 367	5 306	5 089	4 969	4 187
果　蔗	299	491	500	350	471
花　生	2 650	3 414	3 027	2 869	2 873
芝　麻	4 699	2 779	2 560	2 313	2 250
三、其他作物	8 016	21 016	25 365	23 773	23 537
蔬　菜	7 024	20 375	24 609	23 043	22 619
瓜　类	992	641	756	730	918
农产品产量(吨)					
一、粮食作物	136 746	171 202	154 624	156 323	129 993
(一)按品种分					
稻　谷	121 221	132 558	124 054	124 420	98 841
早　稻	58 493	75 447	65 170	62 758	51 251
晚　稻	62 607	56 608	58 623	61 165	47 327
山兰坡稻	121	503	261	497	263
旱　粮	145	2 400	1 654	2 005	4 181
薯　类	15 380	36 244	28 916	29 898	26 971
(二)按季节分					
春　收		11 259	8 123	9 572	8 532
夏　收		85 364	72 430	70 788	62 426
秋(冬)收		74 579	74 071	75 963	59 035
二、经济作物					
糖　蔗	379 674	321 634	302 802	311 810	219 920
果　蔗	14 001	25 250	23 845	17 748	24 638
花　生	1 678	4 947	4 195	3 900	4 184
芝　麻	2 069	2 163	2 027	1 851	1 184
三、其他作物					
蔬　菜	66 756	336 746	379 596	392 486	405 786
瓜　类	9 405	11 528	15 494	24 250	29 081

4—12　分区主要农作物播种面积及农产品产量

(2005 年)

指　　标	全　市	秀英区	龙华区	琼山区	美兰区
播种面积(公顷)	80 268	20 913	12 540	31 241	15 574
一、粮食作物	39 403	7 854	5 722	16 583	9 244
(一)按品种分					
稻　谷	27 521	5 722	3 526	11 601	6 672
早　稻	11 497	2 540	1 066	4 862	3 029
晚　稻	15 886	3 125	2 379	6 738	3 644
山兰坡稻	138	57	81		
旱　粮	1 511	324	657	466	64
薯　类	10 371	1 808	1 539	4 517	2 507
(二)按季节分					
春　收	3 375	758	633	1 241	743
夏　收	15 365	3 159	1 707	6 680	3 819
秋(冬)收	20 662	3 936	3 382	8 662	4 682
二、经济作物	9 781	2 689	2 036	4 444	612
糖　蔗	4 187	1 584	829	1 774	
果　蔗	471	128	82	226	35
花　生	2 873	426	414	1 509	524
芝　麻	2 250	551	711	935	53
三、其他作物	23 537	8 417	3 920	6 760	4 440
蔬　菜	22 619	8 109	3 854	6 391	4 265
瓜　类	918	307	66	370	175
农产品产量(吨)					
一、粮食作物	129 993	28 730	16 180	52 912	32 171
(一)按品种分					
稻　谷	98 841	21 735	12 322	40 362	24 422
早　稻	51 251	11 804	5 337	20 791	13 319
晚　稻	47 327	9 759	6 894	19 571	11 103
山兰坡稻	263	172	91		
旱　粮	4 181	1 135	945	1 897	204
薯　类	26 971	5 860	2 913	10 653	7 545
(二)按季节分					
春　收	8 532	2 290	1 286	2 809	2 147
夏　收	62 426	14 212	6 695	25 786	15 733
秋(冬)收	59 035	12 228	8 199	24 317	14 291
二、经济作物					
糖　蔗	219 920	81 350	41 453	97 117	
果　蔗	24 638	6 775	3 672	13 126	1 065
花　生	4 184	587	559	2 261	777
芝　麻	1 184		398	740	46
三、其他作物					
蔬　菜	405 786	150 588	67 995	116 347	70 856
瓜　类	29 081	12 317	1 511	9 839	5 414

4—13 主要农产品单位面积产量

单位:千克/公顷

指　　标	1987 年	2000 年	2003 年	2004 年	2005 年
一、粮食作物	2 541	3 394	3 483	3 555	3 300
稻　　谷	2 889	3 788	3 922	4 020	3 585
旱　　粮	519	1 614	1 299	1 541	2 767
薯　　类	1 328	2 597	2 517	2 565	2 595
二、经济作物					
糖　　蔗	40 533	60 617	59 501	62 745	52 515
果　　蔗	46 826	51 427	47 690	50 640	52 320
花　　生	633	1 449	1 386	1 365	1 455
芝　　麻	440	778	792	795	525
三、其他作物					
蔬　　菜	9 504	16 527	15 425	17 040	17 940
瓜　　类	9 481	17 984	20 495	33 195	31 665

4—14 水果面积和产量

指　　标	年末面积(公顷)		# 当年新种面积		# 收获面积		总产量(吨)	
	2004 年	2005 年	2004 年	2005 年	2004 年	2005 年	2004 年	2005 年
水果合计	16 630	18 119	2 264	2 231	8 733	8 445	129 415	149 295
菠　萝	1 916	1 798	233	516	909	954	20 552	20 659
荔　枝	4 913	4 997	41	73	1 521	1 297	6 049	6 603
柑桔橙	565	615	35	27	256	289	2 568	4 454
香　蕉	3 998	4 442	1 526	1 428	2 865	3 146	73 508	90 025
龙　眼	1 202	1 069	135	9	238	195	765	679
芒　果	219	189	6	3	138	110	1 293	1 065

4—15 分区水果面积和产量

(2005 年)

指 标	水果 年末面积(公顷)	水果 当年新种面积	水果 收获面积	水果 总产量(吨)	菠萝 年末面积(公顷)	菠萝 当年新种面积	菠萝 收获面积	菠萝 总产量(吨)
全 市	18 119	2 231	8 445	149 295	1 798	516	954	20 659
秀英区	4 972	53	1 128	17 668	16		27	117
龙华区	1 942	32	630	6 931	57	8	38	411
琼山区	8 944	1 828	5 271	99 598	1 403	440	676	16 271
美兰区	2 261	318	1 416	25 098	322	76	213	3 860

指 标	荔枝 年末面积(公顷)	荔枝 当年新种面积	荔枝 收获面积	荔枝 总产量(吨)	柑桔橙 年末面积(公顷)	柑桔橙 当年新种面积	柑桔橙 收获面积	柑桔橙 总产量(吨)
全 市	4 997	73	1 297	6 603	615	27	289	4 454
秀英区	2 266	14	107	302	320		178	3 173
龙华区	733		21	74	73		64	500
琼山区	1 642	47	970	5 248	209	27	42	669
美兰区	356	12	199	979	13		5	112

4—15 续 (2005 年)

指标	香蕉			
	年末面积（公顷）	当年新种面积	收获面积	总产量（吨）
全市	4 442	1 428	3 146	90 025
秀英区	142	29	299	8 602
龙华区	175	9	149	3 537
琼山区	3 274	1 192	2 079	60 886
美兰区	851	198	619	17 000

指标	龙眼				芒果			
	年末面积（公顷）	当年新种面积	收获面积	总产量（吨）	年末面积（公顷）	当年新种面积	收获面积	总产量（吨）
全市	1 069	9	195	679	189	3	110	1 065
秀英区	314		31	214	28		14	147
龙华区	169	1	9	11	26		21	133
琼山区	374	2	109	401	96	1	56	658
美兰区	212	6	46	53	39	2	19	127

4—16 热带作物面积和产量

指 标	年末面积(公顷)		#当年新种面积		#收获面积		总产量(吨、椰子:百个)	
	2004年	2005年	2004年	2005年	2004年	2005年	2004年	2005年
合 计	13 237	13 408	859	541	7 670	8 286		
橡 胶	8 210	8 359	552	433	5 229	5 798	6 387	5 908
椰 子	2 419	2 309	17	3	1 195	1 094	128 840	129 804
咖 啡	54	54			29	48	23	23
槟 榔	792	860	196	73	231	271	554	908
胡 椒	1 762	1 826	95	32	986	1 074	1 657	1 781

4—17 分区主要热带作物面积和产量

(2005年)

指标	橡胶				椰子				咖啡			
	年末面积（公顷）	当年新种面积	收获面积	总产量（吨）	年末面积（公顷）	当年新种面积	收获面积	总产量（百个）	年末面积（公顷）	当年新种面积	收获面积	总产量（吨）
全市	8 359	433	5 798	5 908	2 309	3	1 094	129 804	54		48	23
秀英区	51			31	172		50	23 709	5			6
龙华区	10		9	8	192		91	5 499	8		7	1
琼山区	6 632	345	5 066	4 782	1 111		614	65 467	41		41	16
美兰区	1 666	88	723	1 087	834	3	339	35 129				

指标	槟榔				胡椒			
	年末面积（公顷）	当年新种面积	收获面积	总产量（吨）	年末面积（公顷）	当年新种面积	收获面积	总产量（吨）
全市	860	73	271	908	1 826	32	1 074	1 781
秀英区	5		5	12	15	1	10	18
龙华区	69	2	26	126	1			1
琼山区	704	60	218	729	1 730	25	1 025	1 687
美兰区	82	11	22	41	80	6	39	75

4—18　牲畜头数及禽畜产品产量

指　标	单位	1987年	2000年	2003年	2004年	2005年
一、牛年末存栏头数	头	114 295	122 948	123 738	119 805	117 041
黄　牛	头	59 624	52 024	48 105	46 164	46 435
水　牛	头	54 513	70 771	75 244	73 409	70 044
奶　牛	头	158	153	389	232	562
二、生猪年末存栏头数	头	217 191	321 371	378 503	468 966	541 350
#能繁殖母猪	头	7 802	24 034	40 792	42 290	44 068
生猪全年饲养量	头	320 245	806 270	1 071 909	1 236 591	1 383 986
肉猪出栏头数	头	103 054	484 899	693 406	767 625	842 636
三、山羊年末存栏头数	头	80 236	116 960	108 970	95 110	94 195
山羊出栏头数	只	27 370	150 294	148 320	141 874	144 698
四、家禽出栏量	万只	375.22	1 178.46	931.85	914.17	1 029.97
五、肉类产量	吨	15 333	65 742	82 780	89 701	100 006
猪肉产量	吨	9 682	43 398	60 194	67 838	75 868
牛肉产量	吨	508	2 012	2 232	2 142	2 266
羊肉产量	吨	372	2 226	2 225	2 071	2 107
禽肉产量	吨	4 771	15 739	15 789	15 478	17 390
六、牛奶产量	吨	127	270	565	768	811
七、禽蛋产量	吨	1 515	6 641	6 872	7 058	6 337

4—19 分区牲畜头数及禽畜产品产量

(2005年)

指　　标	单位	全市	秀英区	龙华区	琼山区	美兰区
一、牛年末存栏头数	头	117 041	34 198	17 731	46 658	18 454
黄　牛	头	46 435	20 342	12 021	9 592	4 480
水　牛	头	70 044	13 444	5 710	37 054	13 836
奶　牛	头	562	412		12	138
二、生猪年末存栏头数	头	541 350	110 636	86 405	95 934	248 375
#能繁殖母猪	头	44 068	4 157	3 074	4 726	32 111
生猪全年饲养量	头	1 383 986	237 700	234 605	214 772	696 909
肉猪出栏头数	头	842 636	127 064	148 200	118 838	448 534
三、山羊年末存栏头数	头	94 195	24 768	32 542	28 181	8 704
山羊出栏头数	只	144 698	44 293	41 211	50 992	8 202
四、家禽出栏量	万只	1 029.97	322.84	89.05	283.41	334.67
五、肉类产量	吨	100 006	18 501	15 673	19 250	46 582
猪肉产量	吨	75 868	11 442	13 291	10 766	40 369
牛肉产量	吨	2 265	682	162	1 152	269
羊肉产量	吨	2 107	612	602	770	123
禽肉产量	吨	17 390	5 465	1 524	4 751	5 650
六、牛奶产量	吨	811	561			250
七、禽蛋产量	吨	6 337	368	88	1 464	4 417

4—20　造　林　面　积

单位:公顷

指　　标	2000 年	2001 年	2003 年	2004 年	2005 年
当年造林面积	382	720	3 473	2 379	2 992
年末实有育苗面积	143	36	29	53	34
当年幼林抚育面积			268	723	
当年迹地更新面积	934	388	147	76	100

4—21　水产品产量及养殖面积

指　　标	单 位	1987 年	2000 年	2003 年	2004 年	2005 年
一、水产品产量	吨	7 926	37 973	46 856	50 341	54 998
海水产品	吨	6 408	19 522	29 831	33 563	38 291
#养殖	吨	900	7 095	12 064	12 810	13 880
淡水产品	吨	1 518	18 451	17 025	16 778	16 707
#养殖	吨	1 412	17 117	15 793	15 573	15 333
二、水产养殖面积	公顷	3 754	6 744	5 279	6 518	5 916
海水养殖面积	公顷	822	1 581	1 512	1 686	1 798
淡水养殖面积	公顷	2 932	5 163	3 767	4 832	4 118

Natural

海口统计年鉴

HAIKOU STATISTICAL YEARBOOK

INDUSTRY 工业

5

Chapter 5

HAIKOU STATISTICAL YEARBOOK

5—1　主要年份工业总产值

（当年价）　　单位:万元

年份	全部工业总产值	规模以上工业总产值	按轻重工业分		按经济类型分		
			轻工业	重工业	国有	集体	其他
1987	70 628	67 288	50 723	16 565	53 649	6 072	7 567
1988	118 564	113 707	84 397	29 310	92 805	7 592	13 310
1989	158 628	151 336	110 926	40 410	121 652	9 180	20 504
1990	183 395	175 114	135 336	39 778	143 589	7 623	23 902
1991	263 108	252 043	190 510	61 533	19 1401	7 492	5 3150
1992	388 559	370 073	266 878	103 195	276 995	14 553	78 525
1993	651 132	605 696	387 317	218 195	399 615	23 281	182 800
1994	717 883	659 041	418 252	240 789	423 461	39 121	196 459
1995	722 824	658 792	413 959	244 833	364 900	25 408	268 484
1996	779 856	708 144	536 267	171 877	352 119	34 714	321 311
1997	861 286	787 494	549 287	238 207	349 950	16 845	420 699
1998	912 015	809 772	609 334	200 438	211 435	5 457	592 880
1999	989 953	849 426	640 091	209 335	180 187	2 248	666 991
2000	1 158 723	1 013 036	753 786	259 250	194 402	2 399	816 235
2001	1 349 173	1 156 037	797 056	35 8981	301 339	2 884	851 814
2002	1 613 956	1 408 352	855 959	552 393	495 190	13 752	899 410
2003	2 205 678	2 025 643	950 340	1 075 303	877 054	9 676	1 138 913
2004	2 477 049	2 315 777	977 637	1 338 140	198 652	713	2 116 412
2005	2 672 253	2 507 203	1 057 951	1 449 252	276 708		2 230 495

注:规模以上工业产值,1978—1997 年为乡及乡以上工业企业口径,1998 —2004 年为全部国有和年销售收入 500 万元及以上非国有工业企业口径;1995 年后按不含税价格计算;2004 年 –2005 年工业总产值按电力全价计算。

5—2 规 模 以 上 工 业

(2005

甲 栏 分 组	企 业 单位数 (个)	亏损企业	工业总产值 (当年价)
规模以上工业合计	211	87	2 507 203
秀英区	60	30	479 096
龙华区	85	26	1 686 685
琼山区	26	16	131 593
美兰区	40	15	209 829
在规模以上工业中:			
国有企业	51	30	276 708
股份制企业	10	5	259 857
港澳台商投资企业	29	6	145 030
外商投资企业	25	10	403 646

产　销　主　要　指　标

年）

单位：万元

工业销售产值（当年价）	出口交货值	工业中间投入合　计	全部从业人员年平均人数（人）
2 491 191	145 336	1 928 865	44 663
453 733	79402	391 361	14 059
1 704 585	39 320	1 319 430	16 875
132 211	8 488	87 087	5 414
200 662	18 126	130 987	8 315
272 831	2 757	198 672	11 802
251 967		219 164	3 275
143 290	26 318	108 803	3 521
388 430	91 108	288 523	11 208

5—3 主 要 工 业 产 品 产 量

	计量单位	2005 年	2004 年	2003 年	2000 年	1987 年
小麦粉	万吨	0.19	1.49	2.14	0.97	—
配混合饲料	吨	582 407	539 549	470 762	296 413	—
食用植物油	吨		25	31	218	326.12
成品糖	吨	7 804	14 917	24 361	21 998	39 334
水产加工品	吨	15 864	11 157	5 766	2 925	—
方便主食品	吨	1 064	3 142	2 742	1 961	—
罐头	吨	124 362	118 841	133 449	156 689	2 967
饮料酒	吨	145 906	117 044	88 727	11 218	8 532
啤酒	吨	119 870	97 885	58 186	42 799	1 915
软饮料	吨	273 045	271 284	222 309	200 509	2 400
卷烟	箱	118 000	118 000	118 000	114 532	26 182
印染布总计	万米	1 140	1 233	1 231	843	—
家具	件	232 230	1 565 543	177 111	76 606	84 500
纸制品	吨	6 910	33 301	4 499	1 635	1 179
硫酸(折 100%)	吨	12 678	11 650	10 854	11 330	14 378
农用氮、磷、钾化学肥料总计	吨	4 398	18 553	5 823	11 744	5 194
香精	吨	50.22	81.2	24	—	—
炸药	吨	3 615	3 993	5 119	3 832	—
肥皂	吨	582	1 113	1 120	2 165	7 357.79
合成洗涤剂	吨	1 387	1 394	1740	796	227
合成纤维聚合物	吨	42 697	54 727	55 048	68 021	—
化妆品	千元	95 509	118 130	17 996	10 066	—
中成药	吨	3 184.26	4 164.3	5 125.3	517.6	469
#其他中成药	吨	2 800	3 757	4 728	174	—

注:1987 年—2004 年产量包括全部工业,2005 年指规模以上工业指标;饮料酒、啤酒 2004 年—2005 年计量单位为千升;2005 年家具产量指金属家具指标。

5—3 续

	计量单位	2005年	2004年	2003年	2000年	1987年
涤纶纤维	吨	46 136	56 021	53 106	28 429	—
塑料制品总计	吨	17 094	20 652	13 899	11 815	907
#塑料薄膜	吨	7 623	9 425	5 400	3 739	—
泡沫塑料	吨	1 008	1 748	362	91	—
塑料包装箱及容器	吨	613	5 951	416	2 120	—
水泥电杆	吨	7 434	23 085	9 901	6 699	—
砖	万块	4 267	7 652	12 934	10 319	10 151
小型拖拉机	台	7 341	5 508	6 238	2 317	3 000
汽车	辆	73 086	66 954	55 036	3 059	—
#公路客车	辆	14 271	13 429	12 443	1 310	—
轿车	辆	58 815	53 525	42 593	1 749	—
变压器	千伏安	4 175 632	3 954 598	2 813 157	1 380 037	56 100
高压开关板	面	605	1 051	592	382	—
低压开关板	面	1 942	8 806	1 741	683	—
电线	公里	13 779	14 568	21 858	11 729	—
钢芯铝绞线	吨	937	2 647	1 855	2 445	344
电力电缆	公里	2 066	1 138	6	—	—
发电量	万千瓦时	500	628	243	1 418	8 263
售电量	万千瓦时	230 405	208 422	197 645	127 232	—
自来水	万立方米	9 625	10 368	9 507	8 722	—

注:自来水指标为销售量。

5—4 全部国有和年销售收入500万元及

(2005

甲栏分组	企业单位数(个)	亏损企业	工业总产值(当年价)	工业销售产值(当年价)
总计	211	87	2 507 203	2 491 191
在总计中:国有控股企业	74	39	1 301 165	1 320 199
在总计中:轻工业	137	52	1 057 951	1 033 526
重工业	74	35	1 449 252	1 457 664
在总计中:大型企业	2	1	826 765	851 981
中型企业	28	9	812 039	801 105
小型企业	181	77	868 400	838 105
一、按登记注册类型分组:				
内资企业	157	71	1 958 526	1 959 471
国有企业	51	30	276 708	2 72 831
联营企业	5	4	9 788	8 943
国有联营企业	3	3	1 929	1 753
国有与集体联营企业	1		6 624	6 578
其他联营企业	1	1	1235	612
有限责任公司	58	20	484 481	487 015
其他有限责任公司	58	20	484 481	487 015
股份有限公司	10	5	259 857	251 967
私营企业	30	11	161 622	147 153
私营独资企业	3	1	43 855	37 983
私营合作企业	1		1 902	1 902
私营有限责任公司	26	10	115 865	107 268
其他企业	3	1	766 071	791 563
港、澳、台商投资企业	29	6	145 030	143 290
合资经营企业(港或澳、台资)	13	2	55 100	55 026
合作经营企业(港或澳、台资)	1		15 052	14 510
港澳台商独资经营企业	14	4	69 928	68 804
港澳台商投资股份有限公司	1		4 950	4 950
外商投资企业	25	10	403 646	388 430
中外合资经营企业	9	2	179 410	172 797
中外合作经营企业	2	1	43 798	43 653
外资企业	14	7	180 439	171 980

以上非国有工业主要经济指标

年）

单位:万元

出口交货值	资产合计	固定资产原价	利润总额	利税总额	全部从业人员年平均人数(人)
145 336	2 754 217	1 370 010	129 001	321 168	44 663
6 767	1 560 319	891 167	47 890	175 233	17 561
101 487	1 332 751	688 122	73 029	153 900	29 128
43 849	1 421 466	681 888	55 972	167 268	15 535
	597 137	216 385	37 971	117 325	5 091
87 702	1 034 371	650 189	31 849	92 902	20 009
57 634	1 122 709	503 437	59 182	110 940	19 563
27 910	2 190 827	1 087 638	91 523	251 069	29 934
2 757	655 366	566 059	-1 708	15 852	11 802
	12 108	11 380	-307	-164	438
	7 925	9 270	-306	-216	303
	2 399	2 099	34	88	46
	1 783	12	-36	-36	89
10 014	627 647	225 053	52 555	100 615	8 510
10 014	627 647	225 053	52 555	100 615	8 510
	324 000	150 609	-1 956	9 489	3 275
15 139	92 028	23 124	3 823	10 862	3 429
	11 965	1 082	54	177	346
	951	108	29	80	185
15 139	79 112	21 934	3 740	10 605	2 898
	479 679	111 413	39 117	114 415	2 480
26 318	151 513	76 948	10 781	20 559	3 521
2 723	68 524	30 402	4 117	8 779	1 225
	5 010	498	232	865	120
23 596	67 775	40 313	5 512	9 690	1 942
	10 204	5 734	921	1 225	234
91 108	411 877	205 425	26 697	49 540	11 208
27 659	174 795	71 715	13 623	18 503	2 540
534	45 905	9 789	5 660	16 089	343
62 915	191 177	123 921	7 414	14 948	8 325

5—4 续 (2005

甲栏分组	企业单位数（个）	亏损企业	工业总产值（当年价）	工业销售产值（当年价）
二、按工业行业分				
有色金属矿采选业	1	1	6 548	5 156
农副食品加工业	19	10	162 376	157 115
食品制造业	15	6	145 027	163 752
饮料制造业	8	2	178 299	175 344
烟草制品业	1		55 885	57 017
纺织业	7	1	84 366	75 986
纺织服装、鞋、帽制造业	1		203	194
木材加工及木、竹、藤、棕、草制	3		16 506	15 985
家具制造业	3		20 698	21 304
造纸及纸制品业	6	4	10 370	10 711
印刷业和记录媒介的复制	16	8	33 674	32 740
化学原料及化学制品制造业	13	8	63 968	59 931
医药制造业	36	8	263 272	239 955
化学纤维制造业	3	3	57 120	57 965
塑料制品业	12	5	29 930	27 846
非金属矿物制品业	5	5	1 544	2 074
有色金属冶炼及压延加工业	2	1	4 004	4 106
金属制品业	4	1	138 249	134 854
专用设备制造业	4	1	14 690	13 657
交通运输设备制造业	28	11	876 256	898 630
电气机械及器材制造业	6	2	86 303	84 441
通信设备、计算机及其他电子设备	5	2	37 840	33 363
仪器仪表及文化、办公用机械制造	1	1	19	17
工艺品及其他制造业	3	2	1 931	1 669
电力、热力的生产和供应业	4	3	187 191	187 191
燃气生产和供应业	2		17 190	16 445
水的生产和供应业	3	2	13 744	13 744

年)

单位:万元

出口交货值	资产合计	固定资产原价	利润总额	利税总额	全部从业人员年平均人数(人)
	1 248	10	-45	-3	85
37 541	85 980	28 349	173	5 187	4 334
5 327	187 021	102 595	2 173	9 308	3 944
1 834	21 5111	116 332	10 971	22 984	2 081
291	54 709	33 287	6 238	33 095	432
42 287	49 639	24 430	5 132	5 709	5 809
	1992	970	14	87	69
1 475	6 490	803	439	1 084	294
7 521	21 358	10 168	3 122	4 268	905
4 961	14 867	5 120	-92	227	1 329
	55 762	48 444	2 244	3 209	1 541
2 131	99 186	64 256	-7 388	-5 425	1 618
	433 047	100 476	48 920	72 137	4 146
	95 809	110 406	-7 260	-6 759	852
103	33 918	15 851	2 679	3 259	813
	13 237	9 577	-908	-785	367
	7 970	3 064	-262	-72	179
13 232	91 255	60 930	5 046	6 824	892
	10 211	1 812	460	686	459
250	573 446	149 875	48 571	129 910	5 059
10 084	85 818	29 843	2 943	14 260	1 221
18 298	51 723	19 995	3 410	4 389	864
	128	34	-2	-1	15
	5 329	2 051	-21	56	251
	363 738	312 157	-1 627	10 448	4 559
	125 076	32 398	5 171	7 144	353
	70 150	86 778	-1 100	-58	2 192

5—5 海口市规模以上工业企业财务状况

(2005 年)　　　　单位:千元

指 标 名 称	代码	本年实际	指 标 名 称	代码	本年实际
一、年末资产负债			产品销售费用	30	1 610 955
流动资产合计	1	14 314 726	其中:广告费	31	284 023
其中:短期投资	2	12 143	产品销售税金及附加	32	703 167
应收账款净额	3	2 967 044	其他业务利润	33	90 710
存货	4	2 609 472	管理费用	34	1 713 490
其中:产成品	5	1 111 901	其中:税金	35	70 358
流动资产年平均余额	6	13 682 028	财产保险费	36	25 076
长期投资	7	2 099 894	劳动、待业保险费	37	15 867
固定资产合计	8	10 005 324	养老、医疗保险费	38	136 260
固定资产原价	9	13 700 102	办公费	39	50 906
其中:生产经营用	10	7 522 424	研究开发费	40	521 064
累计折旧	11	5 116 618	职工教育费	41	9 179
其中:本年折旧	12	581 488	财务费用	42	186 449
固定资产净值年平均余额	13	8 321 264	其中:利息支出	43	223 118
无形资产	14	806 694	营业利润	44	1 225 520
资产总计	15	2 7542 170	投资收益	45	7 798
流动负债合计	16	10 714 865	补贴收入	46	85 777
其中:应付账款	17	3 909 509	利润总额	47	1 290 014
长期负债合计	18	4 134 500	应交所得税	48	152 416
负债合计	19	14 926 244	三、工资、福利费、增值税		
所有者权益合计	20	12 615 926	本年应付工资总额	49	836 452
其中:实收资本	21	8 256 089	# 主营业务应付工资总额	50	734 867
#国家资本	22	1 582 531	本年应付福利费总额	51	126 785
集体资本	23	262 372	# 主营业务应付福利费	52	102 324
法人资本	24	3 674 792	本年应交增值税	53	1 218 496
个人资本	25	496 003	本年进项税额	54	2 672 159
港澳台资本	26	397 081	本年销项税额	55	3 874 293
外商资本	27	1 843 310	四、现金流量		
二、损益及分配			经营活动产生的现金流量净额	57	2 218 270
产品销售收入	28	24 425 245	投资活动产生的现金流量净额	58	-980 033
产品销售成本	29	19 028 891	筹资活动产生的现金流量净额	59	-387 240

5—6　秀英区规模以上工业企业财务状况

（2005 年）　　单位：千元

指标名称	代码	本年实际	指标名称	代码	本年实际
一、年末资产负债			产品销售费用	30	420 133
流动资产合计	1	2 323 866	其中：广告费	31	40 383
其中：短期投资	2	6 828	产品销售税金及附加	32	13 368
应收账款净额	3	720 437	其他业务利润	33	14 243
存货	4	662 229	管理费用	34	247 302
其中：产成品	5	261 801	其中：税金	35	5 782
流动资产年平均余额	6	2 374 319	财产保险费	36	2 549
长期投资	7	693 884	劳动、待业保险费	37	3 655
固定资产合计	8	1 758 519	养老、医疗保险费	38	36 288
固定资产原价	9	2 546 235	办公费	39	15 656
其中：生产经营用	10	1 673 780	研究开发费	40	11 322
累计折旧	11	859 186	职工教育费	41	1 482
其中：本年折旧	12	141 306	财务费用	42	71 229
固定资产净值年平均余额	13	1 728 063	其中：利息支出	43	70 431
无形资产	14	175 434	营业利润	44	25 280
资产总计	15	5 062 869	投资收益	45	－26 120
流动负债合计	16	1 827 772	补贴收入	46	28 919
其中：应付账款	17	567 205	利润总额	47	14 816
长期负债合计	18	661 087	应交所得税	48	15 227
负债合计	19	2 499 560	三、工资、福利费、增值税		
所有者权益合计	20	2 563 309	本年应付工资总额	49	217 155
其中：实收资本	21	1 964 040	# 主营业务应付工资总额	50	199 097
#国家资本	22	292 594	本年应付福利费总额	51	37 418
集体资本	23	150 315	# 主营业务应付福利费	52	26 623
法人资本	24	930 682	本年应交增值税	53	136 850
个人资本	25	223 476	本年进项税额	54	481 294
港澳台资本	26	123 260	本年销项税额	55	579 443
外商资本	27	243 713	四、现金流量		
二、损益及分配			经营活动产生的现金流量净额	57	－174 137
产品销售收入	28	4 517 768	投资活动产生的现金流量净额	58	22 377
产品销售成本	29	3 754 647	筹资活动产生的现金流量净额	59	－77 400

5—7　龙华区规模以上工业企业财务状况

（2005 年）　　单位:千元

指　标　名　称	代码	本年实际	指　标　名　称	代码	本年实际
一、年末资产负债			产品销售费用	30	1 043 781
流动资产合计	1	9 779 705	其中:广告费	31	216 187
其中:短期投资	2	4 772	产品销售税金及附加	32	464 394
应收账款净额	3	1 807 724	其他业务利润	33	54 286
存货	4	1 559 355	管理费用	34	1 259 280
其中:产成品	5	704 111	其中:税金	35	50 120
流动资产年平均余额	6	9 003 953	财产保险费	36	11 036
长期投资	7	600 207	劳动、待业保险费	37	7 458
固定资产合计	8	5 116 669	养老、医疗保险费	38	57 082
固定资产原价	9	7 198 135	办公费	39	25 777
其中:生产经营用	10	4 049 954	研究开发费	40	508 246
累计折旧	11	2 925 860	职工教育费	41	5 011
其中:本年折旧	12	325 823	财务费用	42	37 875
固定资产净值年平均余额	13	4 147 763	其中:利息支出	43	78 884
无形资产	14	504 923	营业利润	44	1 079 888
资产总计	15	16 092 305	投资收益	45	5 131
流动负债合计	16	6 783 159	补贴收入	46	52 787
其中:应付账款	17	2 827 000	利润总额	47	1 127 004
长期负债合计	18	1 774 794	应交所得税	48	107 456
负债合计	19	8 559 293	三、工资、福利费、增值税		
所有者权益合计	20	7 533 012	本年应付工资总额	49	385 392
其中:实收资本	21	4 532 963	# 主营业务应付工资总额	50	332 429
#国家资本	22	663 779	本年应付福利费总额	51	55 707
集体资本	23	66 627	# 主营业务应付福利费	52	46 964
法人资本	24	1 912 157	本年应交增值税	53	882 036
个人资本	25	216 263	本年进项税额	54	1 946 869
港澳台资本	26	220 606	本年销项税额	55	2 879 698
外商资本	27	1 453 531	四、现金流量		
二、损益及分配			经营活动产生的现金流量净额	57	2 427 470
产品销售收入	28	16 383 710	投资活动产生的现金流量净额	58	-665 252
产品销售成本	29	12 532 260	筹资活动产生的现金流量净额	59	-341 658

5—8　琼山区规模以上工业企业财务状况

(2005 年)　　单位:千元

指标名称	代码	本年实际	指标名称	代码	本年实际
一、年末资产负债			产品销售费用	30	24 115
流动资产合计	1	736 331	其中:广告费	31	1 158
其中:短期投资	2	343	产品销售税金及附加	32	215 478
应收账款净额	3	87 922	其他业务利润	33	8 220
存货	4	212 955	管理费用	34	83 691
其中:产成品	5	53 672	其中:税金	35	3 058
流动资产年平均余额	6	757 053	财产保险费	36	830
长期投资	7	25 841	劳动、待业保险费	37	1 801
固定资产合计	8	1 120 109	养老、医疗保险费	38	19 472
固定资产原价	9	1 442 972	办公费	39	3289
其中:生产经营用	10	781 916	研究开发费	40	274
累计折旧	11	482 276	职工教育费	41	1 026
其中:本年折旧	12	31 473	财务费用	42	27 009
固定资产净值年平均余额	13	900 742	其中:利息支出	43	22 786
无形资产	14	70 557	营业利润	44	39 320
资产总计	15	1 998 887	投资收益	45	22
流动负债合计	16	677 969	补贴收入	46	1 056
其中:应付账款	17	219 829	利润总额	47	37 314
长期负债合计	18	669 395	应交所得税	48	12 803
负债合计	19	1 412 182	三、工资、福利费、增值税		
所有者权益合计	20	586 705	本年应付工资总额	49	96 375
其中:实收资本	21	581 993	# 主营业务应付工资总额	50	77 842
#国家资本	22	236 729	本年应付福利费总额	51	11 680
集体资本	23	21 299	# 主营业务应付福利费	52	10 734
法人资本	24	250 147	本年应交增值税	53	82 997
个人资本	25	11 000	本年进项税额	54	82 720
港澳台资本	26	1 846	本年销项税额	55	162 188
外商资本	27	60 972	四、现金流量		
二、损益及分配			经营活动产生的现金流量净额	57	182 336
产品销售收入	28	1 333 694	投资活动产生的现金流量净额	58	－103 960
产品销售成本	29	937 393	筹资活动产生的现金流量净额	59	3 496

5—9 美兰区规模以上工业企业财务状况

(2005 年)　　单位:千元

指标名称	代码	本年实际	指标名称	代码	本年实际
一、年末资产负债			产品销售费用	30	122 926
流动资产合计	1	1 474 824	其中:广告费	31	26 295
其中:短期投资	2	200	产品销售税金及附加	32	9 927
应收账款净额	3	350 961	其他业务利润	33	13 961
存货	4	174 933	管理费用	34	123 217
其中:产成品	5	92 317	其中:税金	35	11 398
流动资产年平均余额	6	1 546 703	财产保险费	36	10 661
长期投资	7	779 962	劳动、待业保险费	37	2 953
固定资产合计	8	2 010 027	养老、医疗保险费	38	23 418
固定资产原价	9	2 512 760	办公费	39	6 184
其中:生产经营用	10	1 016 774	研究开发费	40	1 222
累计折旧	11	849 296	职工教育费	41	1 660
其中:本年折旧	12	82 886	财务费用	42	50 336
固定资产净值年平均余额	13	1 544 696	其中:利息支出	43	51 017
无形资产	14	55 780	营业利润	44	81 032
资产总计	15	4 388 109	投资收益	45	28 765
流动负债合计	16	1 425 965	补贴收入	46	3 015
其中:应付账款	17	295 475	利润总额	47	110 880
长期负债合计	18	1 029 224	应交所得税	48	16 930
负债合计	19	2 455 209	三、工资、福利费、增值税		
所有者权益合计	20	1 932 900	本年应付工资总额	49	137 530
其中:实收资本	21	1 177 093	# 主营业务应付工资总额	50	125 499
#国家资本	22	389 429	本年应付福利费总额	51	21 980
集体资本	23	24 131	# 主营业务应付福利费	52	18 003
法人资本	24	581 806	本年应交增值税	53	116 613
个人资本	25	45 264	本年进项税额	54	161 276
港澳台资本	26	51 369	本年销项税额	55	252 964
外商资本	27	85 094	四、现金流量		
二、损益及分配			经营活动产生的现金流量净额	57	-217 399
产品销售收入	28	2 190 073	投资活动产生的现金流量净额	58	-233 198
产品销售成本	29	1 804 591	筹资活动产生的现金流量净额	59	28 322

海口统计年鉴

HAIKOU STATISTICAL YEARBOOK

INVESTMENT IN FIXEDASSETS AND CONSTRUCTION

固定资产投资和建筑业

6

Chapter 6

HAIKOU STATISTICAL YEARBOOK

6—1 历年全社会固定资产投资总额

单位:万元

年份	固定资产投资总额	基本建设	更新改造	房地产开发	其它投资	城乡集体	城乡私人
1953	232	232					
1954	145	145					
1955	227	227					
1956	176	176					
1957	161	161					
1958	694	694					
1959	1 218	1 218					
1960	1 094	1 094					
1961	1 766	1 766					
1962	481	481					
1963	675	675					
1964	1 045	1 045					
1965	952	952					
1966	577	577					
1967	394	394					
1968	548	548					
1969	371	371					
1970	717	717					
1971	516	516					
1972	945	945					
1973	877	877					
1974	2 270	2 270					
1975	3 074	2 985			89	89	
1976	2 514	1 676	705		133	133	
1977	2 747	2 290	457				
1978	2 941	2 467	393		81	81	
1979	2 874	2 514	299		61	48	13
1980	4 227	3 809	261		157	82	75
1981	4 897	4 017	307		573	181	392
1982	6 328	4 831	750		747	297	450
1983	9 309	5 820	2 673		816	297	519
1984	26 766	16 491	6 332		3 943	1 618	2 325
1985	54 722	40 669	7 102		6 951	2 690	4 261
1986	51 437	41 134	8 215		2 088	742	1 346
1987	48 161	28 578	14 212		5 371	1 241	4 130
1988	71 021	48 893	11 047		11 081	4 303	6 778
1989	173 545	114 444	9 426	35 300	14 375	3 406	10 969
1990	214 333	143 616	19 537	39 150	12 030	3 872	8 158
1991	289 101	158 429	17 273	101 315	12 084	6 583	5 501
1992	605 209	275 196	28 600	281 488	19 925	10 755	9 170
1993	1 022 628	490 088	62 718	424 786	45 036	26 853	18 183
1994	1 073 429	588 633	43 498	393 576	47 722	18 401	29 321
1995	756 074	421 427	35 856	264 084	34 707	9 017	25 690
1996	785 194	602 175	40 069	106 480	36 470	15 466	21 004
1997	753 978	627 810	47 830	50 666	27 672	8 725	18 947
1998	850 100	670 447	40 934	83 727	54 992	15 241	39 751
1999	819 212	661 937	50 484	46 125	60 666	23 779	36 887
2000	772 015	537 919	71 292	92 238	70 566	14 923	55 390
2001	852 411	562 822	97 316	137 076	55 197	17 920	37 277
2002	935 748	680 702	62 945	150 541	41 560	5 558	29 128
2003	1 033 979	613 828	61 687	277 007	81 457	16 372	36 550
2004	1 234 875	603 271	94 319	445 390	91 895	10 600	57 966
2005	1 371 664	845 172		463 789	62 703	7 543	55 160

注:2005 年起固定资产投资不设“基本建设”和“更新改造”,只统称“城镇投资”。取消城乡集体指标,设为“农村投资”。

6—2 全社会固定资产投资基本情况

指　　标	1987 年	2000 年	2003 年	2004 年	2005 年
一、投资总额(万元)	48 161	772 015	1 033 979	1 234 875	1 371 664
1. 按报表种类分					
基本建设	28 578	537 919	613 828	603 271	845 172
更新改造	14 212	71 292	61 687	94 319	
房地产开发		92 238	277 007	445 390	463 789
其他投资合计	5 371	70 566	81 457	91 895	62 703
农村投资	680	6 340	4 967	6 752	7 543
城镇私人	467	28 577	18 065	32 497	33 684
农村私人	3 663	27 046	18 485	25 469	21 476
2. 按构成分	48 161	772 015	1 033 979	1 235 753	
建筑安装工程	30 395	420 014	570 708	733 404	691 510
设备、工器具购置	9 728	273 795	339 231	327 558	438 575
其它费用	8 038	78 206	124 040	174 791	
二、房屋建筑面积(平方米)					
房屋施工面积	1 356 140	4 669 170	6 886 325	9 607 586	9 718 547
#住宅	663 682	2 813 675	4 777 350	6 021 773	6 595 513
房屋竣工面积	873 915	1 657 981	1 910 770	2 096 499	2 013 371
#住宅	523 420	1 348 565	1 566 671	1 696 645	1 563 511
三、商品销售及空置					
商品房销售额(万元)		81 329	200 142	346 260	510 232
商品房销售面积(平方米)		405 732	956 719	1 528 841	1 925 290
商品房空置面积(平方米)		558 795	702 543	1 250 468	582 675
四、新增固定资产(万元)	42 078	498 811	685 858	731 025	874 993
基本建设	22 671	307 041	414 595	332 213	599 962
更新改造	14 313	57 555	47 487	30 528	
房地产开发		67 408	165 536	288 106	214 040
其他投资合计	5 094	66 807	58 240	80 178	60 991
#其他投资	309	5 715	16 898	16 789	
农村投资	655	5 469	4 792	5 423	5 831
城镇私人	467	28 577	18 065	32 497	33 684
农村私人	3 663	27 046	18 485	25 469	21 476

6—3 历年固定资产投资财务拨款数

单位:万元

指标	1987 年	2000 年	2003 年	2004 年	2005 年
本年资金来源合计	56 221	1 045 560	1 180 179	1 506 609	1 654 194
上年末结余资金	8 167	132 636	130 416	195 690	179 303
本年资金来源小计	48 054	912 924	1 049 763	1 310 919	1 474 891
国家预算内资金	7 421	47 444	69 461	43 845	58 568
国内贷款	15 937	167 172	164 895	148 941	272 931
债券		18 223	4 806	550	1 400
利用外资	257	240 450	249 958	197 274	191 753
自筹资金	19 712	289 977	336 664	540 409	522 496
#中央各部门自筹	4 227	2 922			
省自筹	1 447	7 187	33 346	3 311	
市自筹	5 647	12 231	20 792	20 527	
县自筹	340	2 173			
企事业单位自有资金	8 051	265 464	282 526	516 571	283 690
#发行股票		40 033	5 318	46 022	
其它资金来源	4 727	149 658	223 979	379 900	427 743
#集资		64 484	23 581	11 392	1 464

6—4 固定资产投资财务拨款数

(2005 年)

单位:万元

指标	合计	城镇投资	房地产开发	其他投资合计	农村投资	城镇私人	农村私人
本年资金来源合计	1 652 730	905 581	684 056	63 093	7 933	33 684	21 476
上年末结余资金	179 303	63 688	115 509	106	106		
本年资金来源小计	1 473 427	841 893	568 547	62 987	7 827	33 684	21 476
国家预算内资金	58 568	55 293		3 275	3 275		
国内贷款	272 931	213 443	59 408	80	80		
债券	1 400	1400					
利用外资	191 753	182 861	8 892				
自筹资金	521 032	319 653	198 676	2 703	2 703		
#中央各部门自筹							
省自筹	5 878	5 878					
市自筹	11 935	11 625		310	310		
县自筹	1 236	1 236					
企事业单位自有资金	501 983	300 914	198 676	2 393	2 393		
#发行股票							
其它资金来源	427 743	69 243	301 571	56 929	1 769	33 684	21 476
#集资	1 464	1 464					

6—5 秀英区固定资产投资财务拨款数

(2005年)　　单位:万元

指　　标	合　计	城　镇投　资	房地产开　发	其他投资合计	农村投资	城镇私人	农村私人
本年资金来源合计	197 577	161 887	24 259	11 431	2 276	3 227	5 928
上年末结余资金	17 118	15 917	1 095	106	106		
本年资金来源小计	180 459	145 970	23 164	11 325	2 170	3 227	5 928
国家预算内资金	20 386	19 586		800	800		
国内贷款	35 700	34 200	1 500				
债　　券							
利用外资	5 190	4 497	693				
自筹资金	67 629	62 920	3 884	825	825		
#中央各部门自筹							
省自筹							
市自筹	586	586					
县自筹							
企事业单位自有资金	67 043	62 334	3 884	825	825		
#发行股票							
其它资金来源	51 554	24 767	17 087	9 700	545	3 227	5 928
#集　资							

6—6 龙华区固定资产投资财务拨款数

(2005年)　　单位:万元

指　　标	合　计	城　镇投　资	房地产开　发	其他投资合计	农村投资	城镇私人	农村私人
本年资金来源合计	866 752	336 688	502 480	27 584	2 427	20 023	5 134
上年末结余资金	91 849	11 563	80 286				
本年资金来源小计	774 903	325 125	422 194	27 584	2 427	20 023	5 134
国家预算内资金	10 115	8 682		1 433	1 433		
国内贷款	98 110	46 187	51 923				
债　　券	1 400	1 400					
利用外资	40 551	34 867	5 684				
自筹资金	367 738	212 436	154 842	460	460		
#中央各部门自筹							
省自筹	3 350	3 350					
市自筹	6 514	6 510		4	4		
县自筹	1 086	1 086					
企事业单位自有资金	356 788	201 490	154 842	456	456		
#发行股票							
其它资金来源	256 989	21 553	209 745	25 691	534	20 023	5 134
#集　资	1 464	1 464					

6—7　琼山区固定资产投资财务拨款数

(2005 年)　　单位:万元

指　　标	合　计	城　镇投　资	房地产开　发	其他投资合计	农村投资	城镇私人	农村私人
本年资金来源合计	81 631	53 408	17 172	11 051	2 039	3 931	5 081
上年末结余资金	6 383	4 723	1 660				
本年资金来源小计	75 248	48 685	15 512	11 051	2 039	3 931	5 081
国家预算内资金	13 090	12 233		857	857		
国内贷款	17 779	17 460	239	80	80		
债　　券							
利用外资	1 994	341	1 653				
自筹资金	17 750	13 215	3 803	732	732		
#中央各部门自筹							
省自筹							
市自筹	2 372	2 296		76	76		
县自筹							
企事业单位自有资金	15 378	10 919	3 803	656	656		
#发行股票							
其它资金来源	24 635	5 436	9 817	9 382	370	3 931	5 081
#集　资							

6—8　美兰区固定资产投资财务拨款数

(2005 年)　　单位:万元

指　　标	合　计	城　镇投　资	房地产开　发	其他投资合计	农村投资	城镇私人	农村私人
本年资金来源合计	506 770	353 598	140 145	13 027	1 191	6 503	5 333
上年末结余资金	63 953	31 485	32 468				
本年资金来源小计	442 817	322 113	107 677	13 027	1 191	6 503	5 333
国家预算内资金	14 977	14 792		185	185		
国内贷款	121 342	115 596	5 746				
债　　券							
利用外资	144 018	143 156	862				
自筹资金	67 915	31 082	36 147	686	686		
#中央各部门自筹							
省自筹	2 528	2 528					
市自筹	2 463	2 233		230	230		
县自筹	150	150					
企事业单位自有资金	62 774	26 171	36 147	456	456		
#发行股票							
其它资金来源	94 565	17 487	64 922	12 156	320	6 503	5 333
#集　资							

6—9 固定资产投资基本情况

(2005 年)　　单位:万元

指　　标	合 计	城 镇 投 资	房地产 开 发	其 他 合 计	农村 投资	城镇 个人	农村 个人
一、投资总额(万元)	1 371 664	845 172	463 789	62 703	7 543	33 684	21 476
按构成分							
建筑工程	697 943	313 327	326 757	57 859	5 978	33 325	18 556
安装工程	81 880	49 528	32 243	109	109		
设备、工器具购置	433 631	423 403	8 275	1 953	105		1 848
其他费用	158 210	58 914	96 514	2 782	1 351	359	1 072
二、房屋建筑面积(平方米)							
施工房屋面积	9 718 547	2 312 400	6 941 026	465 121	14 261	183 738	267 122
#住　宅	6 595 513	620 102	5 544 305	431 106	3 600	176 346	251 160
竣工房屋面积	2 013 371	445 415	1103 235	46 4721	13 861	183 738	267 122
#住　宅	1 563 511	163 337	969 068	431 106	3 600	176 346	251 160
竣工房屋价值	320 038	73 356	200 192	46 490	1 042	33 684	11 764
#住　宅	245 000	21 027	179 367	44 606	237	33 211	11 158

6—10 秀英区固定资产投资基本情况

(2005 年)　　单位:万元

指　　标	合 计	城 镇 投 资	房地产 开 发	其 他 合 计	农村 投资	城镇 个人	农村 个人
一、投资总额(万元)	163 286	139 620	12 661	11 005	1 850	3 227	5 928
按构成分							
建筑工程	89 443	70 125	9 408	9 910	1 662	3 123	5 125
安装工程	19 389	17 914	1 475				
设备、工器具购置	29 450	28 684	226	540	65		475
其他费用	25 004	22 897	1552	555	123	104	328
二、房屋建筑面积(平方米)							
施工房屋面积	949 736	485 861	353 330	110 545	1 460	40 977	68 108
#住宅	496 441	62 539	329 718	104 184		38 717	65 467
竣工房屋面积	298 690	145 885	42 260	110 545	1 460	40 977	68 108
#住　宅	160 766	27 655	28 927	104 184		38 717	65 467
竣工房屋价值	44 039	31 651	6 018	6 370	145	3 227	2 998
#住　宅	13 867	3 849	4 062	5 956		3 012	2 944

6—11 龙华区固定资产投资基本情况

(2005 年) 单位:万元

指标	合计	城镇投资	房地产开发	其他合计	农村投资	城镇个人	农村个人
一、投资总额(万元)	689 220	323 232	338 364	27 624	2 467	20 023	5 134
按构成分							
建筑工程	389 013	133 076	230 128	25 809	1 735	19 768	4 306
安装工程	53 563	29 234	24 220	109	109		
设备、工器具购置	140 024	132 964	6 550	510	17		493
其他费用	106 620	27 958	77 466	1 196	606	255	335
二、房屋建筑面积(平方米)							
施工房屋面积	5 673 627	885 306	4 691 936	96 385	5 148	35 622	55 615
#住宅	3 945 449	224 160	3 634 363	86 926	1 900	35 186	49 840
竣工房屋面积	858 481	100 463	661 633	96 385	5 148	35 622	55 615
#住宅	715 909	40 820	588 163	86 926	1 900	35 186	49 840
竣工房屋价值	161 368	18 687	120 102	22 579	361	20 023	2 195
#住宅	138 246	6 454	109 689	22 103	125	20 007	1 971

6—12 琼山区固定资产投资基本情况

(2005 年) 单位:万元

指标	合计	城镇投资	房地产开发	其他合计	农村投资	城镇个人	农村个人
一、投资总额(万元)	75 908	51 636	13 225	11 047	2 035	3 931	5 081
按构成分							
建筑工程	67 432	49 134	8 048	10 250	1 905	3 931	4 414
安装工程	822	480	342				
设备、工器具购置	1 801	1 257	70	474			474
其他费用	5 853	765	4 765	323	130		193
二、房屋建筑面积(平方米)							
施工房屋面积	689 596	399 682	140 292	149 622	7 653	49 465	92 504
#住宅	431 380	174 331	119 657	137 392	1 700	47 829	87 863
竣工房屋面积	275 522	69 981	56 319	149 222	7 253	49 465	92 504
#住宅	214 954	32 071	45 491	137 392	1 700	47 829	87 863
竣工房屋价值	21 156	5 679	7 321	8 156	536	3 931	3 689
#住宅	16 024	3 231	5 203	7 590	112	3931	3 547

6—13 美兰区固定资产投资基本情况

(2005 年)　　单位:万元

指　　标	合　计	城　镇投　资	房地产开　发	其　他合　计	农村投资	城镇个人	农村个人
一、投资总额(万元)	443 250	330 684	99 539	13 027	1 191	6 503	5 333
按构成分							
建筑工程	152 055	60 992	79 173	11 890	676	6 503	4 711
安装工程	8 106	1 900	6 206				
设备、工器具购置	262 356	260 498	1 429	429	23		406
其他费用	20 733	7 294	12 731	708	492		216
二、房屋建筑面积(平方米)							
施工房屋面积	2 405 588	541 551	1 755 468	108 569		57 674	50 895
#住　宅	1 722 243	159 072	1460 567	102 604		54 614	47 990
竣工房屋面积	580 678	129 086	343 023	108 569		57 674	50 895
#住　宅	471 882	62 791	306 487	102 604		54 614	47 990
竣工房屋价值	93 475	17 339	66 751	9 385		6 503	2 882
#住　宅	76 863	7 493	60 413	8 957		6 261	2 696

6—14 按各个口径分组的固定资产投资

(2005 年)　　　　单位:万元

指　　标	合 计	城 镇 投 资	房地产 开 发	其 他 合 计	农村 投资	城镇 个人	农村 个人
总　　计	1 371 664	845 172	463 789	62 703	7 543	33 684	21 476
(一)按经济类型分							
内资	1 246 586	794 652	389 231	62 703	7 543	33 684	21 476
国有	330 216	310 668	14 960	4 588	4 588		
集体	13 629	1 702	9 572	2 355	2 355		
股份合作	7 508	1 336	6 172				
国有联营	4 552	276	4 276				
国有与集体联营	9 545	5 129	4 416				
国有独资公司	52 065	47 068	4 997				
其他有限责任公司	283 987	65 014	218 893	80	80		
股份有限公司	371 818	354 540	17 278				
私营个体	163 549	7 500	100 889	55 160		33 684	21 476
其他	9 717	1 419		520	520		
港澳台商投资	63 539	20 317	43 222				
港澳台合资经营	29 657	8 438	21 219				
港澳台独资	33 567	11 564	22 003				
港澳台股份有限	315	315					
外商投资	61 539	30 203	31 336				
外商合资经营	19 955	5 716	14 239				
外商合作经营	4 754	2 365	2 389				
外商独资	33 860	22 122	11 738				
外商股份有限	2 970		2 970				
个体经营							
(二)按隶属关系分							
中央	109 256	104 195	5 061				
省	666 797	456 211	210 531	55	55		
市	220 410	187 982	27 747	4 681	4 681		
县	8 930	7 027	1 623	280	280		
其他	365 408	89 757	218 827	56 824	1 664	33 684	21 476
(三)按建设性质分							
新建	848 897	374 372	463 389	11 136	3 272		7 864
扩建	119 827	118 215		1 612	1 612		
改建	69 589	67 167		2 422	2 422		
单纯建造生活设施	55 750	10 065		45 685	237	33 684	11 764
迁建	9 626	9 626					
单纯购置	267 575	265 727		1 848			1 848

6—15 秀英区按各个口径分组的固定资产投资

(2005 年)　　　　单位:万元

指　　标	合　计	城　镇投　资	房地产开　发	其　他合　计	农村投资	城镇个人	农村个人
总　　计	163 286	139 620	12 661	11 005	1 850	3 227	5 928
(一)按经济类型分							
内资	136 606	115 454	10 147	11 005	1 850	3 227	5 928
国有	75 349	73 728	150	1 471	1 471		
集体	789	490		299	299		
股份合作							
国有联营							
国有与集体联营	4 000	4 000					
国有独资公司	5 548	5 548					
其他有限责任公司	23 705	15 102	8 523	80	80		
股份有限公司	16 586	16 586					
私营个体	9 155			9 155		3 227	5 928
其他	1 474		1 474				
港澳台商投资	10 815	9 206	1 609				
港澳台合资经营	8 391	7 552	839				
港澳台独资	2 424	1 654	770				
港澳台股份有限							
外商投资	15 865	14 960	905				
外商合资经营	2 914	2 914					
外商合作经营							
外商独资	12 951	12 046	905				
外商股份有限							
个体经营							
(二)按隶属关系分							
中央	4 319	4 319					
省(自治区,直辖市)	35 229	33 485	1 744				
地区(州、盟,省直辖市)	61 518	57 424	2 244	1 850	1 850		
县	282	282					
其他	61 938	44 110	8 673	9 155		3 227	5 928
(三)按建设性质分							
新建	120 854	105 506	12 261	3 087	632		2 455
扩建	22 873	22 648		225	225		
改建	4 675	3 682		993	993		
单纯建造生活设施	6 415	190		6 225		3 227	2 998
迁建							
单纯购置	8 069	7 594		475			475

6—16 龙华区按各个口径分组的固定资产投资

(2005 年)　　　　　　单位:万元

指　　标	合　计	城　镇 投　资	房地产 开　发	其　他 合　计	农村 投资	城镇 个人	农村 个人
总　　计	689 220	323 232	338 364	27 624	2 467	20 023	5 134
(一)按经济类型分							
内资	611 449	299 064	284 761	27 624	2 467	20 023	5 134
国有	15 5121	145 463	9 407	251	251		
集体	11 770	502	9 572	1 696	1 696		
股份合作	1 338	1 336	2				
国有联营	4 552	276	4 276				
国有与集体联营	4 221	1 129	3 092				
国有独资公司	21 420	20 046	1 374				
其他有限责任公司	215 919	38 893	177 026				
股份有限公司	93 047	82 500	10 547				
私营个体	97 237	7 500	64 580	25 157		20 023	5 134
其他	6 824	1 419	4 885	520	520		
港澳台商投资	49 416	9 616	39 800				
港澳台合资经营	20 666	286	20 380				
港澳台独资	28 750	9 330	19 420				
港澳台股份有限							
外商投资	28 355	14 552	13 803				
外商合资经营	2 802	2 802					
外商合作经营	2 365	2 365					
外商独资	20 218	9 385	10 833				
外商股份有限	2 970		2 970				
个体经营							
(二)按隶属关系分							
中央	101 003	99 715	1 288				
省(自治区,直辖市)	27 9761	124 647	155 114				
地区(州、盟,省直辖市)	80 407	60 965	16 975	2 467	2 467		
县	817	817					
其他	227 232	37 088	164 987	25 157		20 023	5 134
(三)按建设性质分							
新建	540 963	198 553	338 364	4 046	1 600		2 446
扩建	63 786	63 666		120	120		
改建	46 933	4 6311		622	622		
单纯建造生活设施	27 314	4 971		22 343	125	20 023	2 195
迁建							
单纯购置	10 224	9 731		493			493

6—17 琼山区按各个口径分组的固定资产投资

(2005 年) 单位:万元

指标	合计	城镇投资	房地产开发	其他合计	农村投资	城镇个人	农村个人
总计	75 908	51 636	13 225	11 047	2 035	3 931	5 081
(一)按经济类型分							
内资	75 567	51 295	13 225	11 047	2 035	3 931	5 081
国有	31 913	30 238		1 675	1 675		
集体	960	600		360	360		
股份合作	6 020		6 020				
国有联营							
国有与集体联营							
国有独资公司	14 950	14 950					
其他有限责任公司	5 507	5 507					
股份有限公司	1 623		1 623				
私营个体	13 666		4 654	9 012	3 931	5 081	
其他	928		928				
港澳台商投资							
港澳台合资经营							
港澳台独资							
港澳台股份有限							
外商投资	341	341					
外商合资经营							
外商合作经营							
外商独资	341	341					
外商股份有限							
个体经营							
(二)按隶属关系分							
中央							
省(自治区,直辖市)	32 853	25 144	7 654	55	55		
地区(州、盟,省直辖市)	23 193	21 575	1 522	96	96		
县	5 552	3 649	1 623	280	280		
其他	14 310	1 268	2 426	10 616	1 604	3 931	5 081
(三)按建设性质分							
新建	37 751	23 510	13 225	1 016	98		918
扩建	6 869	5 851		1 018	1 018		
改建	10 393	9 586		807	807		
单纯建造生活设施	11 482	3 750		7 732	112	3 931	3 689
迁建	8 626	8 626					
单纯购置	787	313		474			474

6—18 美兰区按各个口径分组的固定资产投资

(2005 年) 单位:万元

指标	合计	城镇投资	房地产开发	其他合计			
					农村投资	城镇个人	农村个人
总计	443 250	330 684	99 539	13 027	1 191	6 503	5 333
(一)按经济类型分							
内资	422 964	328 839	81 098	13 027	1 191	6 503	5 333
国有	67 833	61 239	5 403	1 191	1 191		
集体	110	110					
股份合作	150		150				
国有联营							
国有与集体联营	1 324		1 324				
国有独资公司	10 147	6 524	3 623				
其他有限责任公司	38 856	5 512	33 344				
股份有限公司	260 562	255 454	5 108				
私营个体	43 491		31 655	11 836		6 503	5 333
其他	491		491				
港澳台商投资	3 308	1 495	1 813				
港澳台合资经营	600	600					
港澳台独资	2 393	580	1 813				
港澳台股份有限	315	315					
外商投资	16 978	350	16 628				
外商合资经营	14 239		14 239				
外商合作经营	2 389		2 389				
外商独资	350	350					
外商股份有限							
个体经营							
(二)按隶属关系分							
中央	3 934	161	3 773				
省(自治区,直辖市)	318 954	272 935	46 019				
地区(州、盟,省直辖市)	55 292	48 018	7 006	268	268		
县	2 279	2 279					
其他	61 928	7291	42 741	11 896	60	6 503	5 333
(三)按建设性质分							
新建	149 329	46 803	99 539	2 987	942		2 045
扩建	26 299	26 050		249	249		
改建	7 588	7 588					
单纯建造生活设施	10 539	1 154		9 385		6 503	2 882
迁建	1 000	1 000					
单纯购置	248 495	248 089		406			406

6—19 历年国民经济各行业固定资产投资额

单位:万元

指标	2002年	2003年	2004年	2005年
总计	935 748	1 033 979	1 234 875	1 371 664
农、林、牧、渔业	29 423	25 735	28 664	25 082
制造业	51 463	124 377	121 965	114 811
电力、煤气及水的供应业	13 165	22 024	11 796	35 713
建筑业	1 321	6 909	4 283	5 651
交通运输运输、仓储和邮政业	465 833	297 550	240 250	259 959
信息传输、计算机服务和软件业	55 158	30 030	110 245	123 556
批发和零售业	7 789	9 147	13 934	17 987
住宿和餐饮业	15 417	33 638	22 161	39 538
金融业	8 678	6 827	6 838	19 984
房地产业	154 834	291 403	460 646	471 699
租赁和商业服务业		539	232	1 425
科学研究、技术服务和地质勘查业	570	1 632	1 380	3 501
水利、环境和公共设施管理业	2 803	68 109	72 029	100 303
居民服务和其他服务业	58 579	1 500		
教育	20 420	41 159	45 131	43 245
卫生、社会保障和社会福利业	16 172	10 398	17 153	29 362
文化、体育和娱乐业	5 562	14 216	8 029	16 744
公共管理和社会组织国家机构	22 453	30 407	37 642	29 420
其他	6 108	18 379	32 497	3 3684

6—20 国民经济各行业固定资产投资

(2005 年)　　单位:万元

指　标	合　计	城镇投资	房地产开发	其他合计	农村投资	城镇个人	农村个人
总　计	1 371 664	845 172	463 789	62 703	7 543	33 684	21 476
一、农、林、牧、渔业	25 082	1 150		23 932	2 456		21 476
农业	23 773	66		23 707	2 231		21 476
水果、坚果、饮料和香料作物的种植	947	60		887	887		
林业	612	387		225	225		
林木的培育和种植	612	387		225	225		
渔业	60	60					
农林牧渔服务业	637	637					
二、制造业	114 811	114 811					
农副食品加工业	5 056	5 056					
水产品加工	5 056	5 056					
食品制造业	874	874					
饮料制造业	412	412					
酒的制造							
软饮料制造	412	412					
纺织业	16 887	16 887					
棉、化纤纺织及印染精加工	15 973	15 973					
针织品、编织品及其制品制造	914	914					
纺织服装、鞋、帽制造业							
木材加工及木、竹、藤、棕、草制品业	851	851					
锯材、木片加工	851	851					
印刷业和记录媒介的复制	1 577	1 577					
印　刷	1 577	1 577					
文教体育用品制造业							
化学原料及化学制品制造业	949	949					
肥料制造	949	949					
合成材料制造							
日用化学产品制造							
医药制造业	58 454	58 454					
橡胶制品业							
塑料制品业	1 035	1 035					
有色金属冶炼及压延加工业							
有色金属压延加工							

6—20 续1 (2005年) 单位:万元

指标	合计	城镇投资	房地产开发	其他合计	农村投资	城镇个人	农村个人
金属制品业	3 160	3 160					
结构性金属制品制造	2 080	2 080					
集装箱及金属包装容器制造	180	180					
通用设备制造业							
金属加工机械制造							
泵、阀门、压缩机及类似机械的							
专用设备制造业	1 075	1 075					
印刷、制药、日化生产专用设备	968	968					
电子和电工机械专用设备制造							
环保、社会公共安全及其他制造	107	107					
交通运输设备制造业	15 867	15 867					
汽车制造	14 433	14 433					
摩托车制造	1 284	1 284					
自行车制造							
电气机械及器材制造业	6 200	6 200					
输配电及控制设备制造	740	740					
通信设备、计算机及其他电子设备	2 339	2 339					
通讯设备制造							
广播电视设备制造	500	500					
电子器件制造	1 839	1 839					
家用视听设备制造							
仪器仪表及文化、办公用机械制造	75	75					
通用仪器仪表制造							
三、电力、燃气及水的生产和供应业	35 713	35 274		439	439		
电力、热力的生产和供应业	26 331	26 331					
电力生产	23 466	23 466					
燃气生产和供应业							
四、建筑业	5 651	5 501		150	150		
房屋和土木工程建筑业	2 545	2 395		150	150		
土木工程建筑	2 529	2 379		150	150		
其他建筑业	3 106	3 106					
五、交通运输、仓储及邮政业	259 959	258 019		1 940	1 940		
铁路运输业	74	74					
道路运输业	2 676	790		1 886	1 886		
城市公共交通业							
水上运输业	3 458	3 458					
水上旅客运输							
水上货物运输							
水上运输辅助活动	3 458	3 458					

6—20 续2 (2005年) 单位:万元

指标	合计	城镇投资	房地产开发	其他合计	农村投资	城镇个人	农村个人
航空运输业	253 212	253 212					
航空客货运输	234 565	234 565					
航空运输辅助活动	18 285	18 285					
装卸搬运和其他运输服务业							
仓储业	54			54	54		
邮政业	485	485					
六、信息传输、计算机服务和软件业	123 556	123 556					
电信和其他信息传输服务业	123 556	123 556					
电信	91 805	91 805					
软件业							
公共软件服务							
七、批发和零售业	17 987	17 875		112	112		
批发业	7 002	6 890		112	112		
食品、饮料、烟草制品批发	4 826	4 714		112	112		
纺织、服装及日用品批发	228	228					
文化、体育用品及器材批发	783	783					
矿产品、建材及化工产品批发	1 393	1 393					
零售业	10 985	10 985					
纺织、服装及日用品专门零售	7 841	7 841					
汽车、摩托车、燃料及零配件	3 144	3 144					
八、住宿和餐饮业	39 538	39 538					
住宿业	39 472	39 472					
餐饮业	66	66					
九、金融业	19 984	19 984					
银行业	9 008	9 008					
保险业	9 631	9 631					
十、房地产业	471 699	7 910	463 789				
房地产业	471 699	7 910	463 789				
十一、租赁和商务服务业	1 425	1 345		80	80		
商务服务业	1 425	1 345		80	80		
其他商务服务	1 345	1 345					
十二、科学研究、技术服务和地质勘察业	3 501	3 501					
研究与试验发展	348	348					
专业技术服务业	2 452	2 452					
科技交流与推广服务	701	701					

6—20　续3　　　　(2005年)　　　　单位:万元

指　　标	合　计	城　镇 投　资	房地产 开　发	其　他 合　计	农 村 投 资	城 镇 个 人	农 村 个 人
十三、水利、环境和公共设施管理业	100 303	99 197		1 106	1 106		
水利管理业	632			632	632		
环境管理业	2 272	2 272					
自然保护	2 002	2 002					
环境治理	270	270					
公共设施管理业	97 399	96 925		474	474		
旅游景区管理							
十四、居民服务和其他服务业							
居民服务业							
十五、教育	43 245	42 793		452	452		
教育	43 245	42 793		452	452		
中等教育	24 907	24 847		60	60		
高等教育	16 687	16 687					
其他教育	254	254					
初等教育							
十六、卫生、社会保障和社会福利业	29 362	29 362					
卫生	29 118	29 118					
医院	27 355	27 355					
社会福利业	96	96					
提供住宿的社会福利	96	96					
十七、文化、体育和娱乐业	16 744	16 744					
新闻出版业							
出版业							
广播、电视、电影和音像业	5 251	5 251					
电影	111	111					
文化艺术业	10 815	10 815					
娱乐业	678	678					
十八、公共管理和社会组织国家机构	29 420	28 612		808	808		
国家机构	29 175	28 367		808	808		
国家行政机构	25 564	24 756		808	808		
人民法院和人民检察院	3 351	3 351					
群众团体、社会团体和宗教组织	3 472	245		3 227		3 227	
十九、其他	33 684			33 684		33 684	

6—21 秀英区国民经济各行业固定资产投资

(2005 年)　　单位:万元

指　标	合计	城镇投资	房地产开发	其他合计	农村投资	城镇个人	农村个人
总　计	163 286	139 620	12 661	11 005	1 850	3 227	5 928
一、农、林、牧、渔业	7 300	453		6 847	919		5 928
农业	6 913	66		6 847	919		5 928
水果、坚果、饮料和香料作物的种植	60	60					
林业	387	387					
林木的培育和种植	387	387					
渔业							
农林牧渔服务业							
二、制造业	73 937	73 937					
农副食品加工业							
水产品加工							
食品制造业	11	11					
饮料制造业	412	412					
酒的制造							
软饮料制造	412	412					
纺织业	16 887	16 887					
棉、化纤纺织及印染精加工	15 973	15 973					
针织品、编织品及其制品制造	914	914					
纺织服装、鞋、帽制造业							
木材加工及木、竹、藤、棕、草制品业							
锯材、木片加工							
印刷业和记录媒介的复制							
印刷							
文教体育用品制造业							
化学原料及化学制品制造业	949	949					
肥料制造	949	949					
合成材料制造							
日用化学产品制造							
医药制造业	51 945	51 945					
橡胶制品业							
塑料制品业	145	145					
有色金属冶炼及压延加工业							
有色金属压延加工							

6—21　续1　　(2005年)　　单位:万元

指　　标	合　计	城　镇投　资	房地产开　发	其　他合　计	农村投资	城镇个人	农村个人
金属制品业							
结构性金属制品制造							
集装箱及金属包装容器制造							
通用设备制造业							
金属加工机械制造							
泵、阀门、压缩机及类似机械的							
专用设备制造业							
印刷、制药、日化生产专用设备							
电子和电工机械专用设备制造							
环保、社会公共安全及其他制造							
交通运输设备制造业	1 434	1 434					
汽车制造							
摩托车制造	1 284	1 284					
自行车制造	150	150					
电气机械及器材制造业							
输配电及控制设备制造							
通信设备、计算机及其他电子设备	2 154	2 154					
通讯设备制造							
广播电视设备制造	500	500					
电子器件制造	1 654	1 654					
家用视听设备制造							
仪器仪表及文化、办公用机械制造							
通用仪器仪表制造							
三、电力、燃气及水的生产和供应业	744	671		73	73		
电力、热力的生产和供应业	613	613					
电力生产							
燃气生产和供应业	613	613					
水的生产和供应业	131	58		73	73		
四、建筑业							
房屋和土木工程建筑业							
土木工程建筑							
其他建筑业							
五、交通运输、仓储及邮政业	4 316	3 458		858	858		
铁路运输业							
道路运输业	858			858	858		
城市公共交通业							
水上运输业	3 458	3 458					
水上旅客运输							
水上货物运输							
水上运输辅助活动	3 458	3 458					

6—21 续2　　(2005年)　　单位:万元

指标	合计	城镇投资	房地产开发	其他合计	农村投资	城镇个人	农村个人
航空运输业							
航空客货运输							
航空运输辅助活动							
装卸搬运和其他运输服务业							
仓储业							
邮政业							
六、信息传输、计算机服务和软件业							
电信和其他信息传输服务业							
电信							
软件业							
公共软件服务							
七、批发和零售业							
批发业							
食品、饮料、烟草制品批发							
纺织、服装及日用品批发							
文化、体育用品及器材批发							
矿产品、建材及化工产品批发							
零售业							
纺织、服装及日用品专门零售							
汽车、摩托车、燃料及零配件							
八、住宿和餐饮业	26 228	26 228					
住宿业	26 228	26 228					
餐饮业							
九、金融业							
银行业							
保险业							
十、房地产业	14 210	1 549	12 661				
房地产业	14 210	1 549	12 661				
十一、租赁和商务服务业							
商务服务业							
其他商务服务							
十二、科学研究、技术服务和地质勘察业	801	801					
研究与试验发展	190	190					
专业技术服务业	611	611					
科技交流与推广服务							

6—21 续3　　(2005年)　　单位:万元

指标	合计	城镇投资	房地产开发	其他合计	农村投资	城镇个人	农村个人
十三、水利、环境和公共设施管理业	10 686	10 686					
水利管理业							
环境管理业	2 002	2 002					
自然保护	2 002	2 002					
环境治理							
公共设施管理业	8 684	8 684					
旅游景区管理							
十四、居民服务和其他服务业							
居民服务业							
十五、教育	12 920	12 920					
教育	12 920	12 920					
中等教育	12 778	12 778					
高等教育							
其他教育							
初等教育	142	142					
十六、卫生、社会保障和社会福利业	7 698	7 698					
卫生	7 550	7 550					
医院	7268	7268					
社会福利业							
提供住宿的社会福利							
十七、文化、体育和娱乐业	600	600					
新闻出版业							
出版业							
广播、电视、电影和音像业							
电影							
文化艺术业							
娱乐业	600	600					
十八、公共管理和社会组织国家机构	619	619					
国家机构	619	619					
国家行政机构	619	619					
人民法院和人民检察院							
群众团体、社会团体和宗教组织	3 227			3 227		3 227	
十九、其他	3 227			3 227		3 227	

6—22 龙华区国民经济各行业固定资产投资

(2005 年)

单位:万元

指标	合计	城镇投资	房地产开发	其他合计	农村投资	城镇个人	农村个人
总计	689 220	323 232	338 364	27 624	2 467	20 023	5 134
一、农、林、牧、渔业	5 784			5 784	650		5134
农业	5 559			5 559	425		5134
水果、坚果、饮料和香料作物的种植							
林业	225			225	225		
林木的培育和种植	225			225	225		
渔业							
农林牧渔服务业							
二、制造业	29 192	29 192					
农副食品加工业							
水产品加工							
食品制造业	863	863					
饮料制造业							
酒的制造							
软饮料制造							
纺织业							
棉、化纤纺织及印染精加工							
针织品、编织品及其制品制造							
纺织服装、鞋、帽制造业							
木材加工及木、竹、藤、棕、草制品业							
锯材、木片加工							
印刷业和记录媒介的复制	1 577	1 577					
印刷	1577	1577					
文教体育用品制造业							
化学原料及化学制品制造业							
肥料制造							
合成材料制造							
日用化学产品制造							
医药制造业	4 929	4 929					
橡胶制品业							
塑料制品业	70	70					
有色金属冶炼及压延加工业							
有色金属压延加工							

6—22 续1 (2005年) 单位:万元

指标	合计	城镇投资	房地产开发	其他合计	农村投资	城镇个人	农村个人
金属制品业	900	900					
结构性金属制品制造							
集装箱及金属包装容器制造							
通用设备制造业							
金属加工机械制造							
泵、阀门、压缩机及类似机械的							
专用设备制造业							
印刷、制药、日化生产专用设备							
电子和电工机械专用设备制造							
环保、社会公共安全及其他制造							
交通运输设备制造业	14 433	14 433					
汽车制造	14 433	14 433					
摩托车制造							
自行车制造							
电气机械及器材制造业	6 160	61 60					
输配电及控制设备制造	700	700					
通信设备、计算机及其他电子设备	185	185					
通讯设备制造							
广播电视设备制造							
电子器件制造	185	185					
家用视听设备制造							
仪器仪表及文化、办公用机械制造	75	75					
通用仪器仪表制造							
三、电力、燃气及水的生产和供应业	30 862	30 649		213	213		
电力、热力的生产和供应业	23 302	23 302					
电力生产	23 302	23 302					
燃气生产和供应业	7 189	7 189					
水的生产和供应业	371	158		213	213		
四、建筑业	5 231	5 231					
房屋和土木工程建筑业	2 125	2 125					
土木工程建筑	2 109	2 109					
其他建筑业	3 106	3 106					
五、交通运输、仓储及邮政业	1 891	1 539		352	352		
铁路运输业	74	74					
道路运输业	1 142	790		352	352		
城市公共交通业							
水上运输业							
水上旅客运输							
水上货物运输							
水上运输辅助活动							

6—22 续2　　(2005年)　　单位:万元

指标	合计	城镇投资	房地产开发	其他合计	农村投资	城镇个人	农村个人
航空运输业	190	190					
航空客货运输							
航空运输辅助活动							
装卸搬运和其他运输服务业							
仓储业							
邮政业	485	485					
六、信息传输、计算机服务和软件业	123 556	123 556					
电信和其他信息传输服务业	123 556	123 556					
电信	91 805	91 805					
软件业							
公共软件服务							
七、批发和零售业	12 820	12 820					
批发业	2 176	2 176					
食品、饮料、烟草制品批发							
纺织、服装及日用品批发	228	228					
文化、体育用品及器材批发	783	783					
矿产品、建材及化工产品批发	1 393	1 393					
零售业	10 644	10 644					
纺织、服装及日用品专门零售	7 500	7 500					
汽车、摩托车、燃料及零配件	3 144	3 144					
八、住宿和餐饮业	10 260	10 260					
住宿业	10 260	10 260					
餐饮业							
九、金融业	19 984	19 984					
银行业	9 008	9 008					
保险业	9 631	9 631					
其他金融活动		1 345					
十、房地产业	344 725	6 361	338 364				
房地产业	344 725	6 361	338 364				
十一、租赁和商务服务业	1 345	1 345					
商务服务业	1 345	1 345					
其他商务服务	1 345	1 345					
十二、科学研究、技术服务和地质勘察业	640	640					
研究与试验发展	40	40					
专业技术服务业							
科技交流与推广服务	600	600					

6—22 续3 (2005年) 单位:万元

指标	合计	城镇投资	房地产开发	其他合计	农村投资	城镇个人	农村个人
十三、水利、环境和公共设施管理业	59 419	58 562		857	857		
水利管理业	632			632	632		
环境管理业	270	270					
自然保护							
环境治理	270	270					
公共设施管理业	58 517	58 292		225	225		
旅游景区管理							
十四、居民服务和其他服务业							
居民服务业							
十五、教育	4 200	3 908		292	292		
教育	4 200	3 908		292	292		
中等教育	3 342	3 282		60	60		
高等教育	581	581					
其他教育							
初等教育	45	45		232	232		
十六、卫生、社会保障和社会福利业	4 059	4 059					
卫生	4 059	4 059					
医院	4 059	4 059					
社会福利业							
提供住宿的社会福利							
十七、文化、体育和娱乐业	5 309	5 309					
新闻出版业							
出版业							
广播、电视、电影和音像业	5 140	5 140					
电影							
文化艺术业	169	169					
娱乐业							
十八、公共管理和社会组织国家机构	9 920	9 817		103	103		
国家机构	9 920	9 817		103	103		
国家行政机构	7 299	7 196		103	103		
人民法院和人民检察院	2 621	2 621					
群众团体、社会团体和宗教组织							
十九、其他	20 023			20 023		20 023	

6—23 琼山区国民经济各行业固定资产投资

（2005年）　　单位:万元

指标	合计	城镇投资	房地产开发	其他合计	农村投资	城镇个人	农村个人
总计	75 908	51 636	13 225	11 047	2 035	3 931	5 081
一、农、林、牧、渔业	5 559			5 559	478		5 081
农业	5 559			5 559	478		5 081
水果、坚果、饮料和香料作物的种植	478			478	478		
林业							
林木的培育和种植							
渔业							
农林牧渔服务业							
二、制造业	3 047	3 047					
农副食品加工业							
水产品加工							
食品制造业							
饮料制造业							
酒的制造							
软饮料制造							
纺织业							
棉、化纤纺织及印染精加工							
针织品、编织品及其制品制造							
纺织服装、鞋、帽制造业							
木材加工及木、竹、藤、棕、草制品业							
锯材、木片加工							
印刷业和记录媒介的复制							
印刷							
文教体育用品制造业							
化学原料及化学制品制造业							
肥料制造							
合成材料制造							
日用化学产品制造							
医药制造业							
橡胶制品业							
塑料制品业	820	820					
有色金属冶炼及压延加工业							
有色金属压延加工							

6—23 续1　　(2005 年)　　单位:万元

指标	合计	城镇投资	房地产开发	其他合计	农村投资	城镇个人	农村个人
金属制品业	2 080	2 080					
结构性金属制品制造	2 080	2 080					
集装箱及金属包装容器制造							
通用设备制造业							
金属加工机械制造							
泵、阀门、压缩机及类似机械的							
专用设备制造业	107	107					
印刷、制药、日化生产专用设备							
电子和电工机械专用设备制造							
环保、社会公共安全及其他制造	107	107					
交通运输设备制造业							
汽车制造							
摩托车制造							
自行车制造							
电气机械及器材制造业	40	40					
输配电及控制设备制造	40	40					
通信设备、计算机及其他电子设备							
通讯设备制造							
广播电视设备制造							
电子器件制造							
家用视听设备制造							
仪器仪表及文化、办公用机械制造							
通用仪器仪表制造							
三、电力、燃气及水的生产和供应业	317	164		153	153		
电力、热力的生产和供应业	164	164					
电力生产	164	164					
燃气生产和供应业							
水的生产和供应业	153			153	153		
四、建筑业	150			150	150		
房屋和土木工程建筑业	150			150	150		
土木工程建筑	150			150	150		
其他建筑业							
五、交通运输、仓储及邮政业	730			730	730		
铁路运输业							
道路运输业	676			676	676		
城市公共交通业							
水上运输业							
水上旅客运输							
水上货物运输							
水上运输辅助活动							

6—23 续2 (2005年) 单位:万元

指标	合计	城镇投资	房地产开发	其他合计	农村投资	城镇个人	农村个人
航空运输业							
航空客货运输							
航空运输辅助活动							
装卸搬运和其他运输服务业							
仓储业	54			54	54		
邮政业							
六、信息传输、计算机服务和软件业							
电信和其他信息传输服务业							
电信							
软件业							
公共软件服务							
七、批发和零售业	5 167	5 055		112	112		
批发业	4 826	4 714		112	112		
食品、饮料、烟草制品批发	4 826	4 714		112	112		
纺织、服装及日用品批发							
文化、体育用品及器材批发							
矿产品、建材及化工产品批发							
零售业	341	341					
纺织、服装及日用品专门零售	341	341					
汽车、摩托车、燃料及零配件							
八、住宿和餐饮业	2 500	2 500					
住宿业	2 500	2 500					
餐饮业							
九、金融业							
银行业							
保险业							
十、房地产业	13 225		13 225				
房地产业	13 225		13 225				
十一、租赁和商务服务业	80			80	80		
商务服务业	80			80	80		
其他商务服务							
十二、科学研究、技术服务和地质勘察业	1 937	1 937					
研究与试验发展							
专业技术服务业	1 836	1 836					
科技交流与推广服务	101	101					

6—23　续3　　　　(2005年)　　　　单位:万元

指　　标	合　计	城　镇投　资	房地产开　发	其　他合　计	农村投资	城镇个人	农村个人
十三、水利、环境和公共设施管理业	16 916	16 916					
水利管理业							
环境管理业							
自然保护							
环境治理							
公共设施管理业	16 916	16 916					
旅游景区管理							
十四、居民服务和其他服务业							
居民服务业							
十五、教育	9 077	8 917		160	160		
教育	9 077	8 917		160	160		
中等教育	2 793	2 793					
高等教育	5 427	5 427					
其他教育	254	254					
初等教育		443		160	160		
十六、卫生、社会保障和社会福利业	1 084	1 084					
卫生	1 084	1 084					
医院	871	871					
社会福利业							
提供住宿的社会福利							
十七、文化、体育和娱乐业	10 646	10 646					
新闻出版业							
出版业							
广播、电视、电影和音像业							
电影							
文化艺术业	10 646	10 646					
娱乐业							
十八、公共管理和社会组织国家机构	1 542	1 370		172	172		
国家机构	1 542	1 370		172	172		
国家行政机构	902	730		172	172		
人民法院和人民检察院	380	380					
群众团体、社会团体和宗教组织							
十九、其他	3 931			3 931		3 931	

6—24 美兰区国民经济各行业固定资产投资

(2005 年)　　单位:万元

指标	合计	城镇投资	房地产开发	其他合计	农村投资	城镇个人	农村个人
总计	443 250	330 684	99 539	13 027	1 191	6 503	5 333
一、农、林、牧、渔业	6 439	697		5 742	409		5 333
农业	5 742			5 742	409		5 333
水果、坚果、饮料和香料作物的种植	409			409	409		
林业							
林木的培育和种植							
渔业	60	60					
农林牧渔服务业	637	637					
二、制造业	8 635	8 635					
农副食品加工业	5 056	5 056					
水产品加工	5 056	5 056					
食品制造业							
饮料制造业							
酒的制造							
软饮料制造							
纺织业							
棉、化纤纺织及印染精加工							
针织品、编织品及其制品制造							
纺织服装、鞋、帽制造业							
木材加工及木、竹、藤、棕、草制品业	851	851					
锯材、木片加工	851	851					
印刷业和记录媒介的复制							
印刷							
文教体育用品制造业							
化学原料及化学制品制造业							
肥料制造							
合成材料制造							
日用化学产品制造							
医药制造业	1 580	1 580					
橡胶制品业							
塑料制品业							
有色金属冶炼及压延加工业							
有色金属压延加工							

6—24 续1　　　　(2005年)　　　　单位:万元

指　　标	合　计	城镇投资	房地产开发	其他合计	农村投资	城镇个人	农村个人
金属制品业	180	180					
结构性金属制品制造							
集装箱及金属包装容器制造	180	180					
通用设备制造业							
金属加工机械制造							
泵、阀门、压缩机及类似机械的							
专用设备制造业	968	968					
印刷、制药、日化生产专用设备	968	968					
电子和电工机械专用设备制造							
环保、社会公共安全及其他制造							
交通运输设备制造业							
汽车制造							
摩托车制造							
自行车制造							
电气机械及器材制造业							
输配电及控制设备制造							
通信设备、计算机及其他电子设备							
通讯设备制造							
广播电视设备制造							
电子器件制造							
家用视听设备制造							
仪器仪表及文化、办公用机械制造							
通用仪器仪表制造							
三、电力、燃气及水的生产和供应业	3 790	3 790					
电力、热力的生产和供应业	2 252	2 252					
电力生产							
燃气生产和供应业	2 252	2 252					
水的生产和供应业	1 538	1 538					
四、建筑业	270	270					
房屋和土木工程建筑业	270	270					
土木工程建筑	270	270					
其他建筑业							
五、交通运输、仓储及邮政业	253 022	253 022					
铁路运输业							
道路运输业							
城市公共交通业							
水上运输业							
水上旅客运输							
水上货物运输							
水上运输辅助活动							

6—24 续2 (2005年) 单位:万元

指　　标	合　计	城　镇投　资	房地产开　发	其　他合　计	农村投资	城镇个人	农村个人
航空运输业	253 022	253 022					
航空客货运输	234 565	234 565					
航空运输辅助活动	18 285	18 285					
装卸搬运和其他运输服务业							
仓储业							
邮政业							
六、信息传输、计算机服务和软件业							
电信和其他信息传输服务业							
电信							
软件业							
公共软件服务							
七、批发和零售业							
批发业							
食品、饮料、烟草制品批发							
纺织、服装及日用品批发							
文化、体育用品及器材批发							
矿产品、建材及化工产品批发							
零售业							
纺织、服装及日用品专门零售							
汽车、摩托车、燃料及零配件							
八、住宿和餐饮业	550	550					
住宿业	484	484					
餐饮业	66	66					
九、金融业							
银行业							
保险业							
十、房地产业	99 539		99 539				
房地产业	99 539		99 539				
十一、租赁和商务服务业							
商务服务业							
其他商务服务							
十二、科学研究、技术服务和地质勘察业	123	123					
研究与试验发展	118	118					
专业技术服务业	5	5					
科技交流与推广服务							

6—24 续3 (2005年) 单位:万元

指标	合计	城镇投资	房地产开发	其他合计	农村投资	城镇个人	农村个人
十三、水利、环境和公共设施管理业	13 282	13 033		249	249		
水利管理业							
环境管理业							
自然保护							
环境治理							
公共设施管理业	13 282	13 033		249	249		
旅游景区管理							
十四、居民服务和其他服务业							
居民服务业							
十五、教育	17 048	17 048					
教育	17 048	17 048					
中等教育	5 994	5 994					
高等教育	10 679	10 679					
其他教育							
初等教育	375	375					
十六、卫生、社会保障和社会福利业	16 521	16 521					
卫生	16 425	16 425					
医院	1 5157	15 157					
社会福利业	96	96					
提供住宿的社会福利	96	96					
十七、文化、体育和娱乐业	189	189					
新闻出版业							
出版业							
广播、电视、电影和音像业	111	111					
电影	111	111					
文化艺术业							
娱乐业	78	78					
十八、公共管理和社会组织国家机构	17 339	16 806		533	533		
国家机构	17 094	16 561		533	533		
国家行政机构	16 744	16 211		533	533		
人民法院和人民检察院	350	350					
群众团体、社会团体和宗教组织	245	245					
十九、其他	6 503			6 503		6 503	

6—25 固定资产投资新增生产能力及效益

(2005 年)

能力名称	单位	数量
飞机购置	架	6
化学原料药	(吨/年)	8
高等院校:学生席位	(个)	800
建筑面积	(个)	7 397
中等学校:学生席位	(个)	7 294
建筑面积	(个)	20 361
小学校: 学生席位	(个)	2 670
建筑面积	(平方米)	4 798
宾馆、旅馆、招待所客房数	(间)	199
宾馆、旅馆、招待所客房面积	(平方米)	36 500
城市道路扩建长度	(公里)	145
城市道路扩建面积	(万平方米)	202.9
程控交换机(指安装能力)	(万线/年)	15

6—26 国民经济各行业城镇投资施工和全部建成投产项目个数

指　　标	2005年	
	施工项目	全部建成项目
总　　计	337	127
农、林、牧、渔业	18	9
制造业	49	14
电力、煤气及水的生产和供应业	15	7
建筑业	8	2
交通运输、仓储及邮政业	29	16
信息传输、计算机服务和软件业	14	2
批发和零售业	10	4
住宿和餐饮业	7	1
金融业	6	
房地产业	4	1
租赁和商业服务业	2	
科学研究、技术服务和地质勘察业	9	3
水利、环境和公共设施管理业	42	24
居民服务和其他服务业		
教育	49	21
卫生、社会保障和社会福利业	20	4
文化、体育和娱乐业	8	4
公共管理和社会组织	47	15

6—27 按构成分的城镇投资

(2005 年)　　单位:万元

指　标	合　计	建筑工程	安装工程	设备、工器具购置	其他费用
总　计	864 715	319 305	49 637	435 508	60 265
一、按隶属关系分					
中央	104 195	26 709	17 460	49 752	10 274
省	468 266	98 505	14 009	340 963	14 789
地区	188 906	137 680	3 095	19 177	28 954
县	8 838	7120	150	985	583
其他	94 510	49 291	14 923	24 631	5 665
二、按建筑性质分					
新建	377 644	211 267	33 511	97 316	35 550
扩建	119 827	37 756	11 994	57 311	12 766
改建	69 589	51 064	3 825	3 154	11 546
单纯建造生活设施	10 302	9 789	307		206
迁建	1 000	1 000			
恢复	8 626	8 429			197
单纯购置	277 727			277 727	
三、按建设阶段分					
筹建					
本年正式施工	586 573	318 935	49 637	157 781	60 220
本年收尾	415	370			45
全部停缓建					
单纯购置	277 727			277 727	

6—28 房地产投资情况

单位:万元

指　　标	1995 年	2000 年	2003 年	2004 年	2005 年
一、投资总额	264 084	92 238	277 007	445 390	463 789
按构成分					
建筑工程	214 148	64 119	208 105	288 348	326 757
安装工程	11 020	7 461	13 814	29 216	32 243
设备、工器具购置	7 664	3 707	6 479	11 047	8 275
其他费用	31 352	16 951	48 609	116 779	96 514
按用途分					
住　　宅	129 556	65 626	226 977	360 494	357 495
办公楼	31 984	3 417	7 036	8 424	4 255
商业营业用房	66 172	9 222	26 613	47 409	65 668
其　　他	36 372	13 973	16 381	29 063	36 371
二、本年资金来源合计	373 520	101 643	342 694	685 733	684 056
上年末结余资金	120 210	7 918	55 076	118 402	115 509
本年资金来源小计	253 310	93 725	287 618	564 831	568 547
国家预算内资金				5 730	
国内贷款	69 087	8 300	51 714	46 569	59 408
债　　券		500			
利用外资	41 828	648	6 172	16 083	8 892
#外商直接投资	36 948	161	4 667	15 804	5 257
自筹资金	66 458	40 564	103 423	214 345	198 676
#自有资金	16 813	29 028		138 629	106 330
其他资金来源	75 937	43 713	126 309	282 104	301 571
#集资	6 694		400	1 930	
定金及预收款	42 667	43 101	109 748	198 444	257 689
三、本年各项应付款合计	53 601	12 386	24 992	72 770	45 643
#工程款	25 000	8 149	23 890	55 764	39 357
设备、器材款	2 257	441	1 102	2 729	
四、本年新增固定资产	50 628	67 408	165 536	288 106	214 040

6—29 按构成分的房地产投资

(2005 年)

单位:万元

指　　标	合　　计	建筑工程	安装工程	设备、工器具购置	其他费用
总　　计	463 789	326 757	32 243	8 275	96 514
一、按注册类型分					
内资	389 231	273 335	2 4921	5 791	85 184
国　　有	14 960	10 824	2 279	1 830	27
集　　体	9 572	6 900	782		1 890
股份合作	6 172	1 917			4 255
国有联营	4 276	3 517	358		401
其他联营	4 416	4 382			34
国有独资公司	4 997	3 965	644	274	114
其他有限责任公司	218 893	161 965	10 869	2 576	43 483
股份有限公司	17 278	14 809	1 111	52	1 306
私营独资	1 250	845	285	70	50
其他内资	107 417	64 211	8 593	989	33 624
港澳台投资	43 222	30 038	4 321	2 461	6 402
港澳台合资经营	21 219	15 972	1 978	638	2 631
港澳台独资	22 003	14 066	2 343	1 823	3 771
外商投资	31 336	23 384	3 001	23	4 928
外商合资经营	14 239	11 037	1 033	23	2 146
外商合作经营	2 389	1 156	13		1 220
外商独资	11 738	9 137	1 955		646
外商股份有限	2 970	2 054			916
个体经营					
二、按隶属关系分					
中央	5 061	4 115	558	274	114
省	210 531	146 328	9 391	4 453	50 359
地区	27 747	22 440	2 210	360	2 737
其他	220 450	153 874	20 084	3 188	43 304
三、资质等级分					
二级	35 361	26 113	3 830	2 938	2 480
三级	86 383	67 247	6 476	1 619	11 041
四级	61 086	44 506	4 144	1 671	10 765
暂定	273 395	18 5701	17 235	1 963	68 496
其他	7 564	3 190	558	84	3 732

6—30 按用途分的房地产投资

（2005年） 单位:万元

指 标	总 计	住 宅	办公楼	商业营业用房	其 他
总 计	463 789	357 495	4 255	65 668	36 371
一、按注册类型分					
内资	389 231	297 989	3 769	57 614	29 859
国 有	14 960	14 658	10	252	40
集 体	9 572	7 682			1 890
股份合作	6 172	6 002	150	20	
国有联营	4 276	3 516		406	354
其他联营	4 416	4 238	178		
国有独资公司	4 997	4 318	679		
其他有限责任公司	218 893	166 678	2 668	35 848	13 699
股份有限公司	17 278	14 313		1 603	1 362
私营	1 250	1 250			
其他内资	107 417	75 334	84	19 485	12 514
港澳台投资	43 222	39 210	211	2 582	1 219
港澳台合资经营	21 219	18 050	66	1 942	1 161
港澳台独资	22 003	21 160	145	640	58
外商投资	31 336	20 296	275	5 472	5 293
外商合资经营	14 239	7 314	275	3 800	2 850
外商合作经营	2 389	2 389			
外商独资	11 738	7 623		1 672	2 443
外商股份有限	2 970	2 970			
个体经营					
二、按隶属关系分					
中央	5 061	4 232	829		
省	210 531	176 051	1 008	22 375	11 097
地区	27 747	23 528	94	3 992	133
其他	220 450	153 684	2 324	39 301	25 141
三、按资质等级分					
二级	35 361	27705	275	4 531	2 850
三级	86 383	64 399	2 106	12 378	7 500
四级	61 086	54 009	770	2 886	3 421
暂定	273 395	209 916	359	41 404	21 716
其他	7 564	1 466	745	4 469	884

6—31 房地产施工、销售情况

指　　标	2000 年	2002 年	2003 年	2004 年	2005 年
一、房屋施工面积(平方米)	1 323 888	2 166 834	4 021 725	5 707 726	6 941 026
住宅	1 165 115	1 763 413	3 426 884	4 794 370	5 544 305
#别墅、高档公寓	428 493	649 005	377 356	397 849	429 180
经济适用房	183 917	456 456	437 391	1 202 570	453 062
办公楼	41 593	146 411	150 821	137 242	151 740
商业营业用房	97 133	207 847	379 322	584 356	1 001 453
其他	20 047	49 163	64 698	191 758	243 528
二、本年新开工面积(平方米)	286 674	616 395	1 471 713	1 478 816	2 027 448
住宅	266 424	527 029	1 340 585	1 303 591	1 476 357
#别墅、高档公寓	69 507	151 411	292 982	53 869	201 204
经济适用房	15 222	125 683	43 431	259 572	61 229
办公楼	4 170	39 771	913	2 298	14 691
商业营业用房	12 680	37 095	107 552	98 240	468 742
其他	3 400	12 500	22 663	74 687	67 658
三、竣工房屋面积(平方米)	336 548	465 225	893 981	1 147 830	1 103 235
住宅	312 808	410 686	812 280	1 059 558	969 068
#别墅、高档公寓	88 130	230 971	153 141	89 324	
经济适用房	44 869	84 635	146 607	428 099	142 112
办公楼	10 783		20 000	4 000	15 635
商业营业用房	5 920	47 085	61 701	71 835	92 842
其他	7 037	7 454		12 437	25 690
四、商品房实际销售面积(平方米)	405 732	567 562	956 719	1 528 841	1 318 945
住宅	381 423	554 355	921 236	1 399 029	1 256 578
#别墅、高档公寓	75 000	254 465	126 394	225 802	206 903
经济适用房	38 505	114 380	187 391	484 775	117 258
办公楼	12 932	2 500	21 698	2 165	7 222
商业营业用房	10 129	8 423	11 371	123 689	51 893
其他	1 248	2 284	2 414	3 958	3 252
五、商品房实际销售额(万元)	81 329	120 239	200 142	346 260	336 746
住宅	75 584	113 574	183 233	294 370	312 780
#别墅、高档公寓	32 241	65 104	35 968	71 457	77 032
经济适用房	5 002	14 534	25 642	61 529	24 482
办公楼	3 983	750	8 493	597	1 682
商业营业用房	1 613	5 155	8 204	50 434	21 441
其他	149	760	212	859	843
六、商品房空置面积(平方米)	558 797	768 553	702 543	1 250 468	1 034 758
住宅	428 134	570 930	557 254	1 037 122	749 612
#别墅、高档公寓	25 101	220 161	129 444	738 996	532 093
经济适用房		64 358	23 756	88 396	113 250
办公楼	69 106	68 617	40 426	57 450	65 863
商业营业用房	37 689	69 698	50 694	114 453	155 402
其他	23 868	59 308	54 169	41 443	63 881

6—32 建筑施工企业生产情况

指　　标	单 位	1995 年	2000 年	2003 年	2004 年	2005 年
建筑业总产值	万元	90 464	236 012	285 614	441 843	508 552
#建筑产值	万元	80 394	211 542	258 855	334 594	453 131
安装产值	万元	8 157	24 280	24 192	63 988	48 893
其他产值	万元	1 913	190	2 567	43 261	6 528
竣工产值	万元	50 941	123 606	150 606	278 118	246 456
施工面积	平方米	2 355 146	2 545 127	3 289 775	4 501 887	5 661 362
#新开工面积	平方米	823 423	1 123 498	1 944 399	2 169 744	2 874 629
实行投标承包面积	平方米	1 065 768	2 156 628	2 985 534	3 598 232	3 874 192
竣工面积	平方米	533 753	953 949	639 381	1 789 024	1 363 040
年末自有机械设备净值	万元	187 423	205 338	21 553	59 588	24 994
年末自有机械设备总台数	台	3 462	8 219	9 614	13 151	18 464
年末自有机械设备总功率	千瓦	87 300	188 768	149 532	3 473 430	456 376
计算劳动生产率的平均人数	人	34 403	35 547	42 631	51 449	51 041

注:2003 年不含外省驻琼企业。

6—33 建筑施工企业财务情况

指标	单位	1995年	2000年	2003年	2004年	2005年
一、实收资本	万元	29 681	97 668	125 398	194 076	139 643
二、年末资产负债						
流动资产	万元	125 298	324 022	227 072	397 890	350 101
#存货	万元	46 694	73 643	35 076	86 898	44 700
固定资产合计	万元	35 171	81 411	93 233	137 654	130 708
固定资产原价	万元	40 834	116 468	134 171	122 064	143 344
#生产经营用	万元	23 196	89 321	112 012	84 504	112 483
累计折旧	万元	68 408	35 057	40 938	20 451	19 088
#本年折旧	万元	698	4 986	4 265	3 965	4 221
资产总计	万元	167 753	437 020	388 938	595 350	507 292
流动负债	万元	131 801	265 208	180 261	284 580	186 248
长期负债	万元	10 543	15 794	17 584	59 282	107 280
负债合计	万元	142 344	281 002	197 845	343 862	293 529
所有者权益	万元	25 409	156 018	191 093	251 488	213 764
三、损益及分配						
工程结算收入	万元	80 496	211 174	276 395	417 890	440 825
工程结算成本	万元	70 355	187 664	243 306	365 714	383 736
工程结算税金及附加	万元	5 000	7 481	11 786	14 709	14 110
工程结算利润	万元	5 141	16 029	21 303	37 467	42 979
其他业务利润	万元	690	997	224	318	394
管理费用	万元	4 972	14 140	15 090	14 847	15 671
利润总额	万元	-90	1 817	4 866	22 352	24 693
#应交所得税	万元	113	717	1 364	5 714	2 472
四、工资福利费						
本年应付工资总额	万元	15 243	21 354	29 262	46 858	56 939
本年应付福利总额	万元	1 256	1 289	2 671	3 986	6 676

6—34 按经济类型分的

(2005

指　　标	单　位	合　计	国有企业	集体企业
建筑业总产值	万元	508 552	307 312	22 114
#装饰装修产值	万元	30 398	6 771	
在外省完成产值	万元	57 772	11 524	
#建筑工程产值	万元	453 131	294 210	22 114
安装工程产值	万元	48 893	7 795	
其他产值	万元	6 528	5 306	
竣工产值	万元	246 457	122 778	16 376
施工面积	平方米	5 661 362	2 996 656	539 429
#新开工面积	平方米	2 874 629	1 410 896	259 081
实行投标承包面积	平方米	3 874 192	2 691 035	528 256
#新开工面积	平方米	1 819 314	1 301 975	259 081
竣工面积	平方米	1 363 040	777 239	205 297
年末自有机械设备净值	万元	24 994	15 017	1 101
年末自有机械设备总台数	台	18 464	12 232	1 020
年末自有机械设备总功率	千瓦	456 376	357 568	26 224
计算劳动生产率的平均人数	人	51 041	30 654	3 563

建筑施工企业生产情况

年）

联营企业	有限责任	股份公司	私营企业	外商企业
	113 262	6 661	53 915	5 289
	17 042	4 832	214	1 540
	43 714	609	1 925	
	93 007	2 593	39 151	2 057
	20 049	4 068	13 748	3 232
	206		1 016	
	88 832	4 740	12 415	1 317
	782 279	19 372	873 160	450 466
	367 849	3 120	473 310	360 373
	192 538	19 372	442 991	
	65 773	3 120	189 365	
	275 748	16 252	88 504	
	6 593	152	2 133	
	3 920	349	943	
	52 697	2 013	17 874	
	8 768	666	6 977	413

6—35 按行业分的

(2005

指　　标	单位	合　计	房屋和土木工程	#房屋工程
建筑业总产值	万元	508 552	444 285	394 751
#装饰装修产值	万元	30 398	10 232	10 232
在外省完成的产值	万元	57 772	45 890	44 351
#建筑工程产值	万元	456 131	419 817	379 923
安装工程产值	万元	45 893	18 924	9 490
其他产值	万元	6 528	5 544	5 338
竣工产值	万元	246 457	207 428	186 108
施工面积	平方米	5 661 362	4 902 137	4 901 749
#新开工面积	平方米	2 874 629	2 302 765	2 302 377
实行投标承包面积	平方米	3 784 192	3 692 701	3 692 701
#新开工面积	平方米	1 819 314	1 637 823	1 637 823
竣工面积	平方米	1 363 040	1 288 452	1 288 452
年末自有机械设备净值	万元	24 994	21 952	21 019
年末自有机械设备总台数	台	18 464	15 636	15 170
年末自有机械设备总功率	千瓦	3 473 430	2 855 480	2 080 570
计算劳动生产率的平均人数	人	51 041	44 473	41 498

建筑施工企业生产情况

年)

土木工程	#铁路道路	水利港口	建筑安装	建筑装饰	其他建筑
49 534	37 445	2 450	45 917	11 245	7 105
			10 592	8 990	584
1 539		1 539	7 566	3 293	1 023
39 894	37 445	2 450	30 171		6 143
9 434			15 724	11 245	
206			22		962
21 320	11 153	1 555	26 219	8 201	4 609
388		388	676 922		82 303
388		388	503 588		68 276
			113 215		68 276
			113 215		68 276
			43 313		31 275
933	860	3	1 466	835	741
466	345	18	2 048	668	112
774 190	565 040	190 870	289 060	275 340	53 550
2 975	2 215	355	4 283	1 053	1 232

6—36 按经济类型分的

(2005

指　　标	单　位	合　计	国有企业	集体企业
一、年末资产负债				
流动资产	万元	350 101	114 976	8 299
长期投资	万元	11 521	3 582	
固定资产合计	万元	130 708	31 771	6 375
固定资产原价	万元	143 344	36 957	7 611
#生产经营用	万元	112 483	21 598	606
累计折旧	万元	19 088	8 194	1 246
#本年折旧	万元	4 221	1 122	20
无形及递延资产	万元	12 823	4 490	43
其他资产	万元	2 139	1 695	
资产总计	万元	507 292	156 514	14 717
流动负债	万元	186 248	81 076	6 498
长期负债	万元	107 280	28 017	
负债合计	万元	293 529	109 094	6 498
所有者权益	万元	213 764	47 420	8 129
二、损益及分配				
工程结算收入	万元	440 825	253 235	17 188
工程结算成本	万元	371 544	215 929	15 151
工程结算税金及附加	万元	14 110	8 355	569
工程结算利润	万元	42 979	21 699	1 000
其他业务收入	万元	694	401	35
其他业务利润	万元	394	223	35
管理费用	万元	15 671	6 889	959
财务费用	万元	2 154	13	-31
营业利润	万元	25 548	15 020	108
利润总额	万元	24 693	14 533	170
三、工资、福利费				
应付工资总额	万元	56 939	38 443	3 227
应付福利总额	万元	6 676	4 550	35

建筑施工企业财务情况

年)

有限责任	股份公司	私营企业	外商企业
171 849	3 060	47 348	4569
4 301	1 100	2 538	
86 640	817	4 461	644
90 362	634	6 395	1 086
84 562	765	4 216	737
6 650	117	2 440	443
2 339	21	608	113
8 075	46	170	
440	4		
271 304	5 028	54 516	5 213
71 133	692	25 321	1 528
78 863		400	
149 996	692	25 721	1 528
121 308	4 335	28 796	3 685
103 593	5 168	56 352	5 289
85 500	4 325	46 664	3 975
3 005	201	1 806	175
12 242	533	6 489	1 017
221		37	
118		17	
5 470	216	1 241	897
2 196	-2	-15	-7
4 694	319	5 281	127
4 890	319	4 679	104
7 431	732	6 803	304
1 106	102	841	43

6—37 按行业分的

(2005

指　　标	单位	合　计	房屋和土木工程	#房屋工程
一、年末资产负债				
流动资产	万元	350 101	287 127	204 332
长期投资	万元	11 521	6 736	5 617
固定资产合计	万元	130 708	120 428	111 062
固定资产原价	万元	143 344	128 647	119 145
#生产经营用	万元	112 483	106 158	103 412
累计折旧	万元	19 088	14 653	11 862
#本年折旧	万元	4 221	3 253	2 912
无形及递延资产小计	万元	12 823	12 082	10 849
其他资产	万元	2 139	1 754	176
资产总计	万元	507 292	428 127	332 035
流动负债	万元	186 248	151 411	116 543
长期负债	万元	107 280	107 226	78 817
负债合计	万元	293 529	258 637	195 360
所有者权益	万元	213 764	169 490	136 375
二、损益及分配				
工程结算收入	万元	440 825	383 594	348 375
工程结算成本	万元	371 544	324 014	295 140
工程结算税金及附加	万元	14 110	12 135	11 152
工程结算利润	万元	42 979	36 805	32 335
其他业务收入	万元	694	599	286
其他业务利润	万元	394	331	285
管理费用	万元	15 671	9 947	7 594
财务费用	万元	2 154	2 172	2 198
营业利润	万元	25 548	25 017	22 828
利润总额	万元	24 693	24 460	22 308
三、工资、福利费				
应付工资总额	万元	56 939	51 530	50 002
应付福利总额	万元	6 676	5 724	5 613

建筑施工企业财务情况

年)

土木工程	#铁路道路	水利港口	建筑安装	建筑装饰	其他建筑
82 795	60 766	1 717	27 210	32 453	3 311
1 119	1 119		1 031	3 719	35
9 366	8 791	126	5 057	4 070	1 153
9 503	9 032	213	7 413	5 696	1 588
2 746	2 488		4 732	1 575	19
2 792	2 593	90	2 362	1 637	436
341	289	3	562	350	57
1 234	1 190	44	642	98	
1 578	1 578		386		
96 092	73 444	1 887	34 326	40 341	4 499
34 868	25 458	1 330	14 498	18 503	1 836
2 8409	28 400	9		54	
63 277	53 858	1 339	14 498	18 558	1 836
32 815	19 586	548	19 828	21 783	2 663
35 219	20 851	2 648	42 018	8 354	6 860
28 874	17 265	2 335	34 137	7 289	6 104
983	629	99	1 420	333	222
4 469	2 424	142	5 442	432	300
313	199	4	62	33	
45	34	4	43	21	
2 352	1 893	256	3 254	2 162	308
−27	−24	−1	−9	5	−14
2 188	589	−109	2 240	−1 714	−6
2 152	569	−115	2 175	−1 948	7
1 523	1 024	124	3 808	1 132	475
112	80	6	779	107	65

6—38 全社会住宅建设投资和竣工住宅建筑面积

指标	1987年	2000年	2003年	2004年	2005年
一、住宅投资(万元)	11 644	162 865	302 142	429 917	436 643
国有经济单位	7 386	56 342	60 822	63 881	51 767
集体经济单位	224	11 535	12 088	7 027	18 582
城乡个人	4 034	36 786	17 319	17 468	44 282
其他经济单位		58 202	211 913	341 541	322 012
二、竣工住宅建筑面积(万平方米)	52.34	134.85	135.97	169.67	157.01
国有经济单位	19.21	61.12	18.67	21.04	30.77
集体经济单位	1.78	4.85	5.62	10.84	3.01
城乡个人	31.35	43.57	14.42	39.43	42.75
其他经济单位		25.31	97.26	98.36	80.48

6—39 城市基础设施投资情况

单位:万元

指标	1995年	2000年	2003年	2004年	2005年
总计	74 260	62 464	93 849	64 272	115 663
供水	9 323	969	1 522	1 143	1 092
煤气	7 528	13 674	2 977	1 217	7 802
排水	1 732	427	238		
道路	53 711	8 269	50 496	47 079	87 629
桥梁	1 002	9 114	17 521	2 127	8 668
公交		1 461	622		
绿化	256	1 315	5 909	4 317	6 752
环卫		9 243	5 852	3 883	
污水		7 057	3 780	2 689	1 089
防洪		8 945	4 886	80	1 050
其他	708	1 990	46	1 737	1 581

海口统计年鉴

HAIKOU STATISTICAL YEARBOOK

TRANSPORTATION, POST AND TELECOMMUNICATION

交通运输和邮电通讯

7

Chapter 7

HAIKOU STATISTICAL YEARBOOK

7—1 独立核算运输邮电企业财务指标

(2005年) 单位:万元

指 标	合 计	公路运输	水上运输	港 口	民 航	邮 电	铁 路
企业单位数(个)	39	16	11	2	3	6	1
#亏损企业(个)	19	9	6	1	1	1	1
资本金合计							
流动资产合计	1 257 952	6 248	113 755	67 974	934 227	111 939	23 809
#存货	92 081	545	4 563	37 859	34 892	13 299	923
长期投资	134 099	204	44 499	4 202	83 264	2	1 928
固定资产合计	4 289 889	14 971	231 765	178 835	2 516 366	876 083	471 869
固定资产原值合计	4 404 455	26 316	123 402	210 429	2 632 464	1 238 008	173 836
#生产经营用	1 995 298	24 430	110 937	210 429	260 793	1 214 873	173 836
累计折旧	1 243 732	14 006	63 611	52 838	571 310	499 678	42 289
#本年折旧	229 037	1 596	6 721		114 561	103 025	3 134
无形及递延资产合计							
#无形资产							
其他资产							
资产合计	5 136 857	23 457	224 746	254 038	3 198 055	927 621	508 940
流动负责合计	1 847 182	9 288	61 960	65 711	1 164 601	463 900	81 722
长期负责合计	1 852 951	333	35 961	37 197	1 452 718	106 350	220 392
负债合计	3 700 133	9 621	97 921	102 908	2 617 319	570 250	302 114
所有者权益合计	1 436 724	13 836	126 825	151 130	580 736	357 371	206 826
#股本							
营运业务收入	1 773 107	23 635	119 877	49 764	1 174 230	370 780	34 821
营运业务成本	1 319 833	16 698	93 492	34 382	938 610	208 567	28 084
营运费用	118 620	3 162	752		69 507	45 199	
营运税金及附加	53 456	464	3 587	1 681	35 783	11 825	116
营运业务利润	281 198	3 311	22 046	13 701	130 330	105 189	6 621
其他业务利润							
管理费用	113 869	2 118	7 771	11 233	51 430	34 791	6 526
#税金	3 746	22	96		2 001	1 627	
财产保险费	221	21	28			172	
劳动、待业保险金	14 451	101	355		11 150	2 845	
财务费用	107 726	59	589	-576	83 316	8 210	16 128
#利息支出	121 597	56	526		92 847	12 040	16 128
营业利润	77 764	1 383	13 098	3 914	6 799	69 250	-16 680
利润总额	65 672	1 406	19 190	3 574	9 137	50 539	-18 174
应交所得税	4 030	54	2 549		1 318	109	
应付利润	5 835	11	1 904			3 920	
本年应付工资总额	120 831	2 213	5 798	10 331	63 314	28 365	10 810
本年应付福利费总额	12 373	311	925	1 437	2 951	6 133	616

7—2 海口市民用车辆拥有量

(2005年) 单位:辆

指标	代码	总计			总计中			报废
			营运	非营运	进口	个人	新注册	
合计	1	229 316	20 964	208 352	21 542	179 673	13 751	131
一、汽车	2	89 262	20 902	68 360	13 172	46 179	13 736	125
载客汽车	3	63 429	6 384	57 045	11 029	33 373	11 417	85
#大型	4	4 001	2 953	1 048	408	266	361	33
中型	5	2 522	441	2 081	396	669	134	9
小型	6	54 537	2 976	51 561	10 193	30 634	10 589	43
微型	7	2 369	14	2 355	32	1 804	333	
#轿车	8							
载货汽车	9	22 299	12 029	10 270	1 943	10 432	2 060	18
#重型	10	2 555	1 069	1 486	170	681	75	1
中型	11	1 992	1 246	746		1 119	103	3
轻型	12	14 997	7 626	7 371	1 773	6 903	1 794	13
微型	13	2 755	2 088	667		1 729	88	1
#普通载货	14							
其它汽车	15			1 045	200	2 374	259	22
#三轮汽车	16	1 801	1 800	1		1 799	141	
低速货车	17	363	316			359	2	
二、电车	18							
无轨	19							
有轨	20							
三、摩托车	21	139 979	46	139 933	8 358	133 476	2	5
普通	22	137 936	45	137 891	8 260	131 538	2	5
轻便	23	2 043	1	2 042	98	1 938		
四、拖拉机	24							
大中型	25							
小型方向盘式	26							
五、挂车	27	75	16	59	12	18	13	1
六、其它类型车	28							
补充资料:机动车驾驶员(人)	29							
汽车驾驶员(人)	30							

7—3 独立核算公路运输、港口企业主要运输工具及设备

(2005年)

指　　标	单　位	总　计	按经济类型分		
			国有经济	集体经济	其他经济
一、运输车辆					
(一)营运汽车	辆	713	502		211
载客汽车	辆	684	481		203
载客量	客位	18 879	12 194		6 685
普通载货汽车	辆	8	8		
载重量	吨位	64	64		
专用载货汽车	辆	21	13		8
载重量	吨位	134	54		80
(二)载货挂车	辆				
二、港口设备					
码头长度	米	3 022	3 022		
#生产用	米	3 022	3 022		
泊位个数	个	38	38		
#生产用	个	38	38		
#万吨级	个	2	2		
仓库总面积	平方米	50 984	50 984		
容量	吨	78 697	78 697		
堆场总面积	平方米	279 279	279 279		
容量	吨	439 472	439 472		

7—4 独立核算水上运输企业运输工具

(2005年)

指标	单位	总计	按经济类型分		
			国有经济	集体经济	其他经济
一、机动船	艘	91	11	43	37
载客量	客位	8 799	3 887	251	4 661
净载重量	吨位	220 821	20 137	90 411	110 273
总功率	千瓦	230 420	28 166	128 269	73 985
(一)客船	艘	3			3
载客量	客位	1 507			1 507
功率	千瓦	2 942			2 942
(二)客货船	艘	22	10	2	10
载客量	客位	7 292	3 887	251	3 154
净载重量	吨位	21 921	15 872	1 047	5 002
功率	千瓦	37 364	24 206	882	12 276
(三)货船	艘	66	1	41	24
净载重量	吨位	198 900	4 265	89 364	105 271
功率	千瓦	190 114	3 960	127 387	58 767
(四)拖船	艘				
功率	千瓦				
二、驳船	艘				
载客量	客位				
净载重量	吨位				
三、帆船	艘				
净载重量	吨位				

7—5 旅客、货物运输量

指标	1987年	2000年	2003年	2004年	2005年
一、旅客运输量(万人)	1 569	8 452	13 283.8	14 653	14 914
公路	1 298.5	7 676	12 538	13 703	13 925
水运	254	304	263	246	250.6
民用航空	16.5	472	482.8	691	705.9
铁路				13	32.5
二、旅客周转量(万人公里)	80 058	814 587	940 027	1 310 198	1 386 980
公路	64 224	238 298	296 292	385 013	402 339
水运	7 257	25 414	16 626	14 027	12 512
民用航空	8 677	550 875	627 109	909 857	959 899
铁路				1 301	12 230
三、货物运输量(万吨)	466.1	3 448	3 304.8	4 476	4 909
公路	420.6	1 650	1 429	1 453	1 487
水运	45.4	1 789	1 811.1	2 495	2 784
民用航空	0.1	8.5	6.4	8	9 .5
铁路			58.3	520	628.5
四、货物周转量(万吨公里)	28 413	274 2691	1 880 043	3 225 004	4 066 004
公路	14 996	67 507	84 906	105 790	109 389
水运	13 350	2 663 556	1 774 559	3 049 367	3 869 918
民用航空	67	11 628	9 618	13 132	16 087
铁路			10 960	56 715	70 610

7—6 港口旅客、货物吞吐量

指　　标	1987 年	2000 年	2003 年	2004 年	2005 年
一、旅客吞吐量(万人)	300.7	549.1	526.4	507	589.6
海口港	39.3	163.5	227.8	213	214.2
新　港	261.4	385.6	298.6	294	277.7
粤海南港					97.7
(一)进港量	147.8	252.7	282.5	275	308.6
海口港	20.6	73.8	125.3	122	105.3
新　港	127.2	178.9	157.2	153	142
粤海南港					61.3
(二)离　港	152.9	296.4	243.9	232	281
海口港	18.7	89.7	102.5	91	108.9
新　港	134.2	206.7	141.4	141	135.7
粤海南港					36.4
二、货物吞吐量(万吨)	267.4	1 367.4	2 095	2 180	2 523.8
海口港	198.0	807.6	1 329.1	1 416	1 529.4
新　港	69.4	500.3	721.5	703	588.7
海甸港		26.5	34.4	53	53.9
其他各小港		33	10	8	
粤海南港					351.8
(二)进港量	173.1	727.8	1 150	1 163.4	1 282.8
海口港	133.8	423.6	713.9	714	760.1
新　港	39.3	265.2	396.7	393	323.3
海甸港		6.4	29.5	48.6	49.5
其他各小港		32.6	9.9	7.8	
粤海南港					149.9
(二)离　港	94.3	639.6	945	1 016.4	1 241
海口港	64.2	384	615.2	702	769.3
新　港	30.1	235.1	324.8	310	265.4
海甸港		20.1	4.9	4.4	4.4
其他各小港		0.4			
粤海南港					201.9

7—7 邮政电信业务情况

指　　标	单位	1987年	2000年	2003年	2004年	2005年
邮电局、所	处	48	117	112	103	105
邮路长度(单程)	公里	2 160	25 771	32 336	32 336	29 516
#航空邮路(单程)	公里		23 040	25 311	20 710	22 012
长途电话电路	路	231	19 451	23 196	36 288	33 390
农村投递路线总长度	公里	358	160	3 177	3 177	3 051
邮电计费业务总量	万元	1 169.5	183 479	211 449	269 934	326 674
函件	万件	665.3	1 425.4	1 579	1 196	
包裹	万件	25.4	22.6	25.69	23.73	
汇票	万张	30.0	76.7			
特快专递	万件	94.5	34.2	60.48		
邮政储蓄平均余额	万元					
市内电话用户	户	5 218	214 711	731 323	828 000	1 131 000
#:住户电话	户			290 125	341 401	429 800
公用电话	户			79 201	91 004	95 000
无线寻呼用户	户					
移动电话用户	户			674 000	718 030	909 260
年末电话机总数	部	9 554	380 437	731 325	828 053	1 131 000
年末电话交换机总数	门	12 065	493 869	1 092 500	1 202 500	1 202 500

海口统计年鉴

HAIKOU STATISTICAL YEARBOOK

DOMESTIC TRADE 国内贸易

8

Chapter 8

HAIKOU STATISTICAL YEARBOOK

8—1 历年社会消费品零售总额

单位:万元

年份	社会消费品零售总额	批发零售贸易业	餐饮业	其他
1987	78 888	66 770	7 760	4 358
1988	132 533	104 562	19 852	8 119
1989	153 739	113 346	20 043	20 350
1990	155 215	128 609	20 807	5 799
1991	184 396	149 618	26 491	8 287
1992	288 765	216 897	41 116	30 752
1993	413 801	319 983	56 505	37 313
1994	495 509	381 624	63 686	50 199
1995	553 979	427 013	89 880	37 086
1996	581 290	441 105	93 026	47 159
1997	612 912	457 426	88 282	67 204
1998	631 299	481 670	98 947	50 682
1999	676 753	531 138	106 071	39 544
2000	753 226	600 186	117 315	35 725
2001	834 575	661 646	129 920	43 009
2002	926 378	736 662	141 158	48 558
2003	1 031 059	831 949	146 522	52 588
2004	1 209 432	977 457	173 922	58 053
2005	1 384 452	1 125 673	195 836	62 943

注:2003 年前社会消费品零售总额按 2004 年第一次经济普查口径调整。

8—2 限额以上批发零售贸易业商品销售

(2005 年)　　单位:万元

指　　标	法人企业(个)	产业活动单位数(个)	从业人数(人)	销售总额	批发额	零售额
总　　计	274	332	15 151	2 502 551	1 816 907	685 644
一、批发业	164	176	9 907	2 083 480	1 791 360	292 120
其中:国有及国有控股	30	36	4 991	1 026 762	745 705	281 057
(一)按登记注册类型分组						
内资企业	162	170	9 637	2 017 806	1 729 665	288 141
国有	24	30	2 246	612 623	598 293	14 330
集体	3	3	134	11 922	11 922	
股份合作	1	1	5	2 564	2 564	
有限责任公司	81	82	3 358	634 253	630 805	3 448
国有独资公司	1	1	3	2 028	2 028	
其他有限责任公司	80	81	3 355	632 225	628 777	3 448
股份有限公司	8	9	2 899	499 453	232 667	266 786
私营企业	36	36	683	203 475	201 062	2 413
私营独资	1	1	22	5 116	5 116	
私营合伙	3	3	29	6 704	6 704	
私营有限责任公司	31	31	522	186 165	183 752	2 413
私营股份有限公司	1	1	110	5 490	5 490	
其他企业	9	9	312	53 517	52 353	1 164
港、澳、台商投资企业	2	4	106	16 448	12 469	3 979
港澳台商独资	2	4	106	16 448	12 469	3 979
外商投资企业		2	164	49 226	49 226	
中外合作经营		1	25	3 334	3 334	
外资企业		1	139	45 892	45 892	
(二)按国民经济行业分组						
农畜产品批发业	1	1	6	7 543	7 060	483
食品、饮料及烟草制品批发业	11	17	1 569	484 989	472 774	12 215

8—2 续1 (2005年) 单位:万元

指　　标	法人企业(个)	产业活动单位数(个)	从业人数(人)	销售总额	批发额	零售额
米、面制品及食用油批发业	5	5	649	58 747	48 483	10 264
烟草制品批发业	2	6	617	408 911	406 960	1 952
纺织、服装及日用品批发业	15	15	247	104 441	104 441	
服装批发业	8	8	96	46 447	46 447	
文化、体育用品及器材批发业	7	7	475	37 691	35 728	1 963
医药及医疗器械批发业	49	49	3 129	264 647	264 261	386
矿产品、建材及化工产品批发业	53	56	3 657	1 036 178	764 360	271 818
煤炭及制品批发业	5	5	125	82 598	82 598	
石油及制品批发业	7	7	2 749	581 306	313 648	267 658
金属及金属矿批发业	8	8	89	37 806	40 876	40 876
建材批发业	8	10	125	33 839	29 860	3 979
化肥批发业	7	8	361	87 523	87 523	
机械设备、五金交电及电子产品批发业	23	26	625	104 294	99 040	5 254
汽车、摩托车及零配件批发业	3	3	33	12 706	12 706	
家用电器批发业	3	6	178	23 708	23 708	
计算机、软件及辅助设备批发业	3	3	129	15 256	12 371	2 885
其他批发业	5	5	199	43 697	43 697	
二、零售业	110	156	5 244	419 071	25 547	393 524
其中:国有及国有控股	9	10	423	29 670	1 337	28 333
(一)按登记注册类型分组						
内资企业	108	153	5 169	371 295	23 500	347 795
国有	4	5	160	9 292	1 315	7 977
集体	1	1	9	758		758
有限责任公司	71	101	3 407	268 516	3 221	265 295
其他有限责任公司	71	101	3 407	268 516	3 221	265 295
股份有限公司	3	3	71	4 548	223	4 325
私营企业	26	39	1 406	81 226	18 740	62 486

8—2 续2 (2005年) 单位:万元

指标	法人企业(个)	产业活动单位数(个)	从业人数(人)	销售总额	批发额	零售额
私营合伙	1	1	14	951		951
私营有限责任公司	23	36	1 084	77 876	18 740	59 136
私营股份有限公司	2	2	308	2 399		2 399
其他企业	3	4	116	6 955		6 955
港、澳、台商投资企业	2	2	49	37 699	2 046	35 653
港澳台商独资	2	2	49	37 699	2 046	35 653
外商投资企业		1	26	10 076		10 076
中外合作经营		1	26	10 076		10 076
(二)按国民经济行业分组						
综合零售业	15	22	1 456	72 663		72 663
百货零售业	13	17	1 340	70 132		70 132
超级市场零售业	1	4	101	1 622		1 622
食品、饮料及烟草制品专门零售业	2	2	87	6 647	2 046	4 601
纺织、服装及日用品专门零售业	6	14	613	30 691		30 691
服装零售业	4	4	450	18 733		18 733
文化、体育用品及器材专门零售业	4	14	544	8 893	1 398	7 495
图书零售业	1	9	407	4 726		4 726
医药及医疗器材专门零售业	3	15	71	3 085		3 085
药品零售业	2	14	46	918		918
汽车、摩托车、燃料及零配件专门零售业	54	59	1 456	238 283	19 590	218 693
汽车零售业	47	50	1 273	227 865	19 590	208 275
机动车燃料零售业	7	9	183	10 419		10 419
家用电器及电子产品专门零售业	24	28	982	56 529	2 512	54 017
家用电器零售业	9	9	283	25 573	1 412	24 161
计算机、软件及辅助设备零售业	9	10	278	14 780		14 780
通信设备零售业	3	3	118	6 012	1 100	4 912
五金、家具及室内装修材料专门零售业	2	2	35	2 279		2 279

8—3 限额以上住宿和餐饮企业基本情况

(2005 年)　　单位:万元

指　标	法人单位(个)	产业活动单位(个)	从业人数(人)	营业额				
					客房收入	餐费收入	商品销售收入	其他收入
总　计	96	112	14 146	104 486	40 051	51 815	2 114	10 506
一、住宿业	67	71	11 186	73 578	39 786	22 236	1 061	10 497
其中:国有及国有控股	22	24	4 251	26 842	15 427	7 833	789	2 792
(一)按登记注册类型分组								
内资企业	61	64	9 388	57 370	31 725	17 532	908	7 206
国有	17	18	2 242	12 232	6 158	3 795	741	1 536
集体	4	4	286	2 383	2 014	43		326
股份合作	3	2	164	968	482	421		65
联营企业	1	1	39	108	105			3
国有与集体联营	1	1	39	108	105			3
有限责任公司	15	16	3 662	24 101	13 099	8 743	88	2 171
国有独资公司	1	2	300	2 251	1 879	60		313
其他有限责任公司	14	14	3 362	21 849	11 220	8 684	88	1 858
股份有限公司	7	7	878	6 012	2 816	2 298	72	827
私营企业	10	11	1 278	6 608	3 898	1 373		1 337
私营有限责任公司	10	11	1 278	6 608	3 898	1 373		1 337
其他企业	4	5	839	4 959	3 152	858	7	942
港、澳、台商投资企业	2	2	53	723	479	161		84
与港澳台商合作经营	1	1	24	97	97			
港澳台商独资	1	1	29	626	382	161		84
外商投资企业	4	5	1 745	15 485	7 582	4 543	153	3 206
中外合资经营	3	3	1 228	7 689	4 323	2 809	28	529
外资企业	1	2	517	7 796	3 260	1 734	125	2 678
(二)按国民经济行业分类								
旅游饭店	64	68	11 011	72 720	39 431	22 203	1 061	10 026
一般旅馆	3	3	175	858	355	33		471

8—3　续　　　　　　　　　　　　　　　　(2005年)　　　　　　　　　　　　　　　　单位:万元

指　　标	法人单位(个)	产业活动单位(个)	从业人数(人)	营业额	客房收入	餐费收入	商品销售收入	其他收入
二、餐饮业	29	41	2 960	30 908	265	29 580	1 053	10
其中:国有及国有控股	1	1	145	335	74	260		
(一)按登记注册类型分组								
内资企业	26	33	2 563	21 345	265	20 017	1 053	10
国有	2	2	213	821	74	747		
集体	2	2	134	1 791	191	1 592		
股份合作	1	1	79	542		542		
有限责任公司	5	6	526	4 183		3 129	1 053	
其他有限责任公司	5	6	526	4 183		3 129	1 053	
私营企业	15	21	1 496	12 977		12 977		
私营独资	4	5	384	3 346		3 346		
私营合伙	1	1	268	1 749		1 749		
私营有限责任公司	9	12	769	6 829		6 829		
私营股份有限公司	1	3	75	1 053		1 053		
其他企业	1	1	115	1 031		1 031		
港、澳、台商投资企业	1	3	182	1 986		1 986		
港澳台商独资	1	3	182	1 986		1 986		
外商投资企业	2	5	215	7 577		7 577		
中外合资经营	1	1	85	1 534		1 534		
外资企业	1	4	130	6 043		6 043		
(二)按国民经济行业分组								
正餐服务业	27	37	2 750	28 676	265	27 349	1 053	10
快餐服务业	1	3	182	1 986		1 986		
饮料及冷饮服务	1	1	28	245		245		

8—4 限额以上批发零售贸易企业财务状况(一)

(2005年)　　　　单位:万元

指　标	流动资产合计	固定资产原值	累计折旧	资产总计	负债合计	所有者权益
批发、零售贸易企业总计	796 398	257 729	67 200	1 111 353	748 227	363 126
一、批发业	613 119	184 616	52 142	864 563	554 568	309 995
其中:国有及国有控股	203 812	148 888	39 791	400 723	228 570	172 153
(一)按登记注册类型分组						
内资企业	607 317	184 417	52 114	858 413	549 821	308 592
国有企业	166 675	40 527	14 972	265 787	167 771	98 016
集体企业	8 915	3 352	658	16 263	10 506	5 758
股份合作企业	321	5	1	322	236	86
有限责任公司	303 724	29 192	11 290	345 854	263 656	82 198
国有独资企业	1 197	40	17	1 220	1 232	-11
其他有限责任公司	302 527	29 152	11 274	344 634	262 425	82 210
股份有限公司	61 496	108 303	23 986	159 440	59 161	100 278
私营企业	49 359	1 774	738	52 972	37 021	15 951
私营独资	999	111	19	1 090	812	279
私营合伙企业	3 449	76	35	3 489	2 454	1 035
私营有限责任公司	42 181	1 568	681	45 647	31 610	14 036
私营股份有限公司	2 730	20	3	2 747	2 145	602
其他企业	16 828	1 265	468	17 776	11 470	6 306
港、澳、台商投资企业	5 801	199	28	6 150	4 747	1 403
独资经营企业	5 801	199	28	6 150	4 747	1 403
(二)按国民经济行业分组						
农畜产品批发业	1 878	19	10	1 939	1 808	132
食品、饮料及烟草制品批发业	108 213	29 499	12 827	164 286	92 526	71 760
米、面制品及食用油批发业	40 042	7 997	2 563	47 372	55 696	-8 325
烟草制品批发业	62 320	18 703	8 470	109 368	31 787	77 581
纺织、服装及日用品批发业	37 511	1 631	807	41 111	32 892	8 218
服装批发业	19 720	940	464	21 178	15 825	5 353
文化、体育用品及器材批发业	11 018	4 448	980	15 755	9 900	5 855
医药及医疗器械批发业	151 083	6 827	2 942	186 956	133 008	53 948
矿产品、建材及化工产品批发业	213 184	135 625	33 121	344 707	198 272	146 435
煤炭及制品批发业	46 023	1 589	287	48 320	22 831	25 489
石油及制品批发业	83 540	123 473	29 541	193 688	103 555	90 134
金属及金属矿批发业	20 799	1 421	591	23 910	12 123	11 787
建材批发业	12 206	3 004	1 304	16 570	13 692	2 878
化肥批发业	16 210	3 875	891	23 793	16 883	6 910
机械设备、五金交电及电子产品批发业	62 667	1 598	510	65 870	57 105	8 764
汽车、摩托车及零配件批发业	3 091	250	99	3 265	2 201	1 065
家用电器批发业	10 635	77	26	10 691	10 377	314
计算机、软件及辅助设备批发业	2 197	51	24	2 459	1 679	781
其他批发业	27 566	4 969	945	43 939	29 057	14 883

8—4(一) 续 (2005年) 单位:万元

指标	流动资产合计	固定资产原值	累计折旧	资产总计	负债合计	所有者权益
二、零售业	183 280	73 114	15 058	246 790	193 659	53 131
其中:国有及国有控股	47 343	5 601	1 278	58 062	50 141	7 921
(一)按登记注册类型分组						
内资企业	173 356	72 712	14 800	236 743	185 456	51 287
国有企业	24 892	421	264	31 012	29 667	1 346
集体企业	290	32	6	316	80	236
有限责任公司	110 891	61 872	12 471	158 141	117 663	40 479
其他有限责任公司	110 891	61 872	12 471	158 141	117 663	40 479
股份有限公司	2 634	881	94	3 740	2 609	1 131
私营企业	31 540	8 901	1 756	39 928	31 569	8 360
私营合伙企业	45	3		48	25	23
私营有限责任公司	28 933	8 889	1 751	37 314	28 742	8 572
私营股份有限公司	2 562	9	5	2 567	2 802	-236
其他企业	3 110	606	209	3 606	3 870	-264
港、澳、台商投资企业	9 923	402	258	10 047	8 203	1 844
独资经营企业	9 923	402	258	10 047	8 203	1 844
(二)按国民经济行业分组						
综合零售业	43 007	51 404	9 763	91 010	78 718	12 292
百货零售业	41 943	51 110	9 666	89 739	77 367	12 372
超级市场零售业	538	256	75	728	705	23
食品、饮料及烟草制品专门零售业	1 699	435	264	1 858	1 906	-48
纺织、服装及日用品专门零售业	24 125	1 887	1 141	24 977	22 294	2 683
服装零售业	23 284	1 582	860	24 069	21 422	2 647
文化、体育用品及器材专门零售业	11 149	7 787	1 306	18 191	17 550	641
图书零售业	9 734	7 714	1 273	16 736	16 628	108
医药及医疗器械专门零售业	3 021	215	130	3 218	3 274	-56
药品零售业	2 454	209	130	2 644	2 780	-136
汽车、摩托车、燃料及零配件专门零售业	83 034	10 434	2 100	89 672	57 224	32 448
汽车零售业	81 264	6 382	1 690	83 466	55 563	27 904
机动车燃料零售业	1 770	4 052	410	6 206	1 661	4 544
家用电器及电子产品专门零售业	16 276	906	342	16 862	11 863	4 999
家用电器零售业	7 536	311	43	7 778	5 895	1 883
计算机、软件及辅助设备零售业	4 307	254	134	4 449	2 981	1 469
通信设备零售业	1 972	38	9	2 001	1 245	756
五金、家具及室内装修材料专门零售业	969	46	13	1 002	830	173

8—4 限额以上批发零售贸易企业财务状况(二)

(2005年) 单位:万元

指　　标	主营业务收入	主营业务成本	主营业务税金及附加	营业费用	主营业务利润	其他业务利润
批发、零售贸易企业总计	2 394 026	2 162 001	3 588	97 769	228 222	16 655
一、批发业	2 004 379	1 809 597	2 839	82 016	191 942	2 300
其中:国有及国有控股	997 098	903 068	1 665	22 749	92 365	1 329
(一)按登记注册类型分组						
内资企业	1 995 942	1 802 004	2 839	81 866	191 099	2 300
国有企业	584 644	521 195	1 192	7 847	62 257	1 157
集体企业	15 075	14 784	9	197	282	173
股份合作企业	2 564	2 446		89	118	
有限责任公司	622 691	558 567	922	41 219	63 202	352
国有独资企业	2 028	1 963	1		65	
其他有限责任公司	620 663	556 604	922	41 219	63 138	352
股份有限公司	515 403	464 497	569	25 016	50 336	355
私营企业	202 286	190 497	88	5 649	11 701	221
私营独资企业	4 619	4 350	3	53	266	
私营合伙企业	6 719	6 409	2	164	308	
私营有限责任公司	185 458	175 740	69	4 842	9 650	221
私营股份有限公司	5 490	3 998	15	590	1 478	
其他企业	53 280	50 018	59	1 849	3 202	42
港、澳、台商投资企业	8 437	7 593		150	843	
独资经营企业	8 437	7 593		150	843	
(二)按国民经济行业分组						
农畜产品批发业	7 691	7 543	1	84	147	
食品、饮料及烟草制品批发业	446 272	397 656	602	2 375	48 014	937
米、面制品及食用油批发业	63 965	63 350	-122	729	738	556
烟草制品批发业	372 880	326 095	719	911	46 066	344
纺织、服装及日用品批发业	105 011	99 952	34	3 248	5 025	16
服装批发业	46 976	44 055	20	1 262	2 901	10
文化、体育用品及器材批发业	34 937	24 516	49	1 943	10 372	161
医药及医疗器械批发业	269 112	223 285	790	28 719	45 038	72
矿产品、建材及化工产品批发业	1 003 413	927 713	773	40 977	74 927	710
煤炭及制品批发业	101 320	79 218	133	11 977	21 969	326
石油及制品批发业	567 329	531 361	534	16 537	35 434	35
金属及金属矿批发业	48 868	44 369	35	3 261	4 463	7
建材批发业	33 839	31 805	12	1 240	2 023	25
化肥批发业	44 856	43 093	8	1 556	1 755	173
机械设备、五金交电及电子产品批发业	95 713	89 197	158	3 707	6 358	340
汽车、摩托车及零配件批发业	13 089	12 334	8	546	747	
家用电器批发业	13 547	12 784	13	640	750	10
计算机、软件及辅助设备批发业	15 249	14 648	13	224	588	87
其他批发业	42 230	39 737	431	964	2 062	66

8—4(二) 续 (2005年) 单位:万元

指　　标	主营业务收入	主营业务成本	主营业务税金及附加	营业费用	主营业务利润	其他业务利润
二、零售业	389 648	352 404	748	15 754	36 280	14 354
其中:国有及国有控股	25 515	20 270	100	505	5 145	474
(一)按登记注册类型分组						
内资企业	351 916	316 176	748	15 485	34 776	14 312
国有企业	6 912	5 531	19	43	1 362	233
集体企业	840	758	3	7	80	-4
有限责任公司	250 985	225 117	616	10 252	25 072	13 594
其他有限责任公司	250 985	225 117	616	10 252	25 072	13 594
股份有限公司	4 213	3 946	7	261	260	6
私营企业	81 996	74 619	88	4 020	7 253	133
私营合伙企业	951	914	1	28	36	
私营有限责任公司	78 877	72 153	81	3 682	6 608	89
私营股份有限公司	2 168	1 552	7	309	610	44
其他企业	6 970	6 205	16	903	749	350
港、澳、台商投资企业	37 731	36 228		269	1 503	43
独资经营企业	37 731	36 228		269	1 503	43
(二)按国民经济行业分组						
综合零售业	66 819	54 186	313	6 018	12 320	13 033
百货零售业	64 181	52 201	303	5 203	11 677	12 930
超级市场零售业	1 622	1 397	7	413	219	103
食品、饮料及烟草制品专门零售业	6 705	6 135	3	231	566	
纺织、服装及日用品专门零售业	18 948	14 520	83	1 371	4 345	297
服装零售业	16 723	13 333	73	632	3 317	279
文化、体育用品及器材专门零售业	6 272	4 024	33	1 513	2 216	-153
图书零售业	4 636	2 872	19	1 337	1 744	-153
医药及医疗器械专门零售业	3 165	2 893	5	34	267	
药品零售业	998	962	5	34	31	
汽车、摩托车、燃料及零配件专门零售业	230 866	218 027	202	4 344	12 457	424
汽车零售业	219 979	209 074	164	3 737	10 562	424
机动车燃料零售业	10 887	8 954	38	607	1 895	
家用电器及电子产品专门零售业	54 595	50 631	105	2 087	3 860	754
家用电器零售业	24 603	23 238	16	826	1 349	91
计算机、软件及辅助设备零售业	14 837	13 770	30	578	1 037	210
通信设备零售业	5 873	5 507	6	417	360	82
五金、家具及室内装修材料专门零售业	2 279	1 988	6	156	250	

8—4 限额以上批发零售贸易企业财务状况(三)

(2005 年) 单位:万元

指 标	管理费用	营业利润	利润总额	本年应付工资	本年应付福利费	本年应交增值税
批发、零售贸易企业总计	67 108	71 242	65 824	23 927	10 347	28 604
一、批发业	45 576	61 700	55 891	16 582	9 283	19 656
其中:国有及国有控股	26 989	41 256	35 206	7 890	8 034	9 850
(一)按登记注册类型分组						
内资企业	45 186	61 398	55 772	16 236	9 283	19 655
国有企业	21 686	32 074	30 656	5 724	7 818	4 842
集体企业	515	-237	-242	196	10	13
股份合作企业	44	-23	-23	13	2	
有限责任公司	12 765	7 846	8 404	6 828	952	6 935
国有独资企业	221	-154	-133	10		
其他有限责任公司	12 545	7 999	8 538	6 818	952	6 935
股份有限公司	5 814	18 922	14 230	2 115	292	6 321
私营企业	3 416	2 378	2 315	978	155	1 028
私营独资企业	152	61	61	24		27
私营合伙企业	174	-31	-28	40	4	24
私营有限责任公司	2 630	1 912	1 846	758	129	833
私营股份有限公司	460	436	436	156	22	145
其他企业	945	437	431	382	55	516
港、澳、台商投资企业	391	302	119	346		1
独资经营企业	391	302	119	346		1
(二)按国民经济行业分组						
农畜产品批发业	24	18	18	67	1	11
食品、饮料及烟草制品批发业	16 311	29 300	27 747	4 177	7 461	3 294
米、面制品及食用油批发业	1 354	-1 960	-662	441	40	6
烟草制品批发业	14 720	31 007	28 167	3 436	7 383	3 216
纺织、服装及日用品批发业	1 315	82	713	485	79	163
服装批发业	677	612	529	210	22	120
文化、体育用品及器材批发业	1 895	6 562	1 714	732	163	507
医药及医疗器械批发业	10 696	4 766	8 785	5 336	884	7 277
矿产品、建材及化工产品批发业	11 708	20 814	16 496	4 440	468	7 467
煤炭及制品批发业	1 592	8 794	8 797	244	28	1 190
石油及制品批发业	5 601	11 820	7 169	2 747	302	5 985
金属及金属矿批发业	870	114	148	192	31	64
建材批发业	913	-135	-77	493	29	-106
化肥批发业	550	-257	-260	305	20	
机械设备、五金交电及电子产品批发业	2 266	794	662	963	124	506
汽车、摩托车及零配件批发业	250	-47	114	41	3	82
家用电器批发业	174	-34	-4	175	28	149
计算机、软件及辅助设备批发业	362	88	89	160	20	114
其他批发业	1 361	-635	-244	382	104	431

8—4(三) 续　　(2005年)　　单位:万元

指　　标	管理费用	营业利润	利润总额	本年应付工资	本年应付福利费	本年应交增值税
二、零售业	21 532	9 542	9 934	7 345	1 064	8 949
其中:国有及国有控股	3 632	441	446	723	179	560
(一)按登记注册类型分组						
内资企业	21 306	8 406	8 798	7 300	1 062	8 795
国有企业	1 919	-942	-942	379	133	73
集体企业	44	25	25	15	2	5
有限责任公司	14 997	10 612	10 899	4 873	670	4 833
其他有限责任公司	14 997	10 612	10 899	4 873	670	4 833
股份有限公司	83	-91	-94	74	12	3
私营企业	3 888	-1 015	-906	1 818	232	3 725
私营合伙企业	10	-2	-2	15		6
私营有限责任公司	3 441	-921	-812	1 803	184	3 657
私营股份有限公司	437	-92	-92		48	62
其他企业	376	-183	-183	141	14	156
港、澳、台商投资企业	226	1 136	1 136	45	1	153
独资经营企业	226	1 136	1 136	45	1	153
(二)按国民经济行业分组						
综合零售业	9 680	7 601	7 806	2 788	503	1 386
百货零售业	9 608	7 755	7 963	2 654	502	1 280
超级市场零售业		-91	-94	106		65
食品、饮料及烟草制品专门零售业	290	44	44	117	6	65
纺织、服装及日用品专门零售业	2 241	565	566	277	75	550
服装零售业	1 922	574	576	166	73	510
文化、体育用品及器材专门零售业	1 530	-1 469	-1 430	903	125	244
图书零售业	1 436	-1 667	-1 669	777	109	213
医药及医疗器械专门零售业	365	-138	-144	74	17	393
药品零售业	126	-134	-140	42	17	25
汽车、摩托车、燃料及零配件专门零售业	4 962	2 844	2 944	2 043	216	5 758
汽车零售业	4 482	2 045	2 101	1 790	193	5 528
机动车燃料零售业	481	798	843	253	23	230
家用电器及电子产品专门零售业	2 381	84	137	1 112	120	494
家用电器零售业	648	-61	-34	266	31	141
计算机、软件及辅助设备零售业	635	31	47	318	33	122
通信设备零售业	71	-70	-70	95		31
五金、家具及室内装修材料专门零售业	83	11	11	33	2	58

8—5　限额以上住宿餐饮企业财务状况(一)

(2005年)　　单位:万元

指　　标	流动资产合计	固定资产原值	累　计折　旧	资　产合　计	负　债合　计	所有者权　益
总　　计	62 595	379 092	106 361	350 870	251 013	99 857
一、住宿业	53 931	363 513	102 028	327 841	241 492	86 349
其中:国有及国有控股	20 656	129 700	45 768	115 220	86 504	28 715
(一)按登记注册类型分组						
内资企业	42 388	246 430	66 223	276 454	181 904	94 550
国有企业	7 693	37 467	10 062	41 058	39 822	1 236
集体企业	1 264	4 433	550	5 213	2 766	2 447
股份合作企业	711	9 409	172	9 979	9 255	724
联营企业	283	3 333	2 241	1 374	402	973
国有与集体联营企业	283	3 333	2 241	1 374	402	973
有限责任公司	20 485	151 530	36 814	173 512	110 507	63 005
国有独资公司	79			79	179	-100
其他有限责任公司	20 406	151 530	36 814	173 433	110 328	6 3105
股份有限公司	6 119	28 382	11 844	29 172	9 303	19 869
私营企业	2 114	291	120	2 507	3 464	-957
私营有限责任公司	2 114	291	120	2 507	3 464	-957
其他企业	3 720	11 585	4 421	13 640	6 385	7 254
港、澳、台商投资企业	1 491	4 172	2 702	2 977	1 221	1 756
合作经营企业	30	401	35	396	23	373
独资经营企业	1 461	3 771	2 667	2 581	1 198	1 383
外商投资企业	10 052	112 911	33 103	48 410	58 367	-9 957
中外合资经营企业	8 728	53 976	22 306	43 769	51 760	-7 990
外资企业	1 324	58 935	10 797	4 641	6 608	-1 967
(二)按国民经济行业分组						
旅游饭店	53 473	361 576	101 052	326 274	240 400	85 874
一般旅馆	458	1 937	976	1 567	1 092	475

8—5(一)　续　　　　(2005年)　　　　单位:万元

指　　标	流动资产合计	固定资产原值	累计折旧	资产合计	负债合计	所有者权益
二、餐饮业	8 664	15 579	4 333	23 029	9 521	13 508
其中:国有及国有控股	161	381	234	308	80	229
(一)按登记注册类型分组						
内资企业	8 111	15 071	3 875	22 247	8 748	13 499
国有企业	262	2 153	687	1 728	479	1 249
集体企业	835	2 159	1 200	1 881	265	1 616
股份合作企业	1 587	840	188	2 536	1 509	1 026
有限责任公司	1 610	2 961	414	4 302	1 716	2 587
其他有限责任公司	1 610	2 961	414	4 302	1 716	2 587
私营企业	3 611	6 923	1 382	11 563	4 695	6 868
私营独资企业	260	2 180	242	2 200	2 041	158
私营合伙企业	434	1 407	164	1 677	177	1 500
私营有限责任公司	2 747	3 290	971	7 476	2 278	5 198
私营股份有限公司	171	45	5	212	199	12
其他企业	206	36	5	237	84	153
港、澳、台商投资企业	245	348	308	378	238	140
独资经营企业	245	348	308	378	238	140
外商投资企业	308	160	150	404	534	-131
中外合资经营企业	277	144	142	365	524	-159
外资企业	31	16	8	39	10	28
(二)按国民经济行业分组						
正餐服务	8 173	15 175	3 979	22 374	9 162	13 212
快餐服务	245	348	308	378	238	140
饮料及冷饮服务	247	55	47	277	121	156

8—5 限额以上住宿餐饮企业财务状况(二)

(2005 年)　　单位:万元

指标	主营业务收入	主营业务成本	营业税金及附加	营业费用	主营业务利润	其他业务利润
总计	85 195	23 906	4 549	34 195	56 710	517
一、住宿业	63 228	11 882	3 201	27 176	48 115	514
其中:国有及国有控股	23 562	4 309	1 163	8 532	18 091	194
(一)按登记注册类型分组						
内资企业	49 359	9 903	2 512	21 859	36 914	514
国有企业	10 291	2 564	557	4 983	7 170	176
集体企业	2 256	76	133	625	2 048	36
股份合作企业	1 651	339	26	489	1 286	
联营企业	105	4	6	61	65	
国有与集体联营企业	105	4	6	61	65	
有限责任公司	21 711	4 493	1 054	9 864	16 164	223
国有独资公司	258	31	15	138	213	
其他有限责任公司	21 452	4 462	1 040	9 726	15 951	223
股份有限公司	5 882	1 146	326	1 928	4 409	5
私营企业	3 332	931	183	1 626	2 219	41
私营有限责任公司	3 332	931	183	1 626	2 219	41
其他企业	4 131	350	226	2 283	3 555	32
港、澳、台商投资企业	723	81	62	316	581	
与港澳台商合作经营企业	97	6	5	67	86	
独资经营企业	626	75	57	249	495	
外商投资企业	13 146	1 899	627	5 001	10 620	
中外合资经营企业	7 689	1 308	370	2 076	6 011	
外资企业	5 457	591	257	2 925	4 609	
(二)按国民经济行业分组						
旅游饭店	62 372	11 779	3 150	26 628	47 412	514
一般旅馆	856	103	51	548	703	

8—5(二)　续　　　　(2005年)　　　　单位:万元

指　　标	主营业务收入	主营业务成本	营业税金及附加	营业费用	主营业务利润	其他业务利润
二、餐饮业	21 967	12 024	1 349	7 019	8 595	4
其中:国有及国有控股	335	172	8	172	155	
(一)按登记注册类型分组						
内资企业	19 032	10 551	1 195	5 915	7 287	4
国有企业	821	652	15	337	154	
集体企业	1 766	692	143	643	931	
股份合作企业	542	256	71	182	215	
有限责任公司	3 134	1 712	155	1 092	1 267	2
其他有限责任公司	3 134	1 712	155	1 092	1 267	2
私营企业	11 739	6 646	739	3 330	4 354	1
私营独资企业	2 061	1 436	147	359	477	
私营合伙企业	1 749	927	76	509	746	1
私营有限责任公司	6 876	3 854	473	1901	2 549	
私营股份有限公司	1 053	428	43	562	582	
其他企业	1 031	593	72	331	366	
港、澳、台商投资企业	969	362	49	355	558	
独资经营企业	969	362	49	355	558	
外商投资企业	1 966	1 111	105	748	750	
中外合资经营企业	1 534	811	77	665	646	
外资企业	432	300	28	84	104	
(二)按国民经济行业分组						
正餐服务	20 749	11 577	1 296	6 507	7 876	2
快餐服务	969	362	49	355	558	
饮料及冷饮服务	250	85	4	157	161	2

8—5 限额以上住宿餐饮企业财务状况(三)

(2005年) 单位:万元

指标	管理费用	营业利润	利润总额	本年应付工资	本年应付福利费	实收资本
总计	32 147	-8 192	-7 460	13 646	3 127	177 241
一、住宿业	30 466	-7 949	-7 181	11 102	2 850	163 577
其中:国有及国有控股	12 496	-3 833	-3 253	4 334	1 541	78 416
(一)按登记注册类型分组						
内资企业	22 695	-8 385	-7 412	8 450	2 051	139 933
国有企业	4 387	-2 559	-1 903	1 905	393	16 580
集体企业	624	827	883	179	33	2 966
股份合作企业	775	-261	-198	173	25	1 600
联营企业	208	-204	-168	38		2 000
国有与集体联营企业	208	-204	-168	38		2 000
有限责任公司	11 280	-4 999	-4 973	4 001	1 309	83 491
国有独资公司	103	-28	-23	97	98	
其他有限责任公司	11 177	-4 971	-4 950	3 904	1 211	83 491
股份有限公司	2 961	-655	-638	666	112	24 595
私营企业	984	-352	-237	834	98	1 574
私营有限责任公司	984	-352	-237	834	98	1 574
其他企业	1 475	-182	-177	653	81	7 127
港、澳、台商投资企业	375	-85	-82	62	3	3 470
与港澳台商合作经营企业	47	-4		27	3	434
独资经营企业	327	-82	-82	36		3 037
外商投资企业	7 397	521	312	2 590	796	20 174
中外合资经营企业	5 214	-1 392	-1 601	1 726	379	19 296
外资企业	2 183	1 913	1 913	865	417	878
(二)按国民经济行业分组						
旅游饭店	30 034	-7 515	-6 892	11 013	2 815	163 409
一般旅馆	432	-435	-289	90	35	168

8—5(三) 续 (2005年) 单位:万元

指标	管理费用	营业利润	利润总额	本年应付工资	本年应付福利费	实收资本
二、餐饮业	1 681	-243	-279	2 544	277	13 664
其中:国有及国有控股	38	-54	-22	75	10	345
(一)按登记注册类型分组						
内资企业	1 355	-74	-111	2 338	139	13 066
国有企业	38	-220	-182	140	10	2 086
集体企业	89	198	170	101	1	1 385
股份合作企业	35	-6	-6	60		1 022
有限责任公司	415	-260	-264	466	20	3 320
其他有限责任公司	415	-260	-264	466	20	3 320
私营企业	779	186	146	1 563	107	5 152
私营独资企业	78	36	-12	181	4	100
私营合伙企业	115	110	110	232		1 409
私营有限责任公司	565	42	50	682	103	3 630
私营股份有限公司	21	-2	-2	468		14
其他企业		30	25	9		100
港、澳、台商投资企业	134	35	35	72	29	338
独资经营企业	134	35	35	72	29	338
外商投资企业	191	-204	-204	134	109	261
中外合资经营企业	190	-222	-222	109	109	250
外资企业	2	18	18	25		11
(二)按国民经济行业分组						
正餐服务	1 545	-281	-314	2 443	248	13 277
快餐服务	134	35	35	72	29	338
饮料及冷饮服务	2	3		29		50

8—6 限额以上批发零售贸易业商品销售总额和分类销售额

(2005年) 单位:万元

指标	销售总额	批发	零售
总计	1 960 222	1 443 254	516 968
食品、饮料、烟酒类	491 025	457 778	33 247
粮油类	54 427	47 069	7 358
肉禽蛋类	17 064	16 651	413
其他食品类	31 711	16 263	15 448
饮料类	7 809	4 034	3 775
烟酒类	380 014	373 761	6 253
服装鞋帽、针、纺织品类	105 171	70 343	34 828
服装类	75 615	49 705	25 910
鞋帽类	7 667	1 356	6 311
针、纺织品类	21 889	19 282	2 607
化妆品类	8 481	56	8 425
金银珠宝类	6 722	91	6 631
日用品类	33 267	23 744	9 523
洗涤用品类	6 063	2 640	3 423
儿童玩具类	3 286	1 972	1 314
五金、电料类	9 951	9 304	647
体育、娱乐用品类	1 845	17	1 828
书报杂志类	28 744	23 158	5 586
电子出版物及音像制品类	1 862	39	1 823
家用电器和音像器材类	38 979	14 414	24 565
中西药品类	151 493	148 375	3 118
西药	126 253	124 100	2 153
中草药及中成药	14 243	13 560	683
文化办公用品类	24 463	7 472	16 991
家俱类	1 961	874	1 087
通讯器材类	6 107	3 586	2 521
煤炭及制品类	32 686	32 266	420
木材及制品类	13 509	13 509	
石油及制品类	457 429	249 873	207 556
化工材料及制品类	163 360	162 896	464
化肥类	55 225	55 225	
金属材料类	91 082	91 082	
建筑及装潢材料类	2 679	1 852	827
机电产品及设备类	27 727	23 334	4 393
农机类	13 584	11 855	1 729
汽车类	137 419	2 173	135 246
种子饲料类	5 870	5 418	452
其他类	118 390	101 600	16 790

ABC
GHI
PRS

海口统计年鉴

HAIKOU STATISTICAL YEARBOOK

CONSUMPTION OF RAW MATERIAL AND ENERGIES

原材料和能源消费

9

Chapter 9

HAIKOU STATISTICAL YEARBOOK

9—1 规模以上工业企业主要能源消费量

年 份	煤 炭 (吨)	煤 油 (吨)	燃料油 (吨)	汽 油 (吨)	柴 油 (吨)	电 力 (万千瓦时)
1991	510 184	9		16 829	28 433	23 007
1992	772 645	58		17 593	45 167	23 384
1993	940 552	138		33 625	63 231	35 311
1994	1 048 419	94	22 127	19 508	82 531	40 534
1995	1 181 682	77 445	41 641	18 609	72 570	48 920
1996	905 010	90 750	53 244	76 711	95 034	50 680
1997	827 879	104 284	44 444	24 428	66 262	45 774
1998	1 121 414	103	10 169	2 277	13 202	43 121
1999	46 777	14	12 590	1 994	8 516	28 013
2000	49 951	10	12 676	2 173	7 597	28 163
2001	38 873	216	14 170	1 650	8 012	25 145
2002	37 919	356	14 453	2 430	6 705	31 841
2003	32 216	379	8 318	2 672	6 675	35 233
2004	32 254	72	2 635	1 904	7 029	43 877
2005	27 613	38	1 518	2 008	6 669	49 414

注:表中数字为工业生产消费量。

9—2 规模以上工业企业能源购进、消费及库存

(2005 年)

能源名称	计量单位	年初库存	购进量		消费量					年末库存
			实物量	金额 (千元)	合计	1. 工业生产	用于原材料	2. 非工业生产	合计中:车辆用油	
原煤	吨	960	27 579	16 625	27 613	27 613	2 826			912
天然气	万立方米		2 860	46 144	2 860	2 858		2		
汽油	吨	32	4 025	23 812	4 039	2 008		2 031	2 755	34
煤油	吨	11	31	179	38	38				3
柴油	吨	231	7 361	31 127	7 311	6 669	155	642	1 039	261
燃料油	吨	356	1 459	4 165	1 518	1 518	23			299
液化石油气	吨		99	463	99	95		4		
其他石油制品	吨		2	11	2	2				
电力	万千瓦时		50 150	293 107	50 476	49 414		1 062		
其他燃料	吨标准煤		27 988	3 084	27 988	27 988				
能源合计	吨标准煤	1 594	159 735	418 716	161 979	156 719	2 277	5 260	5 568	1 513

注:制度规定 2005 年电力折标系数按每万千瓦时 1.229 吨标准煤计算

9—3 规模以上工业

(2005

行业分类	原煤（吨）	天然气（万立方米）	汽油（吨）	煤油（吨）
合计	27 613	2 860	4 039	38
采矿业				
有色金属矿采选业				
制造业	27 613	2 860	3 399	38
农副食品加工业		161	199	
食品制造业	19 236	192	87	
饮料制造业		491	368	
烟草制品业	3 108	107	27	
纺织业		672	40	2
纺织服装、鞋、帽制造业			27	
木材加工及木、竹、藤、棕、草制品业			65	
家具制造业		5	167	
造纸及纸制品业	494		17	
印刷业和记录媒介的复制			160	
化学原料及化学制品制造业	864	646	117	
医药制造业	622	2	585	
化学纤维制造业			30	
塑料制品业	2 706	80	112	
非金属矿物制品业	313		20	
有色金属冶炼及压延加工业		23	8	18
金属制品业		240	64	16
专用设备制造业			49	
交通运输设备制造业		238	1031	2
电气机械及器材制造业		2	62	
通信设备、计算机及其他电子设备制造业			150	
仪器仪表及文化、办公用机械制造业				
工艺品及其他制造业	270		14	
电力、燃气及水的生产和供应业			640	
电力、热力的生产和供应业			367	
燃气生产和供应业			112	
水的生产和供应业			161	

注:表中资料含工业生产和非工业生产消费量

行 业 能 源 消 费 量

年）

柴油（吨）	燃料油（吨）	液化石油气（吨）	其他石油制品（吨）	电力（万千瓦时）	其他燃料（吨标准煤）
7 311	1 518	99	2	50 476	27 988
				10	
				10	
6 929	1 518	99	2	45 724	27 988
297	1 145			3 312	
999	249			4 126	
953				2 051	
161				579	
106	4	95		1 361	
15				8	
4				100	
8				298	
123				487	
12			2	1 361	
348	23			1678	
2 860	97	4		4 062	
				9750	
190				2 389	
82				443	
2				223	
29				1 795	
165				52	
463				6 364	
105				2 725	27 988
7				2 533	
				26	
382				4 742	
69				613	
291				213	
22				3 917	

9—4 规模以上工业

(2005

行业分类	工业取水总量（万立方米）	1. 地表水	
		数量（万立方米）	金额（万元）
合计	13 121.33	11 051.89	485.8
采矿业			
制造业	901.90	77.75	27.7
农副食品加工业	59.54		
食品制造业	216.03	1.48	2.2
饮料制造业	150.84		
烟草制品业	20.00		
纺织业	49.19	35.17	13.8
纺织服装、鞋、帽制造业	0.20		
木材加工及木、竹、藤、棕、草制品业	0.46		
家具制造业	4.65		
造纸及纸制品业	7.57		
印刷业和记录媒介的复制	19.56		
化学原料及化学制品制造业	82.75	39.48	11.4
医药制造业	121.43		
化学纤维制造业	11.11		
塑料制品业	10.02		
非金属矿物制品业	3.95	1.45	0.3
有色金属冶炼及压延加工业	8.60		
金属制品业	0.04		
专用设备制造业	11.72		
交通运输设备制造业	45.76	0.18	
电气机械及器材制造业	34.49		
通信设备、计算机及其他电子设备制造业	43.79		
仪器仪表及文化、办公用机械制造业	0.01		
工艺品及其他制造业	0.19		
电力、燃气及水的生产和供应业	12 219.43	10 974.14	458.1
电力、热力的生产和供应业	45.08	0.86	
燃气生产和供应业	10.91		
水的生产和供应业	12 163.44	10 973.28	458.1

行　业　水　消　费　量

年)

2.地　下　水		3.自　来　水		重复用水量（万立方米）
数量(万立方米)	金额(万元)	数量(万立方米)	金额(万元)	
742.12	393.6	1 327.32	811.9	514.50
443.55	386.3	380.61	616.8	514.50
38.84	17.9	20.70	29.0	
189.13	211.9	25.42	43.7	10.00
146.59	81.3	4.25	7.6	0.05
20.00	13.0			
1.24	1.0	12.78	24.6	
		0.20	0.5	
0.03		0.43	0.8	
		4.65	6.5	
4.49	5.1	3.08	4.8	
3.47	4.4	16.09	28.0	
6.88	1.1	36.39	59.4	498.21
11.94	17.7	109.50	177.6	
		11.11	13.2	5.11
3.35	2.5	6.66	10.8	0.60
2.50	3.0			
8.00	20.0	0.60	0.8	
		0.04	0.1	
1.63		10.09	14.9	
5.45	7.6	40.13	72.1	0.52
		34.49	57.4	
		43.79	64.3	
		0.01		
		0.19	0.6	
298.57	7.3	946.72	195.1	
6.24	7.1	37.98	66.3	
		10.91	21.0	
292.33	0.2	897.83	107.7	

FOREIGN ECONOMY AND TRADE AND TOURISM

对外经济贸易和旅游

10

Chapter 10

10—1 对外贸易进出口总额

单位:万美元

年份	进出口总额	进口	出口
1987	18 636	14 892	3 744
1988	45 863	36 070	9 793
1989	76 618	63 713	12 905
1990	63 654	44 588	19 066
1991	85 073	65 661	19 412
1992	100 268	76 570	23 698
1993	180 508	163 103	17 405
1994	190 611	171 021	19 590
1995	124 894	101 508	23 386
1996	130 667	109 891	20 776
1997	106 215	80 018	26 197
1998	77 174	60 970	16 204
1999	48 402	36 078	12 324
2000	50 153	33 181	16 972
2002	112 674	90 276	22 398
2003	98 039	71 306	26 733
2004	150 645	116 369	34 276
2005	123 475	82 243	41 232

10—2 新签协议合同数

单位:个

年份	新签协议合同	外商协议合同				外商投资股份制	对外借款	商品信贷
			中外合资	中外合作	外商独资			
总计	7 076	7 029	2 128	343	4 557	1	41	6
1983－1987	134	128	44	81	3			6
1988	300	300	126	62	112			
1989	319	314	129	44	141		5	
1990	181	172	65	20	87		9	
1991	375	372	173	18	181		3	
1992	1 404	1 396	426	60	910		8	
1993	2 320	2 320	513	16	1 791			
1994	641	641	187	11	443			
1995	300	300	108	8	184			
1996	209	198	75	3	120		11	
1997	177	177	51	6	120			
1998	125	125	39	5	81			
1999	96	96	63	4	29			
2000	146	146	40		106			
2002	156	151	32	2	117		5	
2003	92	92	22	1	68	1		
2004	93	93	27	3	63			
2005	94	94	35	1	58			

10—3 新签协议合同总投资

单位:万美元

年 份	新签协议总投资	外商合同外资	中外合资	中外合作	外商独资
1983－1987	15 160	12 980	2 990	9 585	405
1988	24 872	24 872	3 818	4 230	16 824
1989	31 010	25 857	7 361	3 108	15 388
1990	13 417	10 095	2 289	675	7 131
1991	52 258	29 308	11 420	15 118	2 770
1992	224 908	160 108	104 777	15 182	40 149
1993	474 639	318 022	52 667	14 497	250 858
1994	149 099	123 175	26 668	9 754	86 753
1995	96 484	68 358	23 064	5 021	40 273
1996	40 175	23 083	13 569	2 641	6 873
1997	22 442	18 621	9 798	4 108	4 715
1998	22 144	10 129	5 203	770	4 156
1999	17 320	12 628	1 709	87	10 832
2000	13 712	9 387	3 594		5 793
2002	17 649	10 104	1 858	2 200	6 046
2003	22 398	13 901	7 291	2 287	18 115
2004	27 399	16 607	3 778	1 552	11 277
2005	45 634	16 768	4 572	374	11 821

10—4 实 际 利 用 外 资

单位:万美元

年 份	实际利用外资	外商直接投资	中外合资	中外合作	外商独资	对外借款	商品信贷
总 计	711 824	467 042	143 764	28 162	295 327	244 472	309
1983－1987	3 375	3 075	486	2 589			300
1988	2 956	2 956	577	622	1 757		
1989	13 058	7 912	3 236	547	4 129	5 146	
1990	16 366	7 455	3 365	731	3 359	8 911	
1991	19 463	14 884	8 806	2 841	3 237	4 570	9
1992	40 678	36 478	14 789	3 797	17 892	4 200	
1993	94 630	78 778	28 378	1 750	48 650	15 852	
1994	80 309	55 616	9 378	1 017	45 221	24 692	
1995	68 283	49 583	10 385	4 818	34 380	18 700	
1996	56 789	32 868	12 094	685	20 089	23 921	
1997	55 493	31 692	8 851	1 206	21 635	23 801	
1998	55 225	33 893	16 569	938	16 386	21 332	
1999	40 343	16 182	5 782	196	10 204	24 161	
2000	35 719	21 153	4 452	1 937	14 764	14 566	
2002	66 406	24 426	5 446	1 076	18 115	41 980	
2003	28 293	27 693	7 291	2 287	18 115	600	
2004	36 416	32 016	2 066	4 184	18 654	4 400	
2005	37 888	37 888	2 590	2 527	28 300		

10—5 分行业实际利用外资情况

单位:万美元

指　　标	2000 年	2001 年	2003 年	2004 年	2005 年
总　　计	35 719	30 628	28 293	32 016	37 888
农、林、牧、渔、水利业	1 300	1 335	3 547	4 032	2 439
工业	3 029	1 513	7 398	8 920	6 373
建筑业	4 855	1 917	946	155	
交通运输、邮电通信业	21 146	13 059	9 005	7 334	4 771
商饮、物资供销和仓储业	342	62	53	278	3 689
房地产管理、公用事业、居民服务业	3 477	12 633	7 344	10 177	20 434
其他行业	1 570	109	0	1 120	180

10—6 分国别(地区)外商直接投资情况

单位:万美元

国家(地区)名称	2000 年	2001 年	2003 年	2004 年	2005 年
总　　计	35 719	30 628	27 693	32 016	37 880
香　　港	5 336	5 983	10 694	15 321	14 187
澳　　门		10			
台　　湾	580	1 566	950	916	840
日　　本	3 369	1 403	737	137	496
泰　　国	133	246	32		
新 加 坡	1 076	3 148	4 248	9 337	2 007
菲 律 宾		76	62	265	643
马来西亚			9	183	
韩　　国			253	62	2 538
英　　国	365	2 233	7 094	302	1 087
法　　国	231				
东萨摩亚			272		
萨 摩 亚			98	89	201
新 西 兰			6		
意 大 利					
澳大利亚		2			193
美　　国	395	1 164	3 232	155	644
加 拿 大	410	11	6	32	9
世界银行					
其　　他	23 824	14 786	0	5 217	15 043

10—7 按投资方式、国别(地区)、行业划分的新签协议合同和投资额

(2005年)

指 标	新签协议合同(个)	协议总投资额(万美元)	合同外资(万美元)	注册资本(万美元)
总 计	94	45 634	16 768	26 849
一、按投资方式				
1. 中外合资经营企业	35	18 160	4 572	14 654
2. 中外合作经营企业	1	749	374	374
3. 外资企业	58	26 725	11 821	11 821
4. 外商投资股份制				
二、按国别(地区)分	94	45 634	16 768	26 849
1. 亚洲	66	32 409	12 482	17 135
# 香港	38	28 846	10 357	14 605
澳门	2	212	61	212
台湾	7	75	60	71
越南				
马来西亚	3	1 284	667	673
新加坡	7	1 383	1 095	1 183
韩国	3	62	62	62
泰国	1	37	17	26
2. 欧洲				
# 英国	3	158	105	114
法国				
比利时				
3. 维尔京群岛	5	8 778	1 706	6 844
4. 北美洲				
# 加拿大				
美国	15	1 951	1 252	1 533
5. 萨摩亚	1	50	35	35
# 荷兰				
瑞典				
6. 其他	4	2287	1188	1188
三、按国民经济行业分				
1. 农林牧渔业	9	1 325	1 129	1 275
2. 采掘业	1	17	12	12
#煤炭采选业				
石油和天然气开采业				
3. 制造业	22	7 195	2 377	3 406
# 食品加工业	4	97	97	97
食品制造业				
饮料制造业				
纺织业				
服装及纤维制品制造业				

10—7 续 （2005年）

指　　标	新签协议合同（个）	协议总投资额（万美元）	合同外资（万美元）	注册资本（万美元）
家具制造业				
石油荚果能够及炼焦业				
化学原料及化学制品制造业	1	374	47	187
医药制造业	5	3 770	1 129	1 627
塑料制品业				
非金属矿物制品业	3	65	36	54
黑色金属冶炼及压延加工业				
普通机械制造业	1	30	24	30
交通运输设备制造业	3	938	500	500
电气机械及器材制造业				
电子及通信设备制造业	3	46	22	36
4. 电力煤气及水的生产和供应				
5. 建筑业	3	414	202	289
6. 地质勘察业、水利管理业				
7. 交通运输、仓储及邮电通信业	1	25	10	25
#铁路运输业				
公路运输业				
航空运输业	1	25	10	25
邮电通信业				
8. 住宿和餐饮业	16	10 115	4 739	7 616
#食品、饮料、烟草和家庭用品批发业				
零售业	7	1 899	1 565	1 660
餐饮业	8	3 224	677	1 713
旅馆业	1	4 992	2 496	4 243
9. 金融、保险业				
#金融业				
保险业				
10. 房地产业	19	24 935	7 472	13 021
#房地产开发与经营业				
11. 租赁和商业服务业	8	220	107	170
旅游业				
信息、咨询服务业	8	220	107	170
12. 卫生、体育和社会福利业				
13. 教育、文化艺术及广播电影电视业				
#教育				
文化艺术业				
广播电影电视业				
14. 科学研究和综合技术服务业	7	1 165	569	865
15. 其他行业	8	222	151	169

10—8 旅游饭店(宾馆)接待旅游人数

单位:人次

指　　标	1987 年	2000 年	2003 年	2004 年	2005 年
总　　计	318 155	2 575 972	2 831 670	3 167 196	3 488 576
一、国际旅游者	77 991	132 604	73 261	101 236	140 278
1. 外国人	15 349	31 706	25 789	49 597	76 520
日　本	2 023	8 758	3 786	7 117	8 967
菲律宾	134	4 831	493	183	466
新加坡	5 403	5 608	3 036	5 850	7 707
泰　国	1 657	1 604	1 334	3 025	3 413
印　尼	167	615	484	1 220	1 338
美　国	1 328	2 138	2 529	3 046	3 485
加拿大	324	734	567	766	1023
英　国	593	442	295	584	1 141
德　国	476	398	442	814	1 386
法　国	365	336	277	762	687
意大利	127	150	111	146	318
俄罗斯		86	224	357	364
澳大利亚	389	403	480	747	1 819
新西兰	118	66	114	168	248
其　他	2 245	5 537	6 804	24 812	44 158
2. 华侨	745				
3. 港澳同胞	61 897	64 725	26 871	25 748	32 804
4. 台湾同胞		36 173	20 601	25 891	30 954
二、国内旅客	240 164	2 443 368	2 758 409	3 065 960	3 348 298

10—9 旅游饭店(宾馆)接待设施

指　　标	单　位	1987 年	2000 年	2003 年	2004 年	2005 年
饭店(宾馆)	家	10	71	70	76	85
客房总数	间	1 383	10 366	11 016	11 832	13 491
#空调房	间	939	10 320	11 016	11 832	13 491
床位总数	张	3 158	19 554	20 503	21 621	24 442
#空调房床位数	张	1 865	19 478	20 503	21 621	24 442
客房开房率	%	69.4	62.2	59.5	59.3	60.2

10—10　旅游饭店(宾馆)经营状况

单位:万元

指　　标	1988 年	1991 年	1992 年	1993 年
营业收入	13 152	18 673	36 202	68 937
营业成本	5 600	5 766	9 059	14 638
费　用	5 830	12 880	21 685	41 359
税　金	449	745	1 529	3 421
营业外收支差	170	-70	-428	867
利润总额	1 443	-788	3 501	10 386
附:年末职工人数(人)	4 635	7 293	10 192	11 178
指　　标	2000 年	2003 年	2004 年	2005 年
营业收入	63 395	56 215	63 556	75 781
营业成本	10 583	9 255	12 807	17 529
营业费用	28 874	25 662	29 533	31 926
营业税金及附加	3 939	2 957	3 562	4 216
经营利润	19 999	18 341	2 0351	22 110
管理费用	30 575	27 918	29 089	33 185
财务费用	8 578	3 235	3 973	-1 239
营业利润	-19 154	-12 812	-13 105	-9 836
投资收益	-125	90	78	
营业外收支差	131	132	-677	
利润总额	-19 148	-12 590	-21 925	-12 317
附:年末职工人数(人)	9 563	9 616	9 385	12 369

海口统计年鉴

HAIKOU STATISTICAL YEARBOOK

FINANCE, BANKING AND INSURANCE 财政、金融和保险

11

Chapter 11

HAIKOU STATISTICAL YEARBOOK

11—1 历年财政收入和支出

单位:万元

年 份	财政总收入	地方财政支 出	年 份	财政总收入	地方财政支 出
1952	742	193	1979	3 608	2 540
1953	1 684	464	1980	3 339	2 935
1954	1 706	572	1981	3 411	2 634
1955	1 114	529	1982	3 500	2 823
1956	1 189	624	1983	4 291	4 017
1957	1 441	613	1984	25 146	7 036
1958	1 939	867	1985	15 827	9 383
1959	1 961	638	1986	7 992	11 468
1960	1 518	918	1987	10 488	9 808
1961	1 384	826	1988	19 423	12 303
1962	1 765	815	1989	27 911	19 694
1963	1 670	863	1990	28 897	23 126
1964	1 787	1 001	1991	40 076	34 626
1965	2 272	865	1992	84 524	68 618
1966	2 603	892	1993	177 576	116 355
1967			1994	188 078	121 537
1968			1995	171 809	106 339
1969			1996	168 027	114 045
1970	2 842	1 081	1997	176 786	114 213
1971	2 880	1 159	1998	185 868	123 391
1972			1999	199 968	132 715
1973	3 219	1357	2000	231 027	154 193
1974	3 296	1 458	2001	278 411	183 129
1975	4 062	1 604	2002	325 014	190 234
1976	4 116	1 811	2003	428 832	237 455
1977	4 512	1 863	2004	514 342	286 396
1978	3 864	2 550	2005	608 252	324 104

11—2 财 政 收 入

单位:万元

指 标	1987 年	2000 年	2003 年	2004 年	2005 年
财政总收入合计	10 488	231 027	428 832	514 342	608 252
上划中央、省收入	-306	143 711	291 726	340 018	391 479
地方财政收入	10 794	87 316	137 106	174 324	216 773
一般预算收入	10 411	87 230	122 541	148 953	179 149
各项税收	11 380	67 839	95 338	116 505	133 293
#增值税	799	4 732	10 525	11 854	14 420
营业税	4 458	16 399	23 513	27 890	32 159
企业所得税	734	3 933	4 968	5 757	6 993
个人所得税		3 366	3 766	3 910	4 644
资源税		39	855	596	551
城市维护建设税	476	9 774	17 385	20 438	21 352
房产税		16 155	16 898	18 836	19 620
印花税		1 588	2 844	3 330	3 677
城镇土地使用税		1 781	2 580	2 871	4 571
土地增值税			507	7 186	1 1297
车船使用税		1 076	1 014	1 230	1 379
屠宰税		426	154	0	0
农业税	382	749	472	225	18
农业特产税		1 357	866	35	30
耕地占用税		522	321	1 833	1 358
契税	3	5 942	8 670	10 514	11 224
其他各项收入	-969	19 391	92	748	4 362
基金及其他收入	383	86	14 565	25 371	37 624

11—3 财 政 支 出

单位:万元

指 标	1987 年	2000 年	2003 年	2004 年	2005 年
地方财政支出	9 808	149 115	237 455	286 396	324 104
地方一般预算支出	9 808	149 115	230 392	248 661	302 135
基本建设支出	445	25 369	27 299	38 501	44 083
支援农业生产支出	701	1 550	5 208	9 591	6 826
企业挖潜改造支出	1 081	50	0	0	0
城市维护费	529	12 911	19 543	24 167	30 746
文教卫生事业费	1 414	29 844	43 673	53 100	56 213
其他部门事业费	218	18 364	18 361	19 904	22 215
行政管理费	1 370	16 113	23 349	30 691	40 721
公检法司支出		12 868	14 443	18 186	18 131
政策性补贴支出	1 120	1 261	473	961	1 220
其他各类支出	2 930	30 785	33 457	53 560	31 258
基金支出			7 063	37 735	21 969

11—4　金融机构存、贷款情况

（2005 年末）　　单位:万元

指　　标	2004 年	2005 年
一、年末存款余额	6 641 923	7 600 163
#企业存款	2 531 150	2 868 225
#活期存款	2 158 511	2 115 190
定期存款	372 639	753 036
财政存款	155 123	126 507
机关团体存款	255 819	317 256
储蓄存款	3 165 866	3 560 938
#活期储蓄	1 422 546	1 529 868
定期储蓄	1 743 320	2 031 070
农业存款	113 640	114 407
其他存款	446 188	601 195
二、年末贷款余额	5 679 459	6150 427
#短期贷款	1 564 099	1 308 768
#工业贷款	415 848	320 987
商业贷款	201 595	184 421
建筑业贷款	37 618	29 953
农业贷款	123 701	144 275
乡镇企业贷款	24 915	8 771
三资企业贷款	27 399	9 297
私营企业及个体贷款	6 662	2 940
中长期贷款	3 515 734	4 476 762
#基本建设贷款	2 426 861	2 773 259
技术改造贷款	34 739	31 811
其他中长期贷款	1 054 134	1 671 692

注:本表不含外资。

11—5 国家银行存、贷款情况

单位:万元

指标	1987年	2000年	2003年	2004年	2005年
年末存款余额	99 358	3 607 292	5 208 035	5 524 147	6 203 827
企业存款	38 398	1 489 619	1 707 852	1 835 119	1 994 060
财政存款	8 336	59 008	163 939	155 089	126 327
机关团体存款	4 143	47 135	174 271	243 584	312 588
城镇储蓄存款	39 992	1 868 626	2 545 871	2 807 845	3 147 142
农村存款	5 119	54 903	86 049	90 756	81 382
信托类存款	710				
其他类存款	2 660	88 001	530 053	391 753	542 327
年末贷款余额	130 016	2 935 429	4 382 693	4 935 749	5 337 837
短期贷款	90 751	1 251 164	1 129 800	1 103 898	1 014 297
#工业贷款	39 154	288 559	456 063	396 488	278 906
商业贷款	40 816	308 579	197 986	181 106	163 891
建筑业贷款	2 477	51 143	20 695	9 895	10 250
农业贷款	5 755	39 642	74 182	61 542	61 157
乡镇企业贷款	1 044	2 473	2 441	6 211	8 771
私营企业及个体贷款	118	4 910	405	1 240	83
三资企业贷款		63 576	30 213	18 174	1605
其他短期贷款	1 387	492 282	347 815	429 242	489 634
中长期贷款	32 756	1 411 743	2 736 649	3 306 578	4 025 759
#基本建设贷款	6 284	604 855	1 784 957	2 412 441	2 720 745
技术改造贷款	21 710	342 731	75 085	34 739	28 611
其他中长期贷款	4 762	464 157	876 607	859 398	1 276 403
信托类贷款	2 923	480			
其他类贷款	3 586	235 205			

11—6 金融机构现金收入和支出

（2005 年）

单位：万元

指　　标	2004 年	2005 年
现金收入合计	15 014 530	14 235 052
商品销售收入	1 318 241	1 103 603
服务业收入	566 949	434 587
税款收入	67 905	65 872
城乡个体经营收入	213 092	225 288
储蓄存款收入	11 400 847	11 041 585
汇兑收入	59 954	44 978
居民归还贷款收入	20 391	24 615
有价证券收入	26 221	22 400
其他金融机构收入	53 874	9 171
其他收入	1 287 056	1 262 953
现金支出合计	14 653 111	13 861 150
工资及对个人其他支出	665 862	637 126
农副产品收购支出	210 528	236 086
工矿产品采购支出	96 791	75 940
行政企事业管理费支出	1 026 629	873 902
城乡个体经营支出	278 012	231 758
储蓄存款支出	11 275 127	10 876 340
汇兑支出	39 236	36 775
居民提取贷款支出	16 964	16 482
有价证券支出	19 433	6 584
其他金融机构支出	59 050	13 663
其他支出	965 489	856 494

11—7 国家银行现金收入和支出

单位:万元

指 标	1987 年	2000 年	2003 年	2004 年	2005 年
现金收入合计	204 702	8 484 246	10 621 488	11 525 828	11 373 798
商品销售收入	76 813	646 813	803 998	1 068 376	972 539
服务业收入	13 892	394 204	550 853	522 871	424 931
税款收入	1 255	23 045	31 687	44 494	51 657
城乡个体经营收入	1 094	155 818	130 340	187 270	176 830
储蓄存款收入	91 930	6 583 213	8 049 428	8 691 994	8 852 591
汇兑收入	2 996	68 296	43 682	57 518	44 455
其他收入	11 777	535 042	944 201	881 583	816 674
有价证券收入	257	27 277	21 235	25 206	18 789
其他金融机构收入	4 688	50 538	41 823	41 729	7 226
现金支出合计	181 669	8 318 087	10 384 229	11 220 201	11 142 794
工资及对个人其他支出	42 682	470 010	463 109	591 434	606 899
农副产品收购支出	11 356	96 081	132 984	202 565	227 224
工矿产品采购支出	1 150	26 931	46 311	93 039	75 254
行政企事业管理费支出	15 144	456 636	568 083	743 035	649 670
城乡个体经营支出	2 035	124 752	153 203	236 562	164 996
储蓄存款支出	84 157	6 458 466	8 033 731	8 535 488	8 697 158
汇兑支出	1 168	49 865	26 738	38 993	36 506
其他支出	15 118	554 741	910 323	726 571	669 206
有价证券支出	36	24 454	23 689	18 329	5 577
其他金融机构支出	8 823	56 151	25 753	33 774	9 219

11—8 国内保险业务量

单位:万元

指　　标	1998 年	2000 年	2003 年	2004 年	2005 年
承保金额	15 812 691	20 730 933	30 279 599	48 439 274	194 123 027
财产险	7 282 240	6 956 747	13 778 316	16 762 291	191 393 131
企事业财产险	2 892 528	2 396 009	4 130 996	3 975 657	7 617 061
家庭财产险	328 259	87 163	420 010	213 881	37 552
运输工具及责任险	994 900	579 046	1 167 219	1 930 034	2 202 645
货物运输险	826 696	1 744 080	2 431 828	2 983 108	2 127 106
其他险	2 239 857	2 150 449	5 628 263	7 658 740	179 560 492
人身险	8 530 451	13 774 186	16 501 283	27 558 451	2 729 896
保费收入	42 457	39 999	102 908	93 877	44 694
财产险	20 877	15 847	33 618	38 604	43 030
企事业财产险	4 507	2 639	4 116	3 828	7 324
家庭财产险	46	57	1 658	876	883
运输工具及责任险	9 541	7 685	11 415	17 676	15 966
货物运输险	1 495	1 433	2 238	2 115	2 149
其他险	5 288	4 033	14 191	14 110	17 251
人身险	21 580	24 152	69 290	54 289	1 664
赔　　款	15 491	14 786	20 140	25 899	21 401
财产险	8 960	11 689	14 885	21 431	21 166
企事业财产险	2 147	3 195	1 703	1 461	7 092
家庭财产险	5	14	13	10	34
运输工具及责任险	3 577	3 345	6 664	9 328	9 081
货物运输险	1 589	1 619	2 316	1 192	1 143
其他险	1 642	3 516	4 189	9 441	4 070
人身险	6 531	3 097	5 255	4 363	235

11—9 人寿保险业务量

(2005年) 单位:万元

指标	承保金额	保费收入	赔款及个人给付
合计	24 253 973	53 436	4 705
意外伤害保险	18 325 178	2 208	473
养老年金险	1 087 563	2 552	346
人寿保险	2 995 079	44 189	2 853
健康保险	1 846 153	4 487	1 033

海口统计年鉴

HAIKOU STATISTICAL YEARBOOK

PRICE 物价 12

Chapter 12

HAIKOU STATISTICAL YEARBOOK

12—1 物价指数

单位:%

年份	以1950年价格为100		年份	以上年价格为100	
	居民消费价格指数	零售物价指数		居民消费价格指数	零售物价指数
1952	98.5	99.2			
1957	104.7	100.3	1979	107.4	107.6
1962	172.4	173.6	1980	106.8	107.2
1965	116.4	112.3	1981	107.0	107.4
1970	110.7	106.4	1982	103.8	103.9
1975	110.9	106.7	1983	102.1	101.9
1978	111.3	107.0	1984	102.7	101.4
1980	127.6	123.4	1985	116.9	117.2
1985	173.7	166.7	1986	103.2	103.0
1987	196.3	188.4	1987	109.5	109.7
1988	259.9	249.6	1988	132.4	132.2
1989	334.8	319.2	1989	128.8	127.9
1990	336.8	317.0	1990	100.6	99.3
1991	343.9	321.8	1991	102.1	101.5
1992	374.2	350.1	1992	108.8	108.8
1993	467.8	440.4	1993	125.0	125.8
1994	585.2	530.2	1994	125.1	120.4
1995	648.4	576.3	1995	110.8	108.7
1996	680.8	593.0	1996	105.0	102.9
1997	689.7	591.2	1997	101.3	99.7
1998	669.0	569.3	1998	97.0	96.3
1999	663.0	557.9	1999	99.1	98.0
2000	672.9	563.5	2000	101.5	101.0
2001	664.8	550.0	2001	98.8	97.6
2002	659.5	544.5	2002	99.2	99.0
2003	658.2	544.0	2003	99.8	99.9
2004	677.9	558.1	2004	103.0	102.6
2005	686.7	560.3	2005	101.3	100.4

12—2 居民消费价格指数

（以上年价格为100）

单位:%

类别及名称	2003年	2004年	2005年
居民消费价格指数	99.8	103.0	101.3
食品类	101.5	108.3	100.9
#粮食	99.2	115.6	100.5
油脂	102.9	100.7	97.9
肉禽及其制品	100.7	120.0	99.0
蛋	97.4	110.7	107.2
水产品	101.2	108.5	102.7
菜	105.4	108.2	104.4
#鲜菜	105.9	108.4	104.4
烟酒及用品类	100.7	100.9	101.7
衣着类	96.2	98.9	96.6
#服装	95.1	98.6	95.2
衣着材料	102.1	100.9	99.8
鞋袜帽	98.2	99.4	100.2
家庭设备用品及服务类	98.2	100.4	101.3
医疗保健和个人用品类	100.5	99.8	100.3
交通和通讯类	94.9	98.3	99.9
娱乐教育文化用品及服务类	98.0	98.6	102.8
居住类	102.0	100.5	105.3

12—3　居民消费价格指数

（以2000年价格为100）　　单位:%

类别及名称	2003年	2004年	2005年
居民消费价格指数	97.8	100.7	102.0
食品类	99.4	107.7	108.7
#粮　食	97.8	113.1	113.7
油　脂	102.0	102.7	100.5
肉禽及其制品	102.6	123.1	121.9
蛋	104.5	115.7	124.0
水产品	92.8	100.7	103.4
菜	100.8	109.1	113.9
#鲜　菜	101.5	110.0	114.8
烟酒及用品类	98.8	99.7	101.4
衣着类	93.5	92.5	89.4
#服　装	91.7	90.4	86.1
衣着材料	101.3	102.2	102.0
鞋袜帽	97.6	97.0	97.2
家庭设备用品及服务类	93.9	94.3	95.5
医疗保健和个人用品类	101.3	101.1	101.4
交通和通讯类	90.9	89.4	89.3
娱乐教育文化用品及服务类	97.1	95.7	98.4
居住类	99.2	99.7	105.0

12—4 商品零售价格指数

（以上年价格为100）　　单位:%

类别及名称	2005年
商品零售价格指数	100.4
食品类	101.3
#粮　食	101.0
油　脂	97.9
肉禽及其制品	99.5
蛋	107.2
水产品	102.7
菜	104.4
#鲜　菜	104.4
饮料、烟酒类	101.5
服装、鞋帽类	97.3
纺织品类	97.4
家用电器及音像器材类	95.6
文化办公用品类	95.6
日用品类	102.4
体育娱乐用品类	99.5
交通通信用品类	93.0
家具类	100.8
化妆品类	101.5
金银珠宝类	104.3
中西药品及医疗保健用品类	97.9
书报杂志及电子出版物类	97.1
燃料类	113.3
建筑材料及五金电料类	106.4

12—5　居民消费分月价格指数

（2005 年，以上年同月价格为 100）　　单位：%

类别及名称	1 月	2 月	3 月	4 月	5 月	6 月
居民消费价格指数	100.3	101.2	102.1	101.1	101.2	101.2
食品类	99.7	100.1	102.1	99.9	99.9	100.4
#粮　食	108.6	106.7	99.0	98.2	98.6	97.8
油　脂	92.0	93.6	97.5	97.7	96.8	98.9
肉禽及其制品	103.0	101.7	101.6	100.1	102.1	99.6
蛋	112.5	108.2	110.5	109.1	108.7	107.1
水产品	95.7	102.5	107.4	103.6	104.2	102.6
菜	93.9	93.7	108.9	98.3	93.3	103.2
#鲜　菜	92.9	93.3	109.2	98.0	92.9	103.3
烟酒及用品类	101.8	102.8	103.7	103.7	105.2	100.5
衣着类	98.1	97.8	99.1	96.0	95.9	95.2
#服　装	96.8	97.4	99.8	95.9	95.8	94.0
衣着材料	100.3	100.3	100.3	100.4	100.4	99.4
鞋袜帽	101.3	98.7	97.4	95.9	95.9	98.0
家庭设备用品及服务类	101.6	100.4	101.2	101.6	101.7	101.5
医疗保健和个人用品类	102.9	102.6	101.7	100.5	99.3	99.4
#中药材及中成药	98.4	95.1	95.7	95.4	94.3	95.3
西　药	98.2	98.3	99.4	99.4	99.4	99.5
医疗保健服务	112.2	112.2	112.2	105.2	100.0	100.0
交通和通讯类	96.6	99.2	98.5	99.1	99.8	99.3
娱乐文教用品及服务类	98.8	104.9	105.1	106.0	104.8	105.6
#文娱用耐用品及服务	95.3	95.8	97.5	96.3	96.8	96.7
教　育	103.9	110.9	110.8	110.8	110.8	110.9
文化娱乐用品	96.5	97.2	95.8	99.8	97.8	100.6
旅游及外出	90.0	117.9	123.3	123.3	113.2	113.7
居住类	104.3	104.2	103.9	103.7	105.7	105.6
#水、电、燃料	106.1	106.2	106.1	104.8	107.6	108.0

12—5 续

单位:%

类别及名称	7月	8月	9月	10月	11月	12月
居民消费价格指数	101.4	102.2	100.7	101.5	101.5	101.3
食品类	101.1	101.6	100.0	102.8	101.9	101.7
#粮食	99.2	98.8	100.5	99.6	99.5	100.5
油脂	98.6	99.9	99.1	100.2	99.7	101.7
肉禽及其制品	98.9	98.5	96.6	96.0	96.1	94.5
蛋	109.4	108.8	102.8	101.3	105.0	105.0
水产品	103.4	104.5	101.5	100.4	103.5	103.9
菜	104.7	112.2	101.0	123.5	110.9	108.6
#鲜菜	104.7	112.7	100.9	124.5	111.2	108.8
烟酒及用品类	99.7	101.6	100.5	100.7	100.8	100.1
衣着类	95.2	99.7	97.4	95.4	94.5	95.5
#服装	92.1	97.7	95.2	92.9	91.7	93.0
衣着材料	99.4	99.4	99.4	99.4	99.4	99.4
鞋袜帽	102.9	105.2	103.2	101.6	101.6	101.6
家庭设备用品及服务类	99.0	103.5	100.9	100.7	101.5	101.4
医疗保健和个人用品类	100.2	99.7	99.4	99.2	99.5	99.2
#中药材及中成药	95.3	92.6	93.6	93.8	93.8	93.9
西药	99.7	99.7	99.7	99.7	99.4	99.6
医疗保健服务	100.0	100.0	100.0	100.0	100.0	100.0
交通和通讯类	100.5	101.1	100.8	101.2	101.2	101.8
娱乐文教用品及服务类	105.4	105.1	100.1	99.6	100.2	99.2
#文娱用耐用品及服务	94.0	93.6	93.6	92.0	92.5	90.5
教育	110.9	110.9	100.4	100.3	100.3	100.3
文化娱乐用品	99.9	101.0	101.0	100.5	103.5	102.2
旅游及外出	120.0	114.1	109.8	108.9	106.7	103.8
居住类	105.3	105.6	106.8	104.8	106.9	106.6
#水、电、燃料	106.9	107.0	109.2	105.6	109.8	109.2

12—6　居民消费分月价格指数

（2005年，以2000年价格为100）　　单位：%

类别及名称	1月	2月	3月	4月	5月	6月
居民消费价格指数	100.4	102.1	102.2	101.5	101.3	101.7
食品类	104.8	109.0	109.6	107.5	107.0	108.5
#粮　食	112.5	112.6	112.6	113.4	112.7	112.6
油　脂	99.4	100.5	101.3	101.2	99.7	100.3
肉禽及其制品	121.4	126.3	124.7	122.1	123.4	121.5
蛋	121.4	123.1	122.7	120.9	120.6	122.6
水产品	101.7	114.8	110.1	104.3	101.7	101.1
菜	93.9	101.2	115.6	107.0	101.7	118.2
#鲜　菜	93.5	101.7	117.1	107.8	102.1	119.6
烟酒及用品类	100.8	101.2	101.6	101.6	101.6	100.6
衣着类	91.4	90.5	91.9	91.1	91.0	89.3
#服　装	88.2	87.0	89.4	88.7	88.6	86.2
衣着材料	102.1	102.1	102.1	102.1	102.1	102.1
鞋袜帽	99.0	99.0	97.7	96.3	96.3	96.3
家庭设备用品及服务类	95.7	95.0	95.8	95.9	96.0	95.8
医疗保健和个人用品类	103.4	102.8	101.4	101.4	101.5	101.4
#中药材及中成药	97.8	93.9	93.9	93.9	93.9	93.9
西　药	87.6	87.6	87.6	87.6	87.6	87.7
医疗保健服务	141.3	141.3	141.3	141.3	141.3	141.3
交通和通讯类	88.2	89.0	88.0	89.0	89.2	88.9
娱乐文教用品及服务类	99.1	99.8	99.0	98.7	98.0	98.5
#文娱用耐用品及服务	75.0	74.3	75.2	74.2	73.5	73.2
教　育	111.3	110.3	110.2	110.3	110.2	110.4
文化娱乐用品	105.6	105.6	106.7	106.7	103.6	107.5
旅游及外出	90.1	101.6	90.1	90.1	92.2	87.8
居住类	102.6	102.8	102.8	104.0	104.0	103.8
#水、电、燃料	104.0	104.5	104.8	106.3	106.0	105.8

12—6 续

单位:%

类别及名称	7月	8月	9月	10月	11月	12月
居民消费价格指数	101.6	102.2	102.6	103.1	102.6	102.1
食品类	109.3	109.8	109.9	111.2	109.3	108.4
#粮食	112.6	112.8	115.9	114.9	115.3	114.9
油脂	100.6	100.9	100.6	101.0	100.2	101.0
肉禽及其制品	121.7	122.0	121.1	121.0	120.4	117.8
蛋	126.2	131.4	131.9	124.8	121.2	122.1
水产品	102.3	102.9	100.7	99.1	101.1	101.5
菜	122.1	124.7	126.2	139.5	119.2	114.8
#鲜菜	123.7	126.3	128.0	141.9	120.5	115.8
烟酒及用品类	100.2	101.4	101.7	101.7	101.7	101.7
衣着类	86.5	88.5	89.1	88.5	87.8	87.5
#服装	82.3	84.1	85.4	85.1	84.0	83.7
衣着材料	102.1	102.1	102.1	102.1	102.1	102.1
鞋袜帽	96.3	99.0	97.7	96.3	96.3	96.3
家庭设备用品及服务类	93.9	94.5	95.9	95.3	96.5	96.5
医疗保健和个人用品类	101.4	100.8	101.0	100.6	101.0	101.2
#中药材及中成药	93.9	91.3	92.0	92.0	92.0	92.0
西药	87.7	87.7	87.7	87.7	87.6	87.5
医疗保健服务	141.3	141.3	141.3	141.3	141.3	141.3
交通和通讯类	89.6	89.9	89.8	89.8	89.6	89.6
娱乐文教用品及服务类	98.5	98.1	98.2	98.4	98.2	97.3
#文娱用耐用品及服务	71.3	71.0	70.6	69.3	69.7	68.0
教育	110.3	110.2	111.7	111.7	111.7	111.7
文化娱乐用品	107.5	107.3	107.3	108.2	109.6	108.5
旅游及外出	92.6	90.7	87.3	89.6	84.5	82.2
居住类	103.3	105.2	106.4	107.8	109.4	108.9
#水、电、燃料	104.7	107.7	109.6	112.4	114.6	113.6

12—7 物价指数

(2005年)

单位:%

年　　份	居民消费价格指数	零售物价指数
以1957年价格为100	655.9	558.7
以1965年价格为100	590.0	499.1
以1978年价格为100	616.9	523.8
以1980年价格为100	538.2	355.8
以1985年价格为100	395.4	336.2
以1986年价格为100	383.0	326.1
以1987年价格为100	349.9	297.6
以1988年价格为100	263.5	224.5
以1989年价格为100	205.1	175.4
以1990年价格为100	204.0	176.6
以1991年价格为100	199.8	174.1
以1992年价格为100	183.6	159.9
以1993年价格为100	146.8	127.2
以1994年价格为100	117.4	105.9
以1995年价格为100	106.2	97.3
以1996年价格为100	100.9	94.5
以1997年价格为100	99.5	94.8
以1998年价格为100	102.7	98.4
以1999年价格为100	103.6	100.4
以2000年价格为100	102.0	99.4
以2001年价格为100	103.3	101.9
以2002年价格为100	104.1	102.9
以2003年价格为100	104.3	103.0
以2004年价格为100	101.3	100.4

12—8 2003年当季房屋销售价格指数

（以上年同季为100） 单位：%

指标	一季度	二季度	三季度	四季度
房屋销售总计	103.7	100.7	102.0	104.3
商品房	103.7	100.7	102.0	104.3
住宅	103.8	100.9	102.1	104.5
经济适用房	101.0	96.0	99.4	104.6
普通住宅	105.5	101.5	102.7	107.3
多层住宅	107.5	101.2	107.2	121.1
高层住宅	104.1	101.6	101.8	104.4
高档住宅	101.5	99.2	100.6	101.3
别墅	102.1	100.4	105.4	103.7
高档公寓	100.7	97.1	99.3	100.9
非住宅	99.1	96.1	100.1	98.5
办公楼		89.9	97.4	
商业娱乐用房	99.1	96.7	100.1	98.5
二手房				
住宅				
非住宅				

12—9 2004年当季房屋销售价格指数

（以上年同季为100） 单位：%

指标	一季度	二季度	三季度	四季度
房屋销售总计	108.9	106.6	105.1	102.8
商品房	105.1	103.4	102.9	104.9
住宅	106.1	103.4	103.2	104.6
经济适用房	102.6	104.0	101.6	120.0
普通住宅	108.8	104.9	103.6	105.6
多层住宅	116.7	110.5	101.9	105.3
高层住宅	107.8	103.2	104.8	105.8
高档住宅	101.9	100.5	102.2	99.9
别墅	104.3	102.9	100.0	97.1
高档公寓	101.7	100.3	102.7	100.6
非住宅	95.9		100.0	107.3
办公楼	95.9		100.0	
商业娱乐用房			100.0	107.3
二手房	117.4	114.0	110.2	97.9
住宅	118.9	121.4	110.2	98.1
非住宅	111.6	84.6		97.3

12—10　2005 年当季房屋销售价格指数

（以上年同季为 100）　　单位:%

指　　标	一季度	二季度	三季度	四季度
房屋销售总计	104.0	104.2	102.5	99.4
商品房	105.9	107.0	105.0	100.3
住　宅	105.7	107.2	105.2	100.3
经济适用房	100.2			
普通住宅	107.7	107.2	104.5	101.0
多层住宅	109.0	107.5	106.6	109.2
高层住宅	105.5	107.2	104.0	99.9
高档住宅	100.3	108.0	107.9	98.0
别　墅				
高档公寓	100.3	108.0	107.9	98.0
非住宅	110.2	100.7	101.1	99.8
办公楼	112.0			
商业娱乐用房	110.0	100.8	101.2	99.7
二手房	101.6	100.7	99.5	98.3
住　宅	100.3	101.0	99.3	97.4
非住宅	104.0			

12—11　2003 年当季房地产租赁价格指数

（以上年同季为 100）　　单位:%

指　　标	一季度	二季度	三季度	四季度
房屋租赁总计	91.9	90.7	92.2	95.6
住　宅	101.3	103.9	97.9	100.4
其中:普通住宅	101.3	103.9	97.9	100.4
办公楼	76.0	80.8	84.1	80.7
写字楼	54.5	54.5	55.0	47.2
普通办公用房	87.9	95.4	100.3	99.3
商业娱乐用房	91.0	86.2	89.7	100.6
工业仓储用房	96.1	95.7	98.8	88.7
工业厂房	96.9	98.4	91.3	97.7
仓　库	95.1	92.4	108.1	77.4

12—12　2004 年当季房地产租赁价格指数

（以上年同季为 100）　　单位：%

指　　标	一季度	二季度	三季度	四季度
房屋租赁总计	96.9	97.5	97.7	92.4
住　宅	96.1	101.0	97.5	98.0
其中：普通住宅	96.1	101.0	97.5	98.0
办公楼	98.2	97.5	98.4	101.0
写字楼	86.3	86.3	89.6	93.9
普通办公用房	104.4	103.3	103.0	104.7
商业娱乐用房	97.1	98.2	98.8	87.1
工业仓储用房	96.1	92.7	93.6	101.9
工业厂房	100.4	101.0	100.6	101.1
仓　库	85.0	71.4	75.9	104.0

12—13　2005 年当季房地产租赁价格指数

（以上年同季为 100）　　单位：%

指　　标	一季度	二季度	三季度	四季度
房屋租赁总计	101.8	101.6	102.4	101.8
住　宅	109.0	109.9	110.0	111.1
其中：普通住宅	115.0	116.4	116.7	118.4
办公楼	106.5	101.7	100.4	92.9
写字楼	120.4	98.1	94.1	79.8
普通办公用房	99.5	103.4	103.6	99.5
商业娱乐用房	96.2	96.4	98.0	98.4
工业仓储用房	101.4	102.8	103.9	104.7
工业厂房	99.7	99.1	100.7	100.0
仓　库	106.0	113.2	112.8	117.7

12—14　2003 年当季土地交易价格指数

（以上年同季为 100）　　单位:%

指　　标	一季度	二季度	三季度	四季度
土地交易总计	106.1	96.6	98.0	100.7
居住用地	112.7	97.8	100.3	101.0
高档住宅用地			100.0	103.3
普通住宅用地	112.7	97.8	100.4	100.8
工业仓储用地	97.7	82.2	87.5	95.0
商业、旅游、娱乐用地	99.6	97.2	98.9	101.2
其它用地	103.5	96.4	91.5	

12—15　2004 年当季土地交易价格指数

（以上年同季为 100）　　单位:%

指　　标	一季度	二季度	三季度	四季度
土地交易总计	101.7	101.6	102.6	104.8
居住用地	101.1	102.0	102.7	102.9
高档住宅用地				101.1
普通住宅用地	101.1	102.0	102.7	104.4
工业仓储用地	100.0	100.0	101.3	101.0
商业、旅游、娱乐用地	102.4	101.4	102.6	107.8
其它用地		101.2		100.8

12—16　2005 年当季土地交易价格指数

（以上年同季为 100）　　单位:%

指　　标	一季度	二季度	三季度	四季度
土地交易总计	102.2	105.8	126.4	105.4
居住用地	103.1	109.3	118.6	107.4
高档住宅用地	101.6	105.1	107.3	113.9
普通住宅用地	104.4	114.4	119.0	105.9
工业仓储用地	100.0	99.9	133.3	100.8
商业、旅游、娱乐用地	100.7	103.6	132.7	104.2
其它用地	102.5	100.1	137.4	102.7

12—17　2005年工业品出厂价格指数

（以上年为100）　　单位:%

	2005年
全部工业品	94.6
其中:轻工业	101.1
以农产品为原料	101.5
以非农产品为原料	100.8
重工业	88.3
其中:生产资料	104.3
生活资料	90.5
按工业行业大、中类分	
农副食品加工业	99.8
食品制造业	98.3
饮料制造业	102.2
烟草制品业	101.3
纺织业	97.4
纺织服装、鞋、帽制造业	100.0
木材加工及木、竹、藤、棕、草制品业	99.9
家具制造业	116.4
造纸及纸制品业	99.5
印刷业和记录媒介的复制	106.7
化学原料及化学制品制造业	104.6
医药制造业	85.8
化学纤维制造业	108.4
塑料制品业	98.8
非金属矿物制品业	108.8
有色金属冶炼及压延加工业	91.8
金属制品业	116.4
专用设备制造业	99.4
交通运输设备制造业	84.5
电气机械及器材制造业	111.1
通信设备、计算机及其他电子设备制造业	99.7
仪器仪表及文化、办公用机械制造业	100.0
工艺品及其他制造业	111.7
电力、热力的生产和供应业	99.4
燃气生产和供应业	102.1
水的生产和供应业	100.4

12—18　2005年分月工业品出厂价格指数

（以上年同月价为100）　　　　单位:%

	1　月	2　月	3　月	4　月	5　月	6　月
全部工业品	94.8	95.3	95.5	95.8	92.9	94.0
其中:轻工业	103.2	103.4	104.0	102.9	100.9	101.8
以农产品为原料	102.6	103.0	102.3	101.6	100.8	101.9
以非农产品为原料	103.8	103.8	105.5	104.3	100.9	101.7
重工业	87.4	87.5	87.2	89.1	85.0	85.9
其中:生产资料	108.0	108.9	109.0	106.4	103.0	104.5
生活资料	89.6	89.5	89.6	91.4	88.6	89.2
按工业行业大、中类分						
农副食品加工业	104.3	105.4	102.1	99.1	98.0	98.9
食品制造业	90.5	94.4	92.7	92.3	90.7	101.3
饮料制造业	102.2	102.3	102.3	102.1	102.4	103.5
烟草制品业	104.2	104.3	104.3	104.3	100.1	99.8
纺织业	93.6	93.1	94.7	97.1	95.6	97.0
纺织服装、鞋、帽制造业	100.0	100.0	100.0	100.0	100.0	100.0
木材加工及木、竹、藤、棕、草制品业	100.0	100.0	100.0	100.0	100.0	100.0
家具制造业	115.0	115.0	122.6	122.6	115.9	117.7
造纸及纸制品业	101.1	100.4	100.7	99.2	97.3	99.5
印刷业和记录媒介的复制	104.8	104.3	105.2	106.2	106.1	105.7
化学原料及化学制品制造业	116.9	119.4	119.7	111.7	98.0	103.7
医药制造业	88.4	86.3	87.9	89.3	86.8	89.8
化学纤维制造业	115.5	117.5	125.0	115.8	101.1	99.5
塑料制品业	98.2	99.6	103.1	100.2	104.7	100.8
非金属矿物制品业	109.0	108.8	105.9	106.5	108.3	106.6
有色金属冶炼及压延加工业	151.2	112.2	111.3	84.4	79.8	79.8
金属制品业	121.2	124.8	123.7	121.9	118.1	119.0
专用设备制造业	100.5	100.5	99.4	99.4	99.4	99.1
交通运输设备制造业	82.5	82.7	82.1	85.0	80.9	80.8
电气机械及器材制造业	105.0	105.7	106.6	109.6	115.2	121.7
通信设备、计算机及其他电子设备制造业	108.0	92.8	101.7	100.4	98.8	100.1
仪器仪表及文化、办公用机械制造业	100.0	100.0	100.0	100.0	100.0	100.0
工艺品及其他制造业	112.7	128.3	118.9	118.8	112.1	115.8
电力、热力的生产和供应业	100.0	100.0	100.0	100.0	98.6	101.7
燃气生产和供应业	97.9	94.7	95.7	96.9	97.5	102.6
水的生产和供应业	101.1	100.5	100.8	100.2	100.5	100.3

12—18　续

单位:%

	7 月	8 月	9 月	10 月	11 月	12 月
全部工业品	95.5	94.8	93.3	93.3	95.0	95.0
其中:轻工业	101.7	100.8	99.3	98.4	98.8	98.4
以农产品为原料	101.9	101.3	100.5	100.1	101.4	100.4
以非农产品为原料	101.4	100.4	98.1	96.8	96.2	96.4
重工业	89.8	89.0	87.1	88.2	91.6	91.8
其中:生产资料	105.5	103.5	102.0	100.5	100.0	100.2
生活资料	91.3	91.1	89.2	90.1	93.1	92.8
按工业行业大、中类分						
农副食品加工业	98.9	98.4	98.9	96.6	98.9	98.7
食品制造业	96.5	100.6	103.9	106.6	104.1	106.0
饮料制造业	103.5	102.4	100.9	101.2	102.5	101.2
烟草制品业	99.8	99.8	99.8	99.8	99.8	99.8
纺织业	97.5	97.6	102.8	99.8	99.8	99.7
纺织服装、鞋、帽制造业	100.0	100.0	100.0	100.0	100.0	100.0
木材加工及木、竹、藤、棕、草制品业	100.0	98.8	100.0	100.0	100.0	100.0
家具制造业	119.0	117.7	115.9	115.9	115.9	104.0
造纸及纸制品业	99.3	99.4	99.4	99.5	99.8	98.9
印刷业和记录媒介的复制	105.7	107.4	111.0	110.4	107.3	106.1
化学原料及化学制品制造业	106.1	99.4	96.8	94.1	92.7	96.4
医药制造业	85.7	85.5	82.9	80.3	83.3	83.7
化学纤维制造业	109.6	105.5	104.2	107.8	99.9	99.8
塑料制品业	97.5	99.5	92.8	95.3	98.1	96.2
非金属矿物制品业	106.4	108.7	110.4	114.9	110.6	109.4
有色金属冶炼及压延加工业	80.6	80.6	80.6	80.6	73.1	87.9
金属制品业	119.2	117.1	111.7	108.3	106.1	106.1
专用设备制造业	99.1	99.1	99.0	99.0	99.0	99.0
交通运输设备制造业	85.6	85.6	83.7	85.5	89.6	89.6
电气机械及器材制造业	118.2	114.3	111.3	107.1	110.3	108.5
通信设备、计算机及其他电子设备制造业	100.1	99.4	100.4	99.8	99.3	99.4
仪器仪表及文化、办公用机械制造业	100.0	100.0	100.0	100.0	100.0	100.0
工艺品及其他制造业	119.2	102.0	102.5	102.0	99.1	109.2
电力、热力的生产和供应业	98.6	98.6	98.6	98.6	99.4	99.1
燃气生产和供应业	102.5	106.6	106.7	107.8	108.3	107.6
水的生产和供应业	100.3	100.3	100.2	100.3	100.2	100.2

12—19　2005 年原材料、燃料、动力价格指数

（以上年为 100）　单位:%

	2005 年
全部原材料	100.8
(一)燃料、动力类	102.9
(二)黑色金属材料类	113.7
其中:钢材	109.9
其它	160.4
(三)有色金属材料和电线类	104.0
(四)化工原料类	105.3
(五)木材及纸浆类	107.3
(六)建筑材料及非金属矿类	106.7
(七)其它工业原材料及半成品类	98.1
(八)农副产品类	100.7
(九)纺织原料类	99.7
按行业分(企业法):	
农副食品加工业	100.2
食品制造业	104.3
饮料制造业	108.8
烟草制品业	108.6
纺织业	100.6
纺织服装、鞋、帽制造业	99.0
木材加工及木、竹、藤、棕、草制品业	103.2
家具制造业	112.9
造纸及纸制品业	107.1
印刷业和记录媒介的复制	105.2
化学原料及化学制品制造业	107.4
医药制造业	97.7
化学纤维制造业	103.9
塑料制品业	108.5
非金属矿物制品业	103.5
有色金属冶炼及压延加工业	108.1
金属制品业	102.9
专用设备制造业	103.3
交通运输设备制造业	106.2
电气机械及器材制造业	105.1
通信设备、计算机及其他电子设备制造业	110.9
仪器仪表及文化、办公用机械制造业	149.6
工艺品及其他制造业	100.0
电力、热力的生产和供应业	113.1
燃气生产和供应业	108.2
水的生产和供应业	105.4

12—20 2005年分月原材料、燃料、动力价格指数

（以上年同月价为100） 单位:%

	1 月	2 月	3 月	4 月	5 月	6 月
全部原材料	105.3	104.3	102.2	101.7	100.9	101.2
（一）燃料、动力类	102.9	102.3	102.0	101.6	102.2	104.2
（二）黑色金属材料类	115.5	113.6	115.0	116.1	116.3	117.2
其中:钢材	112.7	110.2	110.6	110.9	111.2	112.7
其它	149.9	156.3	170.6	180.4	179.5	172.6
（三）有色金属材料和电线类	115.4	110.0	104.4	105.8	102.7	103.5
（四）化工原料类	123.8	117.2	112.2	110.8	107.7	106.7
（五）木材及纸浆类	104.5	106.6	104.9	106.0	123.2	108.5
（六）建筑材料及非金属矿类	109.6	108.8	112.2	111.7	109.3	102.3
（七）其它工业原材料及半成品类	101.2	101.2	99.2	98.8	98.1	97.7
（八）农副产品类	105.1	104.0	101.1	99.7	97.4	102.1
（九）纺织原料类	95.7	105.2	99.7	97.6	100.5	100.5
按行业分（企业法）:						
农副食品加工业	104.4	103.3	100.7	100.0	99.4	97.4
食品制造业	106.8	108.0	103.0	106.1	107.0	107.7
饮料制造业	111.4	111.6	110.9	111.2	111.4	110.6
烟草制品业	148.7	130.6	118.1	118.1	101.0	87.4
纺织业	110.3	105.2	99.6	99.1	99.8	104.7
纺织服装、鞋、帽制造业	98.7	99.6	97.6	94.8	104.0	99.0
木材加工及木、竹、藤、棕、草制品业	110.8	109.1	109.7	105.5	105.5	104.7
家具制造业	115.2	112.9	111.4	103.2	114.0	109.5
造纸及纸制品业	108.6	106.6	104.2	106.4	108.1	111.8
印刷业和记录媒介的复制	115.0	113.4	110.9	110.5	115.8	108.6
化学原料及化学制品制造业	108.4	110.2	109.8	108.5	107.8	106.9
医药制造业	99.0	95.1	95.1	94.1	95.3	94.5
化学纤维制造业	121.0	117.9	112.4	110.5	101.2	105.0
塑料制品业	121.3	115.7	118.0	120.8	112.0	109.3
非金属矿物制品业	109.7	107.4	104.4	105.0	105.2	105.0
有色金属冶炼及压延加工业	104.6	115.0	116.4	98.1	109.4	112.7
金属制品业	111.4	107.2	105.2	107.0	104.4	104.7
专用设备制造业	106.5	105.8	105.8	104.2	102.6	103.0
交通运输设备制造业	103.4	103.7	106.8	107.5	108.4	108.3
电气机械及器材制造业	107.3	105.1	104.8	105.7	105.6	105.5
通信设备、计算机及其他电子设备制造业	117.1	112.1	109.3	110.1	108.4	110.2
仪器仪表及文化、办公用机械制造业	100.0	118.3	113.0	134.3	155.6	161.3
工艺品及其他制造业	100.0	100.0	100.0	100.0	100.0	100.0
电力、热力的生产和供应业	116.6	115.8	112.7	116.3	106.5	112.3
燃气生产和供应业	99.7	102.3	104.0	102.8	103.0	114.0
水的生产和供应业	105.5	105.5	106.7	102.7	105.7	103.9

12—20　续　　　　　　　　　　　　　　　　　　　　单位:%

	7　月	8　月	9　月	10　月	11　月	12　月
全部原材料	100.1	99.9	99.3	98.3	98.3	98.1
(一)燃料、动力类	103.4	103.3	103.7	102.4	103.6	103.3
(二)黑色金属材料类	118.4	116.3	114.3	110.9	107.5	102.9
其中:钢材	114.1	112.6	110.8	106.7	105.0	101.4
其它	171.8	162.1	158.1	162.5	138.5	121.8
(三)有色金属材料和电线类	104.8	103.2	101.2	101.1	98.9	97.1
(四)化工原料类	105.2	102.9	99.4	99.4	88.6	89.4
(五)木材及纸浆类	106.2	106.6	106.2	105.6	104.7	104.9
(六)建筑材料及非金属矿类	103.2	108.8	104.0	100.0	104.4	106.2
(七)其它工业原材料及半成品类	96.8	97.2	97.1	95.8	96.8	96.8
(八)农副产品类	98.7	96.9	97.8	98.3	103.4	104.1
(九)纺织原料类	96.7	104.2	100.5	99.0	97.1	99.5
按行业分(企业法):						
农副食品加工业	96.3	100.0	98.5	100.9	101.3	100.4
食品制造业	103.4	104.4	100.4	101.9	101.6	102.0
饮料制造业	108.0	107.1	105.8	105.0	106.8	106.3
烟草制品业	106.8	101.1	104.3	95.0	96.1	96.1
纺织业	98.6	101.7	99.1	97.7	96.6	94.9
纺织服装、鞋、帽制造业	100.8	107.5	96.6	96.3	97.1	95.6
木材加工及木、竹、藤、棕、草制品业	103.3	102.9	101.0	94.9	95.8	95.8
家具制造业	110.6	116.7	117.9	114.9	114.6	114.2
造纸及纸制品业	106.8	106.1	108.2	111.0	103.5	103.8
印刷业和记录媒介的复制	108.2	100.1	96.3	95.3	94.8	93.5
化学原料及化学制品制造业	106.5	106.3	107.3	106.7	105.8	105.0
医药制造业	99.4	100.3	99.9	99.5	100.1	100.1
化学纤维制造业	104.8	101.1	95.3	93.3	93.2	91.6
塑料制品业	109.7	99.0	99.1	98.0	97.2	101.3
非金属矿物制品业	102.2	101.1	103.9	100.8	100.1	97.9
有色金属冶炼及压延加工业	109.8	105.6	107.6	107.4	104.1	106.4
金属制品业	103.1	102.0	102.3	98.1	97.6	91.5
专用设备制造业	104.2	106.0	103.6	100.3	101.8	95.5
交通运输设备制造业	108.4	107.7	107.0	107.2	103.8	102.9
电气机械及器材制造业	109.9	108.1	106.9	105.2	100.7	96.7
通信设备、计算机及其他电子设备制造业	115.4	110.4	111.1	111.2	108.7	106.7
仪器仪表及文化、办公用机械制造业	170.4	170.4	173.2	167.5	171.2	160.0
工艺品及其他制造业	100.0	100.0	100.0	100.0	100.0	100.0
电力、热力的生产和供应业	109.7	107.8	106.4	112.5	112.9	128.1
燃气生产和供应业	105.3	111.4	114.9	114.1	113.9	113.0
水的生产和供应业	105.7	108.4	112.1	97.8	94.8	115.7

VI

海口统计年鉴

HAIKOU STATISTICAL YEARBOOK

SCIENCE AND TECHNOLOGY, EDUCATION, PUBLIC HEALTH CULTURE AND SPORTS

科技、教育、卫生、文化和科技

13

Chapter 13

13—1 市属国有单位各类专业技术人员年龄状况

(2005 年)　　单位:人

指　　标	合　计	35 岁及以下	36 岁—45 岁	46 岁—54 岁	55 岁及以上
合　　计	17 438	8 450	4 994	2 816	1 178
工程技术人员	1 266	588	453	165	60
农业技术人员	417	176	100	81	60
科学研究、实验技术人员	29	5	11	10	3
卫生技术人员	2 135	789	746	503	97
教学人员	12 153	6 389	3 186	1 737	841
经济人员	242	65	102	51	24
会计人员	378	153	141	72	12
统计人员	38	8	17	9	4
翻译人员	4	1	1	1	1
图书、档案、文博人员	187	56	63	54	14
新闻、出版及播音人员	173	63	62	36	12
律师、公证人员	16	8	5	1	2
工艺美术人员	13	5	3	3	2
体育人员	51	19	20	10	2
艺术人员	118	56	24	19	19
政工人员	186	59	46	56	25

13—2 市属国有单位各类专业技术人员学历状况

(2005年) 单位:人

指 标	合 计	研究生及以上	大学本科	大学专科	中 专	高中及以下
合 计	17 438	88	6 299	6 612	3 861	578
工程技术人员	1 266	26	643	398	134	65
农业技术人员	417	1	89	138	149	40
科学研究、实验技术人员	29	2	15	9	3	
卫生技术人员	2 135	24	551	570	832	158
教学人员	12 153	17	4 564	4 942	2 532	98
经济人员	242	7	86	99	26	24
会计人员	378		98	191	46	43
统计人员	38		9	13	10	6
翻译人员	4		2	2		
图书、档案、文博人员	187	2	62	75	26	22
新闻、出版及播音人员	173	8	108	56		1
律师、公证人员	16		9	7		
工艺美术人员	13		5	6		2
体育人员	51		19	13	4	15
艺术人员	118		5	24	52	37
政工人员	186	1	27	59	43	56

13—3 各类学校情况

指标	单位	1987年	2000年	2001年	2002年	2003年	2004年	2005年
高等院校								
学校数	所	2	5	5	5	5	10	10
毕业生数	人	989	2 270	2 057	2 135	3 854	8 767	7 993
招生数	人	2 591	5 769	6 790	10 645	12 110	20 837	17 246
在校学生数	人	6 223	12 359	17 019	23 793	30 202	49 370	50 724
教职工数	人	2 106	2 414	2 458	2 441	2 968	4 344	5 238
#专任教师	人	846	1 428	1 188	1 349	1 700	2 665	3 188
中等专业学校								
学校数	所	8	22	22	23	37	32	32
毕业生数	人	461	4 435	5 370	5 423	7 194	7 590	8 038
招生数	人	709	6 667	6 372	7 178	10 067	13 798	15 457
在校学生数	人	1 931	18 043	19 544	21 010	26 855	32 261	38 373
教职工数	人	601	1 956	1 810	1 737	2 126	1 939	2 515
#专任教师	人	311	1 652	959	994	1 251	1 118	1 499
普通中学								
学校数	所	52	72	83	88	94	101	104
毕业生数	人	13 755	22 086	26 339	29 151	28 643	31 692	37 686
招生数	人	14 699	28 431	33 572	38 092	41 645	44 361	44 894
在校学生数	人	46 810	81 128	93 843	102 742	110 473	122 579	130 264
教职工数	人	3 432	5 831	6 927	7 476	8 051	8 505	8 789
#专任教师	人	2 408	4 596	5 391	5 711	6 226	6 590	6 986

13—3 续

指　　标	单位	1987 年	2000 年	2001 年	2002 年	2003 年	2004 年	2005 年
职业中学								
学校数	所	8	11	8	14	3	5	2
毕业生数	人	363	1 334	1 125	947	557	350	418
招生数	人	996	1 235	1 020	1 605	531	576	570
在校学生数	人	2 138	3 866	2 642	3 398	1 369	1 398	1 206
教职工数	人	219	602	460	601	288	243	128
#专任教师	人	137	466	373	460	215	189	105
小　学								
学校数	所	643	600	391	396	390	391	379
毕业生数	人	16 256	23 667	24 842	28 827	30 759	31 075	29 568
招生数	人	20 665	24 838	29 733	31 419	32 907	30 734	31 722
在校学生数	人	103 003	165 715	177 821	182 952	189 297	189 440	190 647
教职工数	人	5 195	8 765	9 547	9 807	10 368	10 584	10 736
#专任教师	人	4 370	7 672	8 294	8 499	8 894	9 128	9 130
学龄儿童入学情况								
学龄儿童总数	人	93 535	146 225	167 470	170 970	209 741	172 783	172 043
入学儿童数	人	93 095	146 199	167 470	170 947	209 741	172 610	171 895
学龄儿童入学率	%	99.5	100.0	100.0	100.0	100.0	99.9	99.5

注:职业中学中包括技工学校

13—4 普通高等、中等专业学校一览表

(2005年) 单位:人

指 标	毕业生数	招生数	在校学生数	教职工数	专任教师
高等学校	7 993	17 246	50 724	5 238	3 188
海南大学	2 120	4 125	14 847	1 355	812
海南医学院	815	1 176	4 367	569	324
海南师范学院	1 848	2 713	10 155	1 037	631
海南经贸职业技术学院	—	850	850	110	87
琼台师范高等专科学校	—	383	462	269	194
海南政法职业学院	—	941	1 385	210	156
海南广播电视大学	119	148	452	107	67
海南万和信息职业技术学院	—	253	253	87	67
海南职业技术学院	1 692	2 098	7 137	562	227
海口经济职业技术学院	1 399	4 559	10 816	932	623
中等专业学校	8 038	15 457	38 373	2 515	1 499
海南电力学校	156	329	894	55	19
海南农垦海口中等专业学校	306	694	1 332	121	60
海南农业学校	464	814	2 329	128	84
海南卫生学校	1 115	1 599	4 107	162	120
海南农垦卫生学校	235	362	998	124	56
海南供销学校	35	69	180	30	16
海南财税学校	138	265	717	44	27
海南商业学校	678	1 208	2 891	144	74
海南银行学校	201	287	672	54	28
海南文化艺术学校	88	153	518	111	70
海南高级体育运动技术学校	62	70	274	161	22
海南交通学校	179	227	676	62	37

13—4 续 (2005 年) 单位:人

指标	毕业生数	招生数	在校学生数	教职工数	专任教师
海口市中医药学校	126	258	605	38	24
海口旅游职业学校	741	1 020	2 974	194	160
海南旅游学校	243	286	753	52	40
海口经济职业技术学院	533	334	1 530	—	—
海南省机电工程学校	539	2 603	5110	82	49
海南省粮食学校	277	359	984	52	38
海南职业技术学院	—	898	1852	—	—
海南省华侨商业学校	123	901	1 700	86	58
海南政法职业学院	71	155	321	210	156
海南琼台师范高等专科学校	1 332	1 153	3 952	269	194
海南旅游经济贸易学校	43	44	87	33	20
海南旅业英语艺术学校	—	85	85	25	13
海南职业外语旅游学校	—	73	73	25	13
海南珠江源汽车工程技术学校	65	130	463	33	21
海南精英涉外翻译学校	98	122	293	33	15
海南荟艺舞蹈学校	—	30	83	26	12
海南药业技术工程学校	—	374	605	37	14
海南凤凰中等职业学校	15	23	90	19	5
海南现代信息工程学校	30	111	191	29	18
海南庆龄女子职业学校	79	101	268	26	10
海南华健幼师职业学校	—	58	188	14	8
海南旅游烹饪技术学校	46	105	239	15	6
海南南方民族艺术学校	18	30	68	21	12
海南实验外国语学院	2	127	271	—	—

13—5　平均每万人口在校学生数和大中小学生构成

指　　标	1987年	2000年	2001年	2002年	2003年	2004年	2005年
各级学校在校学生占全市人口(%)	19.2	22.4	24.2	25.1	21.5	27.6	27.9
平均每万人有大学生(人)	74.1	97.9	131.2	177.3	180.9	345.3	344.4
平均每万人有中专生(人)	35.1	160.1	173.1	182.2	167.9	235.5	260.5
平均每万人有中学生(人)	582.5	673.5	744.4	791.0	686.5	858.3	892.5
平均每万人有小学生(人)	1 225.8	1 313.2	1 371.9	1 363.4	1 134.1	1 323.8	1 294.3
各级学校学生占学生总数(%)							
大　学　生	3.9	4.4	5.4	7.1	8.4	12.5	12.3
中　专　生	1.8	7.1	7.1	7.2	7.6	8.5	9.3
中　学　生	30.4	30.0	30.8	31.5	31.2	31.1	32
小　学　生	63.9	58.5	56.7	54.2	52.8	47.9	46.4

13—6　各级学校教师负担学生数

单位:人

指　　标	1987年	2000年	2001年	2002年	2003年	2004年	2005年
高等学校							
教师人数	846	1 428	1 188	1 349	1 700	2 665	3 188
平均每个教师负担学生数	7.4	8.7	14.3	17.6	17.8	18.5	15.9
中等学校							
教师人数	426	1 765	1 097	1 161	1 251	1 118	1 499
平均每个教师负担学生数	6.9	11.4	20.4	21.1	21.5	28.9	25.6
中　　学							
教师人数	2 545	5 062	5 764	6 171	6 226	6 590	7 091
平均每个教师负担学生数	19.2	16.8	16.7	17.2	17.7	18.6	18.5
小　　学							
教师人数	4 370	7 672	8 294	8 499	8 894	9 128	9 130
平均每个教师负担学生数	23.6	21.6	21.4	21.5	21.3	20.8	20.9

13—7 幼 儿 园 情 况

指 标	单位	1987年	2000年	2001年	2002年	2003年	2004年	2005年
幼儿园数	所	171	272	297	273	281	290	284
在园幼儿数	人	21 143	40 422	39 390	37 786	36 663	35 260	36 725
教职工人数	人	902	3 056	3 693	3 634	3 721	3 652	4 056
#教养员	人	506	2 377	2 744	2 625	2 469	2 035	2 268

13—8 卫 生 事 业 情 况

（2005年）

指 标	机构数（个）	床位数（张）	卫生技术人员（人）						
			小 计	执业医师	执业助理医师	注册护士	药剂人员	检验人员	其 他
总 计	167	6 781	8 817	2 977	262	3 495	619	572	892
医院	40	4 731	5 880	2 018	85	2 569	416	299	493
疗养院	2	330	77	14		36	6	6	15
卫生院	36	728	1 115	280	114	362	115	57	187
门诊部	51	76	367	163	12	131	22	22	17
急救中心	3		12	6	1	2	2	1	
采供血机构	1		81	14	2	39		24	2
妇幼保健院	6	344	574	165	9	227	33	40	100
专科疾病防治所	11	380	239	82	19	67	15	26	30
疾病预防控制中心	9		418	214	15	39	8	94	48
健康教育所	2								
其他卫生机构	6	192	54	21	5	23	2	3	

13—9 文化艺术、体育、广播电视事业情况

单位:个

指　　标	单位	1987 年	2000 年	2001 年	2002 年	2003 年	2004 年	2005 年
电影放映单位	个	39	67	54	47		1	9
# 电影院(场)	个	9	40	34	19		5	9
电影放映场次	场	16 885	22 052	18 594	19 353	14 511	3 252	10 919
电影观众	万人次	890.81	120.00	156.49	92.38	42.98	56.81	56.58
艺术表演团体	个	4	6	6	7	7	2	2
文化事业机构数	个		42	48	48	47	20	6
文化馆	个	2	2	2	3	2	3	2
全国体育比赛获奖牌数	枚	5	31	12	19	17	9	4
金　　牌	枚	1	10	5	8	5		
银　　牌	枚	3	9	3	6	8	5	3
铜　　牌	枚	1	12	4	5	4	4	1
公共图书馆	个	2	2	2	3	2	2	2
公共图书馆总藏量	千册		348	369	374	320	350	396
图书出版印数	亿册		0.33	0.36	0.43	0.78	0.85	0.56
杂志出版印数	亿册		0.06	0.08	0.09	0.12	0.11	0.12
报纸出版印数	万印张	9 660	27 367	25 254	47 702	52 810	55 943	25 620
博物(纪念)馆	个	4	2	2	2	2	1	1
广播电台	座	2	4	4	4	4	1	1
电视台	座	1	3	3	3	3	1	1

13—10 交通、火灾事故

指标	单位	2004 年	2005 年
交通事故			
交通事故	次	9 546	10 642
死亡人数	人	120	97
受伤人数	人	3 932	3 496
直接经济损失	万元	662.76	727.76
火灾事故			
火灾	次	466	831
死亡人数	人	0	9
受伤人数	人	0	7
经济损失	万元	62.68	467.2

13—11 婚姻登记情况

单位:对

指标名称	2004 年	2005 年
结婚登记	10 868	10 652
内地居民登记结婚	10 611	10 343
涉外登记结婚	257	309
离婚登记	1 347	1 484
内地居民登记离婚	1 331	1 459
涉外登记离婚	16	25

海口统计年鉴

HAIKOU STATISTICAL YEARBOOK

URBAN CONSTRUCTION, MARINE EXPLOITATION AND ENVIRONMENTAL PROTECTION

城市建设、海洋开发和环境保护

14

Chapter 14

HAIKOU STATISTICAL YEARBOOK

14—1 自来水生产经营状况

指　　标	单　位	2000 年	2001 年	2002 年	2003 年	2004 年	2005 年
水　厂	个	3	3	3	3	3	3
自来水生产能力	万吨/日	61.2	60.3	72	73.8	77	83.5
各单位自备水源能力	万吨/日	5.7	2.6	1.8	1.8	2.8	6.5
自来水管道长度	公里	343.0	350.7	534.8	534.8	682.5	780.55
供水总量	万吨	11 665	8 674	10 079	12 750	12 370	14 487
#生产用水	万吨	830	767	557	1 312	872	2 285
生活用水	万吨	6 115	6 029	6 481	6 045	6 755	7 545
生活用自来水普及率	%	100.0	98.5	95.0	88.37	90.0	94.81
人均日生活用水量	升/人日	294	350	321	180.71	190.0	252

14—2 公　共　交　通

指　　标	单　位	2000 年	2001 年	2002 年	2003 年	2004 年	2005 年
年末营运公共汽车	辆	762	824	1 073	709	762	827
年末出租汽车营运车辆	辆	3 034	2 788	1 803	1 773	1 929	1 931
客运总量	万人次	4 561	3 753	10 016	9 219	10 248	18 725
每万人拥有公共交通车辆	标台	12.38	10.60	11.22	3.71	7.34	8.46

注:2002 年以后自来水生产经营状况、公共交通、城市建设、海洋开发和环境保护等指标按新海口口径计算,其他年份为原海口数,下同。人均日生活用水量按市区常住人口口径计算。

14—3 市 政 设 施

指　　标	单　位	2000 年	2001 年	2002 年	2003 年	2004 年	2005 年
年末实有铺装道路长度	公里	403	407.7	446.7	456.7	458.6	470.63
年末实有铺装道路面积	万平方米	617	627.7	797.5	983.5	989.4	1 070.1
年末实有桥梁数	座	57	57	67	70	70	69
城市排水管道长度	公里	660	660	775	911	920.9	923.9
城市路灯盏数	盏	15 547	19 508	26 623	30 367	32 242	38 311

14—4 城 市 环 境 卫 生

指　　标	单　位	2000 年	2001 年	2002 年	2003 年	2004 年	2005 年
清扫运输机械数	辆	127	108	194	172	171	150
#清扫车	辆	4	4	6	4	5	5
垃圾车	辆	88	93	123	146	147	139
粪便车	辆	6	5	8	7	6	2
洒水车	辆	8	6	7	5	5	4
清除垃圾粪便	万吨	29.98	29.72	55.67	40.68	39.3	38
#垃圾	万吨	26.00	26.92	50.57	33.58	33.7	33
粪便	万吨	2.90	2.80	5.10	7.1	5.60	5.00
清扫街道面积	万平方米	9.7	1025	1390	1314.9	1233	1 543
公　厕	座	128	142	184	169	132	123

14—5 城 市 绿 化

指　　标	单　位	2000 年	2001 年	2002 年	2003 年	2004 年	2005 年
城市园林绿地总面积	公顷	1 640	1 756	1 941	2 198.1	2 418	2 512
市区绿化覆盖率	%	41.8	43.3	38.6	40.79	38.51	27.06
公园数	个	13	14	15	16	16	17
公园面积	公顷	359	372	424	491	491	617
人均公共绿地面积	平方米	8.6	7.3	7.0	5	8.3	8.3

14—6 城市房屋建筑面积和住宅居住面积

指　　标	单　位	2000 年	2001 年	2002 年	2003 年	2004 年	2005 年
年末实有房屋建筑面积	万平方米	1 895.0	2 005.7	2 716	3 837.6	4 115.3	4 316.63
年末实有住宅建筑面积	万平方米	1 110.0	1 200.8	1 703	2 492	2 632.6	2 797.99
城市居住人口(与居住面积同口径)	万人	48.4	51.4	75.8	76.05	82.3	86.5
平均每人使用面积	平方米	12.81	17.14	19.70	19.70	32.00	32.37

注:2002 年、2003 年、2004 年城镇居民人均居住面积指标改为使用面积,2005 年人均使用面积改为人均住宅建筑面积。

14—7 海洋开发与管理

指标	单位	2000年	2001年	2002年	2003年	2004年	2005年
管理人数	人	22	22	22	19	22	22
海洋废弃物倾倒量	万立方米	17.0	14.7	87.5	10.4	14.2	3.18
征收海洋废弃物倾倒费	万元	0.85	0.74	4.38	0.52	0.71	0.16
年度批准海域使用面积	公顷	28.00	254.17	16.67	6.91	95.16	3.77
征收海域使用费	万元	5.00	50.00	503.00	86.6	80.00	10.25

14—8 重点监测海域环境质量状况

水质等级 年份 / 海域位置	2000年	2001年	2002年	2003年	2004年	2005年
秀英滨海浴场	B	B	B	B	B	B
假日海滩浴场	B	B	B	B	B	B

备　注　A:一类海水　　B:二类海水　　C:三类海水

下标:1、接近该级标准下限值

下标:2、接近该级标准上限值

14—9 企、事业单位三废治理情况

指　　标	单　位	2000 年	2001 年	2002 年	2003 年	2004 年	2005 年
废水							
废水排放总量	万　吨	5 407	5 834	7 209	8 155	8 761.33	9 324.53
工业废水排放总量	万　吨	775	512	747	694	688.33	485.53
工业废水处理量	万　吨	369	318	452	351	441.76	278.07
工业废水排放达标量	万　吨	775	512	581	672.43	661.73	468.76
工业废水处理达标量	万　吨	369	318	452	351	441.76	278.07
废气							
废气排放量	万标立方米	81 595	76 889	87 061	94 683	134 010	89 395
燃料燃烧过程中废气排放量	万标立方米	59 617	42 294	45 335	61 095	74 993	20 000
#经过消烟除尘的	万标立方米	52 028	42 294	45 335	60 195	74 993	20 000
生产工艺过程中废气排放量	万标立方米	21 978	22 595	28 126	34 488	59 017	69 395
#经过净化处理的	万标立方米	21 978	22 595	28 126	34 488	59 017	69 395
二氧化硫排放量	吨	617	539	504.89	539.43	453.91	133.46
烟尘排放量	吨	197	75	230.02	301.17	332.39	96.61
废物							
工业固体废物产生量	万　吨	2.5	1.7	2.27	2.34	2.58	3.56
工业固体废物综合利用量	万　吨	2.5	1.7	2.27	2.34	2.58	3.45
“三废”综合利用产品产值	万　元	39.2	62.9	91.3	55.2	53.8	239.5
污染治理							
资金来源合计	万　元	11.6	284.3	120.0	1 800	1135.3	1 921
环保补助资金	万　元		174.8	99.3	15.6	0	
环保贷款	万　元					0	1 921
其　　他	万　元	11.6	109.5	20.7	1 784.4	1 135.3	1 921
资金使用合计	万　元	11.6	284.3	120.0	1 800	1 135.3	1 921
治理废水	万　元		276.3	82.69	1 800	850	890
治理废气	万　元	11.6	1.0	18.35		150	390
治理固体废物	万　元			4		35.3	
治理噪声	万　元		7.0	14.96		100	50
排污收费和污染赔(罚)款							
排污费交纳单位	个	375	384	412	461	430	251
排污费征收额	万元	399	372.8	436.5	272.1	300	360
排污费支出额	万元	340	252.9	377	525.2	300	

注:2002 年以后企业事业单位三废治理指标按新海口口径计算,其他年份为原海口数。

HAIKOU STATISTICAL YEARBOOK

PEOPLE'S LIVELIHOOD 人民生活 15

Chapter 15

HAIKOU STATISTICAL YEARBOOK

15—1 城市居民家庭抽样调查基本情况

指　　标	单 位	1987 年	2000 年	2003 年	2004 年	2005 年
调查户数	户	100	200	200	200	300
平均每户家庭人口	人	4.28	3.55	3.44	3.43	3.37
平均每户就业人口	人	2.36	1.70	1.53	1.52	1.51
平均每户就业面	%	55.17	47.95	44.48	44.31	44.81
平均每人家庭总收入	元	1 117.80	7 138.05	8 767.11	9 410.85	10 406.98
#可支配收入	元	1 112.00	7 103.49	8 349.71	8 981.41	9 739.50
平均每人借贷收入	元	37.28	1 144.89	1 518.25	1 345.64	2 006.49
#提取储蓄款	元	18.39	819.49	1 251.67	1 134.74	1 806.13
平均每人家庭总支出	元	1 023.84	6 332.88	7 939.75	8 520.38	9 396.06
#消费性支出	元	978.60	5 423.85	6 607.41	6 777.71	7 367.90
平均每人借贷支出	元	136.14	1 321.49	2 156.87	2 285.89	2 306.22
#存入储蓄款	元	102.59	971.97	1 729.45	2 032.80	1 909.84
平均每人居住面积	平方米	7.04	16.42	19.74	20.13	21.44
平均每户净存款	元	372.79	541.36	1 642.15	3 080.35	349.40
平均每户年末手存现金	元	424.28	3 658.24	3 464.05	2 938.00	3 457.31

注:2003 年、2004 年、2005 年城市居民居住面积指标为使用面积。

15—2 300 户城市居民

(2005

指　　标	单位	总　计	最低收入户	困难户
一、家庭类型合计	户	300	30	15
单身户	户	7		
一对夫妇户	户	39	1	1
两代人单亲	户	12	1	1
两代人一个小孩	户	121	8	4
两代人两个小孩	户	35	7	3
两代人多个小孩	户	6	2	2
与父母	户	3		
三代人	户	55	9	3
其他	户	22	2	1
二、基本情况				
调查户	户	300	30	15
平均每户家庭人口	人	3.37	4.10	4.47
平均每户就业人口	人	1.51	1.23	1.33
平均每户就业面	%	44.81	30.00	29.75
平均每人家庭总收入	元	10 406.98	2 945.98	2 439.16
#可支配收入	元	9 739.50	2 781.23	2 370.91
平均每人借贷收入	元	2 006.49	223.42	313.43
#提取储蓄款	元	1 806.13	204.48	285.07
平均每人家庭总支出	元	9 396.06	2 816.76	2 545.71
#消费性支出	元	7 367.90	2 657.92	2 485.35
平均每人借贷支出	元	2 306.22	59.48	2.39
#存入储蓄款	元	1 909.84	55.26	
平均每人使用面积	平方米	21.44	17.56	19.52
平均每户净存款	元	349.50	-630.00	-1 273.33
平均每户年末手存现金	元	3 457.31	1 712.02	1 927.20

家 庭 基 本 情 况

年)

低收入户	中等偏下户	中等收入户	中等偏上户	高收入户	最高收入户
30	60	60	60	30	30
			2	2	3
	2	8	8	10	10
1	3	1	4		2
7	20	27	34	14	11
9	10	6	2	1	
1	1	2			
		2			1
11	17	10	4	1	3
1	7	4	6	2	
30	60	60	60	30	30
3.71	3.82	3.38	2.92	2.97	2.64
1.36	1.51	1.59	1.55	1.65	1.50
36.66	39.53	47.04	53.08	55.56	56.82
4 228.60	6 205.09	9 500.38	14 048.18	19 784.46	28 390.35
3 973.41	5 889.64	8 996.16	13 237.69	18 237.08	26 059.18
1 081.35	608.51	886.52	3 122.13	3 406.79	9 714.74
827.35	556.41	837.77	2 670.46	3 257.79	8 937.75
4 826.63	5 306.41	8 304.56	13 777.06	17 502.77	23 204.84
4 013.90	4 535.92	7 117.41	10 347.74	12 965.94	16 214.07
147.08	732.47	1 438.14	2 400.99	4 754.07	13 861.53
137.00	693.33	1 328.28	2 020.60	4 158.82	10 416.66
15.33	18.96	18.42	25.55	29.86	34.33
-2 563.88	521.22	1 664.34	-1 945.98	2 688.11	3 520.60
2 633.07	3 280.91	3 805.04	4 100.54	3 033.23	4 821.85

15—3 不同收入水平的城市居民

(2005

指标	单位	总平均	最低收入户	困难户
家庭总收入	元	10 406.98	2 945.98	2 439.16
#工薪收入	元	7 362.00	1 905.08	1 474.66
经营净收入	元	486.45	377.10	520.44
财产性收入	元	238.12	96.32	14.93
转移性收入	元	2 320.42	567.48	429.13
出售财物收入	元	8.02		
借贷收入	元	2 006.49	223.42	313.43
消费支出	元	7 367.90	2 657.92	2 485.35
食品	元	3 247.61	1 658.12	1 458.80
衣着	元	388.24	74.72	76.96
设备用品及服务	元	388.95	70.73	66.50
医疗保健	元	451.71	52.87	68.40
交通与通讯	元	935.72	106.27	97.77
娱乐教育文化服务	元	897.27	233.50	359.57
居住	元	813.00	420.44	317.32
杂项商品与服务	元	245.39	41.27	40.03
消费支出构成	%	100.00	100.00	100.00
食品	%	44.08	62.38	58.70
衣着	%	5.27	2.81	3.10
设备用品及服务	%	5.28	2.66	2.68
医疗保健	%	6.13	1.99	2.75
交通与通讯	%	12.70	4.00	3.93
娱乐教育文化服务	%	12.18	8.79	14.46
居住	%	11.03	15.82	12.77
杂项商品与服务	%	3.33	1.55	1.61

家庭人均收入和支出

年)

低收入户	中等偏下户	中等收入户	中等偏上户	高收入户	最高收入户
4 228.60	6 205.09	9 500.38	14 048.18	19 784.46	28 390.35
2 907.38	4 225.81	6 152.96	10 535.92	15 993.15	18 666.02
549.35	280.18	715.51	192.86	0.00	1937.24
154.90	91.32	166.34	245.49	271.75	1 232.87
616.97	1 607.79	2 465.57	3 073.91	3 519.55	6 554.22
10.43	9.07	3.89	6.69	31.97	0.17
1 081.35	608.51	886.52	3 122.13	3 406.79	9 714.74
4 013.90	4 535.92	7 117.41	10 347.74	12 965.94	16 214.07
2 116.06	2 580.44	3 530.68	3 952.62	4 790.64	5 451.75
149.95	200.41	306.67	600.07	977.81	877.61
149.10	135.87	300.36	724.20	1 006.15	772.61
226.50	255.24	320.11	759.43	1 017.53	1 030.81
333.86	399.67	860.20	1 258.57	2 082.24	3 026.57
510.57	427.31	859.54	1 369.71	1 552.29	2 279.09
443.55	457.17	760.25	1 330.46	953.61	1 896.10
84.31	79.81	179.61	352.68	585.68	879.54
100.00	100.00	100.00	100.00	100.00	100.00
52.72	56.89	49.60	38.20	36.95	33.62
3.74	4.42	4.30	5.80	7.54	5.42
3.71	3.00	4.22	7.00	7.76	4.77
5.64	5.63	4.49	7.34	7.85	6.36
8.32	8.81	12.08	12.16	16.06	18.66
12.72	9.42	12.07	13.24	11.97	14.06
11.05	10.08	10.68	12.86	7.35	11.69
2.12	1.75	2.56	3.40	4.52	5.42

15—4 城市居民家庭人均可支配收入和消费性支出

（按收入水平分组）

单位:元

指　　　标	1987 年	2000 年	2003 年	2004 年	2005 年
人均可支配收入	1 112.00	7 103.49	8 349.71	8 981.41	9 739.50
最低收入户	544.66	2 327.25	2 208.89	2 421.30	2 781.23
#更低收入户	533.36	1 996.90	1 795.68	1 963.45	2 370.91
低收入户	654.98	3 334.77	3 390.25	3 646.04	3 973.41
中等偏下户	781.59	4 387.13	5 246.45	5 798.19	5 889.64
中等收入户	991.42	6 737.66	7 854.21	8 719.84	8 996.16
中等偏上户	1 171.06	9 303.95	10 963.51	11 738.73	13 237.69
高收入户	1 402.10	12 379.74	14 993.47	15 568.01	18 237.08
最高收入户	1 733.72	19 383.08	21 210.99	24 322.82	26 059.18
人均消费性支出	978.60	5 423.85	6 607.41	6 777.71	7 367.90
最低收入户	544.92	2 174.07	2 258.52	2 610.96	2 657.92
#更低收入户	512.64	2 071.65	1 738.88	2 258.30	2 485.35
低收入户	558.48	3 358.92	3 135.65	3 431.62	4 013.90
中等偏下户	699.60	3 836.96	4 706.10	5 028.80	4 535.92
中等收入户	940.08	5 230.65	6 248.97	6 606.46	7 117.41
中等偏上户	1 053.72	7 159.47	7 909.98	7 842.12	10 347.74
高收入户	1 311.84	8 241.37	12 920.52	13 010.39	12 965.94
最高收入户	1 335.36	12 180.58	14 510.78	15 048.42	16 214.07

15—5 不同收入水平的城市居民家庭人均年主要消费品购买量

(2005年)

指标	单位	总平均	最低收入户	困难户	低收入户	中等偏下户	中等收入户	中等偏上户	高收入户	最高收入户
粮食	千克	57.60	61.27	62.24	57.88	54.79	62.54	56.04	51.57	57.02
鲜菜	千克	96.28	78.86	75.42	77.19	93.12	99.89	107.94	102.34	119.80
食用植物油	千克	8.02	7.09	7.48	7.86	8.00	8.56	8.20	6.88	9.46
猪肉	千克	25.60	19.18	16.86	22.44	25.81	27.37	26.05	28.14	31.95
牛羊肉	千克	3.04	1.45	1.37	1.86	2.86	3.63	3.78	3.84	3.73
家禽	千克	16.22	8.86	7.93	12.85	15.28	18.45	19.64	18.76	19.34
鲜蛋	千克	4.17	1.68	1.24	2.94	3.12	4.62	5.07	6.55	7.33
鱼虾	千克	23.18	18.20	17.00	17.12	20.44	15.56	26.99	24.63	28.62
酒	千克	1.71	0.73	1.05	0.77	1.40	1.66	2.30	3.04	2.84
瓜果	千克	47.79	21.44	17.50	26.56	35.45	53.50	63.88	74.79	76.57
糕点	千克	2.57	0.76	0.56	1.21	1.95	2.86	3.12	5.34	4.17
奶品	千克	6.81	0.94	0.58	3.76	3.19	6.94	5.97	7.57	15.96
各式服装	件	5.40	1.63	1.63	3.30	3.49	5.20	7.41	9.92	11.24
鞋类	双	1.88	0.17	0.67	1.39	1.38	1.86	2.81	3.05	2.41
煤炭	千克	10.00	41.41	52.39	14.53	3.46	0.18	10.91	1.68	4.20
液化石油气	千克	29.84	26.06	20.91	29.14	29.45	35.74	28.69	29.07	25.90

15—6 不同收入水平的300户城市居民家庭主要耐用消费品购买量

(2005年)

指标	单位	总计	最低收入户		低收入户	中等偏下户	中等收入户	中等偏上户	高收入户	最高收入户
				困难户						
成套家具	套	2				2				
摩托车	辆	3		2		1				
自行车	辆	22	2	2		4	6	6	2	2
家用汽车	辆									
洗衣机	台	7						3	2	2
电风扇	台	22	1		2	2	5	8	3	1
电冰箱	台	7		1		2	4			
彩色电视机	台	14	1	1	2	1	1	4	4	1
影碟机	台	16				3	7	2	1	3
录音机	台	19				2	5	6	3	3
录放像机	台									
家用电脑	台	16			1		3	6	4	2
组合音响	套	1							1	
摄像机	台									
照相机	台	3			1	1			1	
中高档乐器	件	3					1	1	1	
微波炉	台	6					2	2	2	
空调器	台	14					1	6	6	1
电炊具	台	65	4	3	7	10	18	9	7	10
沐浴热水器	台	18	1			3	2	6	4	2
排油烟机	台	9				1	2	2	4	
普通电话	部	19			1	2	2	7	3	4
移动电话	部	52			1	9	11	15	10	6

15—7 不同收入水平的300户城市居民家庭年末主要耐用消费品拥有量

(2005年)

指标	单位	总计	最低收入户	困难户	低收入户	中等偏下户	中等收入户	中等偏上户	高收入户	最高收入户
成套家具	套	72				8	11	23	18	12
摩托车	辆	142	7	5	14	22	38	31	20	10
自行车	辆	227	27	18	26	46	52	46	16	14
家用汽车	辆	19				2	4	5	2	6
洗衣机	台	223	17	8	17	39	46	51	28	25
电风扇	台	520	42	23	36	95	104	120	59	64
电冰箱	台	239	16	6	18	39	51	54	31	30
彩色电视机	台	370	33	16	33	71	72	79	42	40
影碟机	台	214	13	3	15	33	48	50	26	29
录音机	台	115	4	1	7	17	26	33	14	14
录放像机	台	42			1	7	12	9	8	5
家用电脑	台	121	1		4	14	21	36	25	20
组合音响	套	78	3		4	8	14	22	16	11
摄像机	台	10				1	1	5	2	1
照相机	台	94	1		5	10	17	28	17	16
中高档乐器	件	21			1	3	3	5	7	2
微波炉	台	95	2		4	12	16	29	17	15
空调器	台	209	6	2	6	22	35	55	49	36
电炊具	台	434	34	17	42	81	88	101	43	45
沐浴热水器	台	242	15	3	18	41	52	57	29	30
排油烟机	台	189	11	2	15	25	46	45	26	21
普通电话	部	298	20	11	28	60	57	68	33	32
移动电话	部	408	19	10	21	74	89	94	60	51

15—8 城市居民居住情况

(2005年)

指　　标	调查户数(户)
总　　计	
一、按使用面积分	
无房户	
4平方米以下	6
4—6平方米	8
6—8平方米	6
8—10平方米	10
10—12平方米	9
12—14平方米	21
14平方米以上	240
二、按房屋产权分	
租赁公房	35
租赁私房	13
原有私房	43
房改私房	170
商品房	23
其它	16
三、按自来水使用情况分	
无自来水	
独用自来水	291
公用自来水	9
四、按卫生设备拥有情况分	
无卫生设备	8
有浴室厕所	277
有厕所无浴室	6
公用卫生设备	9
五、按燃料使用情况分	
管道煤气	25
液化石油气	270
煤	2
其他	3
六、按电话拥有情况分	
无电话	6
有电话	294
七、按住宅建设式样分	
家庭单栋配套楼房	18
单元式配套住宅	242
一居室	11
二居室	114
三居室	109
四居室及以上	8
普通楼房	31
其他住宅	9

15—9 农村居民家庭人均现金收入情况

单位:元

指　　标	2003 年	2004 年	2005 年
总现金收入	3 645	4 179	4 502
家庭生产经营收入	2 660	2 925	3 175
第一产业收入	1 981	2 243	2 481
#农　业	791	898	1 070
林　业	310	334	315
牧　业	448	571	746
渔　业	432	440	350
第二产业收入	109	122	110
#工　业	26	20	
建筑业	83	102	110
第三产业收入	569	560	584
#出售其他产品收入	8	32	51
第三产业服务性现金收入	561	528	533
餐饮、批零业	276	273	173
社会服务业	30	43	11
交通、运输业	112	118	81
其　他	143	94	268
工资性收入	535	673	715
在非企业组织中劳动得到收入	161	181	173
在本乡地域内劳动得到收入	146	258	296
外出从业得到收入	228	234	246
财产性收入	267	288	304
转移性收入	183	293	308
非收入现金所得	649	527	606
非借贷性现金所得	299	293	235
借贷性现金所得	350	234	371

15—10　农村居民家庭人均现金支出情况

单位:元

指　　标	2003 年	2004 年	2005 年
总现金支出	2 404	2 820	3 186
生产费用支出	570	733	821
家庭生产经营费用支出	533	726	813
第一产业生产费用支出	517	719	791
#农　业	219	288	314
林　业	10	6	25
牧　业	193	270	296
渔　业	95	155	156
第二产业生产费用支出	10	1	20
#工　业	1	1	1
建筑业	9		19
第三产业生产费用支出	6	6	2
餐饮、批零业	1		
社会服务业	1	1	
交通、运输业	4	1	1
其　他		4	1
购置生产性固定资产支出	28	7	8
建、造生产性固定资产雇工支出	9		
税费支出	3	7	
生活消费支出	1 716	1 947	2 207
食品消费支出	834	953	1 009
衣　着	64	68	75
居　住	115	181	203
家庭设备、用品及服务	115	102	141
交通和通讯	144	172	231
文化教育、娱乐用品及服务	297	268	284
医疗保健	75	128	181
其他商品和服务	72	75	83
财产性支出	1	6	7
转移性支出	114	127	151
非消费性支出	306	225	257

15—11　农村居民家庭人均收入情况

单位:元

指　　标	2003 年	2004 年	2005 年
人均总收入	3 901	4 462	4 920
工资性收入	535	673	715
在非企业组织劳动得到	161	181	173
在本地劳动得到	146	258	296
常住人口外出从业得到	228	234	246
家庭经营收入	2 915	3 208	3 593
第一产业收入	2 237	2 526	2 899
第二产业收入	109	122	110
第三产业收入	569	560	584
财产性收入	267	288	304
转移性收入	184	293	308
人均纯收入	3 271	3 572	3 829
工资性收入	534	673	715
在非企业组织劳动得到	161	181	173
在本地劳动得到	145	258	296
常住人口外出从业得到	228	234	246
家庭经营收入	2 312	2 341	2 520
第一产业收入	1 658	1 674	1 840
第二产业收入	98	119	100
第三产业收入	556	548	580
财产性收入	267	288	304
转移性收入	158	270	290
可支配收入	3 182	3 468	3 734

15—12 农村居民家庭人均支出情况

单位:元

指　　标	2003年	2004年	2005年
总支出	3 154	3 556	3 960
家庭经营费用支出	548	780	874
第一产业支出	532	773	852
第二产业支出	10	1	20
第三产业支出	6	6	2
购置生产性固定资产支出	28	7	8
建、造生产性固定资产雇工支出	54		
税费支出	3	8	
第一产业税	2	1	
第二产业税			
第三产业税	1	3	
其他各种收费		4	
生活消费支出	2 406	2 626	2 921
食　品	1 395	1 517	1 538
衣　着	64	68	75
居　住	224	296	388
家庭设备、用品及服务	115	102	141
医疗保健	75	128	181
交通通讯	144	172	231
文教娱乐用品及服务	297	268	284
其它商品及服务	72	75	83
财产性支出	1	6	7
转移性支出	114	129	150

15—13 农村家庭平均每百户年末主要耐用消费品拥有量

指　　标	单位	2003年	2004年	2005年
洗衣机	台	11.25	27	4
电冰箱	台	16.25	24	4
空调机	台	0.63	1	
热水器	台	18.75	32	18
摩托车	辆	65.63	74	76
电话机	部	41.25	47	44
移动电话机	部	26.25	51	47
彩色电视机	台	78.75	90	78
黑白电视机	台	11.25	9	6
照相机	台	2.50	4	3

15—14 农村居民人均主要食品消费量

单位:公斤

指　　标	2003年	2004年	2005年
粮食消费量	193.69	211.76	211.68
谷物消费量	187.91	205.82	205.50
薯类消费量	3.80	3.54	1.47
豆类消费量	1.98	2.40	4.71
油脂类消费量	6.46	7.58	7.24
蔬菜及菜制品类消费量	96.75	136.28	120.18
瓜　类	1.43	1.45	2.77
水果类	5.52	18.83	4.92
肉禽及其制品	37.51	45.18	35.39
猪　肉	20.57	15.90	21.60
牛　肉	0.46	0.66	0.52
羊　肉	1.98	1.68	1.34
家禽及其他	14.50	26.94	11.93
蛋类及蛋制品	0.61	2.43	1.96
水产品	11.75	18.38	10.65
食　糖	1.06	1.30	1.40
酒　类	2.73	3.78	4.17

15—15 农民家庭基本情况

指　　标	单位	2003年	2004年	2005年
调查户数	户	160	160	100
家庭常住人口	人	841	841	452
平均每户常住人口	人	5.25	5.25	4.52
家庭劳动力人数	人	592	524	278
期末生产性固定资产原值	元/人	814.24	1 086.81	798.38
农　业	元/人	295.02	483.59	771.85
工　业	元/人	17.84	27.35	
居住情况				
住房面积	平方米/人	20.98	26.05	26.97
住房价值	元/平方米	386.09	390.54	349.98
居住条件				
住房有卫生设备的住户	户	117	112	46
使用安全饮用水的住户	户	131	151	54
燃料使用情况				
使用液化气的住户	户	47	59	17
使用柴草的住户	户	113	86	77
生活用电数量	度/户	226.33	296	252

STATISTICS ON LARGE AND MEDIUM SCLE CITIES 大中城市统计资料

16 Chapter 16

16—1 全国大中城市主要经济指标

(2005年)

城市名称	土地面积（平方公里）	生产总值（亿元）	#工业增加值(亿元)	社会消费品零售总额(亿元)	进出口总额（亿美元）
重　庆	82 403.00	3 069.1	1 023.35	1 215.76	42.93
厦　门	1 569.30	1 029.55	529.00	271.86	285.79
上　海	6 340.50	9 143.95	4 155.23	2 972.97	1 863.65
北　京	16 807.80	6 814.5	1 782.40	2 902.76	1 255.71
天　津	11 919.70	3 663.86	1 884.80	1190.06	533.87
大　连	12 574.00	2 290		732.00	255.91
青　岛	10 654.00	2 695.5	1 266.79	865.90	330.22
深　圳	1 952.84	4 926.9	2 432.16	1 437.67	1 828.60
长　春	20 571.00	1 678.50	651.80	600.10	45.40
长　沙	11 819.50	1 519.90	469.28	743.40	26.83
成　都	12 390.00	2 371.00	757.30	999.20	45.37
福　州	11 968.00	1 482.06	594.51	663.05	135.68
广　州	7 434.40	5 115.75	1 867.53	1 898.74	534.88
贵　阳	8034.00	525.62	212.66	201.84	11.36
哈尔滨	53 068.00	1 830.40	490.90	788.10	27.12
海　口	2 304.84	301.35	61.85	138.45	12.35
杭　州	16 596.00	2 918.61	1 330.39	975.43	298.70
合　肥	7 498.00	853.27	292.16	324.39	41.83
呼和浩特	17 224.00	700.43	209.31	304.01	10.65
济　南	8 177.00	1 876.50	734.00	807.90	37.62
昆　明	21 111.00	1 062.34	387.14	415.49	34.45
兰　州	13 086.00	567.04	197.70	256.00	—
南　昌	7 402.00	1 007.70	374.93	307.49	17.45
南　京	6 582.31	2 413.00	1 066.00	1 005.00	270.90
南　宁	22 293.00	722.66	164.97	378.00	7.19
沈　阳	12 980.00	2 240.00	1011.10	915.10	45.90
石家庄	45 848	1 852.43	828.14	606.20	44.25
太　原	6 988.00	895.49	334.30	384.03	33.72
乌鲁木齐	12 000.00	567.00	175.00	222.95	23.85
武　汉	8 494.41	2 238.00	852.00	1 098.00	61.88
西　安	9 983.00	1 270.14	419.99	666.48	39.01
西　宁	7 665.00	206.27	82.04	81.60	3.69
银　川	9 170.00	239.00	106.00	80.50	4.79
郑　州	7 446.00	1 650	759.70	706.68	19.42

16—1 续1 (2005年)

城市名称	外商直接投资（亿美元）	全社会固定资产投资额(亿元)	#房地产开发投资(亿元)	居民人均可支配收入(元)	农民人均纯收入(元)
重　庆	5.16	2 006.32	517.73	10 244.0	2 809
厦　门	7.07	401.62	110.17	16 403.0	6 230
上　海	68.50	3 542.55	1 246.86	18 645.0	8 342
北　京	35.26	2 827.2	1 525.00	17 653.0	7 860
天　津	33.29	1 516.84	327.54	12 639.0	7 202
大　连	30.04	1110.5	265.30	11 994.0	5 900
青　岛	36.56	1 456.6	223.80	12 920.0	5 806
深　圳	29.69	1 176.13	418.76	21 494.4	—
长　春	11.70	650.40	106.60	10 065.0	4 210
长　沙	9.02	881.44	256.35	12 434.0	4 908
成　都	5.48	1 457.35	450.54	11 359.0	4 485
福　州	6.40	603.26	222.03	12 757.0	5 197
广　州	26.49	1 445.33	488.86	18 287.2	7 080
贵　阳	0.60	343.54	90.74	9 928.0	3 135
哈尔滨	3.11	638.97	140.17	10 065.0	4 006
海　口	3.79	137.17	46.38	9 739.5	3 829
杭　州	17.13	1 386.68	407.96	16 601.0	7 655
合　肥	1.74	495.27	190.29	9 684.0	3 207
呼和浩特	4.03	420.24	35.90	12 150.0	4 631
济　南	3.50	856.90	121.09	12 310.0	4 812
昆　明	0.83	522.00	140.00	9 616.0	3 258
兰　州	—	259.59	52.57	8 529.0	2 713
南　昌	9.09	476.94	110.22	10 301.0	3 879
南　京	20.09	1 402.72	296.14	14 997.5	6 225
南　宁	0.86	362.90	105.11	9 203.0	2 677
沈　阳	21.23	1 363.20	413.60	10 098.1	5 050
石家庄	2.64	928.65	121.72	10 040.0	4 118
太　原	0.80	438.51	79.44	10 476.0	4 402
乌鲁木齐	0.00	195.65	33.79	10 816.0	4 249
武　汉	17.40	1 055.18	297.99	10 849.7	4 341
西　安	5.71	835.10	225.23	9 628.0	3 460
西　宁	—	115.63	20.07	8 397.0	2 593
银　川	0.53	197.00	56.61	8 852.0	3 493
郑　州	3.35	610.20	168.10	10 977.0	4 744

16—1 续2 (2005年)

城市名称	地方财政一般预算收入（亿元）	金融机构存款余额（亿元）	金融机构贷款余额（亿元）	城乡居民储蓄存款余额（亿元）	居民消费价格总指数 %
重 庆	256.81	4 784.76	3 779.28	2 545.85	100.8
厦 门	98.95	1 662.64	1 212.69	585.07	101.0
上 海	1 433.90	23 320.86	16 798.12	8 432.49	101.0
北 京	919.19	28 970.01	15 335.46	7 477.59	101.5
天 津	331.74	6 090.5	4 722.38	2 462.41	101.5
大 连	151.42	3 451	2 555.20	1 532.60	101.4
青 岛	176.34	2 849.24	2 232.81	1 343.10	102.3
深 圳	412.38	8 478.16	6 168.04	3 229.38	101.6
长 春	61.00	2 065.80	1 893.50	1 059.30	101.7
长 沙	108.06	2 322.32	2 055.35	919.83	101.9
成 都	141.43	4 477.00	3 019.00	2 074.00	102.3
福 州	97.45	2 375.75	1 772.78	1 155.04	102.6
广 州	371.26	11 734.10	7 622.20	5 024.69	101.5
贵 阳	62.50	1 260.43	1 038.10	497.74	100.7
哈尔滨	98.00	2 630.20	1 964.10	1 461.49	100.5
海 口	17.84	789.19	729.14	374.05	101.3
杭 州	250.46	6 748.72	5 545.30	2 103.77	101.7
合 肥	57.64	1 557.05	1 449.39	516.16	100.9
呼和浩特	35.95	803.90	873.95	379.59	102.0
济 南	106.01	3 483.30	3 259.90	1 024.40	101.1
昆 明	90.67	2 544.27	1 796.37	993.81	102.0
兰 州	28.90	1 421.92	1 089.42	581.71	100.6
南 昌	58.28	1 590.34	1 036.68	643.75	101.0
南 京	211.07	5 263.25	4 659.81	1 595.40	102.1
南 宁	45.20	1 263.63	1 381.65	598.23	101.1
沈 阳	138.11	3 693.40	2 355.70	1 742.60	100.7
石家庄	65.88	2 574.15	1 561.01	1 355.19	101.9
太 原	56.95	2 582.30	2 130.47	1 024.92	101.1
乌鲁木齐	51.40	1 407.54	986.39	595.73	98.0
武 汉	138.82	4 084.95	3 170.88	1 599.56	102.7
西 安	72.92	3 599.70	2 158.10	1 716.76	100.3
西 宁	11.79	531.90	521.80	234.63	101.1
银 川	18.16	612.69	551.71	264.95	101.7
郑 州	136.10	3 176.09	2 487.81	1 436.10	102.4

海口统计年鉴

HAIKOU STATISTICAL YEARBOOK

GENERAL SURVEY 附录 17

Chapter 17

HAIKOU STATISTICAL YEARBOOK

主要统计指标解释

一、综　　合

地区生产总值　是按市场价格计算的国内生产总值的简称。它是一个国家(地区)所有常住单位在一定时间内生产活动的最终成果。地区生产总值有三种表现形态,即价值形态、收入形态和产品形态。从价值形态看,它是所有常住单位在一定时间内所生产的全部货物和服务价格超过同期投入的全部非固定资产货物和服务价值的差额,即所有常住单位的增加值之和;从收入形态看,它是所有常住单位的在一定时间内所创造并分配给常住单位和非常住单位的初次分配收入之和;从产品形态看,它是最终使用的货物和服务减去进口货物和服务。在实际核算中,地区生产总值的三种表现形态为三种计算方法,即生产法、收入法和支出法。三种方法分别从不同的方面反映地区生产总值及其构成。

增加值　指各部门(单位)在一定时期内从事经济、科技、社会活动获得最终成果的货币表现。反映生产单位或部门对国内生产总值的贡献。增加值包括固定资产折旧、劳动者报酬、生产税净额、营业盈余。

三次产业　根据社会生产活动历史发展的顺序对产业结构的划分,产品直接取自自然界的部门称为第一产业,对初级产品进行再加工的部门称为第二产业,为生产和消费提供各种服务的部门称为第三产业。它是世界上通用的产业结构分类,但各国的划分不尽一致。我国的三次产业划分是:

第一产业　农业(包括种植业、林业、牧业、渔业等)

第二产业　工业(包括采掘工业、制造业、自来水、电力、蒸气、热水、煤气)和建筑业

第三产业　除第一、第二产业以外的其他各业。由于第三产业包括的行业多、范围广,根据我国的实际情况,第三产业可分为两大部门:一是流通部门,二是服务部门。具体又可分为四个层次。

第一层次:流通部门,包括交通运输业、邮电通讯业、商业饮食业、物质供销和仓储业。

第二层次:为生活服务的部门,包括金融、保险业、房地产业、公用事业、居民服务、旅游业、咨询信息和各类技术服务业等。

第三层次:为提高科学文化和居民素质服务的部门,包括教育、文化、广播电视事业、科研、卫生、体育和社会福利等。

第四层次:为社会公共需要服务的部门,包括国家机关、党政机关、社会团体以及军队和警察等。

总消费　是常住单位在一定时期内对于物质产品和服务的最终消费支出的供不应求总消费分为居民消费和社会消费。

(1)居民消费　是常住居民在核算期内为个人最终消费需求而购买的物质产品和服务的全部支出。一是居民以货币直接购买的用于生活消费的各种物质产品。包括各种耐用消费品和非耐用消费品支出,不包括居民购买的房屋和用于生产目的的支出;二是居民直接购买的用于生活消费的各种支出,包括交通费、房租、洗理、日用品修理、医疗保健、教育、文化、家庭保姆等支出;三是居民以实物工资获得的各种生活消费,包括居民得到的免费和低于市场价格获得的各种物质产品和服务;四是居民自产自用的计人核算期社会产品中的物质产品、自有住房的虚拟房租消费等。

(2)社会消费　包括政府消费和集体消费两部分。政府消费,是指政府部门向社会提供的公共服务支出和对居民提供的消费性货物和服务的转移支出;集体消费,是各种生产单位和团体支付与本身生产活动无关的仅供集体最终消费的物质产品和服务的支出。

总投资　是常住单位在核算期内对固定资产和库存的投资支出合计,分为固定资产形成和库存增加。

(1)固定资产形成　是常住单位在核算期内建造和购置的固定资产的全部投资。包括各类房屋、建筑物、机器设备、役畜种畜、各种经济林木营造和在建工程等,不包括居民拥有的耐用消费品和作为纯军事目的而使用的耐用品。具体固定资产形成包括四个部分,一是由基本建设投资所形成的固定资产价值;二是由更新改造投资增加的固定资产价值;三是通过大修理增加的固定资产价值;四是由其他资金支出形成的固定资产价值。

(2)库存增加　常住单位在核算期内库存实物量变动的市场价值。期初与期末差额为正值表示库存增加,负值表示库存减少。具体包括生产单位从其他单位购买的原材料、燃料和各种储备物资等。二是生产单位生产的各种产成品、在制品、半成品等。

当年价格　指报告期的实际价格,如工厂的产品出厂价格,农产品的收购价格,商业的零售价格等。按当年价格计算,是指一些与货币表现的物量指标,如工农业总产值、地区生产总值等,按照当年的实际价格计算总量。使用当年价格计算的数字,是为了使国民经济各项指标互相衔接,便于考察当年社会经济效益,便于对生产和流通、生产和分配、生产和消费之间进行经济核算的综合平衡。

按当年价格计算的价值指标,在不同年份之间进行对比时,因为包含有各年间价格变动因素,不能确切地反映实物量的增减变动。必须消除价格变动因素后,才能真实反映经济发展动态。因此,在计算增长速度时都使用按可比价格计算的数字。

可比价格　指在不同时期的价格指标对比时,扣除了价格变动因素,以确切表示实物量的变化。按可比价格计算有两种方法:一种是直接用按产品产量乘其不变价格计算;一种是用物价指数换算。

不变价格　指用同类产品的年平均价格作为固定价格,来计算各年产品价值。按不变价格计算的产品价值消除了价格变动因素,不同时期对比可以反映生产的发展速度。新中国成立后,随着工农业产品价格水平变化,国家统计局先后五次制订了全国统一的工业产品和农业产品的不变价格,即从1949年到1957年使用1952年工(农)业产品不变价格,从1957年到1971年使用1957年不变价格,从1971年到1981年使用1970年不变价格,从1981年到1990年使用1980年不变价格,从1991年开始使用1990年不变价格。

平均每年增长速度　在我国计算平均增长速度有两种方法,一种是习惯上经常使用的“水平法”,又称几何平均法,是以间隔期最后一年的水平同基期水平对比来计算平均每年增长(或下降)速度。另一种是“累计法”,又称代数平均法或方程法,是以间隔期内各年水平的总和同基期水平对比来计算平均每年增长(或下降)速度。

在一般情况下,两种方法计算的平均每年增长速度比较接近,但在经济发展不平衡,出现大起大落时,两种方法计算的结果差别较大。

本《年鉴》内年所列的从某年平均增长速度的年份,均不包括基期年在内。如海南省办经济特区以来15年的平均增长速度是以1987年为基期计算的,则写为1988—2003年平均增长速度,其余类推。

各个计划时期:表内所用各个“时期”代表的年份如下:

第一个五年计划时期(简称一五时期)为1953年到1957年

第二个五年计划时期(简称二五时期)为1958年到1962年

第三个五年计划时期(简称三五时期)为1966年到1970年

第四个五年计划时期(简称四五时期)为1971年到1975年

第五个五年计划时期(简称五五时期)为1976年到1980年

第六个五年计划时期(简称六五时期)为1981年到1985年

第七个五年计划时期(简称七五时期)为1986年到1990年

第八个五年计划时期(简称八五时期)为1991年到1995年

第九个五年计划时期(简称九五时期)为1996年到2000年

第十个五年计划时期(简称十五时期)为2001年到2005年

二、人　　口

总人口数　是指一定时点,一定地区范围内的有生命的个人的总和。年度统计的年末人口数是指每年12月31日24时的人口数。户籍人口是在公安部门户籍登记的基础上取得的。常住人口是指:1.常住本市,并在本市登记了常住户口的人;2.已在本市常住半年以上,常住户口在外地的人;3.在本市居住不满半年,但已离开常住户口登记地半年以上的人;4.普查时住在本市,常住户口待定的人;5.原住本市,普查时在国外工作或者学习,暂无常住户口的人。

农业人口和非农业人口　是按职业性质划分的人口分组。农业人口是指从事农、林、牧、渔业生产活动的劳动者及其赡(抚)养人口;非农业人口是指上述农业(农、林、牧、渔)以外的其他各种职业的劳动者及其赡（抚）养人口。由农业和非农业劳动者共同赡（抚）养的人口按其主要生活费用来源进行划分。

出生率　是指在一定时期内（通常为一年）出生人数（活产婴儿）与同期平均人口数之比，它反映了该时期人口出生水平，一般以千分率表示。计算公式：

$$出生率=\frac{年出生人数}{年平均人口数}\times 1000‰$$

死亡率　是指在一定时期内（通常为一年）死亡人数与同期平均人口数之比，一般以千分率表示。计算公式：

$$死亡率=\frac{年死亡人数}{年平均人口数}\times 1000‰$$

人口自然增长率　是指在一定时期内（通常为一年）人口自然增长数（出生人数减死亡人数）与同期平均人口数之比，一般以千分率表示。计算公式：

$$人口自然增长率=\frac{本年出生人数-本年死亡人数}{年平均人口数}\times 1000‰$$

人口自然增长率＝人口出生率－人口死亡率

年平均人口数是年初、年末人口数的平均数。

人口平均增长速度　指在两年以上的时期内，平均每年人口增长程度或增长速度（包括人口机械变动因素），最常用的计算方法是几何平均数法。计算公式：

人口平均增长率＝人口平均发展速度－1

三、从业人员和职工工资

社会从业人员　指从事一定社会劳动并取得劳动报酬或经营收入的全部劳动力。包括国有经济单位、城镇及集体经济单位、其他各种经济类型单位全部职工和其他从业人员、城镇私营企业从业人员、城镇个体劳动者、农村社会劳动者。

职工　指在国有经济、城镇集体经济、联营经济、股份制经济、外商和港澳台投资经济、其他经济单位及其附属机构工作，并由其支付工资的各类人员。不包括城镇私营企业和乡镇企业从业人员。

在岗职工　指调查时期（点）在单位工作并领取工资的职工。

离开本单位仍保留劳动关系的职工（不在岗职工）　指调查时期（点）不在单位工作，但仍与单位保留劳动关系并由单位统计的职工。

长期职工　指用工期限在一年以上（含一年）的职工。包括原固定职工、合同制职工、长期临时工以及国有单位使用的城镇集体经济单位的人员和其他使用期限在一年以上的原计划外用工。

临时职工　指用工期限不超过一年的职工。包括各单位根据国家有关规定招用的，签订一年以内的劳动合同或使用期不超过一年的临时性、季节性用工。

其他人业人员　指劳动统计制度规定不作职工统计，但实际参加社会劳动并取得劳动报酬的人员。包括再就业的离退休人员、民办教师以及在各单位中工作的外方人员和港、澳、台人员。

私营企业和个体从业人员　指在工商行政管理部门登记和批准，领取私营企业营业执照或个体营业执照，直接参加生产经营活动，并领取劳动报酬的人员。包括在私营或个体经营机构中劳动的私营业主、个体户主、帮工、学徒、雇用人员。

乡镇企业从业人员　指在乡镇企业劳动，并领取劳动报酬的人员。

农村从业人员　指户口在农村，并参加各种劳动，以取得相应实物或现金收入的人员。不包括在私营企业、乡镇企业工作的人员。

职工工资总额　指各单位在一定时期内直接支付给本单位全部职工的劳动报酬总额。包括：计时工资（含基础工资和职务工资）、计件工资、资金、津贴和补贴、加班加点工资和其他工资。

不在岗职工生活费　指用人单位对不在岗职工支付的生活补贴费用，此生活费不具有劳动报酬性质，在统计上与在岗职工工资总额分离。

职工平均工资　指企业、事业、机关单位的职工在一定时期内平均每人所得工资额。它表明职工工资收入的高低程度，是反映职工工资水平的主要指标。计算公式：

$$职工平均工资=\frac{报告期实际支付的全部职工工资总额}{报告期全部职工平均人数}$$

劳保福利费用总额　指各单位在工资以外实际支付给职工个人和用于集体的劳动保险及福利的费用，不包括用于职工的劳动保护费用。从企业来讲，劳保福利费不仅包括由职工福利基金支出的部分，而且还包括由企业营业外支出、企业基金或利润留成、工会文教费、企业管理费支出的部分。预算单位包括由职工福利费、公务费、差额补助费等支出的部分。具体包括范围是：

（1）退休离休退职费　包括退休人员的退休费、离休人员的离休人员的护理费、易地安家退休离休退职人员的安家补助费、对退休离休退职人员的副食品价格补贴、宿舍取暖补贴、医药费、困难补助以及根据国务院规定,支付给离休退休人员的生活补贴费等。

(2)职工死亡丧葬及抚恤费　包括职工因公死亡或因工负伤致成残废完全丧失劳动能力退职后死亡丧、葬费和职工因病或非因工死亡的丧葬补助费、救济费等。

(3)医疗卫生费　包括实行公费医疗企业的职工及其供养的直系亲属的医疗费、医务经费、职工因工负伤就医路费等。卫生部门开支的事业及机关职工的公费医疗经费,以及未参加公费医疗的企业、事业、机关职工的医药费,也包括在内。

(4)职工生活困难补助　指对生活困难的职工实际支付的定期补助和临时性补助。

(5)文娱体育宣传费　包括企业、事业及机关实际支付的文娱体育宣传费,不包括学习费。

(6)集体宣传事业的补贴费　指对职工浴室、理发室、洗衣房、哺乳室、托儿所等集体福利设施各项支出与收入相抵后的差额补贴费。

(7)集体福利设施费　指按照国家规定开支的集体福利设施费用,如职工食堂炊事用具的购置、修理费用、职工宿舍的修缮费用等。不包括由企业、事业、机关自筹经费开支的职工福利设施的基本建设费用。

(8)其它　指探亲路费、因工负伤医疗期间的伙食补助、计划生育补贴(独生子女儿童保健费)等。

四、农林牧渔业

农林牧渔业总产值　指以货币表现的农林牧渔业全部产品产量,用价值量形式综合说明一定时期农林牧渔业生产的总成果和总规模。

(1)农业产值,包括种植业和其他农业的主要产品和副产品产值。

(2)林业产值,包括林木的栽培、林产品的采集和村及村以下竹木采伐产值。

(3)牧业产值,包括大小家畜的繁殖、增长和增重,家禽饲养、活的畜禽产品和其他动物产品产值。

(4)渔业产值,包括捕捞的海水、淡水天然产品和养殖水产品产值。

农林牧渔业总产值通常采用"产品法"计算,即凡是有产品产量的,都按产品产量乘以其产品单价求得每种产品的产值,然后将四业产品的产值相加求得。

农林牧渔业增加值　指农林牧渔业总产出中扣除中间消耗的价值,是农林牧渔业生产经营的最终成果。

农林牧渔业中间消耗　指在农林牧渔业生产过程中所消耗的物质产品和劳务价值的总和。

粮食产量　指全社会的产量。包括国有经济经营的、集体统一经营的和农民家庭经营的粮食产量,还包括工矿企业家属办的农场和其他生产单位的产量。粮食除包括稻谷、小麦、玉米、高粱、谷子及其他粮外,还包括薯类和大豆。其产量计算方法,豆类按去豆荚后的干豆计算;薯类(包括甘薯和马铃薯,不包括芋头和木薯),1963年以前按每4公斤鲜薯折1公斤粮食计算,从1964年开始及以后改为按5公斤鲜薯折1公斤粮食计算。其他粮食一律按脱粒后的原粮计算。

油料产量　指全部油料作物的生产量。包括花生、油菜籽、芝麻、向日葵籽、胡麻籽(亚麻籽)和其他油料。不包括大豆,也不包括木本油料和野生油料。花生以带壳干花生计算。

水产品产量　指人工养殖的水产品和天然生长的水产品的捕捞量。包括海水的鱼类、虾蟹类、贝类,不包括淡水生植物。

猪、牛、羊肉产量　指当年出栏并已屠宰后除去头蹄下水后带骨头(即胴体重)的重量。

耕地面积　指可以用来种植农作物、经常进行耕锄的田地,除包括熟地、当年新开荒地、边疆撂荒未满三年的耕地和当年的休闲地(轮歇地)外,还包括以种植农作物为主并附带种植桑树、茶树、果树和其他林木的土地,以及沿海、沿湖地区已围垦利用的"海涂"、"湖田"等面积。但不包括属于专业性的桑园、茶园、果园、果木苗圃、林地、芦苇地、天然或人工草地面积。

农作物播种面积　指实际播种或移植有农作物的面积。凡是实际种植有农作物的面积,不论种植在耕地上还是种植在非耕地上,均包括在农作物播种面积中,同时党政军包括因遭灾而重新改种和补种的农作物面积,种一公顷算一公顷。

灌溉面积　指有效灌溉面积,指具有一定的水源,地势比较平整,灌溉工程或设备已经配套,在一般年景下当年能够进行正常灌溉的耕地面积。

农用化肥施用量　指实际用于农业生产的化肥数量。包括氮肥、磷肥和复合肥。化肥施用量分别按实物量和折纯量两种方法计算。折纯法化肥施用量是把氮肥、磷肥和钾肥分别按含氮、含五氧化二磷、含氧化钾的百分之一百成分折算后的数量。复合肥按其所含主要万分折算。

农业机械总动力　指主要用于农、林、牧、渔业的各种动力机械的动力总和。包括耕作机械、排灌机械、收获机械、农产品加工机械、运输机械、植物保护机械、牧业机械、林业机械、渔业机械和其他农业机械(内燃机按引擎马力折成瓦(特)计算,电动机按功率折成瓦(特)计算)。不包括专门用于乡、镇、村、组办工业、基本建设、非农业运输、科学试验和教学等非农业生产方面用的动力机械与作业机械。

农林牧渔业劳动力　指直接参加农林牧渔业生产劳动的劳动力和直接从事采集、捕捞、农户家庭兼营(即以农业为主,利用农闲时间进行的)工业生产等副业劳动的劳动力。

五、工　　业

工业　指从事自然资源的开采,对采掘品和农产品进行加工和再加工的物质生产部门。具体包括:(1)自然资源的开采,如采矿、晒盐、森林采伐等(但不包括禽兽捕猎和水产捕捞);(2)对农副产品的加工、再加工,如粮油加工、食品加工、轧花、缫丝、纺织、制革等;(3)对采掘品的加工、再加工,如炼钢、化工生产、石油加工、机器制造、木材加工等,以及电力、自来水、煤气的生产和供应等;(4)对工业品的修理、翻新,如机器设备的修理、交通运输工具(包括小卧车)的修理等。

独立核算工业企业,应同时具备下列三个条件:(1)行政上有独立的组织形式;(2)经济上独立核算,自负盈亏,编制独立的资金平衡表(或资产负债表);(3)有权与其他单位签订合同,并在银行设有独立户头。独立核算工业企业不论是单一性生产或联合性生产的企业,均以整个企业作为一个基本填报单位。

国有经济工业(即过去的全民所有制工业或国营工业)　指生产资料和产品或收入归国有经济的工业企业(单位)。包括中央和地方各级国家机关、部队、科研机构、学校、人民团体和国有经济企事业单位等举办的国有经济工业。

集体经济工业　指生产资料和产品或收入归劳动群众集体所有的工业企业(单位)。包括城市、县(区)、镇(建制镇)以及城(镇)街道举办的集体经济工业和农村乡镇办工业、村办工业等。

其他经济类型工业　指除国有经济工业、集体经济工业和个体工业以外的其他经济类型工业企业(单位)。包括联营经济、国有与集体联营、国有与私人联营、集体与私人联营;股份制经济(股份有限公司、有限责任公司);外商投资经济(中外合资经营、中外合作经营、外资企业);港、澳、台投资经济(与大陆合资经营,与大陆合作经营,港、澳、台独资企业)及其他经济类型的工业。

轻工业　指主要提供生活消费品和制作手工工具的工业。按其所使用的原料不同,可分为两大类:(1)以农产品为原料的轻工业,是指直接或间接以农产品为基本原料的轻工业。主要包括食品制造、饮料制造、烟草加工、纺织、缝纫、皮革和毛皮制作、造纸以及印刷等工业;(2)以非农产品为原料的轻工业,是指以工业品为原料的轻工业。主要包括文教体育用品、化学药品制造、合成纤维制造、日用化学制品、日用玻璃制品、日用金属制品、手工工具制造、医疗器械制造、文化和办公用机械制造等工业。

重工业　指为国民经济各部门提供物质技术基础的主要生产资料的工业。按其生产性质和产品用途,可以分为下列三类:(1)采掘(伐)工业,是指对自然资源的开采,包括石油开采、煤炭开采、金属矿开采、非金属矿开采和木材采伐等工业;(2)原材料工业,指向国民经济各部门提供基本材料、动力和燃料的工业。包括金属冶炼及加工、炼焦及焦炭化学、化工原料、水泥制品等工业,以及为农业提供的生产资料如化肥、农药等工业。

根据上述划分原则,修理业中以重工业产品为修理作业对象的划分为重工业,反之划分为轻工业。

工业总产值　是货币表现的工业企业在一定时期内生产的已出售或可供出售的工业产品总量,它反映一定时间内工业生产的总规模和总水平。它包括:在本企业内不再进行加工,经检验,包装入库(规定需包装的产品除外)的成品价值,工业性作业价值,自制半成品、在制品期末期初差额价值(生产周期较长的企业计算)、工业总产值采用“工厂法”计算,即以工业企业作为一个整体,按工业企业生产活动的最终成果来计算,企业内部不允许重复计算,不能把企业内部各个车间(分厂)生产的成果相加。但在企业之间、行业之间、地区之间存在着重复计算。

轻重工业总产值的划分也是按“工厂法”计算

的，即一个工业企业在正常情况下生产的主要产品的性质属于轻工业，则该企业的产值作为轻工业产值；一个工业企业生产的主要产品性质属于轻工业，则该企业的产值作为轻工业产值；一个工业企业生产的主要产品性质属于重工业，则该工业企业的产值作为重工业产值。

工业销售产值 是以货币表现的工业企业在一定时期内销售本企业生产的工业产品产量。包括已销售的成品、半成品价值，对外提供的工业性作业价值，对本单位基本建设部门、生活福利部门等提供的产品和工业性作业及自制设备的价值。已销售的成品、半成品不论是本期生产的还是上期生产的，只要是本期销售出去的均包括在内。对外提供的工业性作业是指企业按合同对外提供的工业性劳务。企业为本单位基本建设部门、生活福利部门等提供的产品和工业性作业及自制设备也视同销售，这部分也作为销售统计。

工业销售产值的计算范围、计算价格和计算方法与工业总产值计算上一致，但两者计算的基础不同：工业销售产值计算的基础是产品销售总量，工业总产值计算的基础是工业产品生产总量。

工业增加值 是指工业企业在报告期内以货币形式的工业生产活动的最终成果，是企业全部生产活动的总成果扣除了在生产过程中消耗或转换的物质产品和劳务价值后的余额，是企业生产过程中新增加的价值。工业增加值有两种计算方法：一是生产法，即工业总产出减去工业中间投入；二是收入法，即从收入的角度出发，根据生产要素在生产过程中应得到的收入份额计算，具体构成项目有固定资产折旧，劳动者报酬，生产税净额，营业盈余，这种方法也称要素分配法。

工业企业主要经济指标

(1)固定资产原值 是指工业企业在建造，购置、安装、改建、扩建、技术改造固定资产时实际支出的全部货币总额。它一般包括买价、包装费、运杂费和安装费等。

(2)固定资产净值 是指固定资产原值扣除历年提取折旧后的净额。

(3)流动负债 是指在一年内或超过一年的一个营业周期内偿还的债务，其中包括短期借款、应付款项、预收货款、应付工资、应交税金、应交利润、其他应付款和存货款。

(4)长期负债 是指偿还期超过一年的一个营业周期以上债务，其中包括长期借款、应付债务、长期应付款项等。

(5)资本金 通俗地讲就是办企业的本钱。根据财政部颁布的《企业财务通则》规定，资本金是指企业在工商行政管理部门登记的注册资金。

(6)所有者权益 是企业投资人对企业净资产的所有仅。企业净资产等于企业全部资产减去全部负债的余额，其中包括企业投资人对企业的最初投入以及资本公积金、盈余公积金和未分配利润，对股份制企业，所有者权益即为股东权益。

(7)利税总额 指工业企业的产品销售税金及附加和利润总额之和。不包括企业计入生产成本的各项税金。

(8)应交增值税 指纳税人当期应上交的增填税额。增值税是我国1994年财税制度改革的一项重要内容，它是指以商品生产流通和劳务服务各个环节的增值因素为征税对象征收的一种流转税。其基本特征是，以应税产品的销售额为计税依据，同时又允许从税额中扣除已税部分的税额，綦为应纳税额，一般纳税企业的应交增值税等于当期销项税额减去当期进项税额。

六、固定资产投资和建筑业

全社会固定资产投资 固定资产投资是社会固定资产再生产的主要手段。通过建造和购置固定资产活动，国民经济不断采用先进技术装备，建立新兴部门，进一步调整经济结构和生产力的地区分布，增强经济实力，为改善人民物质文化生活创造物质条件。

固定资产投资额是以货币表现的建造和购置固定资产活动的工作量，它是反映固定资产投资规模、速度、比例关系和使用方向的综合性指标。全社会固定资产包括国有经济单位投资、城乡集体所有制单位投资、其他各种经济类型单位投资和城乡居民个人投资。国有经济单位固定资产投资总额分为基本建设、更新改造、房地产开发投资和其他固定资产投资；城乡集体所有制单位投资包括城镇集体所有制单位投资和农村集体所有制单位投资；城乡居民个人投资包括城市、县城、镇、工矿区所辖范围内的个人建房和农村个人建房及购买生产性固定资产(使用年限在二年以上，单位价值在50元以上的生产资料)的投资。

基本建设投资 基本建设是指国民经济各部门

新建、扩建、改建和恢复工程的建造和机器设备、加辆、船舶、飞机等的购置。

基本建设投资额是以货币表现的基本建设完成的工作量,是反映一定时期内基本建设规模和建设速度的综合性指标。它是根据工程的实际进度按预算价格(预算价格是编制施工图预算时用的价格)计算的工作量。没有形成工程实体的建筑材料和没有开始安装的设备,都不计算投资完成额。

基本建设投资完成额与财政上的基本建设拨(贷)款和财务支出是含义完全不同的指标,"基本建设投资完成额"是按预算价格计算的工作量;"拨(贷)款"是银行根据国家计划拨(贷)给建设单位用于基本建设的资金;"财务支出"是建设单位实际支出的金额。使用时应加以区别。

更新改造投资 更新改造是指企业、事业单位对其固定资产进行更新改造的工程和购置(不包括大修理和维护工程)。更新改造投资是以货币表现的更新改造完成的工作量。根据我国现行统计制度,基本建设和更新改造的划分是:(1)列入基本建设计划的项目作为基本建设投资,列入更新改造计划的项目作为更新改造投资;(2)更新改造计划与基本建设计划结合安排的项目和未列入计划的项目,根据工程性质分别作为基本建设投资和更新改造投资。属于对企业、事业单位原有设施进行技术改造或更新的项目和增建主要生产车间、分厂等,其新增生产能力或效益尚未达到大中型标准的项目,以及由于城市环境保护和安全生产的需要而进行的迁建工程,作为更新改造投资。

其他固定资产投资 其他固定资产投资是指国有经济单位按规定不纳入基本建设计划和更新改造计划管理的固定资产投资,具体包括:用油田维护费、石油开发基金进行的油田维护和开发工程;矿山、森工等采伐采掘工业用维简费进行的开拓延伸工程;交通部门用公路养路费对原有公路、桥梁进行的工程;商、粮、供销部门零星建造和购置固定资产其计划总投资在二万到五万元的单项工程和单台设备。

固定资产投资按国民经济行业类别分 是按企、事业单位所从事的生产或其他社会经济活动的性质的同一性进行的分类。固定资产投资统计中的国民经济行业分类,基本建设项目按建成投产后的主要产品种类或主要用途及社会经济活动种类来划分,一般情况下,一个基本建设项目只能属于一种国民经济行业;更新改造、其他固定资产投资根据整个企、事业单位所属的行业来划分,一般情况下,一个企、事业单位只能属于一种国民经济行业。

固定资产投资按建设性质分 建设项目的性质一般分为新建、扩建、改建、迁建、恢复。基本建设按建设项目划分建设性质,更新改造、国有单位其他固定资产投资及城镇集体投资按整个企业、事业单位的建设情况确定建设性质。目前基本建设和更新改造是根据我国现行的计划管理体制区分的,所以基本建设和更新改造都可以分别按新建、扩建和改建等划分。

(1)新建 一般是指从无到有,"平地起家"新开始建设的单位。有的单位原有的基础很小,经过建设后其新增加的固定资产价值超过原有固定资产价值(原价)三倍以上的也算新建。

(2)扩建 一般是指为扩大原有产品的生产能力,在厂内或其他地点增建主要生产车间(或主要工程)、独立的生产线或总厂之下的分厂的企业;事业单位和行政单位在原单位增建业务用房,行政机关增建办公楼等)也作为扩建。

(3)改建 是指对原有设施进行技术改造或更新(包括相应配套的辅助性生产、生活福利设施),没有增建主要生产车间、分厂等的企、事业单位。现有企业、事业单位为适应市场变化的需要,而改变企业的主要产品种类(如军工企业转产民用品等),或原有产品生产作业线由于各工序(车间)之间能力不平衡,为填平补齐充分发挥原有生产能力而增建不增加本企业主要产品设计能力的车间,也应作为改建。

固定资产投资按构成分 固定资产投资活动按其工作内容和实现方式分为建筑工程,安装工程,设备、工具器具购置,其他费用四个部分。

(1)建筑工程(建筑工作量) 指各种房屋、建筑物的建造工程。包括各种房屋建造工程;各种用途设备基础和各种工作窑炉的砌筑工程;为施工而进行的各种准备工作和临时工程以及完工后的清事工作等;铁路、道路的铺设,矿井的开凿及石油管道的架设等;水利工程;防空地下建筑等特殊工程。

(2)安装工程(安装工程量) 指各种设备、装置的安装工程。包括各种机械设备的安装工程;为测定安装工作质量,对设备进行试运工作。

(3)设备、工具、器具购置 指购置或自制达到固定资产标准的设备、工具、器具的价值。固定资产的标准按财务部门规定。新建单位、扩建单位的新建车间、按照设计和计划要求购置或自制的全部设备、工具、器具,不论是否达到固定资产标准均计入“设备、工具、器具购置”中。

(4)其他费用 指除建筑安装工程和设备、工具、器具购置以外的投资完成额。它包括两种性质的费用,一种是属于增加固定资产的费用,主要有:建设单位管理费、土地、青苗等补偿费和安置补助费、各种经济林木的营造费、办公和生活家具、器具购置费、引进技术和进口设备项目的其他费用、联合试运转费等;一种是属于不增加固定资产的费用,主要有:施工机构转移费、生产职工培训费、农业开荒费用及报废工程损失费等。

基本建设项目按大中小型划分 基本建设划分大中小型项目原则上应按照上级批准的设计任务书或初步设计所确定的总规模或总投资划分,没有正式批准设计任务书或初步设计的,按国家或省、自治区、直辖市年度基本建设投资计划中所列的总规模或总投资划分,上述两条均不具备的,按本年计划施工工程的建设总规模或总投资划分。生产单一产品的工业项目,按产品的设计能力划分;生产多种产品工业项目,按其主要产品的设计能力划分;品种繁多,难以按生产能力划分的,按全部设计投资额划分。划分标准以国家颁发的《大中小型建设项目划分标准》为依据,国家曾在1958年、1962年、1972年、1977年和1979年五次修订《大中小型建设项目划分标准》。因此,各历史时期的大中小型项目数不完全可比。

施工项目 指报告期内曾进行建筑或安装施工活动的建设项目。包括报告期内新开工项目,报告期以前开工跨入报告期继续施工的项目,报告期施工并在报告期内全部建成投产或缓建的项目。

全部建成投产项目 工业项目是指设计文件规定形成生产能力的主体工程及其相应配套的辅助设施全部建成,经负荷试运转,证明具备生产设计规定合格产品的条件,并经过验收鉴定合格或达到竣工验收标准,与生产性工程配套的生活福利设施可以满足近期正常生产的需要,正式移交生产的建设项目;非工业项目是指设计文件规定的主体工程和相应的配套工程全部建成,能够发挥设计规定的全部效益,经验收鉴定合格或达到竣工验收标准,正式移交使用的建设项目。

新增生产能力 指通过固定资产投资活动而增加的设计能力或工程效益,它是用实物形态表示的固定资产的成果。新增生产能力的计算,是以能独立发挥生产能力或效益的单项工程(或项目)为对象。当单项工程(或项目)建成,经有关部门鉴定合格、正式移交投入生产,即可计算新增生产能力。新增生产能力的数量一般按设计能力计算。设计文件中规定的在正常情况下能够达到的生产能力,而不论投产后的实际产量如何。以设备数量、建筑物容积、面积、长度等表示为新增生产能力(或效益),则按建成的实际数量计算。

施工和竣工房屋建筑面积 房屋建筑面积是从房屋的外墙线算起的各层平面面积的总和,包括房屋结构(如柱、墙)占用的面积和地下室面积。多层建筑按各自然层面积总和计算,包括房屋内的楼隔层,突出墙面的眺望间、门斗、有柱雨罩的面积。不包括突出墙面结构的构件、艺术装饰等所占的面积,如台阶等。凸阳台按其水平投影面积的一半计算建筑面积。

施工面积 指报告期内施工的全部房屋建筑面积。包括本期新开工的面积和上期开工跨入本期继续施工的房屋的面积,以及上期已停建在本期复工的建筑面积。

竣工面积 指在报告期内房屋建筑按照设计要求已全部完工,达到住人和使用条件,经验收鉴定合格的正式移交使用的单位的建筑面积。

新增固定资产 指通过投资活动所形成的新的固定资产价值。包括已经建成投入生产或交付使用的工程价值和达到固定资产标准的设备、工具、器具,投资及有关应摊入的费用。它是以价值形式表示的固定资产投资成果的综合性指标,可以综合反映不同时期、不同部门、不同地区的的固定资产投资成果。

建筑施工企业 指从事房屋、构筑物和设备安装生产活动的独立施工单位,分为建筑安装企业和自营施工单位两种组织形式。建筑安装企业是指行政上有独立公司、安装公司、工程公司、工程局(处)等。自营施工单位是指附属于现有生产企业、事业内部或行政单位的,为建造和修理本单位固定资产而自行组织的。并同时具备下述条件:(1)对内独立核算;(2)有固定组织和施工队伍;(2)全年施工期在半年以上。

建筑业总产值 是指建筑安装企业或单位在一定时期内所完成的以货币表现的建筑生产成果总量

指标。按现行报表制度规定，具体包括施工产值、建安附属构件厂外销构件产值、建安附属勘察设计单位向外提供勘察设计工作的产值。

建筑业增加值　是指建筑安装企业和自营施工单位在一定时期内建筑施工活动最终成果的货币表现。计算方法有分配法和生产法，分配法即是把投入生产的要素各项收入相加求得，它包括职工工资、职工福利基金、利润、税金、支付给个人的费用、支付给本企业的费用、固定资产折旧，大修理基金等。

年末自有机械设备价值　指年末本单位自有施工机械、生产设备、运输设备的全部机械价值，分别按原值和净值计算，不包括非生产用的机械设备价值。

利润总额　指建筑施工企业在一定时期内所实现的利润。它包括工程结算利润、产品销售利润、作业销售利润、材料销售利润及其他销售利润、营业外收支差额，此外，在实行产值工资含量包干的企业，应扣除工资含量包干节余。

工程结算收入　是本企业承包工程实现的工程价额结算收入以及向发包单位收取的除工程价款以外按规定列作营业收入的各种款项，如临时设施费、劳动保险费、施工机构调迁费等以及身发包单位收取的各种索赔款。

七、交通运输和邮电通讯业

货物(旅客)运输量　指运输业实际运送的货物(旅客)数量。货物按吨计算，客运按人计算。货物不论运输距离长短，货物类别，均按实际重量统计；旅客不论行程远近或票价多少，均按一人一次作为旅客运量统计。半价票、小孩票也按一人统计。货(客)运输量反映运输业为国民经济和人民生活服务的数量指标，也是制定和检查运输生产计划，研究运输发展规模和速度的重要指标。

货物(旅客)周转量　指运输业运送的货物(旅客)数量与其相应运输距离的乘积之总和，通常以吨公里和人公里为计算单位。计算货物周转量通常按发出站一到达站之间的最短距离，也就是计费距离计算。它是反映运输生产总成果的重要指标，也是编制和检查运输生产计划、计算运输效率、劳动生产率以及核算运输单位成本的主要基础资料。

沿海主要港口货物吞吐量　指由水运进出沿海主要港口港区范围，并经过装卸的货物数量。吞吐量可以分为进口、出口。又可以分为国内贸易和对外贸易。货物吞吐量的货种分类及其主要流向流量，反映了港口在国内外物资交流和对外贸易运输中的地位和作用。

邮电业务总量　指以货币表现的邮电部门为用户传递信息和提供其他邮电服务的总量，它用各种邮电分类业务量，如函件件数、电报份数、长话张数、市内电话和农村电话的年均户数、订销报刊累计份数等，分别乘以相应的平均单位(不变价)加总后再加上出租电路和设备的收入、其他业务收入求得。邮电业务总量综合反映了一定时期邮电工作的总成果，是研究邮电业务量构成和发展趋势的重要指标。

八、批发零售贸易和餐饮业

社会消费品零售额　指各种经济类型的批发零售贸易业、餐饮业、制造业和其他行业对城乡居民和社会集团的消费品零售额和农民对非农业居民零售额的总和。这个指标反映通过各种商品流通渠道向居民和社会集团供应的生活消费品来满足他们生活需要，是研究人民生活、社会消费品购买力、货币流通等问题的重要指标。社会消费品零售额包括：(1)售给城乡居民作为生活用的商品和修建房屋用的建筑材料；(2)售给机关、团体、学校、部队、企业、事业单位的职工食堂和旅店(招待所)附设专门供本店旅客食用，不对外营业的食堂的各种食品、燃料；企业、单位和国营农场直接售给本单位职工和职工食堂的自己生产的产品；(3)售给部队干部、战士生活用的粮食、副食品、衣着品、日用品、燃料；(4)售给来华的外国人、华侨、港澳台同胞的消费品；(5)居民自费购买的中、西约品、中药材及医疗用品；(6)报社、出版社直接售给居民和社会集团的报纸、图书、杂志、集邮公司出售的新、旧纪念邮票、特种邮票、首日封、集邮册、集邮工具等；(7)旧货寄售商店自购、自销部分的商品；(8)煤气公司、液化石油气站售给居民和社会集团的煤气灶具和罐装液化石油气；(9)农民售给非农业居民和社会集团的商品。不包括售给国民经济各部门企业、事业单位(包括国有经济的农场)生产经营用的各种原材料、燃料、设备、工具等和售给批发零售贸易业、餐饮业作为转卖用的商品、旧货寄售商店受托寄售卖出的商品、服务业的营业收入、邮局出售邮票的收入、自来水、电力、煤气生产(供应)单位的产品供应收入，也不包括农民之间的商品销售。

批发零售贸易业零售额　指专门从事商品转买

业务的各种经济类型独立核算的批发零售贸易企业和其他行业附营的批发零售贸易单位直接售给居民和社会集团的消费品零售额。

餐饮业零售额 指专门从事食品的烹饪、调制并直接零售给居民饮食的各种饭馆、酒馆、茶馆等餐饮业的零售额。包括各种企业单位附设对外营业的饭馆、火车餐车、轮船餐厅、车站食堂、机场餐厅的零售额。

制造业零售额 指各种经济类型的制造业(工业)生产单位(包括乡办、村办工业)直接售给居民(包括本企业职工)和社会集团的消费品。

其他行业零售额 指批发零售贸易业、餐饮业、工业制造业以外的其他行业的直接零售额。包括各种经济类型的农业(不包括农民)、交通运输业、建筑业、服务业、公用事业、出版社等行业的零售额。

农民对非农业居民的零售额 指以各种经济类型的批发、零售贸易业(不包括个体)为总体的商品购、销、存。

商品购进总额 指从本企业(单位)以外的单位和个人购进(包括从国外直接进口)作为转卖或加工后转卖的商品。这个指标反映批发零售贸易业从国内、国外市场上购进商品的总量。商品购进总额包括:(1)从工农业生产者购进的商品;(2)从出版社、报社的出版发行部门购进的图书、杂志和报纸;(3)从各种经济类型的批发零售贸易企业(单位)购进的商品;(4)从其他单位购进的商品,如从机关、团体、企业、单位购进的剩余物资,从餐饮业、服务业购进的商品,从海关、市场管理部门购进的辑私和没收的商品,从居民收购的废旧商品等;(5)从国(境)外直接进口的商品。不包括企业(单位)为自身经营用,和未通过买卖行为而收入的商品以及销售退回、商品升溢等。

商品销售总额 指对本企业以外的单位和个人出售(包括对国(境)外直接出口)的商品。这个指标反映批发零售贸易业在国内市场上销售商品以及出口商品的总量。商品销售总额包括:(1)售给城乡居民和社会集团消费用的商品;(2)售给工业、农业、建筑业、运输邮电业、批发零售贸易业、餐饮业、服务业等作为生产、经营作用的商品;(3)售给批发零售贸易业作为转卖或加工后转卖的商品;(4)对国(境)外直接出口的商品。不包括:出售本企业(单位)自用的废旧包装用品,未通过买卖行为付出的商品,经本单位介绍,由买卖双方直接结算,本单位只收取手续费的业务,购货退出的商品以及商品损耗和损失等。

批发零售贸易业年末库存 指年末各种经济类型的批发零售贸易企业(单位)已取得所有权的商品。它反映各地区、各批发零售贸易企业(单位)的商品库存情况,和对市场商品供应的保证程度。期末库存包括:(1)存放在批发零售贸易业经营单位(如门市部、批发站、经营处)仓库、货场、货柜和货架中的商品;(2)挑选、整理、包装中的商品;(3)已记入购进而尚未运到本单位的商品,即发货单或银行承兑凭证已到货未到部分;(4)寄放他处的商品,如因购货方拒绝承付而暂付存放在购货方的商品和已办完加工成品收回手续而未提回的商品;(5)委托其他单位代销(未作销售或调出)尚未售出的商品;(6)代其他单位购进尚未交付的商品。不包括所有权不属于本单位的商品、拨付除批发零售贸易业以外其他行业所属独立核算加工厂等加工生产尚未收回成品的商品、代国家物资储备部门保管的商品等。期末库存总额计算方法是:农副产品采购单位按购进价计算,批发单位按进货价计算,零售单位按什么价格核算就按什么价格计算。

九、原材料和能源消费

原材料消费 指独立核算的法人企业在报告期内实际使用原材料的数量,包括主营活动用和附营活动用实际使用的原材料的数量,并包括由本企业(作为投资单位)代填的乡镇建筑企业为完成本企业建设项目而实际使用的原材料数量。原材料消费数量分别用实物量和价值量表示。

原材料消费的原则:"谁消费谁统计",即原材料的哪个企业使用,就由哪个企业统计消费。原材料核算方法:原材料进入第一道生产工序,改变了原来的形态或性能,或者已经实际投入使用,即作消费统计。

能源消费 指独立核算的法人企业在报告期内实际使用的能源数量,包括主营活动和附营活动实际使用能源数量;并包括由本企业(作为投资单位)代填的乡镇建筑企业为完成本企业建筑项目而实际使用的能源数量。能源消费数量用价值和实物量表示。

消费的核算原则:"谁消费谁统计",即能源在哪个企业使用,就由哪个企业统计消费。

消费的核算方法:能源进入第一道工序,改变了原来的形态或性能，或者实际投入使用，即作消费统计。

能源库存　指独立核算法人企业在报告期初、期末实际结存的原材料、能源的数量和价值。库存的核算原则："谁支配谁统计"，即凡是本企业有权支配动用的原材料、能源，不论存放在何处，都应作本企业库存统计；反之，本企业无权支配动用的原材料、能源，即使存放在本企业仓库，也不能作为本企业库存统计。

库存的核算方法：凡是本企业有权支配动用的某一实点实际结存的原材料、能源都应作本企业库存统计。

十、对外经济贸易和旅游业

进出口总额　海关进出口总额是指实际进出我国国境的货物总金额，包括对外贸易实际进出口货物，来料加工装配进出口货物，中外合资企业、合作企业和外商独资企业进出口货物和公用物品，以及国家间、联合国及国际组织无偿援助的物资和赠送品、华侨、港澳同胞、外籍华人的捐赠品的金额。进口按到岸价计算，出口按离岸价计算。

利用外资　是指我国各级政府、部门、企业、中国银行和其他单位通过对外借款、吸收客商直接投资和商品信贷及其他方式，从国外和港澳地区筹措的资金。

对外借款　是我国利用外资的主要部分，包括我国通过外国政府贷款、国际金融组织贷款、外国银行的买方信贷和现汇贷款以及对外发行债券和股票等方式，从国外和港澳地区借用的资金。

客商直接投资　是指外国企业和经济组织或个人（包括华侨、港澳同胞以及我国在增外注册的企业）按我国有关政策、法规，在我国境内开办独资企业、与我国境内的企业或经济组织共同举办合资企业、合作经营企业或合作开发资源的投资以及客商从企业得到收益的再投资。

主营业务收入　工业为产品收入；建筑业为工程结算收入；运输、邮电业为主营业务收入；批发、零售贸易业、餐饮业为商品销售收入或营业收入；房地产、公用事业、服务业和其他行业为经营收入。

主营业务成本　工业为产品销售成本；建筑业为工程结算成本；运输、邮电业为营业成本；批发、零售贸易业、餐饮业为商品销售成本或营业成本；房地产、公用事业、服务业和其他行业为经营成本。

营业税金及附加费　指企业销售产品或提供劳务者等主营业务应负担的产品税、营业税、城市维护建设税、资源税和教育费附加。

应交增值税　企业在报告期内应交纳的增值税额的合计。

增值税 ＝ 销项税额＋出口退税＋进项税额转出数－进项额

利润总额　指企业在一定时期内实现的盈亏总额，是企业最终的财务成果，包括营业利润、补贴收入、投资收益、营业外净收入等，即：营业利润＋补贴收入＋投资收益＋营业外收入－营业外支出。

旅游人数　指来我国参观、访问、旅行、探亲、访友、休养、考察、参加会议和从事经济、科技、文化、教育、体育、宗教等活动的外国人、华侨、港澳同胞和台湾同胞的人数，不包括外国在我国的常驻机构，如使领馆、通讯社、企业办事处的工作人员和来我国常住的外国专家、留学生等。

旅游外汇收入　指国内各部门为来我国旅游的外国人、华侨、港澳和台湾同胞提供商品和劳务而得到的外汇收入。包括供应商品、饮食和提供住宿、交通、邮电、文化娱乐导游等各项服务所得的全部外汇收入。

十一、财政和金融保险业

财政收入　国家财政参与社会产品分配所得的收入，是实现国家职能的财力保证。财政收入所包括的内容几经变化，目前主要包括：

（1）各项税收　包括增值税、营业税、消费税、土地增值税、城市维护建设税、资源税、城市土地使用税、印花税、固定资产投资方向调节税、个人所得税、企业所得税、关税、农牧业税和耕地占用税等。

（2）专项收入　包括征收排污费、征收城市水资源费收入，教育费附加收入等。

（3）其他收入　包括基本建设贷款归还收入、国家能源交通重点建设基金收入、国家预算调节基金等。

（4）国有企业计划亏损补贴　这项为负收入，冲减财政收入。

财政支出　国家财政将筹集起来的资金进行分配使用，以满足经济建设和各项事业的需要，主要包括：

（1）基本建设支出　指按国家有关规定，属于基本建设范围内的基本建设有偿使用、拨款、资本金支出以及国家批准对专项和政策性基建投资贷款，在部门的基建投资额中统筹支付的贴息支出。

(2)企业挖潜改造资金　指国家预算内拨给的用于企业挖潜改造资金和企业挖潜改造贷款资金，为农业服务的县办“五小”企业技术改造补助，挖潜改造贷款贴息支出。

(3)支援农村生产支出　国家财政支援农村集体(户)各项生产的支出。包括对农村举办的小型农田水利和打井、喷灌等的补助费；对农村水土保持措施的补助费；对农村举办的小水电站的补助费；特大抗旱的补助费；农村开荒补助费；扶持乡镇企业资金；农村农技推广和植保补助费；农村草场和畜禽保护补助费；农村造林和林木保护补助费；农村水产补助费；发展粮食生产专项资金。

(4)农林不利气象等部门的事业费用　国家财政用于农垦、农场、农业、畜牧、农机、林业、森工、水利、水产、气象、乡镇企业的技术推广、良种推广(示范)、植物(畜禽、森林)保护、水质监测、勘探设计、资源调查、干部训练等项费用，园艺特产场补助费，中等专业学校经费，飞播牧草试验补助费，营林机构、气象机构经费，渔政经费以及农业管理事业费等。

(5)文教科学卫生事业费　国家预算用于文化、出版、文物、教育、卫生、中医、公费医疗、体育、档案、地震、海洋、通讯、广播电影电视、计划生育、党政群干部训练、自然科学、社会科学、科协等项事业的经费支出和高技术研究专项经费。主要包括工资、补助工资、福利费、离退休费、助学金、公务费、设备购置费、修缮费、业务费、差额补助费。

(6)抚恤和社会福利救济费　国家预算用于抚恤和社会福利救济事业的经费，包括由民政部门开支的烈士家属和牺牲病故人员家属的一次性、定期抚恤金，革命伤残补助费，烈军属、复员退伍军人生活补助费、退伍军人安置费，优抚事业单位经费，烈士纪念建筑物管理、维修费，自然灾害救济事业费和特大自然灾害灾后重建补助费等。

(7)行政管理费　包括行政管理支出，党派团体补助支出，外交支出，公安安全支出，司法支出，法院支出，检察院支出和公检法办案费用补助。

(8)价格补贴支出　经国家批准，由国家财政拨给的政策性补贴支出，主要包括粮食加价款，粮、棉、油差价补贴，棉花帐购价外奖励款，副食品风险基金，市镇居民的肉食价格补贴，平抑市场物价，蔬菜价差补贴等，以及经国家批准的课本、报刊新闻纸等价格补贴。

中央财政收入和地方财政收入　按财政体制划分的中央本级收入和地方本级收入。1994 年分税制财政体制以后，属于中央财政的收入包括关税、海关代征消费税和增值税，消费税，中央企业所得税，地方银行和外资银行及非银行金融企业所得税，铁道、银行总行、保险总公司等集中缴纳的营业税、所得税、利润和城市维护建设税，增值税的 75% 部分，海洋石油资源税和证券(印花)税 50% 部分。属于地方财政的收入包括营业税，地方企业所得税，个人所得税，农牧业税，农业特产税，耕地占用税，契税，增值税的 25% 部分，证券交易税(印花税)的 50% 部分和除海洋石油资源税以外的其他资源税。

存款余额　存款是指企业、机关、团体和个人根据可以收回的原则，把货币资金存入银行或其他信用机构保管并取得一定利息的一种信用活动形式。存款余额是指在某一时点上的存款账户上结存的金额，它反映在一定时点上的存款数量。银行存款主要来源:企业存款、财政存款、机关团体存款、城镇居民存款和农村存款等。

农村存款　农村存款是指农村集体、个体等单位在银行的存款。它包括:1. 乡镇企业事业存款;2. 农村集体农业和个体户存款;3. 信用社存款。

贷款余额　贷款是银行或其他信用机构根据必须归还的原则，按一定的利率和期限，为企业、个人等提供货币资金的一种信用活动形式。贷款余额是指在某一时点上贷款帐户上的结欠金额，它反映在一定时点上的贷款数量。银行贷款主要有工商企业和建筑安装企业流动资金贷款、固定资产贷款、农业贷款等。

城镇居民储蓄存款　是指城镇居民个人在银行的存款。城镇居民包括城市和农村集镇居民人数。

农村居民储蓄存款　是指农村居民个人在信用合作社的存款，它不包括农村居民个人直接存入银行的资金。

承保额　又叫保险金额。它是保险人对被保险人员负担损失补偿或约定给付的金额。它是保险合同上最高责任额，也是计算保费的依据。

保费　被保人按其得到保险利益的保障程度(保险金额)的一定比率向保险人缴付的费用。包括财产险和人身险储金收入。

赔款　保险人对财产保险的保险事故给予的经

济补偿，包括人身险各种给付金额。涉外业务赔款指当年已决赔款。

十二、物　　价

居民消费价格指数　是反映居民家庭购买生活消费品和支出服务项目费用价格变动趋势和程度的相对数。编制居民消费价格指数，其目的在于观察居民生活消费品及服务项目价格的变动对城乡居民生活的影响，为各级党政领导掌握居民消费状况，研究和制定居民消费价格政策、工资政策以及为新国民经济核算体系中有消除价格变动因素的可比价格核算提供科学依据。居民消费价格指数还是反映通货膨胀的重要指标。

商品零售价格指数　是商品零售价格和集市成交价格的综合平均水平与基期水平对比的相对数。编制零售价格指数，其目的在于掌握商品零售的平均价格水平，为国家制定经济政策提供依据。同时，还可在此基础上编制其它各种派生的价格指数，为研究城乡市场流通和新国民经济核算体系提供科学依据。

十三、人民生活

城镇居民家庭就业人口　指从事社会劳动并取得劳动报酬或经营收入的人口。不论在国有经济单位、集体所有制单位、其他各种经济类型单位工作或从事个体经营，不论有固定性职业或临时性职业都是就业人口。各学校在校学生在假期参加劳动，虽然领取一定的报酬，但不计算为就业人口。

“就业人口”包括“国有经济单位职工”、“集体所有制单位职工”、“其他各种经济类型单位职工”、“个体经营者”、“个体被雇人员”、“离退休再就业人员”及“其它就业人口”等七项。

城镇居民现金收入　指城镇居民现金的实际收入和借贷收入。

城镇居民可支配收入　指城镇居民家庭在支付个人所得税之后，所余下的实际收入。

城镇居民现金支出　指城镇居民现金的实际支出和借贷支出。

城镇居民家庭消费性支出　指调查户购买商品和用于服务的全部支出，共分八类：食品；衣着；家庭设备、用品及服务；医疗保健；交通和通信；娱乐、教育、文化服务；居住；杂项商品和服务。购买商品支出是指从商店、集市、饮食业、工作单位食堂以及直接从工厂和农村购买各种商品的支出，包括自用的和赠送亲友的在内；服务支出是指调查户用于社会提供的各种文化和生活服务方面的支出，包括各种修理费、加工费、洗理美容费、保姆费、劳务费等。

农民家庭总收入　指农民年内从各种来源渠道得到的全部实际收入。它包括从集体统一经营收入（包括承包集体生产和家庭副业收入，未扣除物耗、税收部分）和其他借贷性收入。不包括储蓄借贷收入。

农民家庭纯收入　指农民全年总收入扣除费用性支出后可以直接用于进行生产和非生产性建设投资、改善生活积蓄的那一部分收入，它是反映农民家庭实际收入水平的综合性的主要指标。全年纯收入的计算公式是：

全年纯收入＝全年总收入－家庭经营费用支出－缴纳税款－生产性固定资产折旧－上交集体承包任务－调查补贴

农民家庭总支出　指农民家庭全年用于生产、生活和再分配等方面的全部实际支出。包括家庭经营支出、缴纳税款、上交集体的承包任务、购买生产性固定资产支出、生活消费支出和其他非借贷性支出。储蓄借贷性支出不包括在内。

农民家庭生活消费支出　指农村常住居民家庭年内用于日常生活的全部开支。它是用来反映和研究农民家庭实际生活消费水平高低的重要指标。农民家庭生活消费支出，包括用于吃、穿、住、用等生活消费品支出和文化、生活服务费用开支两大部分。

十四、科技、教育、卫生、文化和体育

普通高等学校　按照国家规定的审批程度批准举办、通过全国统一招生考试、招收中等学校高中毕业生及具有同等学历者，实施高等教育，培养高等专门人才的学校。包括大学、专门学院、专科学校和短期职业大学。

成人高等学校　按照国家规定的审批程序批准举办、招收高中毕业或同等学历者，利用多种形式对成人实施高等教育，培养相当普通高等学校专科或本科专业水平的专门人才的学校。包括广播电视大学、农民高等学校、干部管理学院、教育学院、独立函授学校以及普通高等学校、职工高等学校举办的函授、夜大学等。

中等学校　按照国家规定的审批程序批准设立的、招收小学、初中（或部分高中）毕业生或同等学

历者,实施普通中学教育或中等专业技术、职业技术教育的学校。包括中等专业学校、农业中学和职业中学、技工学校、普通中学。

中等中专学校　经国务院部、委或省人民政府批准举办,招收初中(或部分高中)毕业生或同等学历者,实施中等专业教育,培养中等专门人才学校。招收高中毕业生的,修业年限一般为二至三年。

中等专业学校分为中等技术学校和中等师范学校两大类。中等技术学校包括工业、农业、林业、医药、财经、大法、体育、艺术等学校;中等师范学校包括培养小学教师的普通师范学校,培养小学外语课师资的外国语师范学校,培养幼儿园教养员的幼儿师范学校等。

农业中学和职业中学　是经县以上教育行政部门批准设立,招收初中和小学毕业生或同等学历者,进行职业(技术)教育和普通教育的学校。

技工学校　经国务院部、委或省人民政府批准设立,招收具有初中毕业文化程度的在职工人或初中、高中毕业生,进行技术培训,培养具备中等技术水平的熟练工人的学校。

普通中学　是经县以上教育行政部门批准设立的,招收小学、初中毕业生,实施普通中学教育的学校。

小学校　经县以上教育部门批准设立,招收学龄儿童,实施初等教育的学校。

幼儿园　指招收三周年以上学龄儿童进行学前教育,并具有三个班以上规模的学前教育单位。

毕业生数　指上学年度内,具有学籍的学生学完教学计划规定的全部课程,考试及格,实际毕业的学生数。不包括结业生和肄业生数。

招生数　新学期开始时,一年级实际招收入学的新生数。

在校学生数　学年初具有学籍的在校学生总数。

教职工数　在学校中工作的固定教职工人数。包括校本部、科研机构、校办工厂、农(林)和附属机构的人员。但不包括:离休、集体所有制的退休、退职人员;学校办的集体所有制单位和学校附属机构中属于集体职工;代课教师和各种临时工。

专任教师　主要从事教学工作的人员。包括临时(一年以内)调去帮助做其他工作的教学人员。但不包括调离教学岗位,担任行政领导工作或其他工作的原教学人员。

学龄儿童入学率　学年初已入小学的学龄儿童数占校内外学龄儿童总数的百分比。

计算公式为:

$$\text{学龄儿童入学率}=\frac{\text{学年初已入学学龄儿童数}}{\text{学年初校内外学龄儿童总数}}\times 100\%$$

卫生机构　从事医疗保健事业的医院,疗养院、所门诊部、所,专科防治所、站,卫生防疫站,妇女保健所、站,药品检验所、室等的总称。

卫生技术人员　卫生事业机构支付工资的全部固定工和合同制职工中现任职务从事卫生技术工作的人员。包括中医师、西医师、中西医结合高级医师、护师、中药师、西药师、检验师、其他技师、中医士、西医士、护士、助产士、中药剂士、西药剂士、检验士、其他技士、其他中医、护理员、中药剂员、西药剂员、检验员、其他初级卫生技术人员。

医生　经卫生部门审查合格,从事医疗工作的专业人员,包括中医师、西医师、中西结合高级医师、中医士、西医士和其他中医。

电影放映单位　拥有放映机器设备、有固定或不固定的放映场所与专职或兼职的电影放映技术人员,经文化行政部门登记批准,经常为观众放映电影的单位。包括:电影院、影剧院、电影放映队、对外开放的礼堂、俱乐部、对内的礼堂、俱乐部等。

艺术表演团体　从事戏曲、音乐、舞蹈、杂技等专业艺术表演,有独立账户,实行独立核算的团体。

十五、城市建设、海洋开发和环境保护

自来水厂生产能力　是指自来水取水、净化、送水、出厂输水干管等环节的综合生产能力,按实际生产能力计算。供水高峰阶段、超负荷增加的生产能力不予计算。不包括各单位自备水源能力,但包括厂矿企业为全市服务的自备水源能力。

各单位自备水源能力　是指城建部门供水系统以外的厂矿、企业、服务行业、机关、学校等的自备水源能力(如厂矿企业自备水源为全市服务,已计算在公用自来水厂生产能力内,则不重复计算)。

供水总量　是指自来水厂供出厂外的全部水量,包括有效供水量及损失水量。

年末营运汽车　是指经上级主管机关核准用于营运业务的全部车辆数。包括技术完好的、在修的、待修的、长期停驶的以及拟报废尚未经批准的车辆。

客运总量　是指城市公共交通企业实际运送的乘客人数,包括月票乘客人次、普通乘客人次和团体包车乘客人次。

年末实有铺装道路长度与面积　城市道路是指城区和郊区范围内修筑的交通路线，包括全市性干道、高速道路、工业区道路和住宅区道路，但不包括土路和街坊内部的胡同、里弄。道路长度与面积是指除土路外的路面经过铺装的道路，包括高级、次高级道路和普通道路。

城市下水道长度　下水道是凡是超汇集排除户院、街坊、工厂、学校雨污水作用，埋在地下各种结构的管道。下水道总长度是所有排水总管、干管、支管及暗渠、检查井、连接井进出水口等长度之和。

城市园林绿地总面积　是指城市公共绿地、专用绿地、生产绿地、防护绿地、郊区风景名胜区的全部面积。

公共绿地是指供游览休息的各种公园、动物园、植物园、陵园以及花园、游园和供游览休息用的林荫道绿地，广场绿地，不包括一般栽植林荫道的面积；专用绿地是指居住区以及工厂、机关、学校、医院、部队等单位的绿地；生产绿地是指为城市园林绿化生产苗木、花草的苗圃、草圃以及果园、竹园等；防护绿地是为保护和改善城市环境的各种防护林带；郊区风景名胜区是指城市郊区的风景名胜区。包括市区构不成风景区的风景林面积。

年末实有房屋建筑面积　是指年末城区及郊区(不包括县、镇)范围内各类房屋建筑面积的总和。包括住宅、工业、交通、商业、广教、卫生、服务行业、机关、其他等方面用房。

年末实有住宅建筑面积　是指城市居民居住的房屋(工厂、企业、医院、机关、学校的集体宿舍和家属宿舍包括在内)建筑面积。城市其他专门用途的房屋，如托儿所、病房、疗养院、旅馆等不统计在住宅内。

年末实有住宅居住面积　居住面积是指专供居住用的房屋面积，住宅内的厨房、浴室、卫生间等面积不包括在内。居住面积是按居住用房内墙线统计。建筑面积折算居住面积系数，民用住宅平均按55%计算(楼房52%、平房65%)；集体宿舍平均按65%统计＊楼房64%、平房70%)。

城市居住人口　是指与房屋居住面积统计范围一致的居住城区和郊区的非农业人口数。

平均每人居住面积　是指年末平均每个城市居民实际居住的面积，即年末实有住宅居住面积和城市居住人口相除所得。

废水排放总量　包括生产废水和生活污水。生产废水指企、事业单位在生产、科研过程中向外环境排放的所有热电厂放口的废水量总和。生活污水指城镇居民区和企、事业单位职工集中居住区排放的污水量。

工业废水排放量　指经过工业企业所有排放口排到企业外的生产废总量，包括外排的直接冷却水和矿区超标排放有毒有害矿井地下水，但不包括外排的间接冷却水(清污不分流的应计算在内)。

工业废水达标量　指全面达到国家排放标准的外排工业废水量(包括经营处理和未经处理的)，但不包括虽经处理仍未达到国家排水标准的工业废水。国家尚未正式颁布标准的，以地方制订的标准为准。

工业废水处理量　指经过各种处理装置净化处理后的外排工业废水量(包括虽经处理仍未达到国家或地方标准的外排工业废水量)。

废气排放总量　指燃料燃烧和生产工艺过程中排放的各种废气总量，以标准状态下每年万标立方米表示。

燃料燃烧过程中废气排放量　指燃煤、油、气锅炉及工业窑炉在燃烧过程中所排废气的总量。

消烟除尘的废气量　指经过消烟除尘装置处理的烟气量。

工业粉尘排放量　指生产工艺过程中排放的固体粉状物重量。

工业粉尘加收量　指经过各种回收处理装置回收的工业粉尘和尘泥量(包括干法和湿法)。

工业固体废物生产量　指工矿企业、事业单位在生产(试验)过程中产生的固体废弃物总量，不包括矿山开采的剥离废石和掘进废石(煤矸石除外)。

工业固体废物综合利用量　指已用作农业肥料、造田、生产建筑材料，以及其他方式综合利用的工业固体废物量(不包括填埋和焚烧量)。

“三废”综合利用产品产值　指企业利用“三废”作为主要原料生产和回收利用的产品出售后所得的利润额。

74,5400
says
at Dresdner
debt to
UD
BEF

海口市民政局

海口市民政局作为海口市人民政府的工作部门，主要职责是：依法拟定并组织实施我市民政工作的政策、法规规章和规划、计划；组织村(居)委会各项建设；双拥工作；优待抚恤和烈士褒扬工作；管理评残评烈和烈士纪念亭；革命老区建设；复员、退伍军人、转业志愿兵、军队离退休干部和无军籍职工的安置工作；管理军休干部休养所；组织实施城乡低保工作；组织指导全市救济救灾；管理救灾款物并监督使用；开展农村五保户供养和扶贫工作；城乡低保工作；医疗救助工作；行政区域调整、变更、勘定和调处边界纠纷工作；道路、桥梁、重要自然地理实体地名的命名、更名和地名标志设置及管理；指导各区婚姻登记管理和婚俗改革；国内外弃、孤儿童送收养登记；社区建设；福利企事业单位管理；福利彩票发行；组织开展社会捐助活动；殡葬管理；城市生活无着的流浪乞讨人员救助管理；民间组织登记管理；老龄工作等26项。

目前，市民政局内设办公室、社会福利事务救济科、优抚科、基层政权社区建设科、区划地名科、退伍军人和离退休军官安置办公室等6个科室，行政编制23名。另设市双拥办、老龄办、民管办、低保中心、募委办等5个事业单位，编制26名。以及社会福利院、培智学校、救助管理站、殡葬管理所、海口市军休所、第二军休所、军休活动中心、福利工厂等8个下属基层单位。

海口市文化体育局

一、文体事业和设施现状

1、海口市文体事业团体

（1）专业文艺演出团体

全市共有专业的文艺演出团体2支：海口市琼剧团、海口市艺术团

（2）业余（群办、民办）文化团体

级 别	名 称	数 量
市 级	琼剧团	26支
	杂技团	1支
	歌舞、曲艺团	9支
	交响乐团	1支
	合唱团	1支
	体育协会俱乐部	15个
区 级	群众文体团体	260支
合 计	313支	

2、公益文体设施基本情况

（1）现状

名 称	市 级	区 级	备 注
群众艺术馆	1	2	
图书馆	1（藏书30万册）	1（藏书7万册）	均为国家“三级馆”标准
体育馆	1（三千多座位）		
博物馆	1	1	内 级

（2）文物保护

我市现有各级文物保护单位60处，其中：

国家级保护单位	省保护单位	市级保护单位
6处	8处	46处

（3）全民健身点

我市目前有健身活动点、健身路径达51处，每天晨晚可供近30万市民进行健身活动。

二、文体产业

1、文化市场种类及数量

名 称	数 量	名 称	数 量
歌舞娱乐场所	8 6家	电子游戏娱乐场所	1 8家
网络文化经营场所	220家	音像制品经营场所	315家
电子软件经营场所	4 家	图书杂志经营场所	150家
印刷企业	138家	打字复印经营点	180家
丝网印刷经营点	4 0家	电影放映场所	1 1家
书店	100家		

2、体育市场各类地及数量

名 称	数 量	名 称	数 量
高尔夫球场	6 家	羽毛球馆	11家
网球场	13家	乒乓球馆	13家
沙滩足球、排球场	2 家	保龄球馆	5 家
篮球馆	4 家	健美健身馆	14家
台球馆	9 家	溜 冰 场	4 家
游泳场（池）	10家	足球训练基地	1 座
帆船帆板训练基地	1 座		

海口市综合治理办公室

海口市政法机关认真落实科学发展观，紧紧围绕建设“平安海口”构建和谐社会这个主题，以开展保持共产党员先进性教育活动为契机，以开展“大接访”活动为裁体，以“规范执法行为，促进执法公正”整改活动为重点，切实加强政法建设，积极预防和化解各种社会矛盾，着力解决危害群众安全感的“两抢”犯罪问题，为维护社会稳定，促进经济社会发展做出了新贡献。

一、以建立与健全与和谐社会相适应的维稳工作长效机制为保证，切实维护社会和谐稳定。建立了预测分析制度，处理信访突出问题及群体性事件联席会议制度。信息报送制度，领导干部包片包案制度。督查督办制度等多项维稳工作制度。对可能影响稳定的问题早发现、早控制、早化解、早平息，力争把矛盾纠纷解决在基层，解决在内部，解决在萌芽状态。

二、以“严打”为总抓手，切实解决影响社会治安的突出问题。始终紧紧抓住“两抢”这个领导关心，社会关注，群众反映强烈的突出治安问题，围绕“打、控、清、查、收”五字工作措施，整合警力，多警联动，实行情报信息三级研判例会制度，提高了打击防范的针对性和实效性，沉重打击了“两抢”犯罪分子的嚣张气焰。

三、以整治突出治安为重点，切实加强社会治安综合治理，重点整治了秀英小街、广场路东西湖、人民路西里、府城步行街、板桥路、书场村等治安问题突出的地区。公安、文体、工商、教育、消防等部门联合行动，对学校及周边开展为期三个月集中整治专项行动，净化校园周边环境，减少不良文化对青少年的侵蚀。

四、以转化工作为突破口，有效地防范和打击“法轮功”违法犯罪和敌对势力渗透破坏。采取针对性措施，有效做好深挖打击、防范监控，宣传揭批和教育转化工作。举办教育学习班，成功转化“法转功”痴迷者165人。侦破一批公安部、省公安厅督办的案件，挫败了多起蓄谋进京滋事的企图。

五、以“大接访”为载体，集中处理涉法涉诉上访问题。深入开展公安“大接访”和市、区政法委书记和公、检、法、司四长联合接访活动，解决了一批群众的实际问题，一批陈年积累案得到彻底处理，上访人停访息诉。市公安局被评为全国六个省会市的全国公安机关集中处理群众信访问题工作先进集体。

六、以履行职能、促进发展为立足点，为经济社会发展提供良好的法律保障和服务。全市共立经济案件112起，破获92起(含积案)，受理职务犯罪线索406件，共立案侦查49件57人，为国家挽回经济损失252.48万元。审判机关着力加强民商审判工作，坚持以稳定金融秩序为重点，认真抓好工程承包案件、破产案件等经济案件的审理工作。执行结案2474件，执结涉案标的额计19.87亿元。

七、以开展保持共产党员先进性教育为契机，促进政法队伍建设。按照市委统一部署，海口市政法机关全体党员干部参加了第一批先进性教育活动，结合实际认真抓好学、摆、改、立四个环节，坚持从端正思想入手，打牢执法为民的思想根基，从整改突出问题入手，深入开展了“公正执法工程”活动；从规范基层基础建设入手，强化了基层党组织建设；从强化长效机制入手，加强了规范化建设，全市政法系统共有19个集体19名个人分别获全国、省(部)的荣誉称号。

八、切实加强对刑释解教人员的接茬、安置、帮教、预防和控制等重新违法犯罪，认真贯彻《海口市人民政府关于进一步加强刑释解教人员安置帮教工作的意见》和省司法厅等七部门发布的《刑释解教人员就业与生活保障政策》的精神积极开展全市刑释解教人员的调查摸底工作，做到底子清、去向明。掌握刑释解教人员就业和生活情况，抓好安置帮教工作专业人员的培训，组织相关人员参加了省司法厅举办的安置帮教工作人员培训班。充实了全市安置帮教工作机构大力开展多种形式的安置帮教活动，实行“一助一”，“多助一”的帮教办法，收到了较好效果。

海口市爱卫办

2005年，海口市的爱国卫生工作在市委、市政府的领导下，以创建国家卫生城市，构建和谐海口为目标，以开展环境综合整治，除四害防疾病，城乡健康教育，农村改水改厕为主要内容，一年来的爱国卫生工作又步上了新的台阶。一年来，前后组织开展5次清理卫生死角义务劳动，参加人数9万多人次，针对全国爱卫办在我市创建工作调研中指出的“五小”(即小街小巷、小农贸市场、小饮食店、小理发美容店、小旅馆)卫生问题，组织协调各区、各部门继续开展“五小”整治，“五小”卫生逐步走上规范化管理的轨道；组织开展了春、夏、冬三次全市统一的群众性除四害活动，共投放灭鼠药40多吨，喷杀各种灭蝇、灭蟑、灭蚊药物6500公斤，消杀单位965个次，消杀公共场所、公共绿地、空旷地850多万平方米，在130多个居委会明、暗沟，东西湖，美舍河，龙须沟，海甸溪及全市半拉子工程地上水面投放灭幼蚊生物水剂130吨。10月份市爱卫办组织中央部门驻琼专家，省、市专家连续4天对国害密度监测的结果表明，四害密度比年初大大降低；开展秋冬季卫生防病爱国卫生运动，制作《建立健康生活方式》和《预防艾滋病》为内容的健教画展50个版面，编印图文并茂的彩色《高致病性禽流感预防知识》2万册、《文明卫生常识》3万册。在农村建立永久性健教专栏15个。在“达维”强台风肆虐海口期间，安全转移居住危房的农村群众84人；配合防疫部门和组织各区爱卫办对海甸五西路、二西路、新埠岛、北港村等重灾区和府城地区环境进行重点消毒，并及时投放三氯消毒药品1200多块，为全市农村1000多人饮用水进行消毒，确保灾后无病疫。全市农村建成三级无害化粪池家庭卫生厕所2000间，有力地促进了农村环境整治与建设。卫生创建工作成效明显，有11个单位被评为市卫生先进单位，6个单位被评为省卫生先进单位，16个村庄被评为海南省卫生村。

海口市政务服务中心

海口市政务服务中心位于滨海大道42号，市人大会堂B座，2005年9月7日正式投入运行。首批进驻单位有人劳局、商务局、城管局、卫生局、规划局、国土环境资源局、房产局、交通局、民政局、文体局、物价局、国安局、园林局、消防局、建设局、气象局、烟草专卖局等17个部门。有190项行政许可及审批服务事项进驻“中心”。按照市政府的部署，2006年5月1日前，将实现全市大部分的审批服务项目的进驻。

海口市政务服务中心为市政府派出机构，正处级建制，履行对进驻部门集中审批和收费事项的组织协调、管理监督和指导服务的职能，实行“一站式受理、一个窗口收费、一条龙服务”的运作模式，为群众提供了一个公开、透明、便利的办事平台、为职能部门提供了一个协同工作及阳光操作的平台、为党政领导及监察等部门提供了一个实时督查、遏制腐败的平台。

“中心"紧紧围绕“构建党和政府密切联系群众的零距离通道，打造最有影响力的政务服务平台，建设椰城最靓丽的政务服务窗口”的工作宗旨，坚持“规范、便民、廉洁、高效”的服务理念，大力倡导微笑服务、优质服务、满意服务，推出服务指南、电子触摸屏查询、网上下载、网上查询平台(10.10.0.17)等便民措施，努力打造优良政务环境，为海口经济和社会发展做出贡献!

琼山区教科局

今年来，琼山区教科局在省教育厅和市教育局的关心指导下，在区委、区政府的正确领导下，坚持以邓小平理论和“三个代表”重要思想为指导，深入开展保持共产党员先进性教育活动为契机，全面贯彻全国、省、市农村教育工作会议精神，按照深化改革、统筹兼顾、协调发展的总体要求，认真落实“以县为主”的管理体制，坚持以人为本的科学发展观，在“创新”上求发展，在“突破”上做文章，在“改革”中动真格，在“落实”上求实效，促使我局各项工作取得显著成效。

（1）把先进性教育活动当作一项重大政治任务来完成。

（2）切实抓好危房改造工作，不断改善办学条件

（3）紧紧抓住发展基础教育这个工作中心，大力发展农村教育。

（4）优化教育资源配置，加快各中小学校标准化建设。

（5）狠抓师资队伍建设，提高教师整体素质。

（6）强化常规教学管理和基础教育课程改革，不断提高教育教学质量。

（7）抓好科技工作，促进科学技术的推广和普及。

（8）积极完成拥军工作，深入开展各种拥军活动。

我们明年的工作思路是：坚持以人为本，树立和落实科学发展观，围绕“科教兴区”战略任务，大胆解放思想，大胆深化改革，大胆创新机制，抓住一个关键，确保两个巩固，谋求三大发展，实现四个突破。

1、抓住加强领导班子建设这一关键，建立一个有作为、开拓型的领导班子。

2、大胆创新工作机制，确保“两个巩固”。

3、大胆解放思想，谋求三大发展。

4、大胆深化改革，实现四大突破。

海口市琼山区农林局

在区委、区政府直接领导下，以“三个代表”重要思想为指导，认真贯彻中央一号文件精神，加强执政能力建设，提高农业综合生产能力，促进了琼山农业和农村经济的全面发展。全年完成农业总产值11.57亿元，同比增长8.2%，其中种植业产值5.9亿元，增长5%；林业产值1.5亿元，增长7.1％；牧业产值3.7亿元，增长31.2%，服务业产值0.17亿元，增长9.8%。

根据中央1号文件精神，全面落实惠农政策，及时兑现了四项农业补贴资金。一是农村沼气国债项目市财政配套资金103.6万元；农村沼气扶贫项目建设资金及其市财政配套资金33万元；沼气补贴136.6万元。二是水稻良种补贴资金46.25万元；三是改种玉米补贴资金10.8万元；四是新购农机补贴资金15.9万元。《农村土地承包经营权证》新证换发工作圆满完成，清理和完善第二轮农村土地承包合同手续，并对土地经营情况登记造册，已完成35096户的承包地登记和新证填写发放工作，占应换发证农户的98.9%。农业经营机制有所创新，全区“五统一分”面积已达4.2万亩。调整农业生产结构有新的发展。全面实现了年初提出的调整目标，创办了52个百亩以上花、果、菜、热作种植基地，面积近1.5万亩。全区利用沼气国债资金，省沼气扶贫资金和市财政配套资金共42.84万元，新建农村沼气“一池三改”302个。加强农业标准化建设，完善区农产品检测中心，确保农产品质量安全。在造林方面，完成造林14580.2亩，占市林业局下达任务10300亩的141.6%，森林资源保护力度加大，整顿木林加工场和炭窑生产点，清理木材2264m^2，森林病虫害普查防控效果好，组织80多个工作组240多人参加，对全区93万多株棕榈植物进行普查，在4.4万株椰树上挂药包，防控椰心叶甲，森林防火宣传到位，全区发生森林火灾3次，过火面积68亩，没有林木损失。

推进科技监农，搞好农村农业服务。投入27万元配套6个镇的农业科技110服务站，先后举办85期农业科技培训班，内容包括水稻高产栽培，无公害瓜菜生产管理，禽畜防疫，灾后农作物管理等，受训农民3万多人次。投入46万元防治香蕉枯萎病，确保了琼山区香蕉产业的健康发展。

中共海口市秀英区委政法委员会

秀英区委政法委是区委领导政法工作的职能部门，实行“一套人马，几块牌子”统一管理，设有维稳办、“610”办、国安办、综治办等机构，担负着对全区政法工作总体部署、工作指导、执法监督和协管干部等重要职责。2005年，秀英区委政法委认真履行职责，全力维护辖区的社会稳定。建立健全了维护稳定领导责任制，进一步完善维护稳定的经常性工作机制，充分利用处理信访突出问题和群体性事件联席会议制度，认真开展矛盾纠纷排查调处工作。妥善化解和处置了一批省、市、区挂牌督办的影响较大的矛盾纠纷。成功制止了东山镇哩敢村与澄迈县永发镇吴冲村因土地纠纷引发的械斗苗头等一批群体性事件。深入开展“大接访”活动，化解了一大批涉法涉诉案件。充分发挥人民调解维护稳定“第一道防线”的作用，成功调解各类民间纠纷244宗。始终坚持同 “法轮功”等邪教组织的斗争，不断巩固教育转化成果，继续保持了“三零”工作目标。着重解决治安突出问题，治安状况明显好转。全年刑事案件同比下降21.8%，其中“两抢一盗”案件同比下降30%。深入开展禁毒人民战争，超额完成了市禁毒委下达的四项工作指标。认真组织开展了治安乱点地区、铁路沿线废旧金属收购站(点)、校园及周边治安、私彩赌博等一系列专项整治活动，进一步净化了社会面。进一步强化五级治安联防网络建设，加强治安防范。加强基层基础建设，把镇、街道的综治办、司法所联署办公。充分发挥基层计生专干、综治干部的作用，做好对出租屋、流动人口的服务和管理，增强了综治工作的实效。组织开展消防、安全生产大检查，确保了全年无重、特大火灾和生产事故。完善重点项目建设协调工作联席会议、民警联系重点项目(企业)等各项工作制度，着力解决重点项目(企业)建设中存在的治安问题，妥善处置了海口药谷、“绿色长廊”等重点项目建设过程中出现的各种治安问题，确保了重点项目的顺利进行。建立铁路护路联防制度，确保了铁路运输和行车安全。以开展保持共产党员先进性教育活动为契机，进一步加强政法队伍建设，政法队伍的整体素质得到进一步提高。一年来，公安机关没有出现一起执法过错案件，区检察院创造了连续7年无“无罪判决”的工作纪录，区法院也取得了受案数高、结案率高、执行率高，上诉率低“三高一低”的工作成绩。涌现了“全国优秀公安基层单位”、“全国优秀反贪污贿赂局局长”、“全国模范司法所所长”等一大批先进集体和先进个人。特别是区综治办在维护社会稳定工作中成绩突出，受到市委、市政府嘉奖。

海口市秀英区财政局

海口市秀英区财政局成立于1991年4月，现任局长丁祺高,下辖会计核算中心和6个财政所，现在职干部职工共62人。经过15年的发展，财源建设日趋完善，财政收入逐年提高。

2005年，我局按照“开拓财源，做大蛋糕；平衡预算，保障供给；强化监督，提高绩效”的理财思路和“公开、透明、高效、廉洁”的财政管理八字方针，进一步深化了财政改革，规范了财经秩序，使我区财政收入稳步增长，支出结构日趋优化，财政管理水平明显提高。2005年，全年财政收入完成38,866万元，同比(与去年同期同口径相比，下同)增收5,080万元，增长15%，财政支出完成16285万元(不含市专项补助支出)，同比增加2,433万元，增长17.6%。财政收支的增长. 极大地支持了我区各项事业，特别是确保了辖区内2个办事处和6个镇维护政权正常运转和应对突发事件对经费的需求。具体而言，我们工作的主要职责是：

一、配合和督促税务部门应收尽收。

二、严格按照《预算法》编制预算、调整预算、管好用好财政资金。

三、继续推进财政改革，深化部门预算、政府采购、非税收入和新型农村合作医疗制度改革。

四、圆满完成对镇级各行政事业单位实行会计委派工作。

五、加大对国有资产管理力度。

六、坚持依法行政，依法理财。将“依法行政，依法理财”贯彻到财政工作始终。

七、巩固共产党员先进性教育成果，不断提高干部队伍的依法行政能力，公共服务能力，调研能力，沟通协调能力，创新能力，应对突发事件能力和心理调适能力。

2006年财政工作的总体要求：以邓小平理论和“三个代表”重要思想为指导，认真贯彻党的十六大和十六届五中全会精神，坚持以科学的发展观统领财政工作全局，保持财政收入稳定增长，着力解决人民群众最关心、最直接、最现实的利益问题，为促进和谐秀英保驾护航。

海口市秀英区文化体育局

海口市秀英区文化体育局于1991年成立，主要负责全区文化、体育工作。

目前，该局设正副局长各1名，主任科员1名，副主任科员1名，科员2名。内设机构有体育组、文艺组、文化市场组以及办公室等。属下的业务机构有区文化稽查队、区电影院，海秀、西秀、长流、石山、永兴、东山等六镇文化站。多年来，该局在区委区政府的领导下，在市文化体育局的指导下，根据“两法”、“一纲”的要求，结合秀英城乡结合部的特点，充分发挥机关文化、体育部门的职能作用，努力活跃群众文体生活，满足群众精神需求，推崇先进文化，倡导强身健体，全面推进秀英辖区文化、体育事业的发展。因此先后多次获得国家、省、市、区的表彰奖励。

2004年，由于成功破获重大案件(抓获文化市场非法经营业主2名，收缴淫秽光碟21600个，盗版光碟37900 个)，被中组部、中央文化部、教育部、公安部、国家新闻出版署、中宣部、全国扫黄打非领导小组等七部委授予“全国‘扫黄’‘打非’先进单位”光荣称号。

2005年，该局先后组织文艺晚会、琼剧专场、合唱队、健身舞蹈队表演文艺活动2O场次，组织文艺下乡8场次，其中给区政府挂钩单位——白沙县青松乡送一台精品文艺晚会，深受当地政府和群众的欢迎。组织全区性群众排球、篮球、乒乓球、羽毛球、象棋等体育竞赛30场次。该局协办海口市第一届镇、(街道办)职工排球赛，获得圆满成功。该局先后组织的第五届、第六届海南欢乐节“爬椰子树、喝椰子水”比赛，深受群众喜爱并深受省、市多家新闻媒体的关注。秀英区群众性业余文体活动日趋活跃，目前辖区中老年人健身舞蹈队已达27支。该局对辖区文化市场的管理，以提供优质服务、促进发展繁荣、满足群众需求为立足点，建章立制，规范管理，提高素质，确保依法行政；在对文化市场监管方面，全面落实文化市场管理有关政策、条例的要求，既对文化市场业主的教育培训，又强化对文化市场经营的检查监督，促成守法经营，公平竞争，健康有序发展的文化市场新格局。

在新的一年里，该局局长王心能同志将在原有成绩和借鉴成功经验的基础上，携全局人员，适应文化、体育工作深入发展的要求，开创秀英辖区文化、体育工作的新局面。

海口市秀英区审计局

2005年，在区委、区政府的正确领导下，在省审计厅和市审计局的大力支持和业务指导下，我局以邓小平理论和“三个代表”重要思想为指导，以科学发展观为统领，以开展先进性教育活动为契机，按照十六届五中全会精神要求，认真贯彻全省审计工作会议精神，坚持“依法审计，服务大局，围绕中心，突出重点，求真务实”的方针，依法履行审计监督职能。在审计工作中，我们认真开展审计“质量年”活动，不断更新审计理念，创新审计思路，开发审计资源，利用好审计成果，使审计工作取得了前所未有的好成绩。

2005年，我局先进性教育活动成效显著，得到市、区先进办的高度评价，第一个在区总结会上交流发言。年终考核我局被区评为优秀科级单位领导班子。我局的教育收费资金审计调查项目获省三等奖，全省审计机关“六个一工程”评选我区荣获三项大奖：即人大报告三等奖、审计方案二等奖(全省第一名)、审计信息三等奖，我局还被省厅评为2005年审计信息工作先进单位，得到了省审计厅的表彰和奖励。

海口市秀英区卫生防疫站

海口市秀英区卫生防疫站成立于1992年，现拥有干部职工27人，其中专业技术人员24人（中级职称人员13人，初级人员11人）设有办公室、防疫计免科、食品卫生料、检验科四个科室，担负着全秀英区495平方公里，38万人口疾病的预防和控制工作，在站长李占琼带领下能按市级一等防疫站业务范围要求开展各项工作。在2003年“非典”防治工作中获得市先进单位的集体光荣称号，多次被评为年度儿童计划免疫工作先进单位。

站长：李占琼

海口市琼山区水务局

琼山区水务局是琼山区人民政府的水行政主管部门，内设建管股、农水股、水保股、办公室、三防办和水电工程设计室。下属企事业单位有云龙、铁炉、风圯等三宗中型水库，琼山水电物资供应公司，机电排灌管理站，海口钻井勘探工程公司、海南建筑基础工程公司，海口实发水电安装公司。全局现有干部职工28名，其中编制公务员10名。

一年来，我局在省、市水务局的指导下，在琼山区委、区政府的领导下，以高度政治责任感、饱满的精神状态和扎实的工作作风，团结带领全局干部职工，紧紧围绕我区的中心任务和水务工作中心，努力拼搏，勇于创新，大力推进城市水务建设和社会各项事业全面协调发展，特别是在开展先进性教育活动中，充分发挥全体党员先锋模范作用，发扬共产党员的无私奉献精神，圆满完成上级交给的各项任务。在抗击今年第18号台风斗争中，本局被海口市委、市政府评为“防风救灾先进单位”，林森局长也被海南省委、省政府评为“防风救灾先进个人”。

2005年全区农田水利基本建设和解决农村人畜饮水资金2416.5万元，其中：省开发行贷款613万元，省级以上资金投入552万元，市财政投入625.5万元，区财政投入558万元，特殊党费18万元，企业赞助50万元，实施人畜饮水工程215宗，解决228个村庄58260人的饮水难问题，除险加固水库三宗，防渗渠道3条共7.2公里，同时全面维修各种渠道32条，长265公里，整治田洋5个，增加灌溉面积0.3万亩，改善灌溉面积1.2万亩，恢复灌溉面积0.38万亩，改造低产田0.8万亩，大大增强了我区的水利基础设施实力，为确保我区国民经济增长，为农业增产，农民增收，做出应有的贡献。

海口市秀英区
人事劳动保障局

海口市秀英区人事劳动保障局是区政府的组成部门，下设秀英区劳动监察中队、农村社会养老保险管理办公室、劳动和社会保障管理中心三个下属单位。主要负责全区国家机关、事业单位的人事调配、工资福利、劳动就业等工作。

我局的工作思路是：加强学习、提高素质，围绕中心、勤政廉政，内抓管理、外树形象，与时俱进、开拓创新，以人为本、服务群众，为秀英区构建和谐社会和经济持续发展做出新的贡献。

秀英区人事劳动保障局局长　李宁

海南省盐业总公司海口分公司

海南省盐业总公司海口分公司是隶属于海南省盐业总公司的食盐专营企业。1996年获国家食盐定点生产企业证书。主要生产批发“晶山牌”日晒盐，兼营多品种食用盐。

公司本着“健全质量体系，保证产品质量，搞好售后服务，满足客户需求”的质量方针，生产批发优质、纯天然的“晶山牌”加碘日优盐、细食盐、腌制盐，努力使我销区碘盐覆盖(普及)率达到100%，实现消除碘缺乏病的目标。同时为满足部分消费者的需求生产批发多品种盐：(1)“食用精制盐”(甲亢病人和少数忌食碘盐患者)；(2)“低钠盐”(预防心血管疾病和中老年人与特殊人群)；(3)“生命之花”(含碘锌适合幼儿、孕妇、老年人)；(4)“老盐”至今已有40多年之久，老而贵重，是食盐中的珍品。

我们的口号是“食盐加碘 利国利民”“为了您和家人的健康请食用碘”。

海口市结核病防治所

海口市结核病防治所创建于1959年，是全民所有制医疗防疫单位。曾获“全国结核病防治先进单位”、“海口市白求恩杯优质服务先进单位”等殊荣。

我所现有专业技术人员30人，其中大专以上学历者占50%，高、中级职称者占67%。设有两个门诊部和一个社区卫生服务站，有完整的临床医技科室和资料室。配有300毫安X光机、HX肿瘤测定仪、B超、心电图、进口生化分析仪、全自动尿液分析仪及进口超声雾化治疗仪等先进医疗设备，还拥有一部流动X光胸透检查车。主要开展结核病防治、技术培训及各系统常见病的诊疗工作。特别是在结核杆菌检查，疑难肺结核的治疗方面，有独到之处。

40余年来，我所已成功地为数万名病人解除了病痛。特别是从1992年起，实施世界银行贷款中国(海口)结核病控制项目以来，积极推行WHO倡导的现代结核病控制策略(DOTS)，规范了结核病人的诊断、治疗与管理，使病人治愈率达95%以上。

我所奉行“以健康为中心”的服务宗旨，努力开展各项T作，不断加强基础设施和内涵建设，切实提高医疗服务质量。目前我所已建设成为海口市结核病疫情报告、登记、监测和结核病人诊断、治疗、管理中心。

地　址：海口市海甸二西路人民西里
电　话：66258765(所长办) 6618029l(书记办)
66251253(门诊) 66278604(业务办)
网址：www.hkjfs.com

海口市秀英区东山镇卫生院

海口市秀英区东山镇卫生院位于海榆中线的东山镇，是一所集医疗、预防、保健为一体的一级甲等基层医院。创建于1958年，占地面积5684M^2。院内绿树成荫，环境优美。设有内科、外科、儿科、妇产科、中医科、检验、B超、放射、理疗、保健等科室，病床403张，职工55人，其中中级职称5人，本科毕业生3人，卫生技术人员占人员的80%。肩负着全镇23个村（居）委会7万多人口的医疗、预防、保健工作。拥有B超机，X光机、心电监护仪，半自动血液生化分析仪、尿液分析仪等医疗设备。可以开展胃大部分切除、剖宫产、子宫全切，阑尾、疝气修补、骨折内固定及全区计划生育结扎手术等。

2006年我们以邓小平理论、"三个代表"重要思想和党的十六大精神为指导，认真开展以病人为中心，以提高医疗服务质量为主题的活动，始终把维护群众利益，构建和谐医患关系放在首位。端正办院方向，建立健全我院科学管理的长效机制，励精图治，改进医疗服务，提高医疗质量，严格按照收费标准控制医疗费用，以低廉的收费，精湛的医术，优质的服务赢得了当地群众的普遍赞誉。年门诊量达4万多人次，多次被评为先进单位。在新的形势下，东山镇卫生院将以新的面貌迎接新的机遇与挑战。

院长：周温

海口市科学技术协会

2005年，在市委、市政府正确领导和省科协的指导、支持下，我们科协全体工作人员坚持以"三个代表"重要思想为指导，以贯彻落实《科普法》为依托，紧紧围绕市委市政府的中心工作，把提高全民科学文化素质作为总体目标，与时俱进，开拓创新，推进科协各项工作的全面展开，取得了新的成绩。获得了全国第二十届、海南省第十七届"青少年科技创新大赛优秀组织奖"和"全国科普日活动先进单位"等荣誉称号。

【科学普及工作】抓好农村科普，完善农村科普服务体系。在科普体系上，坚持以市科协为龙头，区科协为骨干，镇、村科普协会和农村专业技术协会为纽带，科普示范户为辐射点，建立了四级科普网络。积极开展"三下乡"、"科普活动日"等活动，全年累计展出科普图片800多张次，播放科教农技录像20多场次，发放科普资料10万多册份，接受咨询群众6千多人次，受益群众近10万人次。举办了首届海口市青少年科技创新大赛，并取得圆满成功，并在全省青少年创新大赛辅导员培训班作经验介绍。2005年5月至6月，针对当时部分学生面临中考、高考心理压力问题，我们进行了《心理压力与身心健康》大型图片展，观看学生达25000多人次，收到很好效果。根据中央文明办和中国科协要求，我们积极开展了"科教进社区"系列活动，在全市完善了各区科协组织机构，全市95%的街道成立了科普协会，90%的居委会成立了科普小组，形成了从市、区、街道、居委会的科普网络。

【学术交流与学会工作】采取了突出抓典型，以点带面的方式，重点抓了"海口土木工程协会"这一典型，以此促进各学会的发展。海口市土木工程协会负责组织评选2005年度"椰城杯"建设施工优质样板工程，通过评优活动，大大提升了我会在社会的影响力和声望。

【帮扶工作】积极响应市委、市政府号召，倾心竭力做好帮扶工作，结合实际，针对金堆村生产用水难、行路难及办公文体设施落后，连"两委"办公场地都空白的情况，我们采取措施一一突破。在市科协牵头带动下筹资，兴建金堆村办公室及文体活动场所。解决生产、生活用水问题。创建定田文明生态村。探索建立农村养老、医疗等保障制度。目前，金堆村合作医疗参与率达85%，走在全镇前列。发动群众，创建"无毒"村。

【机关建设工作】科协作为市委第一批保持共产党员先进性教育活动单位之一，在活动开展伊始，就制定了市科协《关于开展以实践"三个代表"重要思想为主要内容的保持共产党员先进性教育活动方案》，成立了保持共产党员先进性教育活动领导小组，切实做到了"三个到位"，即思想认识到位、集中学习到位和具体要求到位。通过作专题报告、上党课、民主生活会、学习大讲座等活动，使全体党员干部充分认识了先进性教育活动的重要意义。树立了科学发展观和正确的政绩观，增强了党组织的凝聚力和创造力。

秀英区妇幼保健站

秀英区妇幼保健站于1992年成立，属财政全额拔款的事业单位。现在9名工作人员，均为专业技术人员，其中中级职称7人(2名妇幼保健主治医师，1名内科主治医师，1名技师，3名主理护师)。妇幼保健是公共卫生事业的一个重要组成部分，主要依照《中华人民共和国母婴保健法》和《中国妇女发展纲要(2001-2010年)》及《中国儿童发展纲要(2000-2010)》等开展工作。在陈碧付站长(妇幼保健主治医师)的带领下，全站人员认真贯彻“以保健为中心，保障生殖健康为目的，实行保健和临床相结合，面向群众，面向基层，预防为主”的妇幼卫生工作方针，在现在的工作环境下，积极开展各项妇幼保健工作，开展的业务有：儿童保健主要是儿童体检、幼儿园卫生保健指导、督查，妇女保健主要有产后治疗和妇检，妇幼卫生监测(5岁以下儿童死亡监测，孕产妇死亡监测)与信息管理”，妇幼卫生保健人员培训，妇幼保健咨询(母乳喂养咨询等)等。

5岁以下儿童死亡率及孕产妇死亡率是衡量一个地区的妇女儿童健康状况及其社会文化、经济、卫生的重要指标，加强0-6岁儿童保健管理和孕产妇保健管理，是降低孕产妇和5岁以下死亡的有效措施。经过这几年区妇幼卫生工作人员的共同努力，我区0-6岁儿童保健管理率及孕产妇保健管理率基本达标，并稳中有升，0-5岁儿童死亡率和孕产妇死亡率基本达标，并稳中有降。新法接生率和住院分娩率均达到99.9%以上。掌握本地区妇女、儿童保健状况，及孕产妇与5岁以下儿童死亡原因，为政府决策依据提出干预措施。

保健站每季度召开区级妇幼保健例会，通过例会听取基层汇报妇幼工作情况，布置各个季度的妇幼工作任务，秀英办事处0-5岁儿童死亡监测点做为省级监测点，多次经省、市保健院质检各项指标均达标，并得到上级部门的好评。

齐心共勉建设和谐医院

秀英区永兴中心卫生院

永兴中心卫生院新门诊综合大楼位于永兴墟北区的中心卫生院，占地面积1500m²，建筑面积5800m²，交通方便，环境优美，是一家初具规模，集医疗、预防、保健、康复治疗为一体的综合性中心卫生院，在羊山地区乃至全省同级卫生院中处于一流水平。

新建成的门诊综合大楼，新颖别致，功能齐全，环境优雅，病房宽敞、明亮，配备电梯。设有治疗区、诊疗区、检查区、外科病区、内科病区等，现有病床80张，开展外科、内科、产科、儿科、牙科、专科门诊、急诊室、手术室、检验科、B超、X光、心电图、脑血流图、内窥镜以及儿童保健等业务。

医院拥有雄厚的专业技术力量，每年选送多名医务人员到省市各大医院进修学习，强化业务素质，医院现有职工60人，其中主治医师5人，医师8人，专业技术人员35人，后勤保障12人。

医院不断加大硬件建设，改善医疗用房，美化周围环境，购置先进设备，加强医院管理，提高服务质量。以热心、爱心的服务，广医薄收，惠及群众为前提，这是我院追求的至高境界。一步一个脚印地优化就医环境，改善医患关系，赢得了广大患者的称赞，关爱健康、关爱生命是本院的宗旨。爱您胜过爱自己，珍重您的生命是我院神圣的使命。

我院将严格按照道德规范要求，拒收红包、回扣，充分尊重您的人格，维护医疗的圣洁和荣誉，保护您的隐私，维护您的权益，自觉使用文明礼貌的语言，竭诚为您提供人文关怀。

我院将严格遵守国家的物价政策，各种收费全部按照《海南省医疗收费项目收费标准》执行，让您花明白钱。

我院将以诚待人，以信取人，尽最大的努力为您解除痛苦，迎接新生命，挽救生命，呵护健康。

我院将以新的面貌，新的起点，新的理念，全心全意为您服务。

新的永兴中心卫生院将踏着新时代的步伐，不辱使命，与时俱进，建设和谐医院，锐意创新，开拓进取，向着一流的中心卫生院，开始新的跨越。

院长：陈世川

海口市长流中心卫生院

海口市长流中心卫生院，位于海口市秀英区长流镇上，它北临粤海铁路南港港口，南通南海大道，交通十分便利。卫生院内绿树成荫，鸟语花香，窗明几净，医疗环境十分优美。本院设有中医，西医内、外、儿、妇产、检验、理疗、口腔、放射、B超、防保等科室，在职员工七十多人，大、中专以上人员占80%。其中有主治级职称以上的医护人员十多人，是海口市的一家科室设置比较齐全、医疗技术力量雄厚的综合性的农村基层卫生院。是海南省卫生厅定点的新型农村合作医疗机构。

海口市长流中心卫生院面向农村，面向农民，它担负着长流镇及附近地区近十万人民群众的医疗救治、卫生防疫、妇幼保健和疾病防治的重任。在当前医疗市场竞争激烈的情况下，卫生院坚持实行以人为本、技术至上、优质服务、低廉收费的经营理念，狠抓两个文明建设的同时，大力弘扬爱岗敬业、开拓进取、医疗技术精益求精的精神，使全体医护人员的医风、医德、服务质量和服务态度显著提高。现在，卫生院除了防治农村常见病多发病外，还开展阑尾手术、剖腹产手术等医疗项目，并与闻名全国的山东维坊哮喘病医院合作，开展特色医疗业务. 给广大人民群众带来很大的方便。由于服务质量好，收费低. 赢得了人民群众的信任，取得良好的社会效益和经济效益，为自身的生存和发展打下了坚实的基础。

长流中心卫生院多年来无论是医疗业务还是妇幼保健、儿童计划免疫等工作都取得显著的成绩，卫生院声誉日益提高，多次被评为海口市妇幼保健和儿童计划免疫工作先进单位。

电话：68711023
院长：邝道锡

海口市西秀卫生院

扎实苦干创建老百姓自己的医院

海口市西秀卫生院位于秀英区西秀镇龙山圩，北临粤海铁路南港港口，南通南海大道，西临工业重镇老城开发区及盈滨半岛旅游度假区，距海口火车站仅4分钟车程，海榆西线从院门口通过，交通十分便利。

该卫生院系1993年海口市人民政府为民办十件实事而建，院内绿树成荫，花草飘香，环境整洁优美，是一家初具规模，集医疗、预防、保健、妇幼康复为一体的综合性农村卫生院，目前全院职工近30人，其中主治医师以上3人，副高1人，设有内、外、儿、妇产、检验、放射、B超、心电图、防保等科室。

2005年我院在各级政府及市、区卫生局的大力支持和帮助下，引进了技术骨干，加强了硬、软件建设。除了处理日常的医疗、预防保健工作，还配合上级部门搞好传染病及突发公共卫生事件工作。目前医院已开展甲状腺瘤、阑尾切除，新式剖宫产、宫外孕等手术，尤其是妇产科技术精湛，服务优良，收费低廉，获得社会各界的广泛好评，已吸引到海口、石山、长流、澄迈等周边的群众前来就诊和住院分娩。

我院是新型农村合作医疗定点单位，以人为本，患者至上，广医薄收，惠及农民是我院办院宗旨，医院不断加强和完善管理，通过与上级医院联合，派员外出进修，自学等提高技术，严格医德医风教育，拒收红包回扣、善待患者以优化服务意识；严格执行国家的物价政策，面向农村，面向农民以办成农村老百姓家门口自己的医院。

我们将以全心全意为人民服务的人道主义精神，大力弘扬爱国爱党，爱岗敬业的新思想，不断开拓进取，扎实苦干，精益求精，以诚待人，以信取人，尽最大的努力，最大的诚意为广大农民朋友服务，为构建和谐社会，建设社会主义新农村而作出应有的贡献。

地址：海口市秀英区西秀镇龙山圩
电话：0898-68711719
院长：徐战辉

琼山区综治办

一年来，在区委、区政府的正确领导下，在市综治办的具体指导下，我区社会治安综合治理工作坚持以“三个代表”重要思想为指导，以开展保持共产党员先进性教育活动为契机，认真贯彻落实十六届四、五中全会精神和省、市综治工作会议精神，深入开展“严打”整治，加强打击“两抢”等暴力犯罪；进一步加强禁毒工作，严厉打击涉毒犯罪，加大对吸毒人员的收戒力度；切实做好矛盾纠纷排查调处，及时妥善化解各类群体性事件和集体上访事件；加强社会治安综合治理，重点对学校及其周边治安秩序和府城城区治安环境进行整治；进一步做好“法轮功”人员的教育转化和防控，加强安全保卫工作，确保敏感期和重大节日安定；积极开展基层安全创建活动。通过全面落实社会治安综合治理的各项措施，有效地维护了全区社会政治、治安的持续稳定。

海口市秀英区蔬菜局

海南土地肥沃，光热充足，雨量充沛，冬季瓜菜已成为支柱产业，绿色、科技、定单是海南农业发展不变的主题，近年来，秀英区引导农民继续推进农业产业结构调整，实行龙头企业带动农民增收工程。

2004年区内西秀镇龙头村2000亩蔬菜基地通过国家验收，成为国家级无公害蔬菜标准化示范基地。2005年，秀英区全力抓好禽流感预防，大力发展畜牧业和水产养殖业，为农民增收，农村经济增长摸索出一条新路。与此同时，秀英区政府结合本区实际，加强农业基础建设、冬修水利建设、人畜饮水建设；全面取消农业特产税，下调农业税率，为农业投资营建了良好的环境。

秀英区总工会

一年来，我区工会工作在区委和总工会的领导以及在区政府的大力支持下，全面贯彻落实“三个代表”重要思想，深入学习党的十六届五中全会和全总十四次全会精神，紧紧围绕我区四次党代会提出的目标任务，继续按照全总“抓机制，办实事，转作风，求实效，促发展”的工作思想，以开展保持共产党员先进性教育活动为契机，积极履行工会基本职能，充分调动广大职工的积极性、创造性，为推动我区三个文明建设做出积极的努力。

中国统计出版社最新资料书简目

（仅供参考，以最后出书为准）

中国统计年鉴—2006
中国统计摘要—2006
2006 中国发展报告
中国城市统计年鉴—2005
中国劳动统计年鉴—2006
中国人口统计年鉴—2006
中国工业经济统计年鉴—2006
中国市场统计年鉴—2006
2005 中国经济景气年鉴
中国建筑业统计年鉴—2005
中国城市调查年鉴—2006
中国商品交易市场统计年鉴—2006
中国连锁餐饮企业统计统计年鉴—2005、2006
中国连锁零售业统计年鉴—2005、2006
中国能源统计年鉴—2004、2005
全国农产品成本收益资料汇编—2005
国际统计年鉴—2006
中国对外经济贸易统计年鉴—2005
中国基本单位统计年鉴—2005
中国民政统计年鉴—2006
中国高技术产业统计年鉴—2006
中国房地产行业名录
中国农村统计年鉴—2006
中国农村住户调查年鉴—2006（中文）
中国农村住户调查年鉴—2006（英文）
中国乡镇统计资料—2006
中国县（市）社会经济调查年鉴—2006
中国西部农村统计资料—2006
中国建制镇统计资料—2006
中国农产品价格调查年鉴—2006
中国国民经济核算年鉴—2006
中国经济普查年鉴—2004
中国棉花年鉴—2004、2005
中国百强县（市）发展年鉴—2006
中国教育经费统计年鉴—2005

北京统计年鉴—2006
天津统计年鉴—2006
河北经济年鉴—2006
山西统计年鉴—2006
内蒙古统计年鉴—2006
辽宁统计年鉴—2006
吉林统计年鉴—2006
黑龙江统计年鉴—2006
上海统计年鉴—2006
江苏统计年鉴—2006
浙江统计年鉴—2006

安徽统计年鉴—2006
福建统计年鉴—2006
江西统计年鉴—2006
山东统计年鉴—2006
河南统计年鉴—2006
湖北统计年鉴—2006
湖南统计年鉴—2006
广东统计年鉴—2006
广西统计年鉴—2006
海南统计年鉴—2006
重庆统计年鉴—2006
四川统计年鉴—2006
贵州统计年鉴—2006
云南统计年鉴—2006
西藏统计年鉴—2006
陕西统计年鉴—2006
甘肃年鉴—2006
青海统计年鉴—2006
宁夏统计年鉴—2006
新疆统计年鉴—2006
新疆生产建设兵团统计年鉴—2006
石家庄统计年鉴—2006
唐山统计年鉴—2006
邯郸统计年鉴—2006
张家口统计年鉴—2006
朔州统计年鉴—2006
呼和浩特经济统计年鉴—2006
鄂尔多撕市统计年鉴—2006
包头统计年鉴—2006
沈阳年鉴—2006
大连统计年鉴—2006
鞍山统计年鉴—2006
长春统计年鉴—2006
吉林市社会经济统计年鉴—2006
四平统计年鉴—2006
延吉统计年鉴—2006
哈尔滨统计年鉴—2006
齐齐哈尔经济统计年鉴—2006
黑龙江垦区统计年鉴—2006
上海浦东新区统计年鉴—2006
南京统计年鉴—2006
苏州统计年鉴—2006
无锡统计年鉴—2006
常州统计年鉴—2006
徐州统计年鉴—2006
南通统计年鉴—2006
盐城统计年鉴—2006
镇江统计年鉴—2006
江阴统计年鉴—2006

杭州统计年鉴—2006
宁波统计年鉴—2006
绍兴统计年鉴—2006
台州统计年鉴—2006
舟山统计年鉴—2006
温州统计年鉴—2006
金华统计年鉴—2006
嘉兴统计年鉴—2006
安庆经济统计年鉴—2006
福州统计年鉴—2006
福州年鉴—2006
厦门经济特区年鉴—2006
福州经济技术开发区年鉴—2006
南昌经济社会统计年鉴—2006
上饶经济社会统计年鉴—2006
九江经济统计年鉴—2006
济南统计年鉴—2006
青岛统计年鉴—2006
潍坊统计年鉴—2006
淄博统计年鉴—2006
郑州统计年鉴—2006
洛阳统计年鉴—2006
三门峡统计年鉴—2006
南阳经济统计年鉴—2006
武汉统计年鉴—2006
宜昌统计年鉴—2006
十堰统计年鉴—2006
荆州统计年鉴—2006
长沙统计年鉴—2006
广州统计年鉴—2006
东莞统计年鉴—2006
惠州统计年鉴—2006
深圳统计年鉴—2006
南宁统计年鉴—2006
桂林经济社会统计年鉴—2006
柳州经济统计年鉴—2006
来宾统计年鉴—2006
河池地区经济社会统计年鉴—2005
海口统计年鉴—2006
成都统计年鉴—2006
贵阳统计年鉴—2006
昆明统计年鉴—2006
西安统计年鉴—2006
兰州年鉴—2006
西宁统计年鉴—2006
银川统计年鉴—2006
乌鲁木齐统计年鉴—2006
巴音郭楞统计年鉴—2006
吐鲁番统计年鉴—2006